SCHULDRECHT AT 2

2018

Dr. Tobias Wirtz
Rechtsanwalt und Repetitor

Dr. Jan Stefan Lüdde
Rechtsanwalt und Repetitor

ALPMANN UND SCHMIDT Juristische Lehrgänge Verlagsges. mbH & Co. KG
48143 Münster, Alter Fischmarkt 8, 48001 Postfach 1169, Telefon (0251) 98109-0
AS-Online: www.alpmann-schmidt.de

Zitiervorschlag: Wirtz/Lüdde, Schuldrecht AT 2, Rn.

Dr. Wirtz, Tobias
Dr. Lüdde, Jan Stefan

Schuldrecht AT 2
22., neu bearbeitete Auflage 2018
ISBN: 978-3-86752-597-8

Verlag Alpmann und Schmidt Juristische Lehrgänge
Verlagsgesellschaft mbH & Co. KG, Münster

INHALTSVERZEICHNIS

LITERATURVERZEICHNIS

Verweise in den Fußnoten auf „RÜ" und „RÜ2" beziehen sich auf die Ausbildungszeitschriften von Alpmann Schmidt. Dort werden Urteile so dargestellt, wie sie in den Examensklausuren geprüft werden: in der RechtsprechungsÜbersicht als Gutachten und in der Rechtsprechungs-Übersicht 2 als Urteil/Behördenbescheid/Anwaltsschriftsatz etc.

RÜ-Leser wussten mehr: Immer wieder orientieren sich Examensklausuren an Gerichtsentscheidungen, die zuvor in der RÜ klausurmäßig aufbereitet wurden. Die aktuellsten RÜ-Treffer aus ganz Deutschland finden Sie auf unserer Homepage.

Abonnenten haben Zugriff auf unser digitales RÜ-Archiv.

Bamberger/Roth	Beck'scher Online-Kommentar 44. Edition 01.11.2017 (zitiert: BeckOK BGB/Bearbeiter)
Baumbach/Hopt	Handelsgesetzbuch 38. Auflage 2018 (zitiert: Baumbach/Hopt/Bearbeiter)
Brox/Walker	Allgemeines Schuldrecht 42. Auflage 2018 (zitiert: Brox/Walker)
Erman	Handkommentar zum Bürgerlichen Gesetzbuch 1. Band: §§ 1–758 BGB 15. Auflage 2017 (zitiert: Erman/Bearbeiter)
Handkommentar BGB	Kommentar zum BGB 9. Auflage 2016 (zitiert: Hk-BGB/Bearbeiter)
Heck	Grundriss des Schuldrechts 1929 (zitiert: Heck)
Jauernig	Bürgerliches Gesetzbuch 16. Auflage 2015 (zitiert: Jauernig/Bearbeiter)
Looschelders	Schuldrecht AT 15. Auflage 2017 (zitiert: Looschelders)

Medicus/Lorenz	Schuldrecht, I.: Allgemeiner Teil 21. Auflage 2015 (zitiert: Medicus/Lorenz)
Medicus/Petersen	Bürgerliches Recht 26. Auflage 2017 (zitiert: Medicus/Petersen)
Münchener Kommentar	Band 1: BGB AT 7. Auflage 2015 Band 2: Schuldrecht Allgemeiner Teil (§§ 241–432 BGB) 7. Auflage 2016 Band 6: Schuldrecht Besonderer Teil (§§ 705–853) 7. Auflage 2017 (zitiert: MünchKomm/Bearbeiter)
Palandt	Bürgerliches Gesetzbuch 77. Auflage 2018 (zitiert: Palandt/Bearbeiter)
Staudinger, J. v.	Staudingers Kommentar zum Bürgerlichen Gesetzbuch mit Einführungsgesetz und Nebengesetzen, Buch 1: Allgemeiner Teil, §§ 164–240 (2014) Buch 2: Recht der Schuldverhältnisse, §§ 241–243 BGB (2015) §§ 249–255 BGB (2017) §§ 255–304 BGB (2014) §§ 328–359 BGB (2015) §§ 397–432 BGB (2017) Eckpfeiler des Zivilrechts (2014) (zitiert: Staudinger/Bearbeiter)
Westermann/Bydlinski/Weber	Schuldrecht AT 8. Auflage 2014 (zitiert: Westermann/Bydlinski/Weber)
Zöller	ZPO 32. Auflage 2018 (zitiert: Zöller/Bearbeiter)

1. Teil: Einwendungen, Einreden

1. Abschnitt: Erfüllung, Leistung an Erfüllungs statt und erfüllungshalber

A. Erfüllung

Nach **§ 362 Abs. 1**[1] erlischt der Anspruch auf **Leistung** gegen den Schuldner, wenn die geschuldete Leistung an den Gläubiger **bewirkt** wird. 1

I. Realer Tilgungsakt

Was der Schuldner für die Erfüllung tun muss, richtet sich nach der **Art der Schuld**: 2

- Beim **Dienstvertrag** (§ 611) genügt es, dass der Dienstverpflichtete seine übernommene Tätigkeit verrichtet. Er braucht dem Berechtigten nicht dafür einzustehen, dass seine Arbeit auch erfolgreich ist. Er schuldet **nur** die **Leistungshandlung**.
- Im Rahmen eines **Werkvertrags** (§ 631) schuldet der Unternehmer hingegen dem Besteller eine erfolgsbestimmte Tätigkeit, sodass zur Erfüllung die **Herbeiführung des Erfolgs** erforderlich ist.
- Geht es um einen **Kaufvertrag**, so schuldet der Verkäufer einer Sache die **Übergabe und Übereignung** einer mangelfreien Sache, § 433 Abs. 1. Das geschieht in der Weise, dass er gemäß den §§ 929 ff. die Sache übereignet und übergibt. Damit hier der geschuldete Erfolg eintritt, muss also zusätzlich ein Rechtsgeschäft (Übereignung), das sog. Erfüllungsgeschäft, getätigt werden.

Klausurrelevant ist häufig die Erfüllung einer **Geldschuld**: 3 Geldschuld

- Für die **Erfüllung** einer Geldschuld ist der **Leistungserfolg** maßgeblich.

  Hinsichtlich der Rechtzeitigkeit der Leistung zwingen die **Zahlungsverzugs-Richtlinie** und die Rspr. des EuGH zu einer von der bis dahin h.M. abweichenden Beurteilung bei Banküberweisungen. Danach wurde für die Frage der Rechtzeitigkeit der Zahlung auf die Leistungshandlung abgestellt. Der Schuldner kam nicht in Verzug, wenn er den Geldbetrag rechtzeitig überwiesen hatte (sog. qualifizierte Schickschuld). Die §§ 269, 270 sind jedoch richtlinienkonform dahin auszulegen, dass für die Frage der **Rechtzeitigkeit** einer Banküberweisung der **Zeitpunkt der Gutschrift** auf dem **Gläubigerkonto** entscheidend ist.[2]

- Die Erfüllung einer Geldschuld – etwa gemäß § 433 Abs. 2 – kann stets durch **Barzahlung** an den Gläubiger erfolgen.
- Eine Erfüllung durch **Banküberweisung** ist nur möglich, wenn die Parteien dies vereinbart haben.

  Dabei kann das Einverständnis stillschweigend erteilt werden. Es liegt in der Regel in der Bekanntgabe des Girokontos auf Briefen, Rechnungen und dergleichen an den Schuldner. Teilt der Gläubiger dem Schuldner lediglich ein bestimmtes Girokonto mit, liegt darin grundsätzlich nicht das Einverständnis mit der Überweisung auf ein anderes Konto des Gläubigers.[3]

---

1 §§ ohne Gesetzesangabe sind solche des BGB.
2 EuGH NJW 2008, 1935; Palandt/Grüneberg § 270 Rn. 5.
3 BGH NJW-RR 2004, 1281, 1282.

- Bei einer Banküberweisung wird der zur Erfüllung erforderliche Leistungserfolg nur dann erzielt, wenn der Gläubiger den geschuldeten Geldbetrag endgültig **zur freien Verfügung** erhält. Das ist unter der – normalerweise gegebenen – Voraussetzung, dass **allein der Gläubiger** Verfügungsbefugnis über das Konto hat, in dem Augenblick der Fall, in dem der überwiesene Betrag dem Konto gutgeschrieben wird.[4]

  Etwas anderes kann aber gelten, wenn es sich nicht um das Konto des Gläubigers, sondern um das des Schuldners oder eines ihm gehörenden Unternehmens handelt, über das der Gläubiger lediglich neben dem Schuldner verfügen darf. Dann ist die **Vereinbarung der Parteien** danach **auszulegen**, ob bereits mit der Gutschrift auf dem Konto Erfüllung eintreten soll oder erst dann, wenn der Gläubiger über den überwiesenen Geldbetrag zu eigenen Zwecken verfügt.[5]

  Weicht der Schuldner bei einer Überweisung von einer **Weisung**, den Geldbetrag auf ein bestimmtes Konto zu zahlen, ab, so tritt keine Erfüllungswirkung ein.

  Beispiel: Überweist der Schuldner den geschuldeten Schadensersatzbetrag auf ein Konto des Rechtsanwalts des Gläubigers, obwohl der Rechtsanwalt den Schuldner aufgefordert hatte, den Betrag auf ein angegebenes Konto des Gläubigers zu überweisen, so tritt keine Erfüllungswirkung ein, und zwar selbst dann nicht, wenn der Rechtsanwalt vorher eine Inkassovollmacht übermittelt hatte.[6]

  Im Zusammenhang mit Überweisungen ist auch der mit Wirkung **zum 13.01.2018 eingeführte § 270 a** zu beachten. Danach ist eine Vereinbarung, durch die der Schuldner verpflichtet wird, ein Entgelt für die Nutzung einer SEPA-Basislastschrift, einer SEPA-Firmenlastschrift, einer SEPA-Überweisung oder einer Zahlungskarte zu entrichten, unwirksam. Deshalb erfüllt der Zahler seine Schuld, wenn er denjenigen Zahlungsbetrag leistet, der abzüglich des unwirksam vereinbarten Entgeltes dem Gläubiger zusteht. Hat der Schuldner zur Erfüllung seiner Hauptschuld neben der dem Gläubiger geschuldeten Leistung auch ein weitergehendes Entgelt geleistet, steht ihm ein Bereicherungsanspruch in Höhe des Entgelts zu.[7]

4
- Die vertraglich vorgesehene **Zahlung des Kaufpreises auf ein Notaranderkonto** führt in der Regel noch nicht zum Erlöschen des Kaufpreisanspruchs.

  Beispiel: Die Zahlung auf ein Notaranderkonto ist regelmäßig keine Erfüllung gemäß § 362 Abs. 2. Die Schuld wird dann erst durch die Auszahlung an den Gläubiger getilgt. Dies ergibt sich daraus, dass die Hinterlegung des Kaufpreises beim Notar in der Regel im Interesse beider Parteien erfolgt. Dadurch sollen nämlich Vorleistungsrisiken ausgeschaltet und der gegenseitige Leistungsaustausch koordiniert werden. Ferner müsste der Käufer andernfalls das Insolvenzrisiko des Verkäufers tragen, noch bevor dieser seiner Verpflichtung zur Übereignung nachgekommen ist.
  Die Parteien können aber eine Erfüllungsregelung für den Fall vereinbaren, dass die vertraglichen Voraussetzungen für eine Auszahlung des (restlichen) Kaufpreises an den Gläubiger gegeben sind – „Auszahlungsreife".[8]

- Wird der Kaufpreis vereinbarungsgemäß unter Verwendung eines **Online-Zahlungsdienstes** (z.B. **PayPal**) entrichtet, ist die geschuldete Leistung bewirkt, wenn der vom Käufer geschuldete Betrag dem Konto des Verkäufers beim Online-Zah-

---

4 Palandt/Grüneberg § 362 Rn. 9.

5 BGH NJW 1999, 210, 211.

6 Westermann/Bydlinski/Weber Rn. 19/9.

7 BeckOK/Schmalenbach § 270a Rn. 6.

8 Westermann/Bydlinski/Weber Rn. 19/9.

lungsdienst vorbehaltlos gutgeschrieben wird, sodass dieser den Zahlbetrag endgültig zur freien Verfügung erhält. Der Erklärungsgehalt der mit Abschluss des Kaufvertrags als Nebenabrede getroffenen Vereinbarung, zur Tilgung der Kaufpreisschuld einen Online-Zahlungsdienst zu nutzen, richtet sich neben den Auslegungsregeln der §§ 133, 157 grundsätzlich nach den Bestimmungen der vom Online-Zahlungsdienst verwendeten AGB.

Beispiel: Entrichtet der Käufer den Kaufpreis vereinbarungsgemäß unter Verwendung des Zahlungsdienstes PayPal, vereinbaren die Kaufvertragsparteien – bei Fehlen gegenteiliger Anhaltspunkte – zugleich stillschweigend, dass die **getilgte Kaufpreisforderung wiederbegründet** wird, wenn das PayPal-Konto des Verkäufers nach einem erfolgreichen Antrag des Käufers auf Käuferschutz nach Maßgabe der PayPal-Käuferschutzrichtlinie rückbelastet und der Kaufpreis dem PayPal-Konto des Käufers wieder gutgeschrieben wird.[9]

II. Bedeutung der Tilgungsbestimmung bei der Erfüllung

Umstritten ist, ob allein die reale **Leistungsbewirkung** ausreicht, damit die Erfüllungswirkung eintritt oder ob darüber hinaus noch eine Einigung oder Zweckbestimmungserklärung erforderlich ist. 5

- Nach der früher herrschenden sog. **Vertragstheorie** hat die tatsächliche Vornahme der geschuldeten Leistung allein nicht zur Folge, dass die Verpflichtung des Schuldners erlischt.[10] Hinzu kommen müsse eine rechtsgeschäftliche Einigung darüber, dass die erbrachte Leistung die Erfüllung bewirken solle. Gegen die Vertragstheorie spricht der Wortlaut des § 362, der von einem „Bewirken" der Leistung, also von einer rein tatsächlichen Handlung ausgeht. 6
- Nach der **Theorie der finalen Leistungsbewirkung** ist kein Vertrag über die Erfüllungswirkung erforderlich, aber eine einseitige Tilgungsbestimmung des Leistenden. Aus § 366 Abs. 2 ergibt sich jedoch, dass der Schuldner keine Tilgungsbestimmung treffen muss, damit Erfüllungswirkung eintritt. 7
- Heute herrschend ist die **Theorie der realen Leistungsbewirkung**, der zufolge die tatsächliche Herbeiführung des Leistungserfolgs grundsätzlich zum Eintritt der Erfüllungswirkung ausreicht.[11] Wird die Leistung indes an einen Minderjährigen bewirkt, so tritt keine Erfüllungswirkung ein, da ihm die **Empfangszuständigkeit** fehlt.[12] 8

In dem Fall der Leistung an einen Minderjährigen erübrigt sich regelmäßig eine Streitentscheidung, da alle Theorien aus unterschiedlichen Gründen zum gleichen Ergebnis gelangen. 9

9 BGH RÜ 2018, 208, 209 ff.
10 So heute noch mit Einschränkungen Fikentscher/Heinemann Rn. 313.
11 Vgl. Palandt/Grüneberg § 362 Rn. 1 m.w.N.
12 Vgl. Looschelders Rn. 346.

Fall 1: Kaufpreiszahlung an Minderjährigen

Der 17-jährige M verkauft mit Genehmigung seines gesetzlichen Vertreters und des Familiengerichts sein Grundstück an K. Nach Fälligkeit erscheint M bei K und verlangt Bezahlung. Wird K mit Zahlung an M von seiner Verpflichtung befreit?

I. Der Anspruch des M gegen K auf Zahlung des Kaufpreises (§ 433 Abs. 2) ist entstanden. Der Kaufvertrag ist wirksam, da die Eltern des minderjährigen M gemäß § 107 zugestimmt haben und auch die nach §§ 1643 Abs. 1, 1821 Abs. 1 Nr. 1 und 4 erforderliche Genehmigung des Familiengerichts vorlag.

II. Wegen der Minderjährigkeit des M ist jedoch zweifelhaft, ob K durch Zahlung des Kaufpreises an M von seiner Verpflichtung befreit wird.

1. Nach § 362 Abs. 1 setzt die Erfüllung das Bewirken der geschuldeten Leistung voraus.

Die für den Eigentumserwerb nach § 929 S. 1 am Geld erforderliche Einigungserklärung des Minderjährigen ist nicht nach § 107 unwirksam, denn die sachenrechtliche Einigung ist grundsätzlich lediglich rechtlich vorteilhaft, da der Eigentumserwerb als solcher dem Minderjährigen keine rechtlichen Nachteile bringt.

Dies gilt auch dann, wenn ein übereignetes Grundstück mit einer Hypothek oder einem Nießbrauch belastet ist, da hierdurch der rechtliche Vorteil des Minderjährigen nur gemindert, jedoch kein vorhandenes Vermögen belastet wird; anders allerdings bei der Belastung mit einer Reallast wegen § 1108.[13]

Das Erfüllungsgeschäft ist abstrakt. Für die Anwendung des § 107 auf das Erfüllungsgeschäft – hier die Übereignung – kann also offen bleiben, ob durch das sachenrechtliche Geschäft die Forderung nach § 433 Abs. 2 erlischt. K kann somit das Geld wirksam an M übereignen.

10 2. Wenn allein das Bewirken der Leistung für die Erfüllung gemäß § 362 ausreichen würde, hätte M mit dem Erwerb des Eigentums und des Besitzes am Geld seine Forderung verloren. Ein solches Ergebnis würde dem Minderjährigenschutz widersprechen und wird auch nicht vertreten. Die Begründungen der **„Erfüllungstheorien"** fallen jedoch unterschiedlich aus:

Die **beschränkte Vertragstheorie** verlangt einen auf Aufhebung des Schuldverhältnisses gerichteten Vertrag.[14] Der Minderjährige kann einen solchen Vertrag nur mit Zustimmung seines gesetzlichen Vertreters abschließen. Nach dieser Auffassung tritt daher mit der Übereignung des Geldes an den Minderjährigen ohne Mitwirkung dessen gesetzlichen Vertreters keine Erfüllung ein.

Nach der Theorie der **finalen Leistungsbewirkung** ist zwar kein Vertrag, aber eine einseitige Zweckbestimmungserklärung erforderlich. Diese wird teilweise als Willenserklärung, überwiegend jedoch als geschäftliche Handlung aufgefasst.[15]

---

13 Erman/Müller § 107 Rn. 7.

14 Vgl. dazu Westermann/Bydlinski/Weber Rn. 19/6.

15 Nachweise bei Muschler/Bloch JuS 2000, 729, 732.

Um wirksam zu werden, muss die Zweckbestimmungserklärung, unabhängig von ihrer rechtlichen Einordnung, jedenfalls gemäß § 131 dem gesetzlichen Vertreter zugehen. Deshalb hat die Empfangnahme der Leistung durch den Minderjährigen auch nach dieser Theorie keine Erfüllungswirkung.

Die herrschende **Theorie der realen Leistungsbewirkung** versteht die Erfüllung als realen Tilgungsakt (Herbeiführung des Leistungserfolgs). Allerdings wird auch danach der Eintritt der Erfüllungswirkung gegenüber dem Minderjährigen verneint, da ihm die **Empfangszuständigkeit** fehle. Die Forderung erlischt daher nur, wenn eine Einwilligung des gesetzlichen Vertreters vorliegt oder dieser die Annahme der Leistung ausdrücklich oder durch schlüssiges Verhalten genehmigt.[16]

Im vorliegenden Fall führen also alle Theorien zu dem Ergebnis, dass K durch Zahlung an den Minderjährigen nur dann von seiner Zahlungspflicht frei wird, wenn die gesetzlichen Vertreter des M zustimmen.

Hinweis: *Nimmt der nicht voll geschäftsfähige Gläubiger ohne Einverständnis des gesetzlichen Vertreters die geschuldete Leistung entgegen, muss er diese gemäß § 812 Abs. 1 S. 1 Alt. 1 zurückgeben, da zwar die zu erfüllende Verbindlichkeit bestand, aber die Erfüllungswirkung nicht eingetreten ist. Dem nicht voll geschäftsfähigen Gläubiger steht weiterhin der Erfüllungsanspruch aus dem Schuldverhältnis zu.*

III. Erfüllung bei Forderungsmehrheit

Ist der Schuldner dem Gläubiger aus mehreren Schuldverhältnissen verpflichtet und reicht das Geleistete nicht zur vollständigen Befriedigung aus, so muss die erbrachte Leistung einer der Forderungen zugeordnet werden. **11**

Hat der Schuldner gegenüber dem Gläubiger mehrere Verbindlichkeiten (Zahlungsverpflichtungen), steht dem Schuldner nach **§ 366 Abs. 1** das Recht zu, durch einseitige Tilgungsbestimmung festzulegen, auf welche Verbindlichkeit er zahlt. Diese **Tilgungsbestimmung** ist eine rechtsgeschäftsähnliche Handlung, auf welche die Regelungen für (empfangsbedürftige) Willenserklärungen entsprechend anwendbar sind.[17] Sie kann nachträglich erfolgen (z.B. im Falle der Abtretung[18]) oder Gegenstand einer Irrtumsanfechtung analog § 119 Abs. 1 sein.[19]

Liegt weder eine Bestimmung des Schuldners noch eine Zweckvereinbarung der Parteien vor, so bestimmt **§ 366 Abs. 2** als **Auslegungsregel**, welche Schuld getilgt werden soll.

---

16 Palandt/Grüneberg § 362 Rn. 4.

17 Lorenz JuS 2009, 109, 110.

18 BGH NJW 2008, 985, 986.

19 BGH NJW 1989, 1792, 1793.

IV. Schuldbefreiende Leistung an einen Dritten oder durch einen Dritten

12 Der Schuldner wird gemäß § 362 Abs. 2 i.V.m. § 185 von seiner Leistungsverpflichtung frei, wenn die geschuldete Leistung mit Einwilligung des Gläubigers **an einen Dritten** erbracht wird (**§ 362 Abs. 2**). Darüber hinaus wird der Schuldner bei der Abtretung der Forderung auch dann von seiner Verpflichtung befreit, wenn er in Unkenntnis der Abtretung an den bisherigen Gläubiger leistet (§ 407 Abs. 1).[20]

Der Schuldner braucht nicht notwendig persönlich die Leistung zu erbringen. Sie kann für ihn auch **durch einen** Dritten erbracht werden, **§ 267**. Die Erfüllung einer fremden Schuld setzt jedoch eine eigene oder überbrachte **Tilgungsbestimmung** voraus.[21] Der Leistende muss also bestimmen, dass eine fremde Schuld erfüllt wird.

Dem Dritten stehen bei Zahlung an den Schuldner folgende **Ansprüche** zu:

13 ■ **Gegen den Schuldner**

Wird durch die Zuwendung des Dritten die Schuld gemäß §§ 267, 362 getilgt, kann der Dritte vom Schuldner Ausgleich verlangen:

- nach **§§ 670, 662**, wenn ein Auftrag vorliegt, z.B. weil der Schuldner den Dritten gebeten hatte, zu zahlen;
- nach **§§ 670, 677, 683 S. 1**, wenn kein Auftrag vorliegt, die Zahlung jedoch dem Interesse und dem Willen des Schuldners entspricht;
- nach **§§ 684 S. 1, 812**, wenn die Zahlung nicht dem Interesse oder dem Willen des Schuldners entspricht.
- Im Falle des **§ 267** gibt es keinen gesetzlichen Forderungsübergang, da die Leistung mit der Zahlung erlischt. Dies verhält sich beispielsweise anders, wenn ein Bürge zahlt, vgl. § 774 Abs. 1.

14 ■ **Gegen den Zahlungsempfänger**

hat der Dritte einen Bereicherungsanspruch aus Leistungskondiktion gemäß **§ 812 Abs. 1 S. 1 Alt. 1**, wenn der mit der Leistung verfolgte Zweck, nämlich die Tilgung der fremden Schuld, nicht erreicht wird. Das ist der Fall,

- wenn die fremde Schuld, auf die gezahlt wurde, nicht bestand.[22]
- oder wenn der Dritte an den Gläubiger gezahlt hat, ohne dass eine entsprechende Tilgungsbestimmung vorlag, weil die Tilgungsbestimmung infolge wirksamer Anfechtung rückwirkend weggefallen ist.

---

20 S. dazu ausführlich bei der Abtretung unter Rn. 404 ff.

21 BGH RÜ 2008, 545.

22 Dazu AS-Skript Schuldrecht BT 3 (2017), Rn. 250 ff.

V. Verpflichtungen des Gläubigers

Der Gläubiger hat auf Verlangen des Schuldners über die Zahlung eine **Quittung** zu erteilen, vgl. **§ 368**. Dadurch ist es dem Schuldner später möglich, die erfolgte Zahlung an den Gläubiger zu beweisen. 15

Außerdem ist ein etwaiger **Schuldschein** nach Tilgung der Schuld dem Schuldner zurückzugeben (**§ 371**).

VI. Zahlungen unter Vorbehalt

Rechtsanwälte raten Mandanten häufig, ohne Anerkennung einer Rechtspflicht oder unter dem Vorbehalt der Rückforderung zu zahlen. Dabei kann eine Zahlung unter Vorbehalt zweierlei bedeuten.[23] 16

- Glaubt der Schuldner auf eine Nichtschuld zu leisten, die er später nach § 812 Abs. 1 S. 1 Alt. 1 zurückfordern will, so dient der Vorbehalt der **Erhaltung dieses Rückforderungsanspruchs**, der sonst nach **§ 814** ausgeschlossen sein könnte. Besteht die Forderung tatsächlich, ändert der Vorbehalt nichts an der Erfüllungswirkung, denn im Rückforderungsprozess muss der Leistende beweisen, dass die Forderung nicht bestand.

- Anders verhält es sich, wenn der Schuldner in der Weise und unter Vorbehalt leistet, dass den Leistungsempfänger im späteren **Rückforderungsstreit auch die Beweislast** für das Bestehen des Anspruchs treffen soll. Dann tritt keine Erfüllungswirkung ein.[24] Dies ist insbesondere dann anzunehmen, wenn der Schuldner während eines Rechtsstreits – etwa zur Abwendung der Zwangsvollstreckung aus einem vorläufig vollstreckbaren Titel – leistet, den Rechtsstreit gleichwohl fortsetzt oder unter der Voraussetzung leistet, dass die Forderung zu Recht besteht.

B. Leistung an Erfüllungs statt und erfüllungshalber

I. Leistung an Erfüllungs statt

Wenn der Gläubiger eine andere als die geschuldete Leistung an Erfüllungs statt annimmt, erlischt der Leistungsanspruch, **§ 364 Abs. 1**.

Die Vereinbarung über eine solche Leistung an Erfüllungs statt kann (entsprechend dem Wortlaut des § 364 Abs. 1) beim Bewirken der Leistung getroffen werden. Sie kann aber auch vorher zustande kommen und begründet in diesem Fall eine **Ersetzungsbefugnis des Schuldners**.[25] 17

Praktische Bedeutung hat die Ersetzungsbefugnis insbesondere, wenn beim Kauf eines neuen Pkw der Käufer seinen **alten Pkw „in Zahlung gibt"**. Dabei sind im Wesentlichen zwei Vertragsgestaltungen üblich und zu unterscheiden:

---

23 Lorenz JuS 2009, 109, 110.
24 BGH NJW 2007, 1269, 1270.
25 Palandt/Grüneberg § 364 Rn. 1.

18 ■ Es wird ein **Kaufvertrag** über den neuen Pkw geschlossen und ein **Agenturvertrag** über den alten Pkw, dem zufolge der Händler lediglich den Weiterverkauf für den Kunden vermittelt.[26] Der Händler übernimmt das Risiko; gleichzeitig stundet er dem Kunden in der Höhe des Kaufpreises für den Altwagen den Kaufpreis für den Neuwagen, verbunden mit einer Aufrechnungsabrede.

Diese beschriebene Vertragsgestaltung kann zu einer **Umgehung der §§ 474 ff.** (Verbrauchsgüterkauf) führen, da die Vermittlung durch den Händler letztlich bedeutet, dass der Gebrauchtwagen von einer Privatperson an eine andere verkauft wird. Dadurch besteht auch die Möglichkeit des Haftungsausschlusses für Mängel. Die Rspr. nimmt ein Umgehungsgeschäft i.S.d. § 475 Abs. 1 S. 2 an, wenn das Agenturgeschäft missbräuchlich dazu eingesetzt wird, ein in Wahrheit vorliegendes Eigengeschäft des Unternehmers zu verschleiern.[27] Dies ist dann anzunehmen, wenn der Händler dem verkaufenden Verbraucher einen Mindestpreis garantiert und in entsprechender Höhe den Kaufpreis für den Kauf eines Neuwagens gestundet hat.

19 ■ Wird der alte Pkw „in Zahlung gegeben" ohne dass ein Agenturvertrag darüber geschlossen wird, wird teilweise von einem gemischten Kauf-Tauschvertrag ausgegangen, während die h.M. darin einen **Kaufvertrag mit Ersetzungsbefugnis** (§ 364 Abs. 1) sieht.[28]

Fall 2: Inzahlunggabe eines Gebrauchtwagens

Autohändler V verkauft K einen Neuwagen für 43.000 €. Dabei vereinbaren V und K, dass V den Gebrauchtwagen des K, mit dem V eine Probefahrt gemacht hat, den er aber ansonsten nicht näher untersucht hat, für 5.000 € in Zahlung nimmt. K darf den Wagen bis zur Lieferung des Neuwagens weiter nutzen. K wird schuldlos in einen Unfall verwickelt, bei dem der Pkw zerstört wird. Bei Lieferung des Neuwagens ist K nur bereit, 38.000 € zu zahlen, da er für den Unfall nichts könne und im Übrigen die Zahlung von 43.000 € seine finanziellen Möglichkeiten übersteige. V verlangt Zahlung von 43.000 €. Zu Recht?

V könnte gegen K einen Zahlungsanspruch i.H.v. 43.000 € aus **§ 433 Abs. 2** haben.

V und K haben sich über den Kauf eines Neuwagens zum Preis von 43.000 € geeinigt. Dabei haben sie vereinbart, dass der alte Pkw des K für 5.000 € in Zahlung genommen werden soll. Ob K tatsächlich 43.000 € zahlen muss, hängt davon ab, wie man die Vereinbarung zwischen V und K rechtlich bewertet.

20 I. Es könnte sich um einen **gemischten Vertrag aus Kauf und Tausch** handeln, ergänzt um die Befugnis des K, statt des Altwagens (weil V regelmäßig am Altwagen nicht interessiert ist) Geld zu leisten. Sobald die Parteien die Kraftfahrzeuge übereignen, enthält der Vertrag die Merkmale eines Tausches gemäß § 480, im Übrigen – soweit Zahlung geleistet wird – eines Kaufs. Wird der Gebrauchtwagen vor der Abliefe-

26 Vgl. Reinel JURA 2005, 850; Maulsch ZGS 2005, 175.

27 BGH RÜ 2005, 188.

28 Dazu m.w.N. Palandt/Grüneberg § 480 Rn. 6.

rung zerstört, dann ist die Durchführung des Tauschvertrags unmöglich geworden. Der Käufer wird nach § 275 frei und verliert den Anspruch auf die Gegenleistung nach § 326 Abs. 1. Da **Teilunmöglichkeit** vorliegt, kann V vom gesamten Vertrag zurücktreten, wenn er an der Teilleistung kein Interesse hat, §§ 326 Abs. 5, 323 Abs. 1 S. 2. Für diese Ansicht wird angeführt, dass der Käufer den vollen Listenpreis niemals habe zahlen wollen und auch durch einen günstigen Verrechnungspreis für den Altwagen einen Vorteil erhalten soll.[29]

Dagegen spricht aber, dass dann der Verkäufer, also hier der V, das Risiko für die zufällige Zerstörung des Altwagens trägt, obwohl er diesen nicht in Besitz hat.

II. Um das Risiko des zufälligen Untergangs der in Zahlung gegebenen Sache dem Verkäufer nicht aufzubürden, geht die h.M. daher zu Recht von einem **Kaufvertrag mit Ersetzungsbefugnis** aus.[30] Folglich hat K das Recht, anstelle des Kaufpreises den Altwagen zu leisten. Bei einer solchen Vereinbarung schuldet K an sich den vollen Kaufpreis für den Neuwagen, er kann dem Verkäufer jedoch den Altwagen unter **Anrechnung auf den Kaufpreis an Erfüllungs statt** (§ 364 Abs. 1) überlassen. Kann K die Ersetzungsbefugnis nicht wahrnehmen, weil das Fahrzeug zwischenzeitlich zerstört oder abhanden gekommen ist, so muss er den vollen Kaufpreis zahlen. Diese Risikoverteilung ist gerechtfertigt, da die Störung aus der Sphäre des Käufers stammt.[31]

Demnach muss K den vollen Kaufpreis i.H.v. 43. 000 € entrichten.

Abwandlung:

K zahlt bei Lieferung des Neuwagens 38.000 € und gibt den Altwagen in Zahlung. Es stellt sich heraus, dass dieser erhebliche Mängel hat, die bei einer Untersuchung des Pkw bei Vertragsschluss ohne Weiteres erkennbar gewesen wären. Dabei handelt es sich nicht um Verschleißmängel. Kann V Zahlung von 5.000 € verlangen?

V könnte gegen K einen Anspruch i.H.v. 5.000 € aus **§ 433 Abs. 2** haben.

I. V und K haben einen **Kaufvertrag mit Ersetzungsbefugnis** des Käufers geschlossen, **§ 364 Abs. 1**. Mit der Hingabe des alten Wagens ist damit das Schuldverhältnis i.H.v. 5.000 € erloschen.

II. Gemäß **§ 365** haftet derjenige, der eine Sache an Erfüllungs statt hingibt wie ein Verkäufer. Fraglich ist, ob V von der Ersetzungsbefugnis des K zurücktreten kann.

1. Da der Pkw über erhebliche Mängel verfügt, liegt ein Rücktrittsgrund vor, vgl. **§§ 437 Nr. 2, 434, 323**.

2. Die Gewährleistung könnte jedoch wirksam ausgeschlossen sein.

   a) Die Rspr.[32] geht in den Fällen, in denen beim Kauf eines Neuwagens ein Gebrauchtfahrzeug in Zahlung gegeben wird, von einem **konkludenten Ge-**

29 Medicus/Petersen Rn. 756.

30 BGH NJW 2003, 505, 506; Looschelders Rn. 307.

31 Looschelders Rn. 267.

32 BGH BGHZ 83, 338.

währleistungsausschluss bezüglich typischer Verschleißmängel aus. Solche Mängel liegen hier aber nicht vor.

b) Gemäß **§ 442 Abs. 1 S. 2** ist die Gewährleistung jedoch auch ausgeschlossen, wenn dem Käufer der Mangel **infolge grober Fahrlässigkeit** unbekannt geblieben ist und der Verkäufer den Mangel nicht arglistig verschwiegen oder eine Garantie für die Beschaffenheit der Sache übernommen hat.

V könnte hier der Mangel infolge grober Fahrlässigkeit unbekannt geblieben sein, da er bei einer Untersuchung bei Vertragsschluss ohne Weiteres erkennbar gewesen wäre. Grundsätzlich ist der Käufer (in dessen Position steht hier der V hinsichtlich des Gebrauchtwagens) nicht zur Untersuchung des Kaufgegenstandes verpflichtet. Hiervon ist jedoch eine Ausnahme zu machen, wenn der Käufer – wie der Autohändler V – eine **besondere Sachkunde** besitzt, die der Verkäufer – hier K – nicht hat. Nimmt ein Händler von einem nicht sachkundigen privaten Verkäufer ein Kfz in Zahlung, so begründet dies eine **Untersuchungspflicht**, da der Händler eine besondere Sachkunde hat.[33]

Da die Gewährleistung gemäß § 442 Abs. 1 S. 2 ausgeschlossen ist, kann V nicht zurücktreten und nicht die Zahlung von 5.000 € verlangen.

II. Leistung erfüllungshalber

21 Wenn der Schuldner gegenüber dem Gläubiger **neben** der bereits bestehenden eine neue Verbindlichkeit begründet, bleibt im Zweifel die bisherige Verbindlichkeit bestehen, **§ 364 Abs. 2**. Allerdings darf der Gläubiger aus der bereits bestehenden Forderung so lange nicht vorgehen (Stundung!), als er Befriedigung aus der neuen Verbindlichkeit erlangen kann.[34]

Der Hauptanwendungsfall des § 364 Abs. 2 ist die Hingabe eines Wechsels für eine aus einem Kaufvertrag, Werkvertrag etc. bestehende Zahlungspflicht.[35]

33 Palandt/Weidenkaff § 442 Rn. 14.

34 Brox § 14 Rn. 9.

35 Vgl. BeckOK/Dennhardt § 364 Rn. 5.

Erfüllung

Leistungsanspruch erlischt, wenn geschuldete Leistung an den Gläubiger bewirkt wird, **§ 362**.

Was Schuldner für Erfüllung tun muss, richtet sich nach **Art der Schuld**.

Geldschuld kann stets durch **Barzahlung** getilgt werden. Sie kann auch durch Banküberweisung erfüllt werden, wenn die Parteien dies vereinbart haben.

Erfüllungstheorien

Ob eine Tilgungsbestimmung notwendig ist und welchen Rechtscharakter sie hat, wird unterschiedlich beurteilt.

- Die **beschränkte Vertragstheorie** verlangt einen auf Aufhebung des Schuldverhältnisses gerichteten Vertrag.
- Nach der Theorie der **finalen Leistungsbewirkung** ist kein Vertrag über die Erfüllungswirkung erforderlich, aber eine einseitige Tilgungsbestimmung.
- Die **Theorie der realen Leistungsbewirkung (h.M.)** versteht die Erfüllung als realen Tilgungsakt (Herbeiführung des Leistungserfolgs) und verlangt nur ausnahmsweise ein zusätzliches subjektives Merkmal:
  - wenn der Schuldner bei mehreren Forderungen gemäß **§ 366 Abs. 1** eine Tilgungsbestimmung trifft;
  - wenn ein Dritter leistet, **§ 267**.

Leistung an Erfüllungs statt

Wenn der Gläubiger eine andere als die geschuldete Leistung an Erfüllungs statt annimmt, erlischt der Leistungsanspruch, **§ 364 Abs. 1**. Praktische Bedeutung hat die Ersetzungsbefugnis insbesondere, wenn beim Kaufvertrag über einen neuen Pkw der Käufer seinen alten Pkw „in Zahlung" gibt.

Leistung erfüllungshalber

Wenn der Schuldner gegenüber dem Gläubiger **neben** der bereits bestehenden **eine neue** Verbindlichkeit begründet, bleibt im Zweifel die bisherige Verbindlichkeit bestehen, **§ 364 Abs. 2**.

2. Abschnitt: Hinterlegung und Selbsthilfeverkauf

A. Hinterlegung, §§ 372 ff.

22 Nach § 378 erlischt der Erfüllungsanspruch, wenn der Schuldner den geschuldeten hinterlegungsfähigen Gegenstand unter Verzicht auf die Rücknahme bei der dafür zuständigen Stelle hinterlegt hat. Die Hinterlegung ist ein **Erfüllungssurrogat**. Dabei handelt es sich um ein Recht des Schuldners, aber um keine Pflicht.

I. Voraussetzungen

23 ■ Hinterlegungsgrund (§ 372)

■ Annahmeverzug des Gläubigers (§ 372 S. 1) oder unverschuldete Unsicherheit über die Person des Gläubigers (§ 372 S. 2)

Die Hinterlegungsbefugnis nach § 372 S. 2 ist zu bejahen, wenn eine mit verkehrsüblicher Sorgfalt vorgenommene Prüfung zu begründeten Zweifeln über die Person des Gläubigers führt, deren Behebung auf eigene Gefahr dem Schuldner nicht zugemutet werden kann. Dabei ist zu berücksichtigen, dass von einem Schuldner billigerweise nur begrenzte Anstrengungen zur Ermittlung des Sachverhalts und zu seiner Subsumtion unter das Recht verlangt werden können.[36]

24 ■ Hinterlegungsfähiger Gegenstand

Das sind Geld, Wertpapiere, sonstige Urkunden, Kostbarkeiten (§ 372) oder beim Handelskauf jede Ware (§ 373 Abs. 1 HGB).

II. Wirkungen = Rechtsfolgen

25 ■ Hat der Schuldner ein Rücknahmerecht (§ 376 Abs. 1), treten nur die Wirkungen des § 379 ein, z.B. Gefahrübergang.

■ Ist die Rücknahme ausgeschlossen, z.B. wegen Verzichts auf Rücknahme (§ 376 Abs. 2 Nr. 1), wirkt die Hinterlegung schuldbefreiend (§ 378).

Die Hinterlegung mit schuldbefreiender Wirkung ist auch dann zulässig, wenn sie auf einer entsprechenden **Vereinbarung** beruht.

B. Selbsthilfeverkauf

26 Der ordnungsgemäße Selbsthilfeverkauf nach **§ 383** oder **§ 373 Abs. 2–5 HGB** hat dieselbe Wirkung wie die Hinterlegung.

■ Der Selbsthilfeverkauf nach §§ 383 ff. ist beschränkt auf **nicht hinterlegungsfähige bewegliche Sachen**.

■ Bei **Annahmeverzug des Gläubigers** kann der Schuldner die Sache am Leistungsort versteigern lassen und den Erlös hinterlegen, § 383 Abs. 1 S. 1. Bei unverschuldeter

36 BGH NJW 1997, 1501.

Unsicherheit über die Person des Gläubigers kann er nur dann versteigern, wenn der Verderb der Sache zu befürchten oder die Aufbewahrung mit unverhältnismäßigen Kosten verbunden wäre.

Zur Durchführung sieht das Gesetz zwei Wege vor, nämlich

- **öffentliche Versteigerung** gemäß §§ 383, 384,
- **freihändiger Verkauf** bei Börsen- oder Marktpreis gemäß § 385.

Sondervorschriften enthält § 373 Abs. 2–5 HGB für den Handelskauf.

3. Abschnitt: Aufrechnung, Aufrechnungsvertrag, Anrechnung

A. Aufrechnung

Die Aufrechnung (**§§ 387 ff.**) ist die Tilgung zweier einander gegenüberstehender Forderungen (Hauptforderung und Gegenforderung) durch **einseitige, empfangsbedürftige Willenserklärung**.[37] Sie ist ein Erfüllungssurrogat, bei dem das Hin und Her der Leistungen vermieden wird. 27

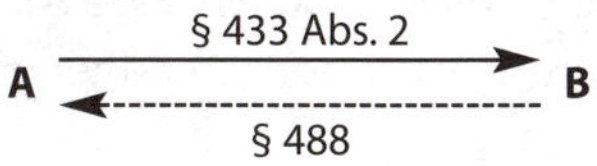

A hat gegen B eine Forderung aus Kauf i.H.v. 1.300 €.

B hat gegen A eine Forderung aus Darlehen i.H.v. 800 €.

Jeder ist also Schuldner und Gläubiger des anderen. Daher ist jeder zur Aufrechnung berechtigt. Mit der Aufrechnungserklärung erlöschen die Forderungen in Höhe ihrer betragsmäßigen Übereinstimmung, § 389, hier also i.H.v. 800 €.

Außerdem kommt der Aufrechnung auch eine **Sicherungsfunktion** zu. Solange jemand nämlich aufrechnen kann, muss er sich über die Leistungsfähigkeit seines Partners keine Gedanken machen. Durch Aufrechnung kann er gleichsam durch „Privatvollstreckung" seine eigene Forderung einbringen. Die Aufrechnung ist im Übrigen sogar noch möglich, wenn über das Vermögen des Aufrechnungsgegners das Insolvenzverfahren eröffnet wurde.[38] 28

Aufrechnung

I. Voraussetzungen

1. Aufrechnungslage, § 387

2. Aufrechnungserklärung, § 388

3. Kein Ausschluss

- Kraft Gesetzes (§§ 391 ff.)
- Kraft Vereinbarung

II. Rechtsfolge: Erlöschen der Forderungen mit Rückwirkung, § 389

37 Vgl. dazu ausführlich Coester/Waltjen JURA 2003, 246 ff.

38 Brox/Walker § 16 Rn. 3.

I. Aufrechnungslage

29 Voraussetzungen der Aufrechnungslage gemäß **§ 387** sind:

- **Gegenseitigkeit** der Forderungen,
- **Gleichartigkeit** der Forderungen (Geld- und Gattungsschulden),
- **Erfüllbarkeit** der Hauptforderung (Forderung, gegen die aufgerechnet wird),
- **Durchsetzbarkeit** der Gegenforderung (Forderung, mit der aufgerechnet wird).

1. Gegenseitigkeit der Forderungen

30 Zwei Personen müssen einander Leistungen schulden. Zwischen den an der Aufrechnung beteiligten Personen muss **Identität** bestehen, d.h., jeder von den beiden Personen muss zugleich Gläubiger und Schuldner des anderen sein.

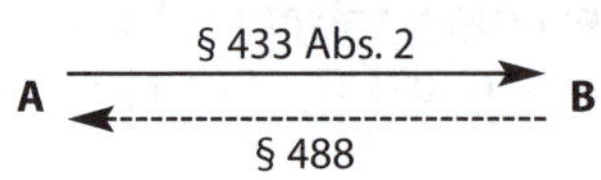

A ist Gläubiger einer Kaufpreisforderung gegen B, zugleich aber auch Schuldner einer Darlehensforderung des B.
B ist Gläubiger einer Darlehensforderung gegen A, zugleich aber auch Schuldner einer Kaufpreisforderung des A.

Die Aufrechnung gegen eine fremde Schuld ist grundsätzlich nicht möglich. Eine **Ausnahme** macht **§ 406**: Auch nach Abtretung der Hauptforderung kann der Schuldner gegen sie unter den Voraussetzungen des § 406 aufrechnen.

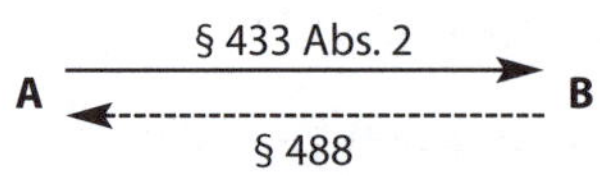

A hat gegen B eine am 01.01. fällige Kaufpreisforderung.

B hat gegen A eine am 01.02. fällige Darlehensforderung.

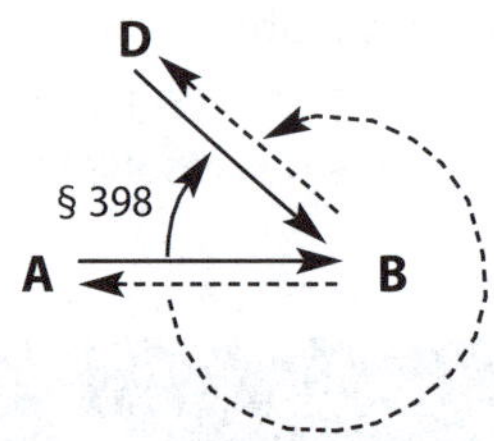

Am 01.03. tritt A seine Kaufpreisforderung gegen B an D ab.

B kann trotz fehlender Gegenseitigkeit gegenüber D aufrechnen.

Die Einschränkungen der Aufrechnung nach Abtretung gemäß § 406 Hs. 2 werden im Einzelnen bei der Abtretung behandelt (dazu unten Rn. 399 ff.).

2. Gleichartigkeit der Forderungen

31 - Gleichartige Forderungen liegen regelmäßig nur bei **Zahlungsansprüchen** oder bei Gattungsschulden innerhalb **derselben Gattung** vor.

  Es ist nicht erforderlich, dass die Forderungen in gleicher Höhe bestehen oder dass ein rechtlicher Zusammenhang (Konnexität) gegeben ist. Ferner wird die Aufrechnung nicht dadurch ausgeschlossen, dass für die Forderungen verschiedene Leistungs- oder Ablieferungsorte vorliegen, § 391 Abs. 1. Der Aufrechnende hat aber gemäß § 391 Abs. 1 S. 2 den Schaden zu ersetzen, den der andere Teil dadurch erleidet, dass er infolge der Aufrechnung die Leistung nicht an dem bestimmten Ort erhält oder bewirken kann.

- Die Gleichartigkeit wird verneint, wenn sich eine Geldforderung und eine Forderung auf Befreiung von einer Geldschuld gegenüberstehen.[39] 32

Der Befreiungsanspruch hat in der Praxis eine große Bedeutung. So kann z.B. ein Gesamtschuldner, der bei Zahlung an den Gläubiger von dem anderen Gesamtschuldner nach § 426 im Innenverhältnis eine Ausgleichszahlung verlangen kann, schon vor seiner Zahlung an den Gläubiger von dem anderen Gesamtschuldner verlangen, dass dieser ihn in entsprechender Höhe der im Innenverhältnis zu tragenden Gesamtschuld freistellt.[40]

Der **Befreiungsanspruch** kann sich aber in einen Zahlungsanspruch umwandeln, sodass dann eine Aufrechnung möglich ist.

Beispiel: G hat gegen B einen Schadensersatzanspruch i.H.v. 1.000 €. B kann von D verlangen, dass D ihn von dem Anspruch des G befreit. D stirbt und wird von G beerbt. Damit ist die Ausgleichsverpflichtung des D auf G übergegangen. Da aber G selbst Gläubiger des Schadensersatzanspruchs gegen B ist, hat sich der Befreiungsanspruch des B in einen Zahlungsanspruch verwandelt. B kann nunmehr aufrechnen.

Gegenbeispiel: Umstritten ist, wann sich der Befreiungsanspruch des Bürgen nach § 775 in einen Zahlungsanspruch umwandelt.[41] Nach der Ansicht des BGH besteht für eine vorzeitige „Umwandlung" des Befreiungs- in einen Zahlungsanspruch kein Bedürfnis. Bevor der Bürge an den Gläubiger leiste, sei er nicht in derselben Lage, wie wenn er bereits geleistet habe. Falls er gegen eine fällige Forderung des Hauptschuldners aufrechnen wolle, könne er sich den dafür erforderlichen Zahlungsanspruch dadurch verschaffen, dass er an den (Bürgschafts-)Gläubiger leiste und somit den Rückgriffsanspruch aus § 774 unbedingt werden lasse.

3. Erfüllbarkeit der Hauptforderung

Die Hauptforderung muss erfüllbar sein. Das bestimmt sich grundsätzlich nach **§ 271**. 33
Während die Aufrechnung gegen auflösend bedingte, gestundete oder einredebehaftete Forderungen möglich ist, scheidet eine Aufrechnung gegen aufschiebend bedingte oder künftige Ansprüche aus.[42]

Die **Erfüllbarkeit fehlt** im Falle der **Beschlagnahme** (Pfändung) der Hauptforderung, 34
wenn der Aufrechnende seine Gegenforderung nach der Beschlagnahme erworben hat oder wenn seine Forderung erst nach der Beschlagnahme und später als die in Beschlag genommene Hauptforderung fällig geworden ist, **§ 392**.

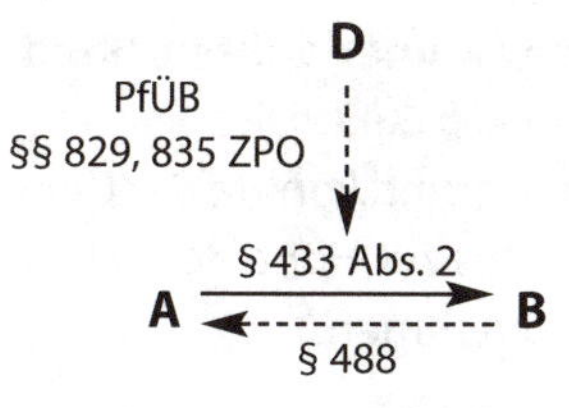

A hat eine Kaufpreisforderung gegen B i.H.v. 1.300 €, fällig am 01.06.
B hat eine Darlehensforderung gegen A auf Zahlung von 800 €, fällig am 01.08.

1. Bereits am 01.07. hat D, ein Gläubiger des A, die Forderung des A gegen B gepfändet und sich zur Einziehung überweisen lassen.
B, der jetzige Drittschuldner des Vollstreckungsgläubigers D, kann nach § 392 nicht aufrechnen, weil seine (Gegen-)Forderung erst nach der Beschlagnahme und später als die Hauptforderung des A fällig geworden ist.

2. Die Pfändung und Überweisung zugunsten des D erfolgt erst am 01.09. Hier kann B aufrechnen, weil seine Forderung gegen A bereits vor der Beschlagnahme fällig war.

39 Palandt/Grüneberg § 387 Rn. 10.
40 Vgl. dazu K. Schmidt JuS 1999, 818.
41 BGH NJW 1999, 1182, 1183.
42 Palandt/Grüneberg § 387 Rn. 12.

4. Durchsetzbarkeit der Gegenforderung

35 Die Forderung des Aufrechnenden muss fällig, erzwingbar und einredefrei (**§ 390**) sein. Schon das **Bestehen einer Einrede hindert** die Durchsetzbarkeit, **ohne dass die Einrede geltend gemacht** zu werden braucht.[43]

36 Gemäß **§ 215** schließt die **Verjährung** der Gegenforderung die Aufrechnung jedoch dann nicht aus, wenn die verjährte Forderung zu der Zeit, zu der sie gegen die andere Forderung aufgerechnet werden konnte, noch nicht verjährt war. Dadurch wird sichergestellt, dass eine einmal geschaffene Aufrechnungslage nicht durch bloßen Zeitablauf beseitigt werden kann.

II. Aufrechnungserklärung

37 Die Wirkung der Aufrechnung tritt nur ein, wenn bei bestehender Aufrechnungslage eine **Aufrechnungserklärung** gegenüber dem anderen Teil abgegeben wird, **§ 388 S. 1**. Dabei handelt es sich um eine empfangsbedürftige Willenserklärung.

Da die Aufrechnung dem Erklärenden nicht einen lediglich rechtlichen Vorteil bringt (er verliert seine Forderung), bedarf der beschränkt Geschäftsfähige der Zustimmung seines gesetzlichen Vertreters, § 107. Als **einseitiges Rechtsgeschäf**t ist sie ohne Einwilligung des gesetzlichen Vertreters unwirksam, § 111 S. 1.

38 Die Aufrechnungserklärung darf gemäß **§ 388 S. 2** nicht unter einer Bedingung oder einer Zeitbestimmung abgegeben werden. Dies steht einer Eventualaufrechnung im Prozess (sog. **Prozessaufrechnung**) indes nicht entgegen.

Der Beklagte bestreitet den Anspruch des Klägers, hilfsweise rechnet er mit einer Gegenforderung auf. Diese Erklärung enthält nach h.M. keine Bedingung i.S.v. § 388 S. 2, sondern erfolgt nur unter der zur Entscheidung stehenden Voraussetzung, dass die Klageforderung besteht.[44]

III. Kein Ausschluss der Aufrechnung

39 Schließlich darf die Aufrechnung nicht ausgeschlossen sein. Dabei kommt sowohl ein Ausschluss kraft Gesetzes als auch kraft Vereinbarung in Betracht.

1. Ausschluss kraft Gesetzes

§ 393

40 Gegen eine Hauptforderung aus einer **vorsätzlich begangenen unerlaubten Handlung**, kann der Schuldner dieser Forderung nicht aufrechnen, **§ 393**. Dies soll eine „sanktionslose Privatrache" verhindern: Ohne diesen Ausschlussgrund könnte der Gläubiger eines nicht leistungsfähigen Schuldners diesem nämlich bis zur Höhe der Schuld vorsätzlichen Schaden zufügen, ohne zivilrechtlich Schaden zu nehmen.[45]

Wer einen anderen vorsätzlich durch unerlaubte Handlung geschädigt hat, soll nicht in den Genuss der Aufrechnungsmöglichkeit kommen, sondern tatsächlich Schadensersatz leisten.

---

43 MünchKomm/Schlüter § 390 Rn. 1.
44 Westermann/Bydlinski/Weber Rn. 19/29.
45 Vgl. dazu Palandt/Grüneberg § 393 Rn. 1.

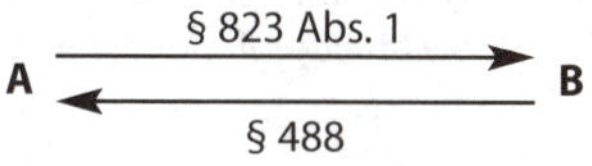

A hat gegen B eine Forderung i.H.v. 10.000 €, weil B vorsätzlich A verletzt hat.
B hat gegen A aus Darlehen eine Forderung i.H.v. 10.000 €.
B kann wegen § 393 nicht aufrechnen.
A kann indes aufrechnen.

Umstritten ist, ob der Ausschluss der Aufrechnung nach § 393 auch dann gilt, wenn es sich auf **beiden Seiten um Forderungen aus vorsätzlich unerlaubten Handlungen handelt**, die aus einem einheitlichen Lebensverhältnis resultieren. **41**

Beispiel: Zwischen den Parteien kam es zu einer tätlichen Auseinandersetzung, wobei K einen Kieferbruch erlitt und B eine Gehirnerschütterung. K verlangt von B ein – unter Berücksichtigung seines Mitverschuldens angemessenes – Schmerzensgeld i.H.v. 5.000 €. B hat im Prozess Klageabweisung beantragt und hilfsweise die Aufrechnung mit eigenen Ansprüchen auf Ersatz materieller und immaterieller Schäden i.H.v. 5.800 € erklärt. Ist der Anspruch i.H.v. 5.000 € durch Aufrechnung erloschen?

Da eine Aufrechnungslage vorliegt, ist der Anspruch erloschen, wenn die Aufrechnung nicht nach § 393 ausgeschlossen ist.

I. Nach dem Wortlaut des § 393 ist eine Aufrechnung ausgeschlossen, da „gegen" eine Forderung aus unerlaubter Handlung aufgerechnet wird.
II. Streitig ist, ob dies auch dann gilt, wenn es auf beiden Seiten um Forderungen aus vorsätzlichen unerlaubten Handlungen geht, die aus einem einheitlichen Lebensverhältnis resultieren.
1. In der Lit. wird in diesem Fall eine Aufrechnung teilweise zugelassen mit der Begründung, dass die Vorschrift einem kalkulierten Missbrauch des Aufrechnungsrechts zum Zwecke der Privatrache gegenüber einem zahlungsunfähigen Erstschädiger vorbeugen wolle.[46] Diese Gefahr bestehe aber dann nicht, wenn das Zweitdelikt innerhalb desselben Raufhandelns begangen sei oder jedenfalls einen spontanen Racheakt im unmittelbaren Anschluss an das erste Delikt darstelle.
2. Demgegenüber geht die wohl h.M. davon aus, dass sich eine solche Ausnahme mit dem klaren Wortlaut des § 393 nicht vereinbaren lasse und zu einer erheblichen Rechtsunsicherheit führen würde.[47] Es würde zu einer nicht hinnehmbaren Rechtsunsicherheit führen, weil dann in jedem Einzelfall geprüft werden müsse, ob die Voraussetzungen eines einheitlichen Lebensvorgangs gegeben sind. Demnach ist die Forderung nicht durch Aufrechnung erloschen.

Klausurhinweis: *Oft (insbesondere in der „Klausurhektik") wird § 393 falsch verstanden: Das Aufrechnungsverbot betrifft nur den Schädiger, da nur „gegen" diesen eine Forderung aus unerlaubter Handlung besteht. Der Geschädigte darf dagegen mit einer Forderung aus einer unerlaubten Handlung, die ihm gegen den Schädiger zusteht, aufrechnen.*

Nach **§ 394 S. 1** ist die Aufrechnung gegen eine **unpfändbare Forderung** ausgeschlossen, soweit die Unpfändbarkeit reicht. **42**

Forderungen sind unpfändbar, soweit sie nicht abtretbar sind (§§ 851 ZPO, 399). Das wird z.B. angenommen bei zweckgebundenen oder höchstpersönlichen Ansprüchen, die ihren Inhalt verändern würden. Soweit die Abtretung durch Parteivereinbarung gemäß § 399 ausgeschlossen wurde, ist allerdings § 851 Abs. 2 ZPO zu beachten. Demnach ist die Forderung pfändbar und unterliegt damit der Aufrechnung, wenn der geschuldete Gegenstand pfändbar ist. Da z.B. Geld nicht der Unpfändbarkeit nach § 811 ZPO unterliegt, ist eine Geldforderung also auch bei vertraglichem Abtretungsausschluss aufrechenbar.

---

46 Staudinger/Bittner § 273 Rn. 111; Erman/Wagner § 393 Rn. 2.

47 BGH NJW 2009, 3508; Medicus/Lorenz Rn. 313 m.w.N.

Beispiel: Bauherr B vereinbart mit Bauunternehmer U, die Werklohnforderung solle nicht abtretbar sein. Später will er mit einer Schadensersatzforderung aus einem anderen Bauvorhaben aufrechnen. Die Abtretung der Werklohnforderung wäre zwar nicht möglich (§ 399). Da sie aber gepfändet werden könnte (§ 851 Abs. 2 ZPO), kann B auch gegen sie aufrechnen.

2. Ausschluss kraft Vereinbarung

43 Aufgrund der Vertragsfreiheit kann die Aufrechnung auch durch **Parteivereinbarung** beschränkt oder ausgeschlossen werden. Ob ein Aufrechnungsausschluss gewollt ist, muss teilweise erst durch Auslegung ermittelt werden.

Vereinbarung

Nach **§ 391 Abs. 2** ist bei einer Vereinbarung der Leistung zu einer bestimmten Zeit an einem bestimmten Ort im Zweifel ein Aufrechnungsausschluss anzunehmen. Denn bei einer solchen Vereinbarung ist davon auszugehen, dass der Gläubiger auf eine tatsächliche Leistung Wert legt.

Ein Aufrechnungsverbot kann sich auch aus **Zahlungsklauseln** ergeben, etwa wenn die Parteien in einem Vertrag hinsichtlich der Zahlungsweise bestimmen, dass diese „innerhalb von sieben Tagen, rein netto Kasse ohne Abzug" erfolgen soll.[48]

Der Ausschluss der Aufrechnung kann sich außerdem „stillschweigend" aus der **Natur der Rechtsbeziehungen** ergeben.

So enthält etwa ein abstraktes Schuldanerkenntnis, das die Zahlung bis zu einem bestimmten Termin verspricht, konkludent den Verzicht auf die Aufrechnung mit Gegenforderungen, die dem Versprechenden bekannt sind.[49]

44 Ein Aufrechnungsverbot kann schließlich auch aus **allgemeinen Geschäftsbedingungen** folgen. Das Verbot ist jedoch gemäß **§ 309 Nr. 3** unwirksam, wenn es sich auf unbestrittene oder rechtskräftig festgestellte Forderungen bezieht.

AGB

IV. Wirkungen der Aufrechnung

1. Erlöschen der Forderungen mit Rückwirkung

45 Die Aufrechnung bringt beide Forderungen, soweit sie sich decken, **rückwirkend** auf den Zeitpunkt ihres aufrechnungsfähigen Gegenübertretens zum Erlöschen, **§ 389**. Zwischenzeitlich eingetretene Rechtsfolgen (z.B. Verzug, Verzinslichkeit, Vertragsstrafe) entfallen mit der Aufrechnung.[50]

2. Aufrechnung und Rechtskraft

46 Rechnet der Beklagte gegen die im Prozess geltend gemachte (Haupt-)Forderung des Klägers auf, so ist gemäß **§ 322 Abs. 2 ZPO** die Entscheidung, dass die Gegenforderung nicht oder aufgrund der Aufrechnung nicht mehr bestehe, der Rechtskraft fähig.[51]

48 OLG Düsseldorf BB 1995, 1712, 1713 m.w.N.
49 OLG Saarbrücken OLG-Report 2000, 475.
50 Palandt/Grüneberg § 389 Rn. 4.
51 Dazu AS-Skript ZPO (2017), Rn. 342.

B. Aufrechnungsvertrag

- Aufgrund der im Zivilrecht geltenden Vertragsfreiheit kann die **Aufrechnung auch durch eine Vereinbarung** vorgenommen werden. Erforderlich ist nur, dass die beiderseitigen Forderungen rechtsgültig sind und dass jede Vertragspartei über die von ihr zur Aufrechnung gestellte Forderung verfügen kann. 47

  Im **Gegensatz zur einseitigen Aufrechnung** gemäß den §§ 387 ff. müssen die Forderungen weder fällig sein noch im Verhältnis der Gegenseitigkeit stehen oder gleichartig sein.[52]

- Ein **vorweggenommener Aufrechnungsvertrag** kann auch schon in Bezug auf künftig entstehende Forderungen im Voraus geschlossen werden. Die Forderungen werden dann, soweit aufrechenbar, im Augenblick ihrer Entstehung getilgt.

- Gegen eine **unpfändbare Forderung** kann auch nicht im Wege eines Aufrechnungsvertrags aufgerechnet werden, da sonst der gesetzliche Schutzzweck unterlaufen würde.[53] Bei anderen gesetzlichen Aufrechnungsverboten entscheidet der Normzweck, ob sie generell einem Aufrechnungsvertrag entgegenstehen oder ob nur ein vorweggenommener Aufrechnungsvertrag unwirksam ist.

C. Anrechnung

Während sich bei der Aufrechnung zwei selbstständige Forderungen gegenüberstehen, sind bei der Anrechnung **unselbstständige Rechnungsposten** in Abzug zu bringen. Das Gesetz erwähnt die Anrechnung etwa in den §§ 326 Abs. 2 S. 2, 537 Abs. 1 S. 2 und 615 S. 2. Die Anrechnung bedarf keiner Parteierklärung, sondern findet **von Amts wegen** statt. 48

Beispiel: V verkauft K ein gebrauchtes Auto für 10.000 €. Es ist vereinbart, dass V kleinere Mängel noch beseitigt und den Wagen zum TÜV bringt (Kosten dafür: 600 €). K darf den Wagen vor der endgültigen Vertragsabwicklung für eine Ausflugsfahrt mitnehmen. Dabei kommt es infolge von Fahrlässigkeit des K zu einem Unfall. Der Wagen erleidet einen Totalschaden.

V behält nach § 326 Abs. 2 S. 2 den Zahlungsanspruch gegen K i.H.v. 10.000 €. Er muss sich aber anrechnen lassen, was er infolge der Befreiung von der Leistung erspart. Dies sind hier 600 €. Somit hat V gegen K einen Anspruch auf Zahlung von 9.400 €.

52 Palandt/Grüneberg § 387 Rn. 20.

53 BeckOK/Dennhardt § 387 Rn. 11.

49

Aufrechnung, §§ 387 ff.

Voraussetzungen

I. Aufrechnungslage

- **Gegenseitigkeit der Forderungen**
  Zwischen den an der Aufrechnung beteiligten Personen muss Identität bestehen, d.h., jeder muss Gläubiger und Schuldner des anderen sein (Ausnahme: § 406).

- **Gleichartigkeit der Forderungen**
  In der Regel nur bei Forderungen auf Geld oder bei Gattungsschulden derselben Gattung, nicht bei Geldforderungen gegen Forderung auf Befreiung, es sei denn, der Befreiungsanspruch hat sich in einen Zahlungsanspruch umgewandelt.

- **Erfüllbarkeit der Hauptforderung**
  Ob Schuldner berechtigt ist, zu erfüllen, richtet sich grundsätzlich nach § 271. Auch wenn die Hauptforderung durch eine Pfändung beschlagnahmt wird, kann gegen sie noch aufgerechnet werden (vgl. § 392). Ausnahme: Es bestand zum Zeitpunkt der Beschlagnahme noch gar keine Aufrechnungslage.

- **Durchsetzbarkeit der Gegenforderung**
  Sie muss fällig, erzwingbar und einredefrei sein; schon das Bestehen einer Einrede hindert die Aufrechnung. Ausnahme: § 215 bei Verjährung.

II. Aufrechnungserklärung

- Erklärung ist eine **empfangsbedürftige Willenserklärung**, die gegenüber dem „anderen Teil" erfolgen muss, § 388 S. 1.

- Sie darf nicht unter einer Bedingung oder Zeitbestimmung abgegeben werden, § 388 S. 2. Eine **Eventualaufrechnung** im Prozess ist aber zulässig.

III. Kein Ausschluss

- **Kraft Gesetzes** (§§ 393, 394); nach § 393 ist die Aufrechnung ausgeschlossen, wenn die Hauptforderung aus einer vorsätzlich begangenen unerlaubten Handlung stammt. Nach h.M. gilt dieser Ausschluss auch dann, wenn es sich auf beiden Seiten um Forderungen aus vorsätzlich unerlaubten Handlungen handelt, die aus einem einheitlichen Lebensverhältnis resultieren.

- **Kraft Vereinbarung** (bei AGB: § 309 Nr. 3 beachten)

Rechtsfolge

- **Erlöschen der Forderungen** mit Rückwirkung, § 389

- **Materielle Rechtskraft** gemäß § 322 Abs. 2 ZPO

4. Abschnitt: Erlassvertrag und negatives Schuldanerkenntnis

Nach § 397 Abs. 1 erlischt das Schuldverhältnis, wenn der Gläubiger dem Schuldner die Schuld durch Vertrag erlässt. Gleiches gilt, wenn der Gläubiger durch Vertrag mit dem Schuldner anerkennt, dass das Schuldverhältnis nicht besteht, § 397 Abs. 2. 50

A. Erlassvertrag

- Der Erlassvertrag gemäß **§ 397 Abs. 1** ist ein **Verfügungsvertrag**, weil er darauf gerichtet ist, die Forderung zum Erlöschen zu bringen. Er kann ausdrücklich oder konkludent und nur von den verfügungsberechtigten Partnern des Schuldverhältnisses geschlossen werden. 51
- Als Kausalverhältnis liegt diesem Verfügungsvertrag häufig ein Schenkungsvertrag (§ 516) zugrunde. Das Formerfordernis aus § 518 Abs. 1 gilt nur für das Kausalgeschäft, also nicht für den Erlassvertrag.[54]
- Vom Erlassvertrag ist der Aufhebungsvertrag zu unterscheiden. Während der Erlass den **Verzicht auf eine einzelne Forderung** darstellt, bezieht sich der Aufhebungsvertrag auf das gesamte Schuldverhältnis und bringt dieses zum Erlöschen. Die Rechtsgrundlage des Aufhebungsvertrags ist § 311 Abs. 1. Bekanntes Beispiel ist die Aufhebung eines Arbeitsvertrags, für die § 623 Schriftform anordnet.

B. Negatives Schuldanerkenntnis

Gemäß **§ 397 Abs. 2** erlischt das Schuldverhältnis, wenn der Gläubiger anerkennt, dass das Schuldverhältnis nicht besteht. Dabei handelt es sich um ein **negatives konstitutives Schuldanerkenntnis**, welches vom positiven konstitutiven Schuldanerkenntnis (§ 781) zu unterscheiden ist. 52

Es kann **formfrei** vereinbart werden, da die §§ 780 f. nicht gelten.[55]

Im Gegensatz zu dem konstitutiven Schuldanerkenntnis haben die im Gesetz nicht geregelten deklaratorischen Schuldanerkenntnisse nicht die Wirkung, dass eine Schuld erlischt (§ 397 Abs. 2) oder neu entsteht (§ 781), sondern bestätigen lediglich das Bestehen oder Nichtbestehen einer Forderung.[56]

54 Looschelders Rn. 394.
55 Palandt/Grüneberg § 397 Rn. 10.
56 Vgl. dazu AS-Skript Schuldrecht BT 2 (2018), Rn. 456 ff.

53

Positives Schuldanerkenntnis

Konstitutiv = abstrakt	**Deklaratorisch = kausal**
§ 781	Im Gesetz nicht geregelt
■ Schafft eine neue abstrakte Verbindlichkeit = anspruchsbegründend	■ Bestärkt lediglich eine vorhandene oder als vorhanden angenommene Verbindlichkeit, indem es dem Schuldner Einwendungen abschneidet, mit deren Möglichkeit er bei der Abgabe des Anerkenntnisses rechnete oder rechnen musste.
■ Schriftform, § 781 S. 1	■ Formfrei
■ § 781 eigene Anspruchsgrundlage	■ Die lediglich verstärkte Anspruchsgrundlage bleibt.
■ Bei rechtsgrundloser Erteilung kondizierbar, § 812 Abs. 2	■ Kondiktion scheidet grundsätzlich aus

Negatives Schuldanerkenntnis

Konstitutiv = abstrakt	**Deklaratorisch = kausal**
§ 397 Abs. 2	Im Gesetz nicht geregelt
■ Hat die Bedeutung eines Erlassvertrags; die Schuld erlischt	■ Bestärkt lediglich das Nichtbestehen oder das angenommene Nichtbestehen einer Verbindlichkeit, indem in Zukunft ein Ausschluss der als gegeben angesehenen Einwendung ausscheidet.
■ Formfrei	■ Formfrei
■ § 397 Abs. 2 ist eigener Erlöschensgrund	■ Geht zurück auf die ursprüngliche (angenommene) Einwendung
■ Bei rechtsgrundloser Erteilung kondizierbar	■ Kondiktion scheidet grundsätzlich aus

5. Abschnitt: Rücktritt vom Vertrag

54 Beim Rücktritt handelt es sich um ein **Gestaltungsrecht**, das durch eine empfangsbedürftige Willenserklärung (Rücktrittserklärung) ausgeübt werden muss.

Ein Rücktrittsrecht kann sich aus **Vertrag** oder **Gesetz** ergeben. Die Folge des Rücktritts besteht darin, dass die durch den Vertrag begründeten primären **Leistungspflichten**, soweit sie nicht erfüllt sind, **erlöschen**. Der Rücktritt ist also eine **rechtsvernichtende Einwendung**.

rechtsvernichtende Einwendung

Soweit Leistungen erbracht wurden, wird der Vertrag infolge der Rücktrittserklärung mit Wirkung ex nunc in ein **Rückgewährschuldverhältnis** umgewandelt, aus dem sich Rückgewährpflichten ableiten. Insofern ist der Rücktritt dann eine **anspruchsbegründende Voraussetzung**.[57]

57 Brox/Walker § 18 Rn. 2.

Rücktritt	55

I. Voraussetzungen

1. Rücktrittsrecht

- Vertraglich vereinbartes Rücktrittsrecht, § 346 Abs. 1 Alt. 1
- Gesetzliches Rücktrittsrecht, § 346 Abs. 1 Alt. 2 (§§ 323, 324, 326 Abs. 5, 313 Abs. 3)

2. Rücktrittserklärung, § 349

3. Kein Ausschluss (z.B. Parteiabrede, AGB)

II. Keine Unwirksamkeit (§ 218) und **kein Erlöschen** des Rücktrittsrechts (§§ 350 f.)

III. Rechtsfolgen

- Vorrangig: „Rückgabe in Natur", § 346 Abs. 1 (Zug um Zug), § 348
  - **Rückgewähr der Leistung**
  - **Herausgabe** der gezogenen **Nutzungen**
- Nachrangig: Wertersatz für empfangene Leistungen und Nutzungen, **§ 346 Abs. 2**
  - Ausschluss der Wertersatzpflicht, § 346 Abs. 3
- **Schadensersatz**, §§ 346 Abs. 4, 280 ff.
- **Nutzungsersatz**, § 347 Abs. 1
- **Verwendungsersatz**, § 347 Abs. 2 S. 1
- **Aufwendungsersatz**, §§ 347 Abs. 2 S. 2, 812 ff.

A. Voraussetzungen des Rücktritts

I. Rücktrittsrecht

Maßgebende Voraussetzung für einen Rücktritt vom Vertrag ist ein vertragliches oder gesetzliches Rücktrittsrecht. 56

1. Vertragliches Rücktrittsrecht

vertragl.

Das vertragliche Rücktrittsrecht bedarf einer Vereinbarung der Parteien; es soll dem Berechtigten die Möglichkeit geben, sich (innerhalb einer bestimmten Zeit) vom Geschäft wieder zu lösen. Wird ein vertragliches Rücktrittsrecht in AGB geregelt, ist § 308 Nr. 3 zu beachten. Die Vorschriften über die Folgen des Rücktritts in den **§§ 346 ff.** gelten nicht nur bei Ausübung eines gesetzlichen, sondern **auch bei vertraglichen Rücktrittsrechten**. 57

2. Gesetzliches Rücktrittsrecht

gesetzl.

Die größte Bedeutung erlangen die §§ 346 ff. aber durch ihre Anwendung im Rahmen der gesetzlichen Rücktrittsrechte, die sich insbesondere aus den folgenden Vorschriften ergeben: 58

- **§ 323**, Rücktritt wegen nicht oder nicht vertragsgemäßer Leistung;
- **§ 324**, Rücktritt wegen Nebenpflichtverletzung gemäß § 241 Abs. 2;
- **§ 326 Abs. 5**, Rücktritt wegen Ausschluss der Leistungspflicht (§ 275);
- **§ 313 Abs. 3**, Rücktritt bei Störung der Geschäftsgrundlage.

a) Rücktrittsrecht, § 323

Das Rücktrittsrecht aus § 323 Abs. 1 hat die **größte Praxis- und Examensrelevanz**. Große Bedeutung erlangt **§ 323** auch dadurch, dass sowohl das kaufvertragliche als auch das werkvertragliche **Gewährleistungsrecht** gemäß § 437 Nr. 2 bzw. § 634 Nr. 3 auf die Vorschrift verweisen.[58]

59

Rücktrittsrecht gemäß § 323

I. Voraussetzungen

1. Wirksamer gegenseitiger Vertrag

2. Fälliger (durchsetzbarer) Anspruch

Nach § 323 Abs. 4 kann der Gläubiger bereits vor Eintritt der Fälligkeit zurücktreten, wenn offensichtlich ist, dass die Voraussetzungen des Rücktritts eintreten werden.

3. Leistung des Schuldners nicht oder nicht vertragsgemäß erbracht aa)

4. Erfolgloser Fristablauf oder Entbehrlichkeit der Fristsetzung bb)

- Grundsätzlich ist eine angemessene Fristsetzung erforderlich.
- In den Fällen des § 323 Abs. 2 ist dies jedoch ausnahmsweise entbehrlich.

5. Kein Ausschluss

- § 323 Abs. 5 S. 2, Unerheblichkeit der Pflichtverletzung
- § 323 Abs. 6, Gläubiger allein oder weit überwiegend verantwortlich oder befindet sich im Annahmeverzug

II. Rechtsfolge: Rücktrittsrecht

Beachte: bei Teilleistungen Rücktritt vom ganzen Vertrag bei Interessenwegfall (§ 323 Abs. 5 S. 1)

Maßgebende Voraussetzungen sind also, dass der Schuldner eine fällige Leistung nicht oder nicht vertragsgemäß erbringt und der Gläubiger eine angemessene Frist zur Leistung oder Nacherfüllung bestimmt hat (§ 323 Abs. 1) oder eine Fristsetzung ausnahmsweise entbehrlich war (§ 323 Abs. 2).

aa) Verletzung einer Leistungspflicht i.S.d. § 323 Abs. 1

Unter den Begriff der **Nichtleistung** fällt jede Verzögerung einer fälligen Leistung, unabhängig davon, ob der Schuldner sie zu vertreten hat oder Leistungsverzug vorliegt.[59] Die nicht **vertragsgemäße Leistung** bezeichnet die **Schlechterfüllung**, womit insbe-

58 Dazu ausführlich AS-Skript Schuldrecht BT 1 (2018), Rn. 86 ff. und 325.

59 BeckOK/Schmidt § 323 Rn. 9.

sondere auch Fälle mangelhafter Leistung bei Kauf- oder Werkverträgen erfasst werden.[60]

§ 323 bezieht sich sowohl auf die Verletzung von **Haupt**- als auch von **Nebenleistungspflichten**. Ob die verletzte Pflicht im Synallagma steht, ist nicht relevant.[61]

bb) Angemessene Fristsetzung

Die Fristsetzung ist eine **Aufforderung zur Bewirkung der Leistung** binnen einer hinreichend, nicht notwendig nach Zeiteinheiten (z.B. Tagen) bestimmten Frist. Nach der Rspr. reicht es aus, dass der Gläubiger durch das Verlangen nach sofortiger, unverzüglicher oder umgehender Leistung oder durch vergleichbare Formulierungen deutlich macht, dass dem Schuldner für die Erfüllung nur ein begrenzter Zeitraum zur Verfügung steht.[62]

Der Gläubiger muss die Frist **nach Fälligkeit der Leistung** und noch vor der Undurchsetzbarkeit des Anspruchs setzen.[63] Eine vor Fälligkeit erklärte Fristsetzung ist unwirksam. Sie wird auch nicht mit Eintritt der Fälligkeit wirksam.[64]

Die Frist muss **objektiv angemessen** sein. Das bestimmt sich nach den Umständen des konkreten Einzelfalls, wobei die Interessen beider Vertragsparteien zu berücksichtigen sind. Ist die Frist **zu kurz**, also nicht angemessen, so ist sie grundsätzlich **nicht unwirksam**. Es wird vielmehr eine längere und damit eine angemessene Frist in Gang gesetzt.[65] Das gilt jedoch nicht für Fälle, in denen der Gläubiger sich unredlich verhält, etwa wenn er die Frist bewusst viel zu kurz oder nur zum Schein setzt.[66]

Abweichend von § 323 Abs. 1 gewährt **§ 323 Abs. 4** dem Gläubiger ausnahmsweise bereits **vor dem Eintritt der Fälligkeit** ein Rücktrittsrecht, wenn offensichtlich ist, dass die Voraussetzungen des Rücktritts eintreten werden. Damit hat der Gesetzgeber im Falle der **Erfüllungsgefährdung** dem Gläubiger eine gesetzliche Möglichkeit verschafft, den Rücktritt schon vor der Fälligkeit zu erklären. Das Rücktrittsrecht aus § 323 Abs. 4 besteht aber **nur bis zum Eintritt der Fälligkeit**.[67] Nach Eintritt der Fälligkeit kann es nicht mehr ausgeübt werden. Denn in diesem Zeitpunkt liegt kein Tatbestand der Erfüllungsgefährdung mehr vor. Vielmehr hat sich die Pflichtverletzung nunmehr erwiesen. Dann gilt wieder die Regel in § 323 Abs. 1 BGB, derzufolge ein Rücktritt grundsätzlich erst dann möglich ist, wenn eine Frist erfolglos abgelaufen ist.

cc) Entbehrlichkeit der Fristsetzung

In **§ 323 Abs. 2 Nr. 1–3** sind Fälle geregelt, in denen eine Fristsetzung ausnahmsweise entbehrlich ist.[68]

---

60 Looschelders Rn. 676.
61 So die h.M., vgl. dazu Palandt/Grüneberg § 323 Rn. 10 m.w.N.
62 BGH RÜ 2015, 349.
63 Jauernig/Stadler § 323 Rn. 8.
64 BGH RÜ 2012, 545, 546 f.
65 MünchKomm/Ernst § 323 Rn. 79.
66 BeckOK/Schmidt § 323 Rn. 16.
67 BGH RÜ 2012, 545, 546.
68 Vgl. dazu die Ausführung zur Entbehrlichkeit nach § 281 Abs. 2 AS-Skript Schuldrecht AT 1 (2017), Rn. 190 ff.

- Die Fristsetzung ist gemäß **§ 323 Abs. 2 Nr. 1** entbehrlich, wenn der Schuldner die Leistung **ernsthaft und endgültig verweigert**. Aufgrund der nachteiligen Folgen sind an die tatsächlichen Voraussetzungen einer endgültigen Erfüllungsverweigerung **strenge Anforderungen** zu stellen. Der Schuldner muss deshalb eindeutig zum Ausdruck bringen, dass er seinen Vertragspflichten nicht nachkommen werde und es damit ausgeschlossen erscheint, dass er sich von einer Nachfristsetzung umstimmen ließe.

  Beispiel: Allein der Hinweis des Schuldners, er werde zum Fälligkeitszeitpunkt nicht in der Lage sein zu leisten, stellt noch keine ernstliche Erfüllungsverweigerung dar.[69]

- Für **relative Fixgeschäfte** sieht **§ 323 Abs. 2 Nr. 2** eine Entbehrlichkeit der Fristsetzung vor. Dafür ist maßgebend, dass die **termin- oder fristgerechte Leistung** nach einer Mitteilung des Gläubigers an den Schuldner vor Vertragsschluss oder aufgrund anderer den Vertragsabschluss begleitenden Umstände **für den Gläubiger wesentlich** ist. Dazu muss unmissverständlich zum Ausdruck kommen, dass das **Geschäft** mit der Einhaltung der Lieferfrist oder des Leistungstermins **stehen und fallen soll.**[70] Für eine solche Bedeutung der Leistungszeit sprechen Formulierungen wie beispielsweise „fix", „genau", „präzise" oder „spätestens". Demgegenüber verpflichten Wendungen wie etwa „prompt" oder „sofort" in der Regel lediglich zu einer möglichst schnellen Lieferung.[71]

- Schließlich ist eine Fristsetzung gemäß **§ 323 Abs. 2 Nr. 3** entbehrlich, wenn **besondere Umstände** vorliegen, die unter Abwägung der beiderseitigen Interessen den sofortigen Rücktritt rechtfertigen. Während bis zum 12.06.2014 eine Fristsetzung sowohl im Fall einer nicht erbrachten als auch im Fall einer nicht vertragsgemäß erbrachten Leistung entbehrlich war, ist diese Ausnahme nun auf den Fall einer **nicht vertragsgemäß erbrachten** Leistung beschränkt.

dd) Kein Ausschluss des Rücktritts

§ 323 enthält drei Fallgruppen, in denen der Rücktritt ausgeschlossen ist:

- Gemäß **§ 323 Abs. 5 S. 2** ist der Rücktritt ausgeschlossen, wenn die – an sich zum Rücktritt berechtigende – **Pflichtverletzung unerheblich** ist. Unerheblichkeit ist zu bejahen, wenn es bei Abwägung aller Interessen unverhältnismäßig wäre, den Vertrag wegen der Pflichtverletzung scheitern zu lassen.[72] Dabei gelten die gleichen Maßstäbe wie bei der Parallelregelung in § 281 Abs. 1 S. 3.

- Ferner ist der Rücktritt gemäß **§ 323 Abs. 6 Alt. 1** ausgeschlossen, wenn der **Gläubiger** für den Umstand, der ihn zum Rücktritt berechtigen würde, **allein oder weit überwiegend verantwortlich** ist. Eine weit überwiegende Verantwortlichkeit liegt vor, wenn § 254 BGB einen Schadensersatzanspruch des Gläubigers vollständig aus-

---

69 BeckOK/Schmidt § 323 Rn. 21.

70 Looschelders Rn. 678.

71 BeckOK/Schmidt § 323 Rn. 24.

72 Looschelders Rn. 602.

schließen würde. Dies ist regelmäßig bei einer Quote von 90%, zumindest aber 80% der Fall.[73]

Hinweis: *Nach dem eindeutigen Wortlaut des § 323 Abs. 6 Alt. 1 BGB ist der Rücktritt nicht ausgeschlossen, wenn Gläubiger und Schuldner die* ***Unmöglichkeit der Leistung gleichermaßen zu vertreten*** *haben, sondern nur dann, wenn der Gläubiger die Unmöglichkeit allein oder weit überwiegend zu vertreten hat.*[74]

- Schließlich ist der Rücktritt auch dann ausgeschlossen, wenn der Rücktrittsgrund eintritt, während sich der **Gläubiger in Annahmeverzug**[75] befindet und der Schuldner den Rücktrittsgrund nicht zu vertreten hat, **§ 326 Abs. 6 Alt. 2.** Dabei ist eine Kausalität zwischen Gläubigerverzug und Pflichtverletzung (Rücktrittsgrund) nicht erforderlich, es genügt ein zeitlicher Zusammenhang („zu einer Zeit eintritt").[76]

b) Rücktrittsrecht, § 324

Wird bei einem gegenseitigen Vertrag eine **Rücksichtnahmepflicht verletzt** (§ 241 **60**
Abs. 2) und ist infolge dessen dem Gläubiger ein Festhalten am Vertrag unzumutbar, so hat er gemäß § 324 ein Rücktrittsrecht.[77]

c) Rücktrittsrecht, § 326 Abs. 5

Nach § 326 Abs. 5 kann der Gläubiger vom Vertrag zurücktreten, wenn der Schuldner **61**
gemäß § 275 (**Unmöglichkeit**) von der Leistungspflicht befreit ist.[78] Dabei verweist der zweite Halbsatz der Vorschrift auf die Voraussetzungen des **§ 323** unter der Maßgabe, dass eine **Fristsetzung entbehrlich** ist.

d) Rücktrittsrecht, § 313 Abs. 3 S. 1

Liegt eine **Störung der Geschäftsgrundlage** vor, so kann der Benachteiligte vom Ver- **62**
trag zurücktreten, wenn die Vertragsanpassung nicht möglich oder einem Teil nicht zumutbar ist (Rn. 124 ff.).

II. Unwirksamkeit des Rücktritts und Erlöschen des Rücktrittsrechts

1. Unwirksamkeit gemäß § 218 Abs. 1 (Quasiverjährung)

Gemäß § 218 Abs. 1 ist der Rücktritt unwirksam, wenn er wegen nicht oder nicht ver- **63**
tragsgemäß erbrachter Leistungen erfolgt, der Anspruch auf die Leistung oder der **Nacherfüllungsanspruch** verjährt ist und sich der **Schuldner darauf beruft.** Diese Sonderregelung ist erforderlich, da gemäß § 194 Abs. 1 nur Ansprüche verjähren und das **Rücktrittsrecht als Gestaltungsrecht** deshalb **nicht verjähren kann.**

---

73 Palandt/Grüneberg § 326 Rn. 9.

74 BGH RÜ 2015, 211, 212.

75 Zum Annahmeverzug ausführlich AS-Skript Schuldrecht AT 1 (2017), Rn. 329 ff.

76 BeckOK/Schmidt § 323 Rn. 38.

77 Vgl. dazu AS-Skript Schuldrecht AT 1 (2017), Rn. 276.

78 Ausführlich zur Unmöglichkeit AS-Skript Schuldrecht AT 1 (2017), Rn. 94 ff.

2. Rücktritt gegen Reuegeld

64 Haben die Parteien ein vertragliches Rücktrittsrecht gegen Zahlung einer Abfindung vereinbart, ist der Rücktritt **unwirksam**, wenn das Reuegeld nicht vor oder bei der Erklärung gezahlt wird und der andere Teil aus diesem Grund die Erklärung unverzüglich zurückweist, **§ 353 S. 1**. Ohne gleichzeitige Reuegeldzahlung ist der Rücktritt nur bei Zurückweisung (heilbar: § 353 S. 2) unwirksam.

§ 353 S 1

3. Aufrechnung nach Nichterfüllung

65 Die Vorschrift des **§ 352** trägt dem allgemeinen Rechtsgedanken Rechnung, dass derjenige sich nicht als Schuldner zu fühlen braucht, der sich durch Aufrechnung befreien kann. Eine solche Person wird häufig davon ausgehen, dass auch der Vertragspartner im Hinblick auf die Aufrechnungsmöglichkeit keine Konsequenzen aus der Nichterfüllung der Leistung zieht.[79]

Erklärt der Vertragspartner dennoch den Rücktritt wegen des Ausbleibens der Leistung, will § 352 dem Aufrechnungsberechtigten die Möglichkeit geben, den Zustand herzustellen, der bei einer Aufrechnung vor der Rücktrittserklärung bestanden hätte. Dazu ist die unverzügliche (d.h. ohne schuldhaftes Zögern, § 121) Nachholung der Aufrechnungserklärung erforderlich. Ist das der Fall, wird der Rücktritt wegen Nichterfüllung einer Verbindlichkeit **unwirksam**.

4. Erlöschen des Rücktrittsrechts nach Fristsetzung

66 Vertragliche Rücktrittsrechte werden in der Regel nur befristet vereinbart (z.B. für den Zeitraum von zwei Monaten). Fehlt eine solche Frist, gibt **§ 350** dem Rücktrittsgegner die Möglichkeit, durch Bestimmung einer angemessenen Frist den Zustand der Unsicherheit zu beenden. Welche Frist angemessen ist, bestimmt sich nach Treu und Glauben (§ 242) sowie den Umständen des Einzelfalls.[80] Die Fristsetzung ist erst möglich, wenn das Rücktrittsrecht ausgeübt werden kann.

III. Rücktrittserklärung

Nach **§ 349** erfolgt der Rücktritt durch Erklärung des Rücktrittsberechtigten **gegenüber dem anderen Teil**. Die Rücktrittserklärung ist also eine empfangsbedürftige Willenserklärung.

Sie braucht nicht mit einer Begründung versehen zu werden und bedarf auch **keiner besonderen Form**, selbst wenn der Vertrag formbedürftig ist. Allerdings kann ein Formerfordernis für die Rücktrittserklärung durch Vereinbarung vorgesehen werden.

Die Erklärung des Rücktritts ist als Ausübung eines einseitigen Gestaltungsrechts grundsätzlich **bedingungsfeindlich** und nach Zugang beim Rücktrittsgegner unwiderruflich.[81]

---

79 Palandt/Grüneberg § 352 Rn. 2.
80 MünchKomm/Gaier § 350 Rn. 3.
81 BeckOK/Schmidt § 349 Rn. 2.

B. Rechtsfolgen des Rücktritts

I. Rückgewähr empfangener Leistungen

Primäre Folge des Rücktritts ist nach **§ 346 Abs. 1**, dass jede Seite die **empfangenen** 67
Leistungen so zurückzugewähren hat, wie sie erbracht wurden.[82]

Neben den empfangenen Leistungen, sind auch die **tatsächlich gezogenen Nutzungen** herauszugeben. Nutzungen sind nach § 100 Früchte und Gebrauchsvorteile. Keine Nutzung ist hingegen die Gebrauchsmöglichkeit aufgrund eines Gebrauchsüberlassungsvertrags (z.B. Pachtvertrag), weil die Nutzungsmöglichkeit dann den Gegenstand der Primärpflicht bildet.

1. Rückabwicklungskosten

Die Kosten der Rückabwicklung (Transportkosten, Beurkundungsgebühren bei Rück- 68
gängigmachung dinglicher Rechtsänderungen, etc.) treffen sowohl beim gesetzlichen als auch beim vertraglichen Rücktrittsrecht den Rückgewährschuldner, sofern die Parteien nicht etwas anderes vereinbart haben.

Die Kosten der Hinabwicklung (Vertragskosten) sind im Rahmen der Abwicklung nach §§ 346 ff. unbeachtlich. Ihr Ersatz ist allenfalls nach § 284 oder §§ 311 Abs. 2, 280 Abs. 1 möglich.[83]

2. Erfüllungsort

Die Rückabwicklung ist häufig mit Kosten verbunden. Eine wichtige Frage ist deshalb, 69
wie der **Erfüllungsort (§ 269) für die Rückgewährpflicht** zu bestimmen ist. Vorrangig ist eine etwaige Parteivereinbarung über den Erfüllungsort der Rückabwicklung zu beachten. Fehlt eine solche, ist zwischen gesetzlichen und vertraglichen Rücktrittsrechten zu unterscheiden.

- Bei einem **vertraglichen Rücktrittsrecht** ist der Erfüllungsort für die Rückgewähr- 70
pflichten regelmäßig am **Wohn- und Geschäftssitz des Rücktrittsgegners**, weil das Rücktrittsrecht eine Begünstigung des Rücktrittsberechtigten ist und er daher auch die Kosten der Rückgewähr tragen soll.[84]
- Wird demgegenüber ein **gesetzliches Rücktrittsrecht** ausgeübt, erfolgt die Rückgabe nach h.M. an dem **Ort, an dem sich der zurückzugebende Gegenstand** zum Zeitpunkt des Rücktritts vertragsgemäß **befindet**. Das ist regelmäßig der Sitz des Rücktrittsberechtigten.[85]

---

82 Westermann/Bydlinski/Weber Rn. 10/15.

83 Palandt/Grüneberg § 346 Rn. 5.

84 BeckOK/Schmidt § 348 Rn. 15a; Annuss JA 2006, 184.

85 Vgl. m.w.N. BeckOK/Schmidt § 348 Rn. 15a.

3. Rücknahmeanspruch

71 Der Rückgewährschuldner hat einen Anspruch gegen den Rückgewährgläubiger auf Rücknahme des zurückzugewährenden Gegenstands. Es besteht also ein Rücknahmeanspruch. Dies gilt jedenfalls dann, wenn der Rückgewährschuldner ein schutzwürdiges Interesse an der Rücknahme hat.[86]

II. Wertersatzanspruch nach § 346 Abs. 2

72 Der Rücktritt ist nicht davon abhängig, dass die empfangenen Leistungen zurückgewährt werden können. Kann die empfangene Leistung nicht oder nicht in dem bei Empfang bestehenden Zustand herausgegeben werden, trifft den Rückgewährschuldner die Pflicht zum Wertersatz. Diese Wertersatzpflicht gilt im Hinblick auf die empfangene Leistung **ebenso wie hinsichtlich der gezogenen Nutzungen**.

1. Wertersatz nach § 346 Abs. 2 S. 1 Nr. 1

73 Gemäß **§ 346 Abs. 2 S. 1 Nr. 1** besteht eine Wertersatzpflicht, wenn die Rückgewähr oder die Herausgabe nach der **Natur des Erlangten** ausgeschlossen ist. Das betrifft etwa Dienst- oder auch Werkleistungen, die ihrer Natur nach nicht zurückgewährt werden können. Auch Nutzungen (vor allem Gebrauchsvorteile) können nicht herausgegeben werden, sodass Wertersatz geschuldet ist.

74 Der Nutzungsersatzanspruch nach § 346 Abs. 1, Abs. 2 S. 1 Nr. 1 stellt einen Ausgleich für die durch die **bestimmungsgemäße Verwendung der Sache** eingetretene Wertminderung dar. Eine „Verschlechterung" i.S.d. § 346 Abs. 2 S. 1 Nr. 3 ist eine solche Abnutzung hingegen nicht.

2. Wertersatz nach § 346 Abs. 2 S. 1 Nr. 2

75 Gemäß § 346 Abs. 2 S. 1 Nr. 2 hat der Rückgewährschuldner Wertersatz zu leisten, „soweit" er den empfangenen **Gegenstand verbraucht, veräußert, belastet, verarbeitet oder umgestaltet** hat.

Die Wertersatzpflicht aus § 346 Abs. 2 S. 1 Nr. 2 steht dem Wortlaut nach nicht unter dem Vorbehalt, dass die Rückgängigmachung der vorgenommenen Veräußerung, Belastung oder Veränderung unmöglich oder unzumutbar sein muss. Gleichwohl ist der Schuldner **berechtigt**, die Veräußerung oder Veränderung der Sache oder des Rechts rückgängig zu machen und die Rückgewährpflicht in Natura zu erfüllen.[87]

76 Fraglich ist, ob der Schuldner auch **verpflichtet** ist, eine Belastung wieder rückgängig zu machen, wenn ihm dies möglich ist.

Beispiel: V verkauft an K ein Grundstück, das dieser zur Finanzierung der ersten Rate des Kaufpreises mit einer Grundschuld i.H.v. 300.000 € belastet. Nachdem es K nicht gelingt, die zweite Rate des Kaufpreises aufzubringen, tritt V wirksam vom Vertrag zurück. Kann V von K Beseitigung der Belastung oder nur Wertersatz verlangen?

86 Palandt/Grüneberg § 346 Rn. 5.

87 MünchKomm/Gaier § 346 Rn. 39; Staudinger/Kaiser § 346 Rn. 153 f.

Folgt man einer Auffassung in der Lit., besteht der Wertersatzanspruch des § 346 Abs. 2 S. 1 Nr. 2 immer dann, wenn einer der dort genannten Tatbestände vorliegt, der empfangene Gegenstand also veräußert, belastet, verarbeitet oder umgestaltet wurde.[88] Eine Verpflichtung zur Wiederherstellung des früheren Zustands sei dem Gesetz nicht zu entnehmen. Danach hat V gegen K nur einen Anspruch auf Wertersatz i.H.v. 300.000 €.

Nach der h.M.[89] kommt ein Wertersatzanspruch nur in Betracht, wenn es dem Rückgewährschuldner **unmöglich** ist, den empfangenen Gegenstand in seiner ursprünglichen Form zurückzugewähren. Die Rückgewähr in Natur sei gegenüber der Verpflichtung, Wertersatz zu leisten, vorrangig. § 346 Abs. 2 S. 1 Nr. 2 sei um das **ungeschriebene Tatbestandsmerkmal der Unmöglichkeit** zu ergänzen. Danach besteht ein Wertersatzanspruch des K nur dann, wenn Unmöglichkeit vorliegt. Die Beseitigung einer Grundschuld ist aber nicht unmöglich, denn sie kann durch Zahlung an den Grundschuldgläubiger abgelöst werden. Da die **primäre Rückgewährpflicht** nach § 346 Abs. 1 der Verpflichtung zum Wertersatz nach § 346 Abs. 2 also vorgeht, muss K demnach die Belastung beseitigen.

3. Wertersatz nach § 346 Abs. 2 S. 1 Nr. 3

Nach § 346 Abs. 2 S. 1 Nr. 3 hat der Schuldner Wertersatz zu leisten, wenn der empfan- **77**
gene Gegenstand sich verschlechtert hat oder untergegangen ist. Gemäß § 346 Abs. 2 S. 1 Nr. 3 Hs. 2 ist jedoch kein Wertersatz für die Verschlechterung aufgrund der **bestimmungsgemäßen Ingebrauchnahme** zu leisten. Das ist der Wertverlust, der allein dadurch erfolgt, dass die Sache erstmalig benutzt wird.

Beispiel: Mit der Zulassung eines Fahrzeugs verliert dieses ohne jegliche Nutzung zwischen 10 und 20% seines Werts. Dieser Verlust ist nicht nach § 346 Abs. 2 S. 1 Nr. 3 Hs. 2 ersatzfähig.

4. Berechnung des Wertes

Die Berechnung der Höhe des Wertersatzes richtet sich gemäß **§ 346 Abs. 2 S. 2** grund- **78**
sätzlich nach dem **Wert der Gegenleistung**. Dies gilt auch im Falle des Rücktritts wegen Zahlungsverzugs des Schuldners.[90] Ist keine Gegenleistung bestimmt, ist der objektive Wert der Sache maßgebend.[91] Auf die Gegenleistung ist selbst dann abzustellen, wenn sie nicht in Geld, sondern in einer Sachleistung besteht.

Beispiel: Nach § 433 Abs. 1 S. 1 hat der Verkäufer dem Käufer eines Grundstücks nicht nur das Eigentum an der Kaufsache zu verschaffen, sondern auch den Besitz daran. Der Kaufpreis ist damit auch die Gegenleistung für den Besitz des Grundstücks und seine Nutzung durch den Käufer. Er ist damit für die Berechnung des Werts der Nutzungen heranzuziehen. Die Entscheidung des Käufers, das Grundstück zu kaufen und nicht zu mieten, schließt damit den Rückgriff auf den Mietwert aus. Vielmehr ist der Wertersatz zeitanteilig aus dem Erwerbspreis linear abzuleiten.[92]

III. Ausschluss der Wertersatzpflicht

Wenn die Voraussetzungen eines Anspruchs gemäß § 346 Abs. 2 gegeben sind, ist weiterhin zu prüfen, ob der Wertersatzanspruch nach § 346 Abs. 3 entfällt. Soweit das der Fall ist, kommt die **Rechtsfolgenverweisung** auf die §§ 818 ff. in **§ 346 Abs. 3 S. 2** zur Anwendung.[93]

---

88 MünchKomm/Gaier § 346 Rn. 39.
89 BGH RÜ 2008, 752; Palandt/Grüneberg § 346 Rn. 8a; BeckOK/Schmidt § 346 Rn. 41 f.
90 BGH RÜ 2009, 75 ff.
91 Annuss JA 2008, 187.
92 BGH RÜ 2018, 205, 206.
93 Looschelders Rn. 821.

1. Ausschluss nach § 346 Abs. 3 S. 1 Nr. 1

79 Nach § 346 Abs. 3 S. 1 Nr. 1 entfällt die Pflicht zum Wertersatz, wenn sich der zum Rücktritt berechtigende **Mangel erst während der Verarbeitung der Sache gezeigt** hat.

Beispiel: Die gekauften Kleiderstoffe werden zugeschnitten und erst dabei erkennt der Schuldner ihren Mangel.

Ferner findet § 346 Abs. 3 S. 1 Nr. 1 **analog Anwendung**, wenn sich der **Mangel erst beim bestimmungsgemäßen Verbrauch zeigt.**[94]

Beispiel: K kauft Raketen für das Silvesterfeuerwerk, die nach der Beschreibung bestimmte Leuchteffekte hervorbringen sollen. Diese Effekte sind nach dem Abschuss der Raketen nicht erkennbar.

2. Ausschluss nach § 346 Abs. 3 S. 1 Nr. 2

80 Der Untergang oder die Verschlechterung der zurückzugebenden Sache geht nach § 346 Abs. 3 S. 1 Nr. 2 nicht zulasten des Rückgewährschuldners, wenn sie der andere Teil **zu vertreten** hat oder wenn der Schaden beim anderen Teil **ebenso eingetreten** wäre.

- Bei **§ 346 Abs. 3 S. 1 Nr. 2 Alt. 1** ist das Vertretenmüssen des Gläubigers grundsätzlich analog §§ 276, 278 (Vertretenmüssen des Schuldners) zu beurteilen. Die Vorschrift erfasst auch den Fall, dass die Verschlechterung oder der Untergang gerade auf dem zum Rücktritt berechtigenden Mangel beruht, da dann eine Wertersatzpflicht unangemessen wäre.[95]

  Beispiel: V verkauft an K einen Pkw, der schon bei Übergabe mangelhafte Bremsen hatte. Infolge dessen kommt es zu einem Verkehrsunfall und K tritt vom Kaufvertrag zurück. Er schuldet keinen Wertersatz für die Beschädigung, da der Untergang gerade auf dem zum Rücktritt berechtigenden Mangel beruht.

- Nach **§ 346 Abs. 3 S. 1 Nr. 2 Alt. 2** entfällt die Wertersatzpflicht, wenn der Schaden beim Gläubiger gleichfalls eingetreten wäre.

  Beispiele: Die verkaufte Garage wird bei einem Unwetter zerstört oder durch Graffiti verschmiert.[96]

3. Ausschlussgrund des § 346 Abs. 3 S. 1 Nr. 3

81 Die Verpflichtung zum Wertersatz entfällt nach § 346 Abs. 3 S. 1 Nr. 3, wenn **im Falle eines gesetzlichen Rücktrittsrechts** die Verschlechterung oder der Untergang beim Berechtigten eingetreten ist, obwohl dieser diejenige **Sorgfalt** beobachtet hat, die er **in eigenen Angelegenheiten** anzuwenden pflegt.

Beispiel: K kaufte bei V einen BMW für 45.000 €. Am nächsten Tag fährt er mit dem Auto nach Osnabrück zum Einkaufen. Der BMW wird in einem Parkhaus abgestellt. K kommt nach zwei Stunden zu seinem Auto zurück. Der Wagen ist erheblich beschädigt; ein unbekannter Autofahrer, der Unfallflucht begangen hat, ist gegen den BMW gefahren und hat einen Schaden von 20.000 € verursacht. Der Gutachter stellt fest, dass der Wagen einen erheblichen und unbehebbaren Mangel hatte. K erklärt daraufhin den Rücktritt vom Kaufvertrag. V will Wertersatz wegen des Schadens in Höhe von 20.000 €.

82 Gemäß § 346 Abs. 2 Nr. 3 ist Wertersatz grundsätzlich zu leisten, wenn sich der empfangene Gegenstand verschlechtert hat. Eine Verschlechterung des BMW liegt aufgrund der Beschädigung vor.

---

94 Looschelders Rn. 822.

95 Palandt/Grüneberg § 346 Rn. 2; Looschelders Rn. 823.

96 Palandt/Grüneberg § 346 Rn. 12.

Der Anspruch des V gegen K auf Wertersatz könnte nach § 346 Abs. 3 S. 1 Nr. 3 ausgeschlossen sein. Danach entfällt die Pflicht zum Wertersatz, wenn die Verschlechterung oder der Untergang beim Berechtigten eingetreten ist, obwohl dieser diejenige Sorgfalt beobachtet hat, die er in eigenen Angelegenheiten anzuwenden pflegt (§ 277). Damit haftet der Rücktrittsberechtigte jedenfalls nicht für die „zufällige" Verschlechterung. Grob fahrlässiges oder vorsätzliches Verhalten lässt die Privilegierung aber stets entfallen.[97]

Da hier das Fahrzeug von einem Dritten, also „zufällig", beschädigt wurde, muss K keinen Wertersatz leisten und hat einen Anspruch auf Rückzahlung von 45.000 € Zug um Zug gegen Rückgabe des beschädigten BMW.

Die Vorschrift gilt nach wohl h.M. auch bei **Verkehrsunfällen**, die durch den Rückgewährschuldner verursacht wurden.[98] Ferner ist § 346 Abs. 3 S. 1 Nr. 3 über den Wortlaut hinaus nicht nur in Fällen der Verschlechterung oder des Untergangs des Leistungsgegenstandes, sondern **in allen Fällen der Unmöglichkeit der Rückgewähr** entsprechend anwendbar, die auf einen anhand von Sorgfaltskriterien messbaren Umgang mit der Sache beruhen.[99] Dazu zählen die Veräußerung und der Verbrauch sowie die Entwendung der Sache.[100]

Außerdem wird nach überwiegender Ansicht die Privilegierung gemäß § 346 Abs. 3 S. 1 Nr. 3 auf **Schadensersatzansprüche**, etwa aus § 346 Abs. 4 oder § 823 Abs. 1, ausgedehnt, weil der Rücktrittsberechtigte andernfalls für das gleiche Verhalten, das nach § 346 Abs. 3 S. 1 Nr. 3 keine Haftung begründet, Schadensersatz leisten müsste.[101]

Umstritten ist, ob § 346 Abs. 3 S. 1 Nr. 3 **teleologisch zu reduzieren** ist, wenn der Rück- **83**
trittsberechtigte bei der Verschlechterung oder beim Untergang des empfangenen Gegenstands Kenntnis vom Rücktrittsgrund hatte.

Fall 3: Sonntagsausflug mit Schaden

K beschädigt bei einem Sonntagsausflug leicht fahrlässig ein bei V gekauftes Fahrrad (Schaden 150 €). Dabei ging er mit dem Fahrrad ebenso sorgfältig um wie mit anderen Gegenständen sonst auch. Bereits vor dem Ausflug hatte K bemerkt, dass das Fahrrad (seit Gefahrübergang) mangelbehaftet ist. Deshalb hatte er V eine Frist zur Behebung des Mangels gesetzt. Diese Frist war jedoch erfolglos verstrichen.

V verlangt, nachdem K letztlich vom Vertrag zurückgetreten ist, für die Beschädigung des Fahrrads Wertersatz. Zu Recht?

V könnte gegen K ein Anspruch auf Wertersatz aus **§ 346 Abs. 2 S. 1 Nr. 3** zustehen.

I. Die Voraussetzungen des § 346 Abs. 2 S. 1 Nr. 3 liegen vor.

II. Allerdings **entfällt die Pflicht zum Wertersatz**, wenn im Falle eines gesetzlichen Rücktrittsrechts die Verschlechterung oder der Untergang beim Berechtigten eingetreten ist, obwohl dieser diejenige Sorgfalt beobachtet hat, die er in eigenen Angelegenheiten anzuwenden pflegt (§ 346 Abs. 3 S. 1 Nr. 3).

97 Westermann/Bydlinski/Weber Rn. 10/35.

98 MünchKomm/Gaier § 346 Rn. 56; Looschelders Rn. 825; Faust JuS 2009, 481, 487; a.A. Palandt/Grüneberg § 346, 13 b.

99 MünchKomm/Gaier § 346 Rn. 55.

100 Looschelders Rn. 828.

101 Kamanabrou NJW 2003, 30, 31; Palandt/Grüneberg § 346 Rn. 18.

K wäre also von seiner an sich bestehenden Pflicht zum Wertersatz entbunden, da er – privilegiert – nicht für Verschlechterungen einzustehen hat, die bei Beachtung der Sorgfalt in eigenen Angelegenheiten (§ 277) eingetreten sind.

1. Zum Teil wird für den Fall, dass der Rücktrittsberechtigte **Kenntnis vom Rücktrittsgrund** hatte, jedoch eine teleologische Reduktion des § 346 Abs. 3 S. 1 Nr. 3 befürwortet.[102] Dabei wird auf den Sinn und Zweck des § 346 Abs. 3 S. 1 Nr. 3 abgestellt, der eine Privilegierung des gesetzlichen Rücktrittsrechts gegenüber dem vertraglichen vornehme, weil der vertraglich Rücktrittsberechtigte im Gegensatz zum gesetzlich Rücktrittsberechtigten von vornherein von seinem Rücktrittsrecht Kenntnis habe. Daher dürfe der gesetzlich Rücktrittsberechtigte davon ausgehen, dass er mit der Sache nach seinem Belieben verfahren könne, ohne dass ihm daraus Nachteile entstehen. Kenne er aber seinen gesetzlichen Rücktrittsgrund, so stehe er dem vertraglich zum Rücktritt Berechtigten gleich. Ab diesem Zeitpunkt sei die Privilegierung des § 346 Abs. 3 S. 1 Nr. 3 nicht mehr gerechtfertigt.

2. Nach der Gegenansicht[103] besteht die Haftungsmilderung auch nach Kenntnis vom Rücktrittsgrund fort. Denn auch nach Kenntnis vom Rücktrittsrecht dürfe der Rücktrittsberechtigte die Sache weiterbenutzen. Seine finanzielle Lage lasse es oft nicht zu, sich vor Rückabwicklung mit einer neuen Sache einzudecken. Der gesetzlich Zurücktretende gerate in die Rücktrittssituation immerhin gegen seinen Willen und aufgrund einer Pflichtverletzung des Rücktrittsgegners. Deshalb verdiene der gesetzlich Rücktrittsberechtigte auch nach Kenntnis vom Rücktrittsgrund den **Schutz des § 277**.

   Diese Argumente vermögen zu überzeugen. Deshalb bleibt es bei der Anwendung des § 346 Abs. 3 S. 1 Nr. 3. Danach ist K nicht verpflichtet, für die eingetretene Beschädigung Wertersatz zu leisten.

V hat gegen K keinen Anspruch auf Wertersatz aus § 346 Abs. 2 S. 1 Nr. 3.

IV. Schadensersatzansprüche

84 Nach **§ 346 Abs. 4** kann der Gläubiger vom Rückgewährschuldner bei Verletzung einer Pflicht aus § 346 Abs. 1 Schadensersatz nach den **§§ 280–283** verlangen. Die Schadensersatzansprüche erfordern im Gegensatz zu den Wertersatzansprüchen ein **Vertretenmüssen**, wobei dieses gemäß § 280 Abs. 1 S. 2 vermutet wird.

Die besondere Bedeutung des Schadensersatzanspruchs besteht darin, dass er, anders als der Wertersatzanspruch nach § 346 Abs. 2, auch über die Verschlechterung hinausgehende **Folgeschäden** (z.B. Körperschäden) und den **entgangenen Gewinn** (§ 252) erfasst.

---

102 Looschelders Rn. 827; Lorenz NJW 2005, 1869, 1893. Umstritten ist innerhalb dieser Ansicht, ob ein Kennenmüssen ausreichen soll, dafür: Staudinger/Kaiser § 346 Rn. 96 m.w.N.

103 Palandt/Grüneberg § 346 Rn. 13 b m.w.N.

Auf welche Pflichtverletzung im Rahmen des Schadensersatzanspruchs aus § 346 Abs. 4 abzustellen ist, hängt davon ab, zu welchem **Zeitpunkt** der Untergang oder die Verschlechterung eingetreten ist und ob es um ein **vertragliches oder ein gesetzliches** Rücktrittsrecht geht.[104]

1. Untergang oder Verschlechterung nach Rücktrittserklärung

Die Pflicht zur Rückgewähr der empfangenen Leistungen und der gezogenen Nutzun- 85
gen entsteht erst **mit der Rücktrittserklärung**. Wird diese Pflicht nicht, schlecht oder nicht rechtzeitig erfüllt, so handelt es sich um eine Pflichtverletzung, die eine Haftung aus §§ 280 ff. auslöst, wobei beim Verschulden auf die §§ 276, 278 abzustellen ist.

- Wird der zurückzugewährende Gegenstand nach Rücktrittserklärung beschädigt, so besteht ein Schadensersatzanspruch aus §§ 346 Abs. 4, 280 Abs. 1.
- Wird die Rückgewährpflicht nicht oder nicht wie geschuldet erfüllt, kann sich ein Schadensersatzanspruch aus §§ 346 Abs. 4, 280 Abs. 1 und 3, 281 ergeben.
- Ist die Leistungspflicht nach § 275 Abs. 1–3 ausgeschlossen, so richtet sich der Schadensersatzanspruch nach §§ 346 Abs. 4, 280 Abs. 1 und 3, 283.
- Werden die Rückgewährpflichten verspätet erfüllt, kommt ein Schadensersatzanspruch gemäß §§ 346 Abs. 4, 280 Abs. 1 u. 2, **286** in Betracht, **auch wenn § 346 Abs. 4 nur auf die §§ 280–283 verweist**.

2. Untergang oder Verschlechterung vor Rücktrittserklärung

Vor Erklärung des Rücktritts besteht noch keine Pflicht zur Rückgewähr. Deshalb kann 86
die Rückgewährpflicht aus § 346 Abs. 1 nicht als Anknüpfungspunkt einer Pflichtverletzung nach §§ 280 ff. dienen. In Betracht kommt indes eine Verletzung der Pflicht zur **Rücksichtnahme** (§ 241 Abs. 2).

Bei einem vertraglichen Rücktrittsrecht müssen die Parteien jedoch, anders als bei einem gesetzlichen Rücktrittsrecht, jederzeit mit der Entstehung der Rückgewährpflicht rechnen. Deswegen ist bezüglich der Rücksichtnahmepflichten vor Rücktrittserklärung **zwischen** einem **vertraglichen und** einem **gesetzlichen Rücktrittsrecht** zu **differenzieren**.[105]

a) Untergang oder Verschlechterung bei einem vertraglichen Rücktrittsrecht

Bei einem vertraglichen Rücktrittsrecht haben die Parteien Kenntnis von der Rücktritts- 87
möglichkeit, sodass jede Partei weiß, dass sie die empfangenen Leistungen ggf. zurückgewähren muss.[106] Deswegen ist sie gegenüber der anderen Partei **verpflichtet, mit dem Leistungsgegenstand sorgfältig umzugehen**. Diese Pflicht besteht, bis das Rück-

104 Vgl. Looschelders Rn. 836 ff.

105 Looschelders Rn. 838.

106 Palandt/Grüneberg § 346 Rn. 16.

trittsrecht erloschen ist. Wird sie verletzt, hat der andere Teil einen Schadensersatzanspruch aus § 280 Abs. 1.[107]

b) Untergang oder Verschlechterung bei einem gesetzlichen Rücktrittsrecht

88 Hat der gesetzlich zum Rücktritt Berechtigte **keine Kenntnis vom Rücktrittsgrund**, so besteht für ihn kein Anlass, auf die Belange seines Vertragspartners Rücksicht zu nehmen. Er kann davon ausgehen, dass der ihm übertragene Vermögensgegenstand Bestandteil seines Vermögens geworden ist.[108] Deshalb kann er auch mit der Sache so verfahren, wie er will, ohne dass dies eine Schadensersatzpflicht auslöst.

89 **Kennt** der Rücktrittsberechtigte aber den Rücktrittsgrund **oder hätte er ihn kennen müssen**, so treffen ihn von den Rückgewährpflichten zu trennende Rücksichtnahme- und Schutzpflichten hinsichtlich des Leistungsgegenstandes.[109]

V. Nutzungsersatzansprüche

90 Nach **§ 347 Abs. 1** ist der Rückgewährschuldner neben der Herausgabe tatsächlich gezogener Nutzungen (§ 346 Abs. 1) auch zum Wertersatz für solche Nutzungen verpflichtet, die er entgegen den Regeln einer ordnungsgemäßen Wirtschaft **nicht gezogen** hat, obwohl ihm das möglich gewesen wäre. Dieser Wertersatzanspruch besteht unabhängig davon, ob der Rückgewährschuldner die unterlassene Nutzungsziehung zu vertreten hat.[110]

§ 347 Abs. 1 S. 2 enthält indes eine Begünstigung des zur Nutzungsziehung Berechtigten. Dieser muss hinsichtlich der Nutzungen nämlich **nur** für diejenige Sorgfalt einstehen, die er in eigenen Angelegenheiten anzuwenden pflegt (**§ 277**).

VI. Verwendungsersatzansprüche

91 Die Rückgabe einer Sache, auf die Verwendungen gemacht wurden, würde den Rückgewährgläubiger bereichern. Deshalb gewährt **§ 347 Abs. 2** dem Rückgewährschuldner einen Anspruch auf Ersatz seiner **notwendigen Verwendungen**.[111] Verwendungen sind alle Vermögensaufwendungen, die der Sache zugute kommen. Notwendig sind Verwendungen, wenn sie zur Erhaltung oder Wiederherstellung der Sache oder zu ihrem vertragsgemäßen – sofern sich ein solcher nicht feststellen lässt, zum üblichen – Gebrauch erforderlich sind. Eine Ersatzpflicht besteht – im Unterschied zu § 994 Abs. 1 S. 2 – **auch für gewöhnliche Erhaltungskosten**.[112]

Der Rückgewährschuldner hat nach **§ 347 Abs. 2 S. 1** aber keinen Anspruch auf Verwendungsersatz, wenn er gemäß § 346 Abs. 3 S. 1 Nr. 3 keinen Wertersatz leisten muss. Es

107 Looschelders Rn. 839.
108 BeckOK/Schmidt § 346 Rn. 61.
109 Looschelders Rn. 840.
110 Westermann/Bydlinski/Weber Rn. 10/43.
111 Brox/Walker § 18 Rn. 32.
112 Palandt/Grüneberg § 347 Rn. 4.

wäre nämlich unbillig, den Rücktrittsgegner mit notwendigen Verwendungen zu belasten, obwohl er weder die Sache noch ihren Wert erhält.

Andere Aufwendungen als notwendige Verwendungen sind dem Rückgewährschuldner vom Rückgewährgläubiger gemäß § 347 Abs. 2 S. 2 nur zu ersetzen, soweit dieser durch die Aufwendungen bereichert ist. Nach überwiegend vertretener Auffassung ist § 347 Abs. 2 S. 2 ein **Rechtsfolgenverweis** auf das Bereicherungsrecht.[113]

§ 347 Abs. 2 S. 2 ist **keine Ansprüche aus § 284 ausschließende Spezialnorm.** Die Vorschrift ist nur abschließend im Hinblick auf Aufwendungen aus dem Rückgewährschuldverhältnis gemäß §§ 346 ff., d.h. solche Aufwendungen, die allein als Folge eines Rücktritts getätigt und ersetzt verlangt werden.[114] Macht der Zurücktretende aber daneben berechtigterweise Schadensersatzansprüche geltend, treten diese Ansprüche neben § 347 Abs. 2 S. 2. Hierfür spricht auch § 325, der ein Nebeneinander von Schadensersatz und Rücktritt zulässt. Gleiches muss für den Aufwendungsersatz gemäß § 284 gelten, der nur eine Alternative zum Schadensersatz statt der Leistung ist. Auch stünde anderenfalls der Gläubiger schlechter, wenn er wegen einer Pflichtverletzung des Schuldners vom Vertrag zurücktritt, als wenn er vom Rücktritt absieht und sich auf die Geltendmachung des Aufwendungsersatzes beschränkt.[115] 92

keine Spezialnorm

Beispiel: K kauft von V einen gebrauchten Audi für 30.000 €. Nach Übergabe lässt K kostspielige (4.000 €) Veränderungen vornehmen (Einbau von Tempomat, Navigationssystem). Nach einjähriger Nutzungsdauer stellen sich irreparable Mängel, die V zu vertreten hat, heraus. K tritt vom Vertrag zurück. Da V die Mängel zu vertreten hat, kann K von V gemäß § 284 Aufwendungsersatz i.H.v. 4.000 € verlangen.

VII. Herausgabe des Surrogats

Obwohl in § 346 Abs. 4 nur auf die §§ 280–283 verwiesen wird, hat der Rückgewährgläubiger unter den Voraussetzungen des **§ 285 Abs. 1** einen Anspruch auf die Herausgabe des Surrogats. Dabei spielt es keine Rolle, ob der Ersatzanspruch vor oder nach der Rücktrittserklärung entstanden ist.[116] Geht der Rückgewährgläubiger nach § 285 vor, ist der Wert des Surrogats auf den Wertersatz nach § 346 Abs. 2 anzurechnen.[117] 93

C. Verjährung

Liegt ein wirksamer Rücktritt vor, so verjähren die Ansprüche aus dem Rückgewährschuldverhältnis (Herausgabe, Nutzungsersatz etc.) innerhalb der regelmäßigen Verjährungsfrist des **§ 195** (drei Jahre).

Diese Verjährungsfrist ist von der Regelung in **§ 218 zu unterscheiden**. Danach ist der Rücktritt unwirksam, wenn der Anspruch auf die Leistung oder der Nacherfüllungsanspruch verjährt ist.

113 Jauernig/Stadler § 347 Rn. 2; Looschelders Rn. 834; Westermann/Bydlinski/Weber Rn. 10/43; a.A. Annuss JA 2006, 189; MünchKomm/Gaier § 347 Rn. 22.

114 BGH NJW 2005, 2848, 2849; vgl. dazu auch Stoppel ZGS 2006, 254 ff.

115 Fischinger/Wabnitz ZGS 2007, 139.

116 BeckOK/Schmidt § 346 Rn. 64.

117 Vgl. Palandt/Grüneberg § 346 Rn. 20.

94

Rücktritt

Voraussetzungen

I. Rücktrittserklärung
Die Rücktrittserklärung ist eine einseitig empfangsbedürftige Willenserklärung, **§ 349**.

II. Rücktrittsgrund

1. **Vertraglich** vereinbartes Rücktrittsrecht, § 346 Abs. 1 Alt. 1
2. **Gesetzliches** Rücktrittsrecht, § 346 Abs. 1 Alt. 2
   - **§ 323**, Rücktritt wegen nicht oder nicht vertragsgemäßer Leistung (Verweis in §§ 437 Nr. 2, 634 Nr. 3)
   - **§ 324**, Rücktritt wegen Nebenpflichtverletzung
   - **§ 326 Abs. 5**, Rücktritt wegen Ausschluss der Leistungspflicht (Verweis in §§ 437 Nr. 2, 634 Nr. 3)
   - **§ 313 Abs. 3**, Rücktritt bei Störung der Geschäftsgrundlage

Unwirksamkeit des Rücktritts

Nach **§ 218** ist der Rücktritt unwirksam, wenn der Anspruch auf die Leistung oder der Nacherfüllungsanspruch verjährt ist und der Schuldner sich hierauf beruft.

Rechtsfolge

Leistungspflichten, die nicht erfüllt worden sind, erlöschen. Sind Leistungen erbracht worden, so sind sie

I. vorrangig zurückzugewähren, § 346 Abs. 1 (Zug um Zug, § 348).

1. Rückgewähr der Leistung
2. Herausgabe der gezogenen Nutzungen

II. Nachrangig ist **Wertersatz** für empfangene Leistungen und Nutzungen zu leisten, **§ 346 Abs. 2**.

- Wert bestimmt sich nach der Vereinbarung, § 346 Abs. 2 S. 2, ansonsten objektiver Wert.

III. Ausschluss der Wertersatzpflicht, § 346 Abs. 3

- § 346 Abs. 3 S. 1 Nr. 2 greift auch dann ein, wenn die Verschlechterung aus der Sphäre des Gläubigers stammt (Untergang infolge eines Mangels).
- Ausschlussgrund des § 346 Abs. 3 S. 1 Nr. 3: Verpflichtung zum Wertersatz entfällt, wenn im Falle eines gesetzlichen Rücktrittsrechts die Verschlechterung und der Untergang beim Berechtigten eingetreten ist, obwohl dieser diejenige Sorgfalt beachtet hat, die er in eigenen Angelegenheiten anzuwenden pflegt (§ 277).
- Privilegierung gilt auch im Straßenverkehr und bei deliktischen Ansprüchen.

Rücktritt (Fortsetzung)

Rechtsfolge (Fortsetzung)

IV. Schadensersatzansprüche, § 346 Abs. 4

Nach § 346 Abs. 4 kann der Gläubiger vom Rückgewährschuldner bei Verletzung einer Pflicht aus § 346 Abs. 1 Schadensersatz nach §§ 280–283 verlangen. Schadensersatzansprüche sind im Gegensatz zu den Wertersatzansprüchen **verschuldensabhängig**, wobei dies gemäß § 280 Abs. 1 S. 2 vermutet wird. Anders als bei Wertersatzansprüchen werden auch Folgeschäden (z.B. Körperschäden) und der entgangene Gewinn, § 252, mit erfasst.

- Untergang und Verschlechterung nach Rücktrittserklärung

  Die Pflicht zur Rückgewähr der empfangenen Leistungen und der gezogenen Nutzungen entsteht erst mit Rücktrittserklärung. Wird diese nicht, schlecht oder nicht rechtzeitig erfüllt, so handelt es sich um eine Pflichtverletzung, die eine Haftung nach den §§ 280 ff. auslöst.

- Untergang oder Verschlechterung vor Rücktrittserklärung

  Beim **vertraglichen Rücktrittsrecht** haben die Parteien Kenntnis von der Rücktrittsmöglichkeit, sodass jede Partei weiß, dass sie die empfangenen Leistungen ggf. zurückgewähren muss. Verletzt sie die Pflicht zum sorgfältigen Umgang mit dem Leistungsgegenstand, so steht dem anderen ein Schadensersatzanspruch aus §§ 280, 311 Abs. 2 zu.

  Hat der **gesetzlich zum Rücktritt Berechtigte** keine Kenntnis vom Rücktrittsgrund, so besteht für ihn kein Anlass, auf die Belange des Vertragspartners Rücksicht zu nehmen. Kennt er den Rücktrittsgrund, so ist streitig, ob ihn nicht ab Kenntnis von den Rückgewährpflichten zu trennende vorgreifliche Rücksichtnahme- und Schutzpflichten hinsichtlich des Leistungsgegenstands treffen.

  Wenn man diese Rechtspflicht zur sorgfältigen Behandlung bejaht, so stellt sich die Frage, welcher Sorgfaltsmaßstab gilt (§ 346 Abs. 3 S. 1 Nr. 3 analog oder §§ 276, 278).

V. Nutzungsersatzansprüche, § 347 Abs. 1

Neben den tatsächlich gezogenen Nutzungen (§ 346 Abs. 1) hat der Rückgewährschuldner auch Wertersatz für solche Nutzungen zu leisten, die er entgegen den Regeln der ordnungsgemäßen Wirtschaft nicht gezogen hat.

VI. Anspruch des Rückgewährschuldners auf Ersatz der **notwendigen Verwendungen** aus § 347 Abs. 2 S. 1

VII. Andere **Aufwendungen** sind nur zu ersetzen, soweit der Gläubiger durch sie bereichert ist, §§ 347 Abs. 2 S. 2, 812 (Rechtsfolgenverweis).

VIII. Unabhängig davon, ob eine Wertersatz- oder Schadensersatzpflicht des Rückgewährschuldners besteht, hat der Rückgewährgläubiger unter den Voraussetzungen des **§ 285 Abs. 1** einen Anspruch auf das stellvertretende commodum.

Verjährung

Ansprüche aus einem erklärten Rücktritt verjähren nach **§ 195**.

6. Abschnitt: Kündigung von Dauerschuldverhältnissen

95 Es gibt Schuldverhältnisse, die **nicht auf einen einmaligen Austausch** von Leistungen abzielen, sondern auf einen längeren Zeitraum angelegt sind. Der Inhalt solcher Dauerschuldverhältnisse kann in einer dauernden Leistung bestehen, aber auch in wiederkehrenden einzelnen Leistungen (z.B. Bierlieferungsverträge). Bei den Dauerschuldverhältnissen tritt grundsätzlich die **Kündigung an die Stelle des Rücktritts**, weil das Vertragsverhältnis nur für die Zukunft beendet werden soll.

Klassische Dauerschuldverhältnisse sind etwa der Mietvertrag (§ 535), der Dienstvertrag (§ 611) und der Verwahrungsvertrag (§ 688), aber auch atypische Vertragsverhältnisse wie das Leasing und Belegarztverträge.

Es gilt zwischen der ordentlichen und der außerordentlichen Kündigung von Dauerschuldverhältnissen zu unterscheiden.

96 ■ Verträge, die auf **unbestimmte Zeit** geschlossen worden sind, können **ordentlich** (fristgerecht), d.h. unter Einhaltung einer bestimmten Kündigungsfrist gekündigt werden. Diese Fälle sind gesetzlich geregelt. So kann etwa der Mieter eines Wohnraums unter Einhaltung einer Kündigungsfrist von drei Monaten (§§ 568, 573 c) kündigen. Ein Kündigungsgrund ist in der Regel nicht erforderlich. Wichtige Ausnahmen sind die Kündigung eines Arbeitsvertrags durch den Arbeitgeber (§ 1 KSchG) und die Kündigung eines Wohnraummietvertrags durch den Vermieter (§ 573).

97 ■ Die **außerordentliche** Kündigung von Dauerschuldverhältnissen ist vorbehaltlich einer spezielleren Regelung in **§ 314** geregelt.

Kündigung gemäß § 314
I. Voraussetzungen
1. Kündigungsgrund, § 314 Abs. 1
a) Keine vorrangige Spezialregelung
b) Wichtiger Grund: Dem kündigenden Teil kann die Fortsetzung des Vertragsverhältnisses nicht zugemutet werden.
c) Abmahnung oder Frist zur Abhilfe blieb erfolglos, § 314 Abs. 2
2. Kündigungserklärung innerhalb angemessener Frist, § 314 Abs. 3
3. Kein Ausschluss der Kündigung
II. Rechtsfolgen: Beendigung des Vertragsverhältnisses für die Zukunft

A. Kündigungsgrund

I. Keine vorrangige Spezialregelung

98 Spezialregelungen hinsichtlich der Kündigung aus wichtigem Grund finden sich im Mietrecht (**§§ 543, 569**), im Dienstvertragsrecht (**§ 626**) und Gesellschaftsrecht (**§ 723**).

Die h.M. geht von einem grundsätzlichen **Vorrang** des § 314 **gegenüber den §§ 323 ff.** aus.[118] Grund dafür ist, dass der Rücktritt und die Gesamtabwicklung den Interessen der Parteien in solchen Fällen regelmäßig nicht gerecht werden.[119]

§ 314 verdrängt § 313, soweit es um die Auflösung des Vertrages geht, insbesondere soll es über eine Anwendung des § 313 nicht möglich sein, die Wirkungen einer versäumten Kündigung zu ersetzen, ihre Wirkungen zeitlich vorzuverlegen oder bei Nichtvorliegen vertraglich bestimmter Kündigungsvoraussetzungen deren Rechtsfolge unter erleichterten Voraussetzungen zuzulassen.[120] Gemeinsam ist den Kündigungsrechten aus § 314 und § 313 Abs. 3 S. 2, dass die vertragliche Risikoverteilung über deren Berechtigung entscheidet.

Beispiel: Der Inhaber eines DSL-Anschlusses hat kein Recht zur Kündigung des mit dem Telekommunikationsunternehmen geschlossenen Vertrags vor Ablauf der vereinbarten Laufzeit, wenn er an einen Ort umzieht, an dem keine Leitungen verlegt sind, die eine Nutzung der DSL-Technik zulassen. Derjenige, der die Änderung der Verhältnisse (hier der Umzug) selbst bewirkt hat, kann aufgrund dieser Änderung keine Rechte herleiten.[121]

II. Wichtiger Grund

Gemäß § 314 Abs. 1 S. 2 liegt ein wichtiger Grund vor, wenn dem kündigenden Teil unter **Berücksichtigung aller Umstände des Einzelfalls** und unter Abwägung der beiderseitigen Interessen die **Fortsetzung** des Vertragsverhältnisses **nicht zugemutet werden kann**. Der Kündigungsgrund ist also durch eine umfassende Interessenabwägung im Einzelfall festzustellen, bei der insbesondere die Risikoverteilung maßgebend ist. **99**

Grundsätzlich liegt das **Risiko**, die Leistungen aus einem längerfristigen Vertrag aufgrund einer Veränderung persönlicher Verhältnisse nicht mehr nutzen zu können, beim Kunden. Eine Ausnahme liegt nur dann vor, wenn der Kunde aus von ihm **nicht beeinflussbaren Gründen** die vertraglichen Leistungen nicht weiter in Anspruch nehmen kann.

Beispiel: Ein **Wohnortwechsel** stellt vor diesem Hintergrund grundsätzlich keinen wichtigen Grund für eine außerordentliche Kündigung eines **Fitnessstudiovertrags** dar, weil der Kunde sowohl private als auch berufliche Wohnortwechsel im Gegensatz zum Anbieter der Leistungen beeinflussen kann und die Gründe für den Umzug deshalb in der Sphäre des Kunden liegen. Dies gilt auch bei der Versetzung eines Zeitsoldaten.[122]

Ein Verschulden des anderen Teils ist nicht erforderlich, kann aber bei der Interessenabwägung berücksichtigt werden.[123]

Beispiel: G betreibt eine Gaststätte und schloss mit der Brauerei B im Januar 2016 einen zehnjährigen Belieferungsvertrag ab. Anfang 2018 liefert B mehrfach schales Bier aus, sodass G seine Stammkunden nicht mehr bedienen kann. Diese suchen daraufhin die Gaststätte nicht mehr auf. Anfang April 2018 mahnt G die Brauerei ab. Gleichwohl wird erneut schales Bier geliefert. G kündigt den Vertrag mit B. Diese merkt an, sie könne sich die Fehllieferung nicht erklären. Es müsse sich um Sabotage handeln.

---

118 Vgl. Palandt/Grüneberg § 314 Rn. 12 m.w.N.

119 Looschelders Rn. 803.

120 BeckOK/Unberath § 313 Rn. 23.

121 BGH RÜ 2011, 143.

122 BGH RÜ 2016, 615, 616.

123 Hk-Schulze § 314 Rn. 3.

Ein wichtiger Grund i.S.d. § 314 Abs. 1 S. 2 liegt vor, wenn Tatsachen gegeben sind, die unter Berücksichtigung aller Umstände und unter Abwägung der beiderseitigen Interessen die Fortsetzung des Vertrags für den Kündigenden unzumutbar machen. Auch bei Berücksichtigung der Interessen der Brauerei, die eine Fortsetzung des Vertragsverhältnisses möchte, ist eine derartige lang andauernde Schlechtbelieferung nicht hinnehmbar. Hier steht bereits die Existenz des G auf dem Spiel, da die Stammkunden ausbleiben. Dass die Brauerei sich die Schlechtbelieferung nicht erklären kann und es sich möglicherweise um Sabotage handelt, spielt keine Rolle, denn die Kündigung aus wichtigem Grund setzt kein Verschulden des anderen Teils voraus.

III. Fristsetzung zur Abhilfe oder Abmahnung

100 Nach **§ 314 Abs. 2 S. 1** setzt die fristlose Kündigung aus wichtigem Grund grundsätzlich eine Frist zur Abhilfe oder aber eine vorherige Abmahnung voraus. **§ 314 Abs. 2 S. 2** enthält einen **Verweis auf § 323 Abs. 2**. Dadurch wird klargestellt, dass es einer Abhilfefrist oder Abmahnung nicht bedarf, wenn diese Maßnahmen keinen Sinn ergeben.[124]

Der Verweis in § 314 Abs. 2 S. 2 ist im Rahmen der Reform zum 13.06.2014 geändert worden. In der Sache hat sich dadurch aber nichts geändert, da mit der Neufassung des Verweises gerade erreicht werden soll, dass sich die eingeführte Einschränkung des § 323 Abs. 2 Nr. 3 (vgl. dazu Rn. 59) nicht auf § 314 auswirkt.

IV. Kein Ausschluss des Kündigungsrechts

101 Ausnahmsweise kann die Ausübung eines Kündigungsrechts als unzulässige Rechtsausübung angesehen werden. Dann ist die Kündigung gemäß **§ 242** unwirksam.

B. Kündigungserklärung

102 Die Kündigungserklärung ist eine **einseitige, empfangsbedürftige Willenserklärung**. Sie kann auch konkludent erklärt werden. Entscheidend ist allein, dass der Wille, das Vertragsverhältnis zu beendigen, klar und zweifelsfrei zum Ausdruck kommt.[125]

Die Kündigungserklärung ist als Gestaltungsrecht **bedingungsfeindlich** und unwiderruflich.[126]

Gemäß § 314 Abs. 3 muss die Kündigungserklärung innerhalb einer **angemessenen Frist ab Kenntniserlangung** vom Kündigungsgrund erklärt werden. Dadurch soll sichergestellt werden, dass der andere Teil nicht unnötig lange im Ungewissen darüber bleibt, ob der Berechtigte von seinem Kündigungsrecht Gebrauch machen wird.[127] Für die Frage, ob eine Frist im Einzelfall angemessen ist, kommt es maßgebend auf die jeweilige Vertragsart an.[128]

C. Rechtsfolgen der Kündigung

103 Rechtsfolge der Kündigung ist die **Beendigung** des Vertragsverhältnisses **für die Zukunft**. Es entstehen keine neuen Leistungsverpflichtungen mehr zwischen den Partei-

124 MünchKomm/Gaier § 314 Rn. 17.
125 BeckOK/Unberath § 314 Rn. 20.
126 MünchKomm/Gaier § 314 Rn. 18.
127 Looschelders Rn. 799.
128 Palandt/Grüneberg § 314 Rn. 10.

en. Da die Kündigung keine Rückwirkung hat, bleiben entstandene Ansprüche aber bestehen.

Die Kündigung begründet kein **Rückgewährschuldverhältnis** i.S.d. §§ 346 ff. Sind Vorleistungen erbracht worden, kommt allerdings eine Rückforderung gemäß § 812 Abs. 1 S. 2 Alt. 1 (Wegfall des rechtlichen Grundes) in Betracht.

7. Abschnitt: Einreden

Einreden sind grundlegend von den bereits behandelten Einwendungen zu unterscheiden. Während Einwendungen (z.B. Erfüllung oder Rücktritt) den Anspruch untergehen lassen, **schränkt die Einrede nur die Durchsetzbarkeit des Anspruchs ein**. Der Anspruch bleibt also bestehen, kann aber aufgrund der Einrede nicht durchgesetzt werden. Während Einwendungen im Prozess von Amts wegen zu berücksichtigen sind, muss sich der **Schuldner auf Einreden berufen**, damit das Gericht sie beachtet.

Es lassen sich peremptorische und dilatorische Einreden unterschieden:

- **Einreden, die eine Durchsetzung des Anspruchs auf Dauer ausschließen** (peremptorisch) sind etwa: 104
  - Einrede der **Verjährung, § 214**
  - Ausschluss der Leistungspflicht nach **§ 275 Abs. 2** und **Abs. 3**

    Nach h.M. handelt es sich bei § 275 Abs. 2 und Abs. 3 um einen Sonderfall der rechtsvernichtenden Einrede – Einrede", da sie ein Verweigerungsrecht ist, das die Erhebung durch den Schuldner erfordert und „rechtsvernichtend", da nach h.M. die Geltendmachung zum Erlöschen des Erfüllungsanspruchs führt und nicht nur seine Durchsetzbarkeit hindert.[129]
  - kaufrechtliche Mängeleinrede, **§ 438 Abs. 4 S. 2** bzw. **§ 438 Abs. 5**
  - werkrechtliche Mängeleinrede, § 634 a Abs. 4 S. 2 bzw. § 634 a Abs. 5
  - Der Anspruch auf Vertragsanpassung wegen **Störung der Geschäftsgrundlage, § 313**, führt zu einer dauerhaften Einrede gegenüber dem ursprünglichen Vertrag (dazu Rn. 134).
  - Arglisteinrede, § 853
- **Einreden, die eine Durchsetzbarkeit nur aufschieben** (dilatorisch), sind dagegen beispielsweise: 105
  - Stundung, §§ 311, 271
  - **Einrede des nicht erfüllten Vertrags, § 320** (s. Rn. 106 ff.)
  - **Zurückbehaltungsrecht, § 273**
  - Einreden des Bürgen, §§ 770, 771
  - Notbedarfseinrede des Schenkers, § 519
  - dingliches Zurückbehaltungsrecht, § 1000

129 Vgl. AS-Skript Schuldrecht AT 1 (2017), Rn. 105.

Hinweis: *Dieses Skript behandelt die anspruchsbeschränkenden Einreden aus den §§ 320 und 273, die übrigen Einreden werden jeweils im Sachzusammenhang (z.B. §§ 770, 771 im Zusammenhang mit der Bürgschaft im AS-Skript Schuldrecht BT 2) dargestellt.*

A. Einrede aus § 320

106 Verträge, deren Verpflichtungen im **Gegenseitigkeitsverhältnis** (Synallagma) stehen, sind auf einen Leistungsaustausch der Parteien ausgerichtet. Dieser Austausch muss grundsätzlich, soweit nicht eine Vorleistungspflicht besteht, gleichzeitig erfolgen. Die gegenseitige Abhängigkeit von Leistung und Gegenleistung wird dadurch gewährleistet, dass der Schuldner die eigene Leistung zurückbehalten kann, bis sein Gläubiger die Gegenleistung erbringt. Der Schuldner kann nach § 320 die Einrede des nicht erfüllten Vertrags erheben.[130]

Einrede des nichterfüllten Vertrags, § 320

I. Voraussetzungen

1. Gläubiger macht Anspruch aus **gegenseitigem Vertrag** geltend
2. Fälliger durchsetzbarer **Gegenanspruch im Gegenseitigkeitsverhältnis**
3. Ungeschriebenes Tatbestandsmerkmal: **Vertragstreue des Schuldners**
4. **Kein Ausschluss**
   - § 320 Abs. 2, Unverhältnismäßigkeit
   - § 242, wenn Treu und Glauben entgegenstehen

II. Rechtsfolge

- Aufschiebende Einrede, die zur Verurteilung **Zug um Zug** führt, §§ 320, 322, wenn sich der Schuldner darauf beruft.
- Keine Abwendbarkeit durch Sicherheitsleistung, § 320 Abs. 1 S. 3; § 273 Abs. 3 gilt nicht.

I. Voraussetzungen

1. Geltendmachung eines Anspruchs aus gegenseitigem Vertrag durch den Gläubiger

Ein gegenseitiger Vertrag liegt vor, wenn zumindest eine der beiden Leistungen ein Entgelt für die Leistung des anderen Teils sein soll. Das gilt für Kauf-, Tausch-, Dienst-, Werk-, Miet- und Pachtverträge, verzinsliche Darlehen und die entgeltliche Verwahrung, also für die Vielzahl der wirtschaftlich bedeutsamen Vertragstypen.

130 Vgl. dazu Schur JuS 2006, 673.

2. Fälliger durchsetzbarer Gegenanspruch im Gegenseitigkeitsverhältnis

Dies setzt Folgendes voraus:

- Der Gläubiger selbst darf noch nicht erfüllt haben (vgl. § 320 „bis zur Bewirkung der Gegenleistung"). Hat der Gläubiger bereits teilweise geleistet, so kann die Gegenleistung nach § 320 Abs. 2 insoweit nicht verweigert werden, „als die Verweigerung nach den Umständen, insbesondere **wegen verhältnismäßiger Geringfügigkeit** des rückständigen Teils gegen Treu und Glauben verstoßen würde". 107

- Der Schuldner kann sich **nicht** auf § 320 berufen, wenn feststeht, dass die vom Gläubiger zu erbringende **Leistung unmöglich geworden** ist. Der Schuldner kann dann nur nach dem allgemeinen Leistungsstörungsrecht vorgehen.

- Der Gegenanspruch des Schuldners muss **fällig** sein, d.h., der Schuldner muss seine Gegenforderung vom Gläubiger verlangen können. Fehlt eine Bestimmung der Leistungszeit, so ist die sofortige Fälligkeit gegeben, § 271 Abs. 1. Wird die Fälligkeit einer Entgeltforderung vertraglich vereinbart, sind die Begrenzungen des § 271a zu beachten.[131] 108

  Die Gegenforderung ist nicht fällig – und damit § 320 ausgeschlossen –, wenn der Schuldner **vorleistungspflichtig** ist. Eine solche Vorleistungspflicht kann sich z.B. aus einer Vereinbarung sowie aus § 614 oder § 641 ergeben. Bedeutsam ist insoweit die Ausnahmevorschrift des § 321: Eine Vorleistungspflicht wird regelmäßig im Vertrauen auf bestimmte Vermögensverhältnisse beim Gläubiger übernommen. Verschlechtern sich diese nach Vertragsschluss, muss der Schuldner geschützt werden, d.h., nun kann er ein Leistungsverweigerungsrecht geltend machen.[132]

- Der Anspruch des Schuldners muss **einredefrei** sein. Dabei ist zu beachten, dass gemäß **§ 215** das Zurückbehaltungsrecht auch nach Eintritt der Verjährung erhalten bleibt, wenn dieses vor Eintritt der Verjährung entstanden und mit dem Anspruch des Gläubigers synallagmatisch verknüpft war. Dass sich die beiden Ansprüche in unverjährter Zeit fällig gegenüberstanden, ist nicht erforderlich.[133] 109

- Der Anspruch des Gläubigers muss im **Gegenseitigkeitsverhältnis** (Synallagma) zu der Gegenforderung des Schuldners stehen. Nach h.M. müssen sich **Hauptleistungen** gegenüberstehen.[134]

  Das Gegenseitigkeitsverhältnis bleibt bestehen, wenn der Schuldner als Gegenforderung anstelle des ursprünglichen Leistungsanspruchs einen **Sekundäranspruch** erlangt hat, z.B. aus § 285 auf Herausgabe des Surrogats.[135]

---

131 Vgl. dazu Lüdde RÜ 2010, 636 ff.

132 Brox/Walker § 13 Rn. 16.

133 BGH NJW 2006, 2773, 2775.

134 Palandt/Grüneberg § 320 Rn. 4.

135 Palandt/Grüneberg Einf. vor § 320 Rn. 17.

Fall 4: Die letzte Kaufpreisrate

V verkaufte mit notariellem Vertrag vom 07.07.2013 ein noch zu errichtendes Reihenhaus an K. Der Kaufpreis von 800.000 € war in nach dem Baufortschritt fälligen Raten zu zahlen. Es wurde zudem vereinbart, dass die Auflassung des Grundstücks nach Erfüllung sämtlicher Zahlungsverpflichtungen des Käufers erfolgen sollte.

Das Reihenhaus war Ende 2013 bezugsfertig. Da K die beiden letzten Kaufpreisraten von jeweils 100.000 € nicht zahlte, machte V sie gerichtlich geltend. Ende 2017 wurde K rechtskräftig verurteilt, die letzte Rate zu zahlen, was er Anfang 2018 auch tat. Der weitergehende Antrag des V wurde mit der Begründung abgewiesen, sein Anspruch auf Zahlung der vorletzten Kaufpreisrate sei verjährt. K verlangt nunmehr die Übereignung des Grundstücks. V ist hierzu nur gegen Zahlung der vorletzten Rate i.H.v. 100.000 € bereit und beruft sich insoweit auf § 320. Zu Recht?

K könnte gegen V einen Anspruch auf Auflassung des Grundstücks haben.

I. Der Auflassungsanspruch des K ergibt sich aus **§ 433 Abs. 1 S. 1**, denn die Parteien haben einen wirksamen Grundstückskaufvertrag geschlossen, der auch notariell beurkundet wurde (§ 311 b Abs. 1).

II. Der Anspruch ist auch nicht erloschen.

III. Fraglich ist jedoch, ob der Anspruch **durchsetzbar** ist. V will die geschuldete Auflassungserklärung (Eigentumsübertragung) nach **§§ 873, 925** nur Zug um Zug gegen Bezahlung des noch offenen Teilbetrags i.H.v. 100.000 € vornehmen. Er beruft sich damit erfolgreich auf sein Leistungsverweigerungsrecht, wenn die Voraussetzungen des **§ 320** vorliegen.

1. K macht einen Anspruch aus einem **gegenseitigen Vertrag** geltend.

2. Außerdem müsste V einen **fälligen durchsetzbaren Anspruch** gegen K haben.

a) V hat gegen K einen Anspruch auf Zahlung der Restkaufpreisrate.

110 b) Der Anspruch des V ist jedoch **nicht durchsetzbar**, da er **verjährt** ist. Dies könnte gemäß **§ 215** unerheblich sein. Danach schließt die Verjährung die Geltendmachung des Zurückbehaltungsrechts nicht aus, wenn der Anspruch in dem Zeitpunkt noch nicht verjährt war, in dem erstmals die Leistung verweigert werden konnte. Somit stellt sich die Frage, ob die Forderung des Gläubigers (K) entstanden ist, bevor der Anspruch des Schuldners (V) verjährt ist. § 215 zielt darauf ab, eine in unverjährter Zeit bestehende Zurückbehaltungslage „aufrechtzuhalten“. Fraglich ist somit, wann die Forderung des K aus § 433 Abs. 1, d.h. der Auflassungsanspruch, entstanden ist.

111 Der Auflassungsanspruch eines Käufers entsteht grundsätzlich mit Abschluss eines wirksamen Grundstückskaufvertrags, nur seine Fälligkeit wird in aller Regel von der Zahlung des Kaufpreises abhängig gemacht. Der Kaufvertrag regelt vorliegend nicht das Entstehen, sondern nur die Fälligkeit des Auflassungsanspruchs des K.

Da die gegenseitigen Ansprüche in unverjährter Zeit **synallagmatisch verknüpft** waren, beruft sich hier V zu Recht auf ein Zurückbehaltungsrecht aus § 320. Der Anspruch des Gläubigers ist unabhängig von seiner Fälligkeit entstanden, bevor der Anspruch des Schuldners verjährte.

V ist zur Übertragung des Eigentums an dem verkauften Grundstück nur Zug um Zug gegen Zahlung des noch offenen Kaufpreises verpflichtet, §§ 320, 322.

Hinweis: *Bei dem Herausschieben der Auflassung bis zur vollständigen Zahlung des Kaufpreises, wie sie die Parteien hier vereinbart haben, handelt es sich um ein typisches Sicherungsmittel für den Verkäufer im Rahmen der Abwicklung eines Grundstücks- oder Bauträgervertrags. Da die gesetzlich vorgesehene Abwicklung Zug um Zug bei diesen Verträgen aus tatsächlichen Gründen meist nicht möglich ist, wird der Verkäufer in aller Regel dadurch gesichert, dass eine der Voraussetzungen des Eigentumsübergangs – entweder die Auflassung (§ 929) oder die Eintragung in das Grundbuch (§ 873 Abs. 1) – bis zur Zahlung des Kaufpreises hinausgeschoben wird.*[136]

---

3. Vertragstreue des Schuldners

Nach h.M. setzt § 320 als ungeschriebene Voraussetzung die **eigene Vertragstreue des Schuldners** voraus.[137] Daran fehlt es, wenn der Schuldner es schlechthin ablehnt, die eigene Leistung zu erbringen oder die Gegenleistung anzunehmen.[138] Dazu ist eine unmissverständliche, endgültige und ernstliche Weigerung, den Vertrag durchzuführen, erforderlich.[139] 112

II. Rechtsfolgen

- Der Schuldner (Beklagte) muss sich im Prozess **auf § 320 berufen** (Einrede!). Wird diese Einrede erhoben, führt sie zur **Verurteilung Zug um Zug** (§ 322 Abs. 1).[140] 113
- Anders als im Falle des Zurückbehaltungsrechts nach § 273 **schließt** bei § 320 wegen der engen Verknüpfung von Leistung und Gegenleistung (Gegenseitigkeitsverhältnis) schon das bloße Bestehen des Leistungsverweigerungsrechts den **Schuldnerverzug aus**, also auch dann, wenn sich der Schuldner nicht auf § 320 beruft.

  Beim objektiven Bestehen der Einrede des § 320 entfällt dessen Wirkung, den Schuldnerverzug auszuschließen, nicht schon dann, wenn der Gläubiger seinerseits zur Gegenleistung „bereit und imstande" ist, sondern erst dann, wenn der Gläubiger dem Schuldner die Gegenleistung in einer den **Annahmeverzug begründenden Weise** anbietet.[141]
- Das Bestehen des Leistungsverweigerungsrechts aus § 320 führt **nicht zur Hemmung der Verjährung.**[142]

---

136 BGH NJW 2006, 2773.
137 Palandt/Grüneberg § 320 Rn. 6.
138 Vgl. BGH RÜ 2013, 685.
139 BeckOK/Schmidt § 320 Rn. 12.
140 Brox/Walker § 13 Rn. 18.
141 So die h.M., vgl. AS-Skript Schuldrecht AT 1 (2017), Rn. 265 zum Verzug.
142 BeckOK/Schmidt § 320 Rn. 21.

III. Verhältnis zur Rücktrittseinrede aus § 438 Abs. 4

- Bei Lieferung einer mangelhaften Kaufsache hat der Käufer einen Nacherfüllungsanspruch aus §§ 437 Nr. 1, 439 (Beseitigung des Mangels oder Lieferung einer mangelfreien Sache). Dieser Nacherfüllungsanspruch ist eine **Modifikation des ursprünglichen Erfüllungsanspruchs aus § 433 Abs. 1.**[143] Macht der Verkäufer bei Lieferung einer mangelhaften Sache den Kaufpreisanspruch geltend, so kann der Käufer ihm § 320 entgegenhalten.
- Besteht hingegen kein Nacherfüllungsanspruch, sondern ein Rücktrittsrecht, so kann der Käufer gemäß § 438 Abs. 4 S. 2 die Zahlung des Kaufpreises verweigern, selbst wenn der Rücktritt nach **§ 218** wegen Verjährung des Nacherfüllungsanspruchs unwirksam ist.

B. Einrede gemäß § 273 Abs. 1

114 Ein sehr klausurrelevantes Zurückbehaltungsrecht enthält § 273 Abs. 1. Die als Einrede ausgestaltete Vorschrift ist eine besondere Ausformung des Prinzips von Treu und Glauben (§ 242) und stellt einen Sonderfall der allgemeinen Arglisteinrede dar.[144]

115

Einrede gemäß § 273

I. Voraussetzungen

1. **Gegenseitige Ansprüche**
2. **Fälliger** und **durchsetzbarer Gegenanspruch** (Ausnahme: § 215)
3. **Konnexität**: Zwischen den beiden Ansprüchen muss ein innerer natürlicher und wirtschaftlicher Zusammenhang bestehen.
4. **Kein Ausschluss** des Zurückbehaltungsrechts
   - Kraft Vertrag oder aus Natur des Schuldverhältnisses (§ 273 Abs. 1)
   - Kraft Gesetz (§§ 175, 570, 581, 242)

II. Rechtsfolge

Aufschiebende (dilatorische) Einrede des Schuldners, die im Prozess zur Verurteilung Zug um Zug führt, § 274 Abs. 1

I. Voraussetzungen

1. Gegenseitige Ansprüche

§ 273 Abs. 1 setzt – im Gegensatz zu § 320 – keine Ansprüche aus einem gegenseitigen Vertrag voraus. Die Gegenseitigkeit erfordert lediglich, dass jede der Parteien gegen die andere irgendeinen Anspruch hat. Trotz seiner Stellung im Schuldrecht ist § 273 Abs. 1 dabei nicht auf schuldrechtliche Ansprüche beschränkt. Es spielt keine Rolle, aus wel-

143 Palandt/Weidenkaff § 439 Rn. 2.

144 BeckOK/Unberath § 273 Rn. 1.

chem Rechtsgrund die Ansprüche der Parteien stammen und ob sie sich **aus Vertrag oder Gesetz** ergeben.[145]

So kann beispielsweise im Rahmen des Sachenrechts gegenüber dem Herausgabeanspruch des Eigentümers aus § 985 oder dem Anspruch auf Grundbuchberichtigung aus § 894 das allgemeine Zurückbehaltungsrecht aus § 273 Abs. 1 eingreifen.

Umstritten ist allerdings, ob ein Zurückbehaltungsrecht nach § 273 ein „Recht zum Besitz" i.S.d. § 986 begründet oder ein selbstständiges Gegenrecht darstellt, das dem Anspruch aus § 985 unmittelbar entgegensteht.[146]

2. Fälliger und durchsetzbarer Gegenanspruch

Der Gegenanspruch des Schuldners muss gemäß § 273 Abs. 1 fällig sein. Die Fälligkeit muss erst **in dem Zeitpunk**t vorliegen, **in dem der Schuldner das Zurückbehaltungsrecht geltend macht**. Daher genügt es, wenn der Gegenanspruch mit der Erbringung der geschuldeten Leistung entsteht und fällig wird, wie etwa der Anspruch des Schuldners auf Erteilung einer Quittung nach § 368.[147]

Ein Anspruch, dem eine Einrede entgegensteht und der daher nicht durchsetzbar ist, kann grundsätzlich kein Zurückbehaltungsrecht begründen.[148]

Besonderheiten gelten insoweit für die Verjährung. Nach **§ 215** schließt die Verjährung die Geltendmachung eines Zurückbehaltungsrechts nämlich nicht aus, wenn der Anspruch in dem Zeitpunkt noch nicht verjährt war, in dem erstmals die Leistung verweigert werden konnte.

3. Konnexität

Die Ansprüche des Gläubigers und des Schuldners müssen sich **„aus demselben rechtlichen Verhältnis"** ergeben, sog. Konnexität. Im Gegensatz zu § 320 dürfen bei § 273 Abs. 1 die gegenseitigen Ansprüche aber **keine im Gegenseitigkeitsverhältnis stehenden Hauptpflichten** sein, da sonst § 320 als Spezialvorschrift eingreift. 116

Konnexität ist gegeben, wenn beide Ansprüche aus einem **einheitlichen, innerlich zusammenhängenden Lebensverhältnis** herrühren, sodass es gegen Treu und Glauben verstieße, wenn der eine Anspruch ohne Rücksicht auf Erfüllung des anderen geltend gemacht werden könnte.[149]

Das gilt beispielsweise für Ansprüche aus einer **dauernden Geschäftsverbindung**, soweit die verschiedenen Verträge wegen ihres zeitlichen oder sachlichen Zusammenhangs als natürliche Einheit erscheinen.[150] Gleiches gilt für wechselseitige vermögensrechtliche Ansprüche aus einer **ehelichen Lebensgemeinschaft.**[151]

145 Brox/Walker § 13 Rn. 3.

146 Dazu im Einzelnen AS-Skript Sachenrecht 1 (2017), Rn. 495.

147 MünchKomm/Krüger § 273 Rn. 30.

148 BeckOK/Unberath § 320 Rn. 14.

149 BGH NJW 1991, 12645, 2646; Brox/Walker § 13 Rn. 5.

150 Palandt § 273 Rn. 10.

151 Jauernig/Stadler § 273 Rn. 9.

II. Kein Ausschluss des Zurückbehaltungsrechts

117 Ein **Ausschluss** kann sich **aus dem Inhalt des Vertrags** ergeben. Die Parteien können nämlich ausdrücklich oder schlüssig ein Zurückbehaltungsrecht ausschließen (§ 273 Abs. 1: „sofern nicht aus dem Schuldverhältnis sich ein anderes ergibt").

Fall 5: Offene Rechnung

A muss eine dringende Geschäftsfahrt antreten. Da der Vergaser seines Wagens defekt ist, fährt er in die Werkstatt des U, in die er seinen Wagen stets zur Reparatur gibt. A bittet U, den Wagen wegen der geplanten Geschäftsfahrt bis 17.00 Uhr zu reparieren. U entgegnet: „Geht klar, Chef!". Als A den Wagen gegen Zahlung des Rechnungsbetrags abholen will, erklärt U, es sei noch eine Rechnung aus einer früheren Reparatur i.H.v. 648 € offen. Diese müsse erst beglichen werden. A lehnt dies indes ab. Hat A gegen U einen vertraglichen Anspruch auf Herausgabe des Wagens?

A könnte gegen U einen Anspruch auf Herausgabe des Wagens aus dem Werkvertrag gemäß **§ 631** haben.

I. U ist aufgrund des Werkvertrags verpflichtet, den reparierten Wagen zurückzugeben. A hat deshalb einen Anspruch auf Herausgabe des Wagens.

II. Dieser Anspruch des A ist jedoch gehemmt, wenn U ein **Zurückbehaltungsrecht** gemäß **§ 273** zusteht.

1. A macht einen **Anspruch gegen U** geltend (Herausgabe des Wagens) und U steht aus einem früher abgeschlossenen Werkvertrag ein **fälliger Gegenanspruch** (Werklohnforderung) zu.

2. Der Anspruch des A und der Gegenanspruch des U müssten im Verhältnis der **Konnexität** stehen. Beide Ansprüche beruhen auf einem einheitlichen zusammenhängenden Lebensverhältnis, da U den Wagen des A wiederholt repariert hat und daher eine **ständige Geschäftsbeziehung** besteht. Mithin liegt Konnexität vor.

118 3. Das Zurückbehaltungsrecht darf **nicht ausgeschlossen** sein. A hat U ausdrücklich darauf hingewiesen, dass er um 17.00 Uhr den Wagen für eine Geschäftsfahrt benötigt und U hat, ohne auf die noch ausstehende Rechnung hinzuweisen, zugesagt, den Wagen rechtzeitig zu reparieren.

   Die Erklärung des U konnte A nur dahin verstehen, dass im Rahmen der Abwicklung dieses Vertrags nicht auf alte Forderungen zurückgegriffen wird. Demnach hat U nach dem Vertragsinhalt unter Berücksichtigung des Vertragszwecks **konkludent auf die Geltendmachung des Zurückbehaltungsrechts verzichtet**.

A hat mithin gegen U aus dem Werkvertrag einen durchsetzbaren Herausgabeanspruch hinsichtlich des Wagens.

Der **Ausschluss des Zurückbehaltungsrechts** kann sich ferner ausdrücklich **aus gesetzlichen Vorschriften** ergeben, etwa aus

- **§ 175**: kein Zurückbehaltungsrecht an der Vollmachtsurkunde nach Erlöschen der Vollmacht;
- **§§ 570, 581**: Kein Zurückbehaltungsrecht des Mieters oder Pächters von Grundstücken oder Räumen, wenn Rückgabe mit Rücksicht auf die Beendigung des Miet- oder Pachtverhältnisses verlangt wird.
- Das Zurückbehaltungsrecht gemäß § 273 ist nicht per se ausgeschlossen, wenn die **Aufrechnung gesetzlich verboten** ist, etwa gemäß **§ 393**. Dazu sind die Voraussetzungen und Folgen von Aufrechnung und Zurückbehaltungsrecht nämlich zu verschieden. Ein Zurückbehaltungsrecht ist aber dann ausgeschlossen, wenn es den durch das Aufrechnungsverbot missbilligten Erfolg herbeiführen würde.[152] 119

  Stehen sich gleichartige Leistungen gegenüber, kann jede Seite aufrechnen. Die Aufrechnung geht der Geltendmachung eines Zurückbehaltungsrechts vor. Denn während durch die Aufrechnung ein endgültiges Ergebnis erreicht wird, führt das Zurückbehaltungsrecht in diesen Fällen nur zu einer „Blockade".[153]

- Im Einzelfall kann das Zurückbehaltungsrecht auch gemäß **§ 242** ausgeschlossen sein. Davon ist etwa auszugehen, wenn der Schuldner für seinen Anspruch eine anderweitige und ausreichende Sicherheit besitzt (vgl. auch § 273 Abs. 3).[154] 120

III. Rechtsfolgen

Der Schuldner kann die geschuldete Leistung verweigern, bis die ihm gebührende Leistung bewirkt wird, § 273 Abs. 1. Im Prozess wird der Schuldner, der die Einrede erhoben hat, nur zur Erfüllung **Zug um Zug** verurteilt, **§ 274 Abs. 1**.[155] 121

Die Vollstreckung setzt in diesen Fällen entweder Befriedigung oder Annahmeverzug des Schuldners oder ein Zug-um-Zug-Angebot des Gläubigers bei Durchführung der Zwangsvollstreckung voraus (§§ 765, 766 ZPO). Sollte Annahmeverzug gegeben sein, ist dem Gläubiger die Absicherung durch ein Feststellungsurteil anzuraten.

Im Gegensatz zu § 320 kann der Gläubiger die Ausübung des Zurückbehaltungsrechts durch **Sicherheitsleistung abwenden**, § 273 Abs. 3.

Anders als bei § 320 schließt **nicht allein** das Bestehen des Zurückbehaltungsrechts nach § 273 den **Schuldnerverzug aus**, der Schuldner muss sich darüber hinaus auf die Einrede des § 273 berufen.

Hinweis: *Während das Zurückbehaltungsrecht gemäß § 273 selbstständige und zunächst unverbundene Ansprüche lediglich in ihrer Durchsetzung verknüpft, sind Ansprüche, die eine Einrede nach § 320 begründen, auch in ihrer Entstehung und in ihrem Fortbestand wechselseitig miteinander verbunden. Beide Leistungen sind um der jeweils anderen Leistung willen versprochen worden und stehen deshalb – weil der gegenseitige Vertrag sonst*

---

152 Palandt/Grüneberg § 273 Rn. 14.

153 MünchKomm/Krüger § 273 Rn. 75.

154 Looschelders Rn. 302.

155 Schur JuS 2006, 675.

der Absicht der Vertragsparteien zuwider in einen einseitigen umgewandelt würde – in einem dauerhaften Abhängigkeitsverhältnis.[156]

§ 320 **Die Einrede des nicht erfüllten Vertrags**	**§ 273 Abs. 1** **Die Einrede des Zurückbehaltungsrechts**
I. Voraussetzungen	**I. Voraussetzungen**
1. Anspruch des Gläubigers aus einem gegenseitigen Vertrag ▪ Falls kein gegenseitiger Vertrag, allenfalls ZBR aus § 273 ---→	**1. Anspruch des Gläubigers** ▪ Ansprüche jeder Art aus Vertrag oder Gesetz, z.B. auch sachenrechtliche Ansprüche
2. Fälliger durchsetzbarer Gegenanspruch des Schuldners ▪ Gläubiger darf noch nicht erfüllt haben. ▪ Die vom Gläubiger zu erbringende Leistung darf nicht unmöglich geworden sein. ▪ Der Schuldner darf nicht vorleistungspflichtig sein. Aber: ▪ Annahmeverzug des Schuldners berührt Fälligkeit seines Gegenanspruchs nicht. ▪ Eine inzwischen eingetretene Verjährung schließt Einrede nicht aus, wenn Verjährung noch nicht eingetreten war, als der Anspruch des Gläubigers entstand, § 215.	
3. Gegenseitigkeitsverhältnis ▪ H.M.: Hauptleistungspflichten, sonst ---→ ▪ auch Sekundäransprüche, z.B. aus § 285	**3. Konnexität** ▪ Ansprüche aus einem einheitlichen, innerlich zusammenhängenden Lebensverhältnis, sodass es gegen Treu und Glauben verstieße, wenn der eine Anspruch ohne Rücksicht auf Erfüllung des anderen geltend gemacht würde
4. Eigene Vertragstreue des Schuldners	
II. Kein Ausschluss, § 320 Abs. 2	**II. Kein Ausschluss des ZBR** ▪ Aus dem Inhalt des Vertrags ▪ Aus gesetzlicher Vorschrift ▪ z.B. §§ 175, 570 ▪ Wenn ein durch das Aufrechnungsverbot missbilligter Erfolg herbeigeführt wird ▪ Gemäß § 242
III. Einrede: Schuldner muss sich auf Einrede berufen.	
IV. Rechtsfolge **1.** Schuldner kann Leistung verweigern, bis er Gegenleistung erhält. **2.** Im Prozess Zug-um-Zug-Verurteilung **3.** Gläubiger kann ZBR **nicht** durch Sicherheitsleistung abwenden, § 320 Abs. 1. **4.** Es schließt allein das Bestehen der Einrede den Schuldnerverzug aus.	**IV. Rechtsfolge** **1.** Schuldner kann Leistung verweigern, bis er Gegenleistung erhält. **2.** Im Prozess Zug-um-Zug-Verurteilung **3.** Gläubiger **kann** ZBR durch Sicherheitsleistung abwenden. **4.** Der **Schuldnerverzug** ist nur ausgeschlossen, wenn sich der Schuldner auf § 273 beruft.

156 BGH NJW 2006, 2773, 2775.

C. Sonderfälle des Zurückbehaltungsrechts

Das Zurückbehaltungsrecht gemäß **§ 273 Abs. 2** gilt für die Verpflichtung zur **Herausgabe eines Gegenstands.** 122

- Steht dem Anspruchsgegner ein fälliger Gegenanspruch wegen **Verwendungen auf den Gegenstand oder** wegen eines ihm **durch diesen verursachten Schadens** zu, greift die Einrede aus § 273 Abs. 2.
- Im Gegensatz zu § 273 Abs. 1 muss im Rahmen des § 273 Abs. 2 das Vorliegen der **Konnexität nicht geprüft** werden, denn sie wird kraft Gesetzes vorausgesetzt.[157]

Ein weiterer Sonderfall ist das **kaufmännische Zurückbehaltungsrecht** gemäß **§ 369 HGB**. Gegenüber § 273 bestehen folgende Besonderheiten:

- Ein **Weniger an Voraussetzungen:** Es muss sich um Forderungen unter Kaufleuten aus beiderseitigen Handelsgeschäften handeln; **Konnexität ist nicht erforderlich**.
- Ein **Mehr an Rechtsfolgen:** §§ 371, 372 HGB geben dem Gläubiger über das bloße Recht zur Zurückbehaltung hinaus ein **pfandähnliches Befriedigungsrecht**.

D. Unzulässige Rechtsausübung gemäß § 242

Ob einem Recht der Einwand unzulässiger Rechtsausübung entgegensteht, ist durch das Gericht **„von Amts wegen"** zu beachten.[158] Der Gläubiger kann in einem solchen Fall sein Recht nicht geltend machen, weil seine formale Rechtsposition durch § 242 eingeschränkt wird. Ist bereits der Rechtserwerb anstößig, begründet § 242 eine rechtshindernde, im Übrigen eine rechtsvernichtende Einwendung.[159] Wichtige Fälle unzulässiger Rechtsausübung sind: 123

- **Unredlicher Rechtserwerb**: Das Recht wurde durch ein gesetz-, vertrags- oder sonst treuwidriges Verhalten des Gläubigers erworben.

  Beispiel: A und B sind Gesellschafter einer OHG. Im Gesellschaftsvertrag ist bestimmt, dass jeder Gesellschafter fristlos kündigen kann, wenn der Jahresgewinn weniger als 40.000 € beträgt. Im Jahre 2015 betrug der Gewinn nur 25.000 €, weil ein Angestellter größere Unterschlagungen begangen hatte. Die Unterschlagungen konnten nur deshalb erfolgen, weil B seine Aufsichtspflichten gröblich verletzt hatte. Deshalb ist es B nicht gestattet, sich auf die Bestimmung des Gesellschaftsvertrags zu berufen und fristlos zu kündigen.

- **Widerspruch zu schuldrechtlicher Verpflichtung**: Ein Recht wird entgegen der schuldrechtlichen Verpflichtung, das Recht überhaupt nicht oder nicht in bestimmter Weise geltend zu machen, ausgeübt.

  Beispiel:[160] A hat am Grundstück des E ein für alle Verkaufsfälle bestelltes dingliches Vorkaufsrecht. Als E das Grundstück an K verkaufen will, schließen A und E einen Vertrag dahin, dass A bei diesem Verkauf sein Vorkaufsrecht nicht ausübt. Durch diesen Vertrag wurde das Vorkaufsrecht nicht aufgehoben. Wenn A es aber gegenüber E ausübt, so ist dies als Verstoß gegen die schuldrechtliche Vereinbarung rechtsmissbräuchlich und daher unwirksam.

---

157 Looschelders Rn. 303.

158 MünchKomm/Roth/Schubert § 242 Rn. 82.

159 Palandt/Grüneberg § 242 Rn. 41.

160 Nach BGH BGHZ 37, 147.

- **Widersprüchliches Verhalten** (venire contra factum proprium): Die Ausübung eines Rechts steht im Widerspruch zu einem früheren Verhalten. Wichtigste Ausprägung ist die **Verwirkung**, die folgendes voraussetzt:

  - Ein Recht ist längere Zeit nicht geltend gemacht worden (**Zeitmoment**).
  - Infolge eines bestimmten Verhaltens des Berechtigten durfte der Verpflichtete darauf vertrauen, dass das Recht nicht mehr geltend gemacht wird (**Umstandsmoment**).
  - Der Verpflichtete hat tatsächlich darauf vertraut (**Vertrauensmoment**).

  Beispiel: Ein Vermieter kann sein Kündigungsrecht aus § 543 Abs. 2 Nr. 2 verwirken, wenn er lange tatenlos die vertragswidrige Benutzung einer Mietwohnung zulässt.[161]

- **Pflicht zur alsbaldigen Rückgewähr** (dolo agit, qui petit, quod statim redditurus est): Es ist unzulässig, eine Leistung geltend zu machen, wenn sie aus einem anderen Rechtsgrund alsbald an den Schuldner zurückerstattet werden müsste.

  Beispiel: Räumungsverlangen des Vermieters, obwohl der Besitzer aufgrund eines Vorvertrags den Abschluss eines Mietvertrags verlangen kann.[162]

161 Westermann/Bydlinski/Weber Rn. 4/12.

162 Palandt/Grüneberg § 242 Rn. 52.

2. Teil: Störung der Geschäftsgrundlage, § 313

Verträge können infolge der Veränderung von grundlegenden Umständen derart gestört sein (z.B. infolge von Krieg, Naturkatastrophen, u.a.), dass ihre unveränderte Durchführung unter Berücksichtigung aller Umstände des Einzelfalls, insbesondere der vertraglichen oder gesetzlichen Risikoverteilung, nicht mehr zumutbar erscheint.[163] In einem solchen Fall kann an dem Prinzip „pacta sunt servanda" nicht uneingeschränkt festgehalten werden.[164] Vielmehr darf die wegen der Veränderung benachteiligte Partei nach § 313 einen **Anspruch auf Vertragsanpassung** geltend machen. Sollte eine solche Vertragsanpassung nicht möglich oder einer Partei nicht zumutbar sein, so kann (subsidiär) der **Rücktritt vom Vertrag** erklärt werden. Anstelle des Rücktritts (vgl. § 313 Abs. 3) tritt für Dauerschuldverhältnisse (z.B. Mietvertrag) das **Recht zur Kündigung**. 124

Die dogmatische Einordnung des § 313 ist davon abhängig, ob ein Anspruch auf Vertragsanpassung geltend gemacht wird oder ob das Vertragsverhältnis wegen Störung der Geschäftsgrundlage mittels Rücktritt oder Kündigung aufgelöst wird. Im ersten Fall ist § 313 **Anspruchsgrundlage**, anderenfalls eine **Einwendung**.

Störung der Geschäftsgrundlage, § 313

I. Anwendbarkeit
keine vorrangigen Regelungen

II. Voraussetzungen

1. **Störung der Geschäftsgrundlage** (§ 313 Abs. 1)
   - **a)** Bestimmter **Umstand ist zur Grundlage** des Vertrags geworden
     - **aa)** Beide Parteien oder eine Partei ist bei Vertragsschluss für die andere Partei erkennbar vom Vorliegen eines bestimmten Umstands ausgegangen (tatsächliches Element).
     - **bb)** Wäre eine spätere Änderung des Umstands bei Vertragsschluss vorhersehbar gewesen, hätte eine Partei den Vertrag nicht oder nur mit einem anderen Inhalt abgeschlossen (hypothetisches Element).
     - **cc)** Andere Partei hätte sich redlicherweise darauf einlassen müssen (normatives Element).
   - **b)** Umstand, der Geschäftsgrundlage geworden ist, hat sich nach Vertragsschluss **schwerwiegend geändert.**
   - **c)** Störung der Geschäftsgrundlage nur beachtlich, wenn für die belastete Partei das Festhalten am Vertrag unter der Berücksichtigung der gesetzlichen und vertraglichen Risikoverteilung **unzumutbar** ist.
2. **Störung der anfänglichen (subjektiven) Geschäftsgrundlage** (§ 313 Abs. 2)

III. Rechtsfolge

1. § 313 Abs. 1: Anspruch auf **Vertragsanpassung**
2. § 313 Abs. 3 S. 1: **Rücktritt** bei Unzumutbarkeit
3. § 313 Abs. 3 S. 2: **Kündigung** bei Dauerschuldverhältnissen

163 Vgl. Brox/Walker § 271 Rn. 1.
164 Looschelders Rn. 743.

1. Abschnitt: Anwendbarkeit

Die Vorschrift des § 313 ist nur anwendbar, wenn keine vorrangigen vertraglichen oder gesetzlichen Regelungen eingreifen.

A. Vorrang vertraglicher Vereinbarungen

125 Eine Vertragsanpassung nach § 313 Abs. 1 setzt voraus, dass sich nach Vertragsschluss Umstände entscheidend verändert haben. Diese **Umstände** dürfen aber **nicht Gegenstand oder Inhalt des Vertrags** geworden sein.[165] Dies gebietet der Vorrang der vertraglichen Vereinbarungen. Die Parteien können nämlich die veränderten Umstände, z.B. durch eine Bedingung (§ 158), ein vertragliches Rücktrittsrecht, eine Garantie oder eine Anpassungsklausel geregelt haben.

Fehlt eine solche Regelung, kann mittels der **ergänzenden Vertragsauslegung** (§§ 133, 157) eine Vertragslücke durch Ermittlung des hypothetischen Willens im Wege des „Zuendedenkens" der vertraglichen Regelung geschlossen werden. Auch die ergänzende Vertragsauslegung hat gegenüber § 313 **Vorrang.**[166]

Beispiel: Der Fall, dass Briefmarken ihre Gültigkeit durch einen staatlichen Hoheitsakt (Währungsumstellung von DM auf Euro) verlieren, sodass der in ihnen verkörperte Anspruch auf eine Beförderungsleistung gemäß § 807 nicht mehr durchgesetzt werden kann, ist gesetzlich nicht geregelt. Im Wege ergänzender Vertragsauslegung ergibt sich aber, dass verständige und redliche Vertragsparteien bei Kenntnis der Regelungslücke ein Umtauschrecht mit einer Gültigkeitsdauer von einem Jahr vereinbart hätten. Damit scheidet eine Anwendung des § 313 in diesem Fall aus.[167]

B. Vorrangige Spezialregelungen

Neben dem Vorrang vertraglicher Vereinbarungen sind gegenüber § 313 vorrangige gesetzliche Regelungen zu beachten.

126
- Der beiderseitige Irrtum über die Vertragsgrundlage bei einem Vergleich wird speziell in **§ 779** regelt.
- Beeinträchtigungen eines Reisevertrags infolge höherer Gewalt begründen ein Kündigungsrecht nach **§ 651 j** (mit Wirkung zum 01.07.2018: Rücktritt wegen unvermeidbarer, außergewöhnlicher Umstände gemäß § 651 h n.F.).
- Weitere gesetzliche Sonderregelungen finden sich etwa in den **§§ 321, 490, 530 und 531**.[168]

C. Verhältnis zur Anfechtung

127 Während für Irrtümer im Rahmen der Willensäußerung die Anfechtungsvorschriften unproblematisch eingreifen und eine Konkurrenz zu § 313 nicht erkennbar ist, können sich hinsichtlich der **Willensbildung** Überschneidungen ergeben.

165 Palandt/Grüneberg § 313 Rn. 10.
166 MünchKomm/Finkenauer § 313 Rn. 143.
167 BGH NJW 2006, 54, 55.
168 Looschelders Rn. 747; Hirsch JURA 2007, 84.

Nach § 313 Abs. 2 liegt eine Störung der Geschäftsgrundlage auch vor, wenn sich **wesentliche Vorstellungen**, die zur Grundlage des Vertrags geworden sind, als falsch herausstellen (Fehlen der Geschäftsgrundlage). Betrifft eine solche Fehlvorstellung (Irrtum) eine im Zeitpunkt des Vertragsschlusses nicht vorhandene verkehrswesentliche Eigenschaft des Vertragspartners oder des Vertragsgegenstands, wird die Frage nach dem **Verhältnis des § 313 zur Anfechtung nach § 119 Abs. 2** virulent. Bedeutsam wurde diese Frage beispielsweise im sog. Leibl-Fall (ein als Gemälde von Maler Duveneck verkauftes Bild stellte sich überraschend als wertvolles Original von Wilhelm Leibl heraus).[169]

Liegt ein **einseitiger Irrtum** vor, so verdrängt § 119 Abs. 2 als Spezialregelung § 313.[170]

Ob das Anfechtungsrecht auch bei einem **Doppelirrtum** (beide Parteien unterliegen einem Irrtum über eine verkehrswesentliche Eigenschaft) gegenüber § 313 vorrangig ist, wird nicht einheitlich beurteilt. Um einen solchen Doppelirrtum handelte es sich auch im Leibl-Fall.

- Die **h.M.** spricht sich für die **Anwendung des § 313** u.a. mit der Begründung aus, dass die Anfechtungsregeln zu unbilligen Ergebnissen führen könnten, weil es auf Zufall beruhe, wer anfechte und sich damit gemäß § 122 ersatzpflichtig macht.[171] Das Risiko, dass beide sich in gleicher Weise über die Berechnungsgrundlage irren, müsse aber beide gleichmäßig treffen.[172]

- Eine **andere Ansicht** räumt auch in den Fällen des Doppelirrtums der **Anfechtung nach § 119 Abs. 2** den Vorrang vor einer Anwendung des § 313 Abs. 2 ein. Anfechten werde nämlich nur der, zu dessen Nachteil die Wirklichkeit von den gemeinsamen Vorstellungen abweicht, weil nur er einen Vorteil von der Anfechtung hat. Dann aber sei es auch nicht unbillig, wenn er diesen Vorteil mit der Pflicht zum Ersatz des negativen Interesses bezahlt.[173]

D. Verhältnis zu § 275

Auch das Verhältnis des § 313 zur Unmöglichkeit (§ 275) wird nicht einheitlich beurteilt. **128**

- Zunächst ist § 313 gegenüber § 275 Abs. 1 subsidiär.[174] Außerdem wird nach einer verbreiteten Ansicht die sog. **wirtschaftliche Unmöglichkeit** nicht von § 275 Abs. 2 erfasst. Für diese sollen die Regelungen über die **Störung der Geschäftsgrundlage** (§ 313) **vorrangig** sein.[175]

  Von wirtschaftlicher Unmöglichkeit wird gesprochen, wenn der Leistung solche Schwierigkeiten entgegenstehen, dass sie dem Schuldner wegen Überschreitung der „Opfergrenze“ nicht mehr zu-

169 BGH NJW 1988, 2597 ff.
170 Rösler JuS 2005, 122.
171 Jauernig/Stadler Rn. 9 und 26; Hirsch JURA 2007, 84; Rösler JuS 2005, 120, 122 f. m.w.N.
172 Der BGH lehnt ebenfalls die Anfechtung in derartigen Fällen ab, vgl. BGH NJW 1998, 3192, 3194.
173 Medicus/Petersen Rn. 162.
174 BGH NJW-RR 1995, 853, 854; Palandt/Grüneberg § 313 Rn. 13.
175 Palandt/Grüneberg § 275 Rn. 29; § 313 Rn. 13, 32; Looschelders Rn. 439.

gemutet werden kann.[176] Der Begriff wird vor allem auf die Fälle der allgemeinen Geldentwertung nach dem 1. Weltkrieg bezogen.[177]

- Nur teilweise wird angenommen, dass § 275 Abs. 2 im Konkurrenzfall vorrangig vor § 313 sei.[178]

- Es wird schließlich aber auch die Ansicht vertreten, dass § 275 Abs. 2 und § 313 im Konkurrenzfall nebeneinander anwendbar sind und der Schuldner insoweit ein **Wahlrecht** hat.[179]

  Beide Regelungen begründen Rechtsfolgen, deren endgültige Wirkung von einer Entscheidung des Schuldners abhänge. Dieser müsse das Leistungsverweigerungsrecht aus § 275 Abs. 2 nicht geltend machen und müsse auch nicht Vertragsanpassung gemäß § 313 beanspruchen. Dieser Rechtslage entspreche es am besten, wenn der Schuldner ein Wahlrecht habe, auf welche Norm er sich berufen wolle.

  Beispiel: Ein Autohändler hatte bei einem Porschedirekthändler noch nicht auf dem Markt befindliche Modelle bestellt.[180] Die Porsche AG kündigte danach überraschend an, diese Modelle nicht über ihr Händlernetz, sondern direkt ab Werk zu verkaufen. In der Folge „explodieren" die Preise, d.h., sie überschritten den zwischen Autohändler und Direkthändler vereinbarten Preis um ein Mehrfaches.
  Der Direkthändler kann sich nicht auf § 275 Abs. 2 berufen, weil mit seinem Aufwand zugleich der Marktpreis des Porsche und damit das Leistungsinteresse des Vertragspartners gewachsen ist. Somit kommt eine Lösung dieses Falls nur über § 313 in Betracht.[181]

E. Verhältnis zu § 812 Abs. 1 S. 2 Alt. 2

129 Ein bereicherungsrechtlicher Anspruch aus § 812 Abs. 1 S. 2 Alt. 2 (Zweckverfehlungskondiktion) ist gegeben, wenn der mit einer Leistung nach dem Inhalt des Rechtsgeschäfts bezweckte Erfolg nicht eintritt.

130 - Nach h.M. haben die Regeln über die **Störung der Geschäftsgrundlage** als **vertraglicher Rechtsbehelf Vorrang** vor der bereicherungsrechtlichen Rückabwicklung.[182] Ist der fehlgeschlagene Leistungszweck Geschäftsgrundlage eines vertraglichen Schuldverhältnisses, so scheidet ein Bereicherungsanspruch wegen Nichteintritt des bezweckten Erfolgs aus. § 313 verdiene wegen seiner größeren Flexibilität den Vorzug.

131 - Andere verweisen darauf, dass sich die Zweckverfehlungskondiktion und § 313 tatbestandsmäßig unterscheiden, sodass **keine Konkurrenz** bestehe.[183] Maßgebliches Abgrenzungskriterium sei, dass bei der Geschäftsgrundlagenstörung nach § 313 der verfehlte Zweck nur ein vorausgesetzter sein darf, während nach § 812 Abs. 1 S. 2 Alt. 2 eine Zweckvereinbarung erforderlich ist (Inhalt des Rechtsgeschäfts).

---

176 Palandt/Grüneberg § 275 Rn. 21.

177 BeckOK/Lorenz § 275 Rn. 33.

178 Schulze/Ebers JuS 2004, 265, 266.

179 MünchKomm/Ernst § 275 Rn. 23; Otto JURA 2002, 1, 5; Schwarze JURA 2002, 73, 78; Feldhahn NJW 2005, 3381, 3382; Mückel JURA 2005, 809, 811.

180 Nach BGH NJW 1994, 515 f.

181 So auch Schulze/Ebers JuS 2004, 267.

182 BGH NJW 1989, 2470; MünchKomm/Finkenauer § 313 Rn. 177; Jauernig/Stadler § 313 Rn. 13; BeckOK/Unberath § 313 Rn. 24; vgl. auch AS-Skript Schuldrecht BT 3 (2017), Rn. 194.

183 Hirsch JURA 2007, 81, 84; Medicus/Petersen Rn. 163.

2. Abschnitt: Voraussetzungen

Die maßgebenden Umstände (§ 313 Abs. 1) oder Vorstellungen (§ 313 Abs. 2) müssen Geschäftsgrundlage geworden sein. 132

- **§ 313 Abs. 1** behandelt den Fall der Störung der Geschäftsgrundlage; hier können **objektive und subjektive Gesichtspunkte** die Geschäftsgrundlage betreffen (wobei in § 313 Abs. 1 bezüglich der subjektiven Geschäftsgrundlage nur der spätere Wegfall geregelt ist).[184]

- **§ 313 Abs. 2** betrifft den Fall des Fehlens der Geschäftsgrundlage; hier wird maßgeblich auf die ursprünglich bestehenden Vorstellungen, d.h. auf die **subjektiven Gesichtspunkte**, abgestellt (§ 313 Abs. 2 bezieht sich auf das ursprüngliche Fehlen der subjektiven Geschäftsgrundlage).[185]

A. Störung der Geschäftsgrundlage (§ 313 Abs. 1)

I. Bestimmte Umstände sind zur Grundlage des Vertrags geworden

Der Begriff der **Geschäftsgrundlage**, der in § 313 Abs. 1 **nicht legaldefiniert** wird,[186] erfasst die bei Abschluss des Vertrages zutage getretenen, dem anderen Teil erkennbar gewordenen und von ihm nicht beanstandeten **Vorstellungen** der einen Partei oder die gemeinsamen Vorstellungen beider Parteien von dem Vorhandensein oder dem künftigen Eintritt bestimmter Umstände, sofern der Geschäftswille der Parteien auf diesen Vorstellungen aufbaut.[187]

Neben dieser durch subjektive Kriterien geprägten Definition (subjektive Geschäftsgrundlage), kann der Begriff auch anhand objektiver Merkmale bestimmt werden (objektive Geschäftsgrundlage).[188] Demnach wird die Geschäftsgrundlage von Umständen und Verhältnissen gebildet, deren Vorhandensein und Fortdauer objektiv erforderlich sind, damit der Vertrag im Sinne der Absichten beider Vertragsparteien noch als eine sinnvolle Regelung bestehen kann.[189]

Dass ein Umstand zur **Geschäftsgrundlage** geworden ist, **setzt** Folgendes **voraus**:

- Beide Parteien oder eine Partei ist bei Vertragsschluss für die andere Partei erkennbar vom Vorliegen eines bestimmten Umstands ausgegangen, sog. **tatsächliches Element**.

- Wäre die spätere Änderung der Umstände bei Vertragsschluss vorhersehbar gewesen, hätte eine Partei den Vertrag nicht oder nur mit einem anderen Inhalt abgeschlossen, sog. **hypothetisches Element**.

---

184 Looschelders Rn. 750.

185 Brox/Walker § 27 Rn. 9.

186 Bis zum SchuldrechtsmodernisierungsG wurden die in § 313 geregelten Fälle nach § 242 gelöst (Wegfall der Geschäftsgrundlage).

187 Vgl. m.w.N. BeckOK/Unberath § 313 Rn. 4.

188 Looschelders Rn. 750.

189 Palandt/Grüneberg § 313 Rn. 4.

- Die andere Partei hätte sich redlicherweise darauf einlassen müssen, sog. **normatives Element**.

II. Schwerwiegende Änderung

133 Der Umstand, der Geschäftsgrundlage geworden ist, muss sich nach Vertragsschluss geändert haben.

Beispiele: Krieg, Absage eines Karnevalszugs, Währungsverfall oder Einführung neuer Steuern[190]

Ferner müssen sich die Umstände gemäß § 313 Abs. 1 „schwerwiegend verändert" haben. Wo dabei die **Wesentlichkeitsgrenze** zu ziehen ist, hängt von der jeweiligen Vertragsart, der konkreten Störung und den sonstigen Umständen des Einzelfalls ab.[191]

III. Festhalten am unveränderten Vertrag unzumutbar

Schließlich ist gemäß § 313 Abs. 1 zu beachten, dass die Störung der Geschäftsgrundlage nur dann beachtlich ist, wenn das Festhalten am unveränderten Vertrag im konkreten Fall „unter Berücksichtigung aller Umstände des Einzelfalls" einer Vertragspartei unzumutbar ist.[192] Eine Unzumutbarkeit liegt nur dann vor, wenn das Festhalten am Vertrag zu einem mit Recht und Gerechtigkeit nicht zu vereinbarenden Ergebnis führen würde.[193] Für die **Beurteilung der Zumutbarkeitsgrenze** ist vor allem („insbesondere") die vertragliche und gesetzliche Risikoverteilung maßgebend. Die entscheidende Frage ist deshalb regelmäßig, ob das **unvorhergesehene Risiko**, das sich realisiert hat, **einer Partei (allein) zugewiesen** werden kann.[194]

Beispiele zu vertraglichen und gesetzlichen Risiken:

1. Nach der gesetzlichen Interessenbewertung trägt beim **Kaufvertrag** in der Regel der Käufer das Risiko, ob er den – sachmangelfrei gelieferten – Kaufgegenstand wie beabsichtigt verwenden kann.
Beim **Kauf von Bauerwartungsland** kommt hinzu, dass ein solches Geschäft typischerweise ein Element der Unsicherheit einschließt, weil regelmäßig gerade nicht feststeht, ob und ggf. wann das Grundstück bebaubar wird. Sind – wie normalerweise in einem solchen Fall – Störungen der Geschäftsgrundlage voraussehbar, so ist es grundsätzlich Sache des betroffenen Vertragspartners, sich gegen die daraus drohenden Nachteile zu sichern.[195]
2. Die **nachträgliche Änderung der höchstrichterlichen Rspr.** kann bei einem geschlossenen Vergleich zu einer Störung der Geschäftsgrundlage führen und eine Anpassung der Vereinbarung an die veränderten Verhältnisse erfordern. Dies gilt insbesondere für Unterhaltsvereinbarungen, nach neuer Rspr. aber auch für Urteile. Die nachteilig betroffene Partei kann mittels einer Abänderungsklage nach § 323 ZPO eine Korrektur, d.h. eine Anpassung der Unterhaltsverpflichtung herbeiführen.[196]
3. Wird in einem Übergabevertrag ein Grundstück mit der Maßgabe übertragen, dass der Erwerber gegenüber dem Übertragenden eine **Pflegeverpflichtung** übernimmt und ist es dem Übertragenden infolge eines tiefgreifenden Zerwürfnisses nicht mehr zumutbar, sich durch den Übernehmer versorgen zu lassen, so ist die Geschäftsgrundlage des Übergabevertrags entfallen. Wenn der Vertrag infolge Ver-

190 Vgl. mit weiteren Beispielen Palandt/Grüneberg § 313 Rn. 26 ff.
191 BeckOK/Unberath § 313 Rn. 26.
192 Medicus/Petersen Rn. 164 f.
193 Brox/Walker § 27 Rn. 8.
194 Medicus/Lorenz Rn. 536.
195 BGH BGHZ 74, 370, 374.
196 Vgl. dazu Roßmann-Gläser JuS 2003, 1121 f.

mögenslosigkeit des Erwerbers nicht angepasst werden kann, muss das Grundstück nach Rücktritt vom Vertrag gemäß § 313 Abs. 3 S. 1 i.V.m. § 346 Abs. 1 zurückübertragen werden.[197]

4. Ein Sicherungsgeber übernimmt mit der gemäß den §§ 1184–1186 kaum verkehrsfähigen **Sicherungshypothek** und dem Revalutierungsverbot das Risiko der eingeschränkten Verkehrsfähigkeit des Grundstücks. Bei einer beabsichtigten Veräußerung verwirklicht sich das Risiko, das nach der vertraglichen Vereinbarung in den Risikobereich des Sicherungsgebers fällt. Deshalb kann der Sicherungsgeber nicht gemäß § 313 Abs. 1 wegen Wegfalls der Geschäftsgrundlage einen Austausch der Sicherungshypothek gegen eine ihm genehmere Bürgschaft verlangen, um das Grundstück besser verkaufen zu können.[198]

Praxis- und klausurrelevant ist auch die **Risikoverteilung im Bereich des Miet- und Pachtrechts.**[199]

Fall 6: Kaltes Café

V vermietete an M Räume im Erdgeschoss eines sechsgeschossigen im Bau befindlichen Gebäudes zum Betrieb eines Cafés für zehn Jahre. Nachdem sich die von V geplante Vermarktung der ersten vier Obergeschosse als Büroraum nicht realisieren ließ, veranlasste er den Ausbau dieser Geschosse als Wohnraum. M verlangt von V, dass er die Miete um 1.000 € im Monat mindert. Da sich die vorgesehene Mieterstruktur geändert habe, ließen sich seine geplanten Umsätze nämlich nicht realisieren.

Ein Anspruch auf Änderung des Mietvertrags könnte sich aus **§ 313 Abs. 1** ergeben.

I. Vorrangige Sonderregelungen greifen nicht ein, insbesondere ist die Mietsache nicht mangelhaft.

II. Außerdem müssten die Voraussetzungen des § 313 Abs. 1 vorliegen.

Der Umstand, dass die ersten vier Obergeschosse als Büroraum genutzt werden, müsste **Geschäftsgrundlage** geworden sein.

Beide Parteien sind bei Vertragsschluss davon ausgegangen, dass (auch) die ersten **vier Obergeschosse gewerblich genutzt** werden können (tatsächliches Element).

Hätte M gewusst, dass in den vier Obergeschossen Wohnraum entsteht, hätte er den Vertrag nicht so abgeschlossen (hypothetisches Element).

V hätte sich darauf auch einlassen müssen (normatives Element).

III. Die Geschäftsgrundlage müsste sich ferner **schwerwiegend verändert** haben. Die geänderte Mieterstruktur der ersten vier Obergeschosse ist wesentlich, da sie sich ganz erheblich auf die **potenzielle Kundschaft** und den Umsatz des Cafes auswirkt. Es liegt also eine schwerwiegende Veränderung vor.

IV. Schließlich müsste die Veränderung dem M nicht zumutbar sein. Eine Unzumutbarkeit liegt nicht vor, wenn es sich um einen Umstand handelt, der (allein) in den Risikobereich des M fällt. Bei der Gewerberaummiete trägt grundsätzlich der Mieter das

197 BGH NJW-RR 1995, 77, 78.

198 BGH RÜ 2018, 6, 7.

199 Vgl. dazu MünchKomm/Finkenauer § 313 Rn. 214.

Verwendungsrisiko bezüglich der Mietsache.[200] Dazu gehört vor allem das Risiko, mit dem Mietobjekt Gewinne erzielen zu können. Erfüllt sich die Gewinnerwartung des Mieters nicht, so verwirklicht sich damit ein **typisches Risiko** im Rahmen der gewerblichen Miete. Es fällt in den Verantwortungsbereich **des Mieters**, als Unternehmer die Erfolgsaussichten eines Geschäfts in der gewählten Lage abzuschätzen. Es umfasst auch das Risiko einer Veränderung der Mieterstruktur im Umfeld des Mietobjekts.

Somit liegen die Voraussetzungen der Störung der Geschäftsgrundlage nicht vor und M kann deshalb von V keine Vertragsanpassung verlangen.

B. Störung der anfänglichen (subjektiven) Geschäftsgrundlage

134 Die Vorschrift des **§ 313 Abs. 2** greift ein, wenn die subjektive Geschäftsgrundlage von vornherein fehlt. Das gilt insbesondere für den **gemeinschaftlichen Irrtum der Parteien** (vgl. dazu unten Rn. 142 ff.), aber auch bei einer einseitigen Fehlvorstellung einer Partei, welche die andere ohne eigene Vorstellungen widerspruchslos hingenommen hat.[201] Dagegen reichen einseitige Motive, selbst wenn sie der anderen Partei bekannt sind, nicht aus.[202]

3. Abschnitt: Rechtsfolgen

A. Vertragsanpassung

Die Störung der Geschäftsgrundlage i.S.v. § 313 hat **in erster Linie** nicht die Auflösung des Vertrags, sondern dessen Anpassung an die veränderten Umstände zur Folge. Nach § 313 Abs. 1 kann die benachteiligte Partei im Falle der Störung der Geschäftsgrundlage einen **Anspruch auf Vertragsanpassung** geltend machen. Die Anpassung erfolgt also nicht kraft Gesetzes, sie muss vielmehr „verlangt werden".

Zielsetzung der Vertragsanpassung ist eine möglichst **interessengerechte Verteilung des verwirklichten Risikos** bei möglichst schonendem Eingriff in die ursprüngliche Regelung.[203] Die vertragliche Vereinbarung soll nicht mehr als unbedingt nötig verändert werden.

Der anpassungsberechtigte Vertragspartner hat bei Inanspruchnahme durch seinen Partner ein (anteiliges) **Leistungsverweigerungsrecht nach § 242** (dolo agit, qui petit, quod statim redditurus est).[204]

Der Anspruch auf Vertragsanpassung unterliegt der **Regelverjährung** von drei Jahren, § 195. Die Verjährungsfrist **beginnt** unter den Voraussetzungen des § 199 Abs. 1 grund-

---

200 BGH NJW-Spezial 2010, 387.

201 Palandt/Grüneberg § 313 Rn. 38; Looschelders Rn. 751.

202 Looschelders Rn. 751.

203 Hirsch JURA 2007, 81, 87.

204 Vgl. Westermann/Bydlinski/Weber Rn. 12/12.

sätzlich im Falle der nachträglichen Störung der Geschäftsgrundlage nach § 313 Abs. 1 **mit Eintritt der Störung** oder im Falle des anfänglichen Fehlens der Geschäftsgrundlage (§ 313 Abs. 2) mit dem Vertragsschluss.

B. Rücktritt vom Vertrag

Ist eine Anpassung des Vertrags nicht möglich oder einem Teil nicht zumutbar, so kann 135
der benachteiligte Teil vom Vertrag zurücktreten, § 313 Abs. 3 S. 1. Der Rücktritt vom Vertrag kommt nur **subsidiär** in Betracht. Das ist insbesondere der Fall, wenn eine Vertragsanpassung von der Rechtsordnung verboten, undurchführbar oder sinnlos ist.[205] Notwendig für eine Auflösung und Rückabwicklung des Vertrags ist eine **Rücktrittserklärung** i.S.d. § 349 der benachteiligten Partei, da § 313 insoweit ein echtes Gestaltungsrecht darstellt.[206] Die Rückabwicklung des gestörten Vertrages erfolgt nach den §§ 346 ff. (siehe Rn. 67 ff.).

C. Kündigung des Vertrags

Liegt ein **Dauerschuldverhältnis** vor (z.B. ein Mietvertrag), tritt an die Stelle des Rück- 136
trittsrechts das Recht zur Kündigung (§ 313 Abs. 3 S. 2). Eine **Frist** zur Abgabe der Kündigungserklärung **besteht nicht**, denn nach überwiegend vertretener Auffassung ist § 314 Abs. 3 nicht entsprechend anwendbar.[207] Soweit ein Dauerschuldverhältnis aus wichtigem Grund nach § 314 gekündigt werden kann, verdrängt dies das Kündigungsrecht aus § 313.[208]

4. Abschnitt: Typische Anwendungsfälle des § 313

A. Zweckstörung

Fall 7: De Zoch kütt – nicht 137

Die M wohnt in der Innenstadt von Düsseldorf. Anlässlich des alljährlichen Rosenmontagsumzugs, der am 25.02. stattfindet, haben viele Anwohner der Straßen, durch die der Zug sich bewegen soll, Balkon- und Fensterplätze an Schaulustige vermietet. B mietet einen Fensterplatz bei M und zahlt ihr dafür bereits im Voraus 600 €. Am 12.02. wird bekannt, dass der Umzug verlegt wird und deshalb nicht mehr am Haus der M vorbeiführt. B verlangt die Rückzahlung der 600 €.

A. B könnte gegen M ein Anspruch gemäß **§ 812 Abs. 1 S. 2 Alt. 1** zustehen.

I. M hat durch Leistung des B einen Vermögensvorteil i.H.v. 600 € erlangt.

II. Rechtsgrund für diese Leistung war der zwischen M und B geschlossene Mietvertrag (§ 535). Dieser Rechtsgrund ist nachträglich weggefallen, wenn der Vertrag

---

205 Palandt/Grüneberg § 313 Rn. 42.

206 Westermann/Bydlinski/Weber Rn. 12/18.

207 MünchKomm/Finkenauer § 313 Rn. 111; Palandt/Grüneberg § 313 Rn. 42; a.A. Westermann/Bydlinski/Weber Rn. 12/20.

208 Brox/Walker § 27 Rn. 21.

unter einer auflösenden Bedingung (§ 158 Abs. 2) abgeschlossen worden ist. Die Vereinbarung einer derartigen Bedingung lässt sich jedoch nicht feststellen. Vielmehr sind die Parteien davon ausgegangen, dass es zu einer solchen Störung nicht kommen werde.

Damit scheidet ein Anspruch nach § 812 Abs. 1 S. 2 Alt. 1 aus.

B. Ein Rückzahlungsanspruch wegen eines Fehlers der Mietsache gemäß **§ 536 Abs. 1 i.V.m. § 812 Abs. 1 S.1 Alt. 1** kommt nicht in Betracht, weil der von M bereitgestellte Fensterplatz nicht fehlerhaft ist und es zudem auch erst gar nicht zur Gebrauchsüberlassung gekommen ist.

C. B könnte gegen M indes einen Rückzahlungsanspruch gemäß **§ 326 Abs. 4 i.V.m. § 346 Abs. 1** haben.

Dann müsste die Leistungspflicht der M unmöglich geworden sein. M konnte B gemäß § 535 Abs. S. 1 die Mietsache zum vereinbarten Zeitpunkt zum Gebrauch überlassen. Doch sollte B nach der vertraglichen Abrede durch die Gebrauchsüberlassung in der Lage sein, den Umzug zu beobachten. Dieser mit dem Mietgegenstand verfolgte Zweck kann nicht erreicht werden.

I. Da M nach dem Inhalt des Vertrags den Fensterplatz für die Beobachtung des Umzugs überlassen sollte und nur mit Rücksicht auf diesen Umzug der hohe Mietzins gezahlt worden ist, könnte M verpflichtet sein, eine zweckgeeignete Sache zu überlassen. Da dies M nicht möglich ist, könnte die Erfüllung der Leistungsverpflichtung unmöglich geworden sein.[209]

II. Dem ist aber entgegenzuhalten, dass sich hier die Leistungsverpflichtung der M darin erschöpft, B den Gebrauch an der Mietsache – an dem Fensterplatz – zu überlassen. Sie war nicht verpflichtet, für die Durchführung des Umzugs Sorge zu tragen. Eine **außerhalb der Leistungsverpflichtung liegende Zweckstörung** ist keine Unmöglichkeit im rechtlichen Sinne. M ist also die Erbringung der geschuldeten Leistung möglich. Der Gläubiger B kann den vorhandenen Leistungsgegenstand nur nicht so wie vorgesehen verwenden.

Diese Zweckstörung ist nach den Grundsätzen der Störung der Geschäftsgrundlage gemäß § 313 zu behandeln.[210]

Daher besteht kein Anspruch gemäß § 326 Abs. 1 S. 1, Abs. 4 i.V.m. §§ 346 ff. auf Rückzahlung der Miete.

D. Ein Anspruch auf Rückzahlung der bereits gezahlten Miete könnte sich aus **§ 313 Abs. 3 i.V.m. §§ 346 ff.** ergeben.

I. **§ 313 ist anwendbar**, da eine vorrangige vertragliche Regelung nicht vorliegt und es sich auch nicht um einen Fall der faktischen oder praktischen Unmöglichkeit nach § 275 Abs. 2 handelt.

---

209 So Medicus/Petersen Rn. 160.

210 Eingehend Rösler JuS 2004, 1058, 1062.

II. Die Voraussetzungen der Störung der Geschäftsgrundlage nach § 313 Abs. 1 müssten vorliegen.

1. **Geschäftsgrundlage** des Vertrags könnte der **Umzug durch die Straße**, an der das Haus **der M** liegt, geworden sein.

   a) M und B sind übereinstimmend davon ausgegangen, dass der Umzug seinen Weg durch diese Straße nehmen wird (**reales Element**).

   b) Jedenfalls für B war der Verlauf des Umzugs von entscheidender Bedeutung. Der Vertrag wäre, falls B den Umstand der Streckenverlegung bedacht hätte, überhaupt nicht oder anders, nämlich unter einer auflösenden Bedingung, geschlossen worden (**hypothetisches Element**).

   c) Redlicherweise hätte sich M auf die vertragliche Berücksichtigung dieses Umstands, nämlich dass der Umzug so wie geplant stattfindet, einlassen müssen. B sollte nicht allein das Risiko für die konkrete Durchführung des Umzugs tragen (**normatives Element**).

2. Die Geschäftsgrundlage ist infolge der Umleitung des Umzugs **nachträglich weggefallen** und diese **Veränderung** ist **auch schwerwiegend**.

3. Das **Festhalten** am unveränderten Vertrag muss für den einen Teil unter Berücksichtigung aller Umstände des Einzelfalls, insbesondere der vertraglichen und gesetzlichen Risikoverteilung, **unzumutbar** sein.

   Regelmäßig trägt zwar der Gläubiger das Risiko dafür, dass er die Sache zweckentsprechend verwenden kann. Doch können die Parteien im Vertrag zum Ausdruck bringen, dass der Gläubiger das Risiko nicht allein tragen soll. Es kann sich nämlich aus dem Vertrag in Verbindung mit den Umständen, die zum Vertragsschluss geführt haben, eine Zweckbindung des Leistungsgegenstands ergeben und dadurch zum Ausdruck kommen, dass der **Schuldner am Risiko beteiligt** sein soll.

   Ein Anzeichen für eine solche Zweckbindung liegt u.a. vor, wenn der Verkehrswert der Leistung gerade auf der vom Gläubiger erstrebten Zweckeignung beruht und der Schuldner den Leistungsgegenstand nur wegen dieser bestimmten Zweckeignung „zu Geld machen" kann.[211]

   Da B der M nur aufgrund des Umzugs den hohen Mietpreis gezahlt hat, fehlt es nunmehr wegen der Umleitung des Umzugs an dem vorausgesetzten Zweck. Die Geschäftsgrundlage ist also nach Vertragsschluss infolge der Verlegung des Umzugs i.S.v. § 313 Abs. 1 gestört. Das Festhalten am Vertrag ist B unzumutbar.

III. Eine **Anpassung** des Vertrags an die geänderten Verhältnisse ist **nicht möglich**. Daher kann B als benachteiligte Partei vom Vertrag gemäß § 313 Abs. 3 S. 1 zurücktreten.

---

211 Vgl. Palandt/Grüneberg § 313 Rn. 37.

IV. Das Rückzahlungsverlangen gegenüber M stellt eine konkludente **Rücktrittserklärung** des B i.S.d. § 349 dar.

B hat gegen M einen Rückzahlungsanspruch i.H.v. 600 € aus § 313 Abs. 3 i.V.m. §§ 346 ff., sodass er gemäß § 346 Abs. 1 entsprechende Rückzahlung verlangen kann.

B. Äquivalenzstörung

Wenn infolge wesentlicher Veränderungen der Verhältnisse ein offenbares Missverhältnis zwischen Leistung und Gegenleistung entsteht, kann es gerechtfertigt sein, den Vertrag den veränderten Verhältnissen anzupassen oder ihn aufzulösen.[212]

Fall 8: Bisschen Schwund ist immer

K ist Eigentümer eines Grundstücks. Durch einen formgültig geschlossenen Vertrag bestellte K dem B an diesem Grundstück ein Erbbaurecht auf 99 Jahre zum Zwecke der Bebauung mit einem Wohnhaus. Als Erbbauzins wurde ein – jeweils nachträglich am 01.10. eines jeden Jahres fällig werdender – Betrag von 6.000 € vereinbart, und zwar auf der Basis einer Verzinsung von 4% des mit 150.000 € angesetzten Grundstückswerts. Der Vertrag enthielt keine Wertsicherungsklausel.
Zehn Jahre nach Abschluss des Vertrags verlangt K von B unter dem Gesichtspunkt einer nach Treu und Glauben gebotenen Anpassung an die seit Bestellung des Erbbaurechts eingetretene Änderung der Verhältnisse eine Erhöhung des Erbbauzinses um jährlich 9.000 €. Zur Begründung beruft sich K hauptsächlich auf den seit Vertragsabschluss eingetretenen starken Anstieg der Lebenshaltungskosten. Der unter Heranziehung des Indexes für einen Vier-Personen-Arbeitnehmerhaushalt mit mittlerem Einkommen festgestellte Anstieg der Lebenshaltungskosten beträgt 158,9%. Dies entspricht einem Geldwert- und Kaufkraftschwund um 61,37%, also um mehr als 3/5.

K könnte berechtigt sein, infolge einer Störung der Geschäftsgrundlage nach **§ 313 Abs. 1** eine Anpassung des Erbbauzinses auf insgesamt 15.000 € zu verlangen.

I. Eine Vertragsanpassung nach § 313 Abs. 1 scheitert nicht an einer **vorrangigen vertraglichen Vereinbarung**, insbesondere haben die Parteien die Gegenleistung nicht an eine Wertsicherungsklausel gekoppelt.

II. Ferner müssten die Voraussetzungen für eine Vertragsanpassung nach § 313 Abs. 1 vorliegen.

   1. Es könnte eine **Störung der objektiven Geschäftsgrundlage i.S.v. § 313 Abs. 1** vorliegen.

---

212 Medicus/Petersen Rn. 161.

Eine Veränderung der Lebenshaltungskosten innerhalb von zehn Jahren um 158,9%, die einem Kaufkraftschwund um 61,37%, also um mehr als 3/5 entspricht, und die damit verbundene Störung des Gleichgewichts zwischen der Überlassung des Erbbaurechts und der Höhe des Erbbauzinses ist für K so bedeutsam, dass er bei Kenntnis der Entwicklung den Erbbaurechtsvertrag so nicht abgeschlossen, er vielmehr auf der Aufnahme einer Wertsicherungsklausel bestanden hätte. **138**

Bei Austauschverträgen mit einer längeren Laufzeit fällt es unter das von beiden Parteien zu tragende normale Risiko, dass sich die den Wert der vereinbarten Leistung beeinflussenden Verhältnisse während der Vertragsdauer zugunsten des einen oder des anderen Vertragspartners ändern. Eine **Äquivalenzstörung** kann in solchen Fällen ein Anpassungsverlangen nur dann rechtfertigen, wenn das Gleichgewicht zwischen Leistung und Gegenleistung (oder jedenfalls das ursprünglich zugrunde gelegte Verhältnis zwischen Leistung und Gegenleistung) so gestört ist, dass die Grenze des übernommenen Risikos überschritten wird und die benachteiligte Vertragspartei in der getroffenen Vereinbarung ihr Interesse nicht mehr auch nur annähernd gewahrt sehen kann. Diese von den Parteien zu tragende **Risikogrenze ist überschritten**, wenn der Kaufkraft- und Geldwertschwund mehr als 60% beträgt.[213] **139**

Bei dem im vorliegenden Erbbauzinsfall festgestellten **Geldwertschwund von 61,37%** kann ohne konkrete anderweitige Anhaltspunkte nicht angenommen werden, dass der Erbbaurechtsbesteller bei Vertragsabschluss das Risiko eines solchen Geldwertschwundes übernommen hat.

Die zur Geschäftsgrundlage gewordene Äquivalenz zwischen Leistung und Gegenleistung ist nachträglich weggefallen. Dabei handelt es sich auch um eine **schwerwiegende Veränderung**. **140**

2. Besondere Umstände, die es trotz der die „Opfergrenze“ überschreitenden Äquivalenzstörung für K zumutbar machen würden, an dem vereinbarten Erbbauzins festgehalten zu werden, sind nicht ersichtlich. Dies kann auch nicht aus dem Umstand hergeleitet werden, dass das Grundstückseigentum bei K verblieben ist und damit nach Vertragsende der Vorteil zwischenzeitlich gestiegener Grundstückspreise ihm zufällt. **141**

Damit ist die zur Geschäftsgrundlage gewordene Äquivalenz zwischen Leistung und Gegenleistung nachträglich i.S.v. § 313 Abs. 1 gestört.

III. Mithin ist ein Anpassungsanspruch nach § 313 Abs. 1 zu bejahen. Bei dem festgestellten Geldwertschwund um 61,37% ist der von K verlangte Erhöhungsbetrag von 9.000 € auch nicht zu hoch angesetzt.

---

213 BGH BGHZ 97, 171, 175.

C. Gemeinsamer Irrtum

142 Die Fälle des gemeinsamen Irrtums (z.B. ein gemeinschaftlicher Motivirrtum) stellen die sog. subjektive Geschäftsgrundlage infrage. Während § 313 Abs. 2 ausdrücklich das (ursprüngliche) **Fehlen der subjektiven Geschäftsgrundlage** regelt, ist der spätere Wegfall der subjektiven Geschäftsgrundlage hingegen ein Anwendungsfall des § 313 Abs. 1.[214]

I. „Offener" (externer) Kalkulationsirrtum

143 Ein „offener" Kalkulationsirrtum[215] liegt vor, wenn die fehlerhafte Berechnungsgrundlage dem Erklärungsempfänger mitgeteilt worden oder ihm bekannt ist.

Beispiel: Beim Verkauf eines Gebrauchtwagens orientieren sich Verkäufer V und Käufer M an der „Schwacke-Liste". Diese weist für den infrage kommenden Lamborghini infolge eines Druckfehlers mit 99.900 € einen um 10.000 € zu niedrigen Preis aus, was die Parteien nicht wissen. Sie schließen den Kaufvertrag zu dem Preis von 99.900 € ab. Für einen höheren Preis hätte dem M das Geld gefehlt.

144 ■ Die Lösung der Fälle des offenen Kalkulationsirrtums ist zunächst im Wege der **ergänzenden Vertragsauslegung** (§§ 133, 157) zu suchen. Danach kann eine Klarstellung solcher Vertragsbestimmungen erfolgen, die in dem Vertrag zwar nicht ausgesprochen, aber sinngemäß mitvereinbart sind.[216] Dies bietet sich an, wenn die Berechnungsgrundlage in die Vertragsvereinbarungen mit einbezogen worden und der falsch errechnete Endbetrag nur durch einen Rechenfehler zustande gekommen ist. Es ist dann nach dem Grundsatz der **„falsa demonstratio"** der Betrag als vereinbart anzusehen, der sich bei richtiger Berechnung ergibt. Die ergänzende Vertragsauslegung findet aber ihre Grenzen dort, wo es an der Möglichkeit fehlt, das zu Ergänzende als sinngemäß miterklärt anzusehen.

145 ■ Beim „offenen" Kalkulationsirrtum bezieht sich der Irrtum nicht auf den Inhalt der abgegebenen Erklärung. Die unrichtige Vorstellung der Parteien beeinflusste lediglich ihre Willensbildung, also den Motivationsprozess. Es handelt sich daher um einen **beiderseitigen Irrtum im Motiv.** Eine Anfechtung nach **§ 119 Abs. 1** wegen eines Erklärungsirrtums **scheidet deshalb aus.**

146 ■ Eine Anfechtung nach **§ 119 Abs. 2** ist schon deshalb **nicht möglich**, weil der Preis kein wertbildender Faktor ist. Ferner sprechen grundsätzliche Billigkeitsbedenken gegen die Anwendung der Anfechtungsregeln (vgl. Rn. 127).

■ Ist für den offenen Kalkulationsirrtum **keine vorrangige Sonderregelung** vorhanden, können die Voraussetzungen der Störung der Geschäftsgrundlage geprüft werden.

Für obiges **Beispiel** ergibt sich folgendes: Beide Parteien sind von einem Richtwert des Preises i.H.v. 99.900 € ausgegangen. Hätte M bei Vertragsschluss den wahren Listenpreis gekannt, so hätte er redlicherweise keinen Kaufabschluss zu einem Preise von 99.900 € verlangen können; er hätte sich auf einen höheren Preis einlassen oder auf den Kauf verzichten müssen. Die Richtigkeit der „Schwacke-Liste" lag auch nicht allein im Risikobereich des V: Diese Liste ist nicht von V selbst er-

---

214 Palandt/Grüneberg § 313 Rn. 38.

215 Ausführlich dazu Rösler JuS 2005, 120, 123 f.

216 Vgl. AS-Skript BGB AT 1 (2017), Rn. 189.

stellt worden. Auf den Druckfehler hatte V ebenso wenig Einfluss wie M. Beide Parteien wollten die Liste der Preisberechnung zugrunde legen. Damit ist die Preisrichtlinie in der „Schwacke-Liste" Geschäftsgrundlage geworden.

Wegen der Störung der Geschäftsgrundlage ist V ein Festhalten am Vertrag zu einem Preis von 99.900 € unzumutbar. Wenn infolge irriger Vorstellungen der Preis zugunsten des Käufers niedriger festgesetzt worden ist, muss sich der Käufer die Anpassung an den höheren Preis, wie er richtig berechnet worden wäre, dann gefallen lassen, wenn sich der Käufer auch mit dem anderen Endpreis abgefunden hätte, weil er die Kaufsache auf jeden Fall zu dem Listenpreis erwerben wollte. Wenn es jedoch dem Käufer entscheidend auf den (falsch berechneten) Endpreis ankam, etwa weil ihm zum Erwerb der Sache weitere Mittel fehlten, so kann keine Anpassung an den höheren Preis zum Nachteil des Käufers erfolgen. Er würde sonst zur Erfüllung eines Vertrags genötigt, den er mit diesem Inhalt vielleicht niemals geschlossen hätte.

Somit ist M eine Vertragsanpassung nicht zumutbar, d.h., eine Anpassung an den höheren Preis scheidet aus. Damit muss V nach § 313 Abs. 3 S. 1 vom Vertrag zurücktreten. Die Rückabwicklung des Kaufvertrags richtet sich nach §§ 346 ff., was bedeutet, dass die beiderseitigen Leistungen Zug um Zug (§ 348) zurückzugewähren sind.

V kann daher von M den Wagen Zug um Zug gegen Rückgabe von 99.900 € zurückverlangen.[217]

II. Irrtum über künftige Umstände

Fall 9: Billiger Bauernhof

V verhandelt mit K über die Veräußerung eines am Stadtrand von Wangen (Allgäu) gelegenen Bauernhofes. Aufgrund von Erkundigungen bei öffentlichen Ämtern gehen beide davon aus, dass die Umwandlung der Nutzung in einen Hotelbetrieb zu einem Zuschuss führt, der etwa 30% des Kaufpreises ausmacht. Der Grund für den Zuschuss ist der Abbau landwirtschaftlicher Überkapazitäten im Allgäu. Demzufolge wird der Kaufpreis entsprechend niedriger vereinbart. Nach Vertragsschluss stellt sich heraus, dass die Bewilligungsvoraussetzungen für den Zuschuss wider Erwarten im gegebenen Einzelfall nicht vorliegen. V verlangt Vertragsanpassung, d.h. einen erhöhten Kaufpreis. Zu Recht?

Ein Anspruch auf Erhöhung des Kaufpreises könnte sich aus **§ 313 Abs. 1 u. 2** ergeben.

I. Der Anwendung des § 313 stehen **keine vorrangigen Regelungen** entgegen.

II. Es könnte eine **Störung der subjektiven Geschäftsgrundlage** i.S.d. § 313 Abs. 2 vorliegen.

1. Es war die **gemeinsame Vorstellung** von V und K, dass durch Gewährung eines Zuschusses ein Teil des Kaufpreises abgegolten sein sollte. Dieser Umstand war für V so wichtig, dass er bei Zweifeln den Vertrag so nicht abgeschlossen hätte. Dies ergibt sich bereits aus dem Umfang der Subventionsgewährung (30%). Grundsätzlich fällt die Erwartung eines Zuschusses in den Risikobereich der dadurch begünstigten Partei. Im vorliegenden Fall ist jedoch mit Rücksicht auf die Erwartung des Zuschusses ein niedriger Kaufpreis vereinbart worden. K hat also aus dem Umstand seinen Nutzen gezogen. In diesen Fällen der Risikonutznie-

217 Eine Lösung dieser Fälle mittels § 313 favorisieren ebenfalls MünchKomm/Finkenauer § 313 Rn. 277 f. und Rösler JuS 2005, 120, 125.

ßung fällt das Risiko nicht in den Bereich nur einer Partei. Damit haben sich wesentliche Vorstellungen der Parteien, die zur Grundlage des Vertrags geworden sind, als (bereits anfänglich, d.h. schon bei Vertragsschluss) **falsch herausgestellt**.

Die Geschäftsgrundlage i.S.v. § 313 Abs. 2 ist damit gestört.

2. Wegen der Störung der Geschäftsgrundlage ist V ein **Festhalten am Vertrag** zu dem ursprünglich vereinbarten Kaufpreis **unzumutbar**.

V kann nach § 313 Abs. 1 u. 2 eine Erhöhung des Kaufpreises verlangen.

D. Leasing

147 Die Grundsätze der Störung der Geschäftsgrundlage haben eine große Bedeutung beim Leasingvertrag.[218] Ist die Leasingsache mangelhaft und erfolgt deshalb ein Rücktritt vom Kaufvertrag, so kommt es zu einer Störung der Geschäftsgrundlage bezüglich des Leasingvertrags. Der Leasingnehmer hat – obwohl der Leasingvertrag ein Dauerschuldverhältnis ist – ein Rücktrittsrecht und die Rückabwicklung erfolgt nach §§ 346 ff.

Fall 10: Mangelhafter Mazda

Im Oktober 2016 leaste der Leasingnehmer N vom Leasinggeber G einen Mazda MX-5 zur überwiegend gewerblichen Nutzung. Grundlage des Vertrags waren die rechtswirksamen Allgemeinen Leasingbedingungen des G, in denen dem Leasingnehmer sämtliche Rechte und Ansprüche wegen Mängeln des Fahrzeugs gegen die Lieferantin L, bei der G den Mazda erworben hatte, abgetreten werden. Nach Übergabe des Fahrzeugs erwies sich der Mazda als mangelhaft. Daraufhin erklärte der N wirksam den Rücktritt vom Kaufvertrag und gab den Pkw im Dezember 2017 an die L zurück. Er erklärte auch den Rücktritt vom Leasingvertrag und verlangt von G die von ihm geleistete einmalige Leasingsonderzahlung und die Leasingraten von Oktober 2016 bis November 2017 abzüglich einer Nutzungsentschädigung zurück. Zu Recht?

N könnte gegen G einen Anspruch auf Rückzahlung der Leasingsonderzahlung und der Leasingraten aus **§ 346 Abs. 1** haben.

I. Eine wirksame **Rücktrittserklärung** des N i.S.d. **§ 349** liegt vor.

II. Außerdem müsste N ein **Rücktrittsrecht** haben. Ein solches könnte sich aus **§ 313 Abs. 3 S. 1** ergeben.

1. Dann müsste **§ 313 anwendbar** sein. Das ist nicht der Fall, wenn vorrangige Sonderregelungen eingreifen.

---

218 Vgl. zum Leasingvertrag ausführlich AS-Skript Schuldrecht BT 2 (2018), Rn.171 ff.

Da der Leasingvertrag ein Dauerschuldverhältnis ist, könnte an die Stelle des Rücktrittsrechts gemäß § 313 Abs. 3 S. 2 das **Recht zur Kündigung** treten und die Rückabwicklung über § 812 Abs. 1 erfolgen.

Die **Besonderheit der leasingtypischen Abtretungskonstruktion** erfordert jedoch, dass der Leasingvertrag rückwirkend aufgehoben wird, wenn ein wirksamer Rücktritt vom Kaufvertrag vorliegt. Die Überlassung eines mangelfreien Fahrzeugs gehört zu den Hauptpflichten des Leasinggebers. Wird diese nicht erfüllt, besitzt er keinen Anspruch auf die Gegenleistung.

Durch die in § 313 Abs. 3 S. 2 vorgesehene Möglichkeit der Kündigung würde die **Äquivalenzstörung** nicht beseitigt, da der Leasinggeber die bis zu der Kündigung gezahlten Leasingraten behalten dürfte, obwohl er seiner Gebrauchsverschaffungspflicht nicht nachgekommen ist. Deshalb kann der Leasingnehmer vom Leasingvertrag zurücktreten, wenn bei Fehlen der Geschäftsgrundlage eine Anpassung des Vertrags nicht möglich ist oder dem anderen Teil nicht zumutbar ist.[219]

2. Außerdem müssten die Voraussetzungen des § 313 Abs. 1 erfüllt sein.

   a) Dies setzt voraus, dass das **Fortbestehen des Kaufvertrags** zwischen N und der L **Geschäftsgrundlage des Leasingvertrags** geworden ist.

      aa) Die Parteien sind bei Abschluss des Leasingvertrags gemeinsam davon ausgegangen, dass der Kaufvertrag über den Leasinggegenstand Bestand haben würde (**tatsächliches Element**).

      bb) N hätte, wenn er bereits im Zeitpunkt des Abschlusses des Leasingvertrags gewusst hätte, dass er vom Kaufvertrag wegen einer mangelhaften Kaufsache zurücktreten wird, den Leasingvertrag nicht geschlossen (**hypothetisches Element**).

      cc) Ferner hätte sich der Leasinggeber G, wenn dieser Umstand im Zeitpunkt des Vertragsschlusses bedacht worden wäre, nach Treu und Glauben mit Rücksicht auf die Verkehrssitte darauf einlassen müssen, dass der Bestand des Kaufvertrags Grundlage für den Leasingvertrag ist (**normatives Element**). Das ist der Fall, wenn das Vorliegen dieses Umstands nicht allein in den Risikobereich des sich auf den Wegfall der Geschäftsgrundlage berufenden N fällt.

      Hier hat G durch die Abtretung der Gewährleistungsrechte an den N zum Ausdruck gebracht, dass er eine **Verknüpfung zwischen dem mit L geschlossenen Kaufvertrag und dem Leasingvertrag anerkennt**. Die Auswirkungen der Mangelhaftigkeit des Leasinggegenstands sollen also nicht nur den Kaufvertrag, sondern auch den Leasingvertrag betreffen und liegen daher **nicht allein im Risikobereich des N**. Hat nämlich der Leasing-

219 OLG Frankfurt RÜ 2009, 219; Palandt/Grüneberg Einf v § 535 Rn. 58.

geber den Leasingnehmer in seinen AGB wirksam auf die Geltendmachung abgetretener kaufrechtlicher Gewährleistungsansprüche verwiesen, so muss er die sich daraus ergebenden rechtlichen Folgen auch als für den Leasingvertrag verbindlich hinnehmen.[220]

Demnach ist das Bestehen eines wirksamen Kaufvertrags über den Leasinggegenstand Geschäftsgrundlage des Leasingvertrags geworden.

b) Die Geschäftsgrundlage ist **weggefallen**, da der Leasingnehmer N, dem der Leasinggeber G seine Mängelgewährleistungsrechte aus dem Kaufvertrag abgetreten hatte, wirksam vom Kaufvertrag mit der L zurückgetreten ist. Dabei handelt es sich um eine **schwerwiegende Änderung** der Geschäftsgrundlage.

c) Dem N ist schließlich ein **Festhalten am Leasingvertrag nicht zumutbar,** da der Kaufvertrag nicht mehr besteht und L das Leasinggut bereits zurückerhalten hat.

Damit liegen die Voraussetzungen einer Störung der Geschäftsgrundlage vor.

III. Da eine Vertragsanpassung nicht möglich ist, besteht ausnahmsweise ein **Rücktrittsrecht gemäß § 313 Abs. 3 S. 1**.

IV. Nach § 346 Abs. 1 sind die **empfangenen Leistungen zurückzugewähren**. Somit muss G dem N die von diesem entrichtete Sonderzahlung sowie die bereits geleisteten Leasingraten erstatten.

N hat gegen G einen Anspruch auf Rückzahlung der Leasingsonderzahlung und der Leasingraten aus **§ 346 Abs. 1**.

---

220 Vgl. Palandt/Weidenkaff Einf v § 535 Rn. 58.

148

Störung der Geschäftsgrundlage, § 313

Anwendbarkeit

Kein Vorrang von vertraglichen oder gesetzlichen Regelungen
- Vertragliche Regelungen, z.B. ergänzende Vertragsauslegung
- Spezielle gesetzliche Vorschriften, z.B. §§ 321, 490, 530, 531, 651 j, 779
- Anfechtung
- Verhältnis zwischen § 313 und § 275 Abs. 2 str.
- Abgrenzung zur Zweckverfehlungskondiktion gemäß § 812 Abs. 1 S. 2 Alt. 2

Voraussetzungen

I. **§ 313 Abs. 1**: **Umstände**, welche die Geschäftsgrundlage des Vertrags bilden, **verändern sich nach Vertragsschluss** schwerwiegend.
   1. Bestimmter **Umstand** ist zur **Grundlage des Vertrags** geworden:
      a) Beide Parteien oder eine Partei ist bei Vertragsschluss für die andere Partei erkennbar vom Vorliegen eines bestimmten Umstands ausgegangen (tatsächliches Element).
      b) Wäre die spätere Änderung des Umstands bei Vertragsschluss vorhersehbar gewesen, hätte eine Partei den Vertrag nicht oder nur mit einem anderen Inhalt abgeschlossen (hypothetisches Element).
      c) Die andere Partei hätte sich redlicherweise darauf einlassen müssen (normatives Element).
   2. Der Umstand, der Geschäftsgrundlage geworden ist, hat sich nach Vertragsschluss **schwerwiegend geändert**.
   3. **Festhalten am Vertrag** ist unter Berücksichtigung der gesetzlichen und vertraglichen Risikoverteilung **unzumutbar**.

II. **§ 313 Abs. 2**: Störung der **anfänglichen** (subjektiven) **Geschäftsgrundlage**: Einer Veränderung der Umstände i.S.v. § 313 Abs. 1 steht es gleich, wenn **wesentliche Vorstellungen** beider Parteien oder die dem Vertragsgegner erkennbare Vorstellung der anderen Partei vom Vorhandensein gewisser Umstände sich **als falsch herausstellen**.

Rechtsfolgen

I. **Anspruch auf Vertragsanpassung**
   - zu dem Inhalt, mit welchem die Parteien den Vertrag abgeschlossen hätten, wenn sie die Störung der Geschäftsgrundlage bedacht hätten.
   - Klage kann direkt auf Leistung aus dem angepassten Vertrag gerichtet werden.
   - Leistungsverweigerungsrecht nach § 242

II. **Rücktritt**
   - (Subsidiäres) Rücktrittsrecht der durch die Störung benachteiligten Partei, wenn Vertragsanpassung unzumutbar. Rückabwicklung des Vertrags richtet sich nach §§ 346 ff.

III. **Kündigung**
   - Kündigung, falls ein Dauerschuldverhältnis von der Störung betroffen ist (Ausnahme: Leasingvertrag).

Typische Anwendungsfälle des § 313

- Zweckstörung
- Äquivalenzstörung
- Gemeinsamer Irrtum
- Leasing

3. Teil: Verbraucherschutz

149 Das Verbraucherschutzrecht zählt schon seit einigen Jahren zum **Kernbereich des Prüfungsstoffs** im Staatsexamen. Anlass und Rechtfertigung des Verbraucherschutzes ist die Schutzbedürftigkeit des Verbrauchers, der sich gegenüber dem Unternehmer typischerweise in einer **Situation der Unterlegenheit** befindet, da der Unternehmer regelmäßig über einen Informationsvorsprung im Hinblick auf die tatsächlichen und rechtlichen Umstände des Rechtsgeschäfts sowie über eine hoch strukturierte Vertriebsorganisation verfügt.[221] Die wesentlichen **Schutzinstrumente**, die dieses strukturelle Ungleichgewicht ausgleichen sollen, sind Dokumentations- und Informationspflichten des Unternehmers sowie das Widerrufsrecht des Verbrauchers.[222]

Dabei ist der eigentliche Inhalt der Informationspflichten überwiegend nicht im BGB, sondern im **EGBGB** geregelt. Diese **Regelungstechnik** macht die Handhabung des Verbraucherschutzrechts nicht angenehmer, zumal die Detailfülle der Informationen beachtlich ist. Man sollte sich deshalb unbedingt rechtzeitig mit diesen Regelungen vertraut machen.

150 ***Hinweis:*** *Weitere Einzelheiten zu Verbrauchsgüterkaufverträgen (§§ 474 ff.) und Teilzeit-Wohnrechteverträgen, Verträgen über langfristige Urlaubsprodukte, Vermittlungsverträge und Tauschsystemverträge (§§ 481–487) finden sich wegen des Sachzusammenhangs im AS-Skript Schuldrecht BT 1 und hinsichtlich des Verbraucherdarlehensvertrags sowie der Finanzierungshilfen (§§ 491–513) im AS-Skript Schuldrecht BT 2.*

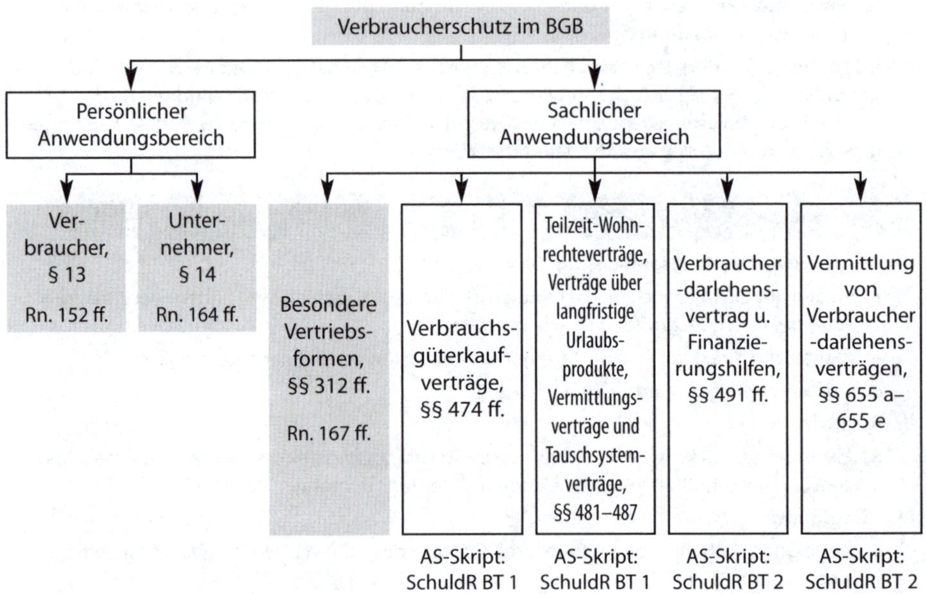

221 Palandt/Ellenberger § 13 Rn. 1.

222 Vgl. Looschelders Rn. 842 f.

1. Abschnitt: Grundbegriffe des Verbraucherrechts

Mit den Regelungen der §§ 13 und 14 zum „Verbraucher" und „Unternehmer" finden sich im Allgemeinen Teil des BGB einheitliche Bestimmungen für **zentrale Grundbegriffe** des Verbraucherschutzrechts. **151**

A. Verbraucher

Für den Begriff des Verbrauchers sind gemäß der Legaldefinition in **§ 13 zwei Kriterien** maßgebend. Es muss sich zum einen um eine natürliche Personen handeln, die zum anderen ein Rechtsgeschäft zu einem bestimmten Zweck abschließt. **152**

I. Natürliche Person

Da nur natürliche Personen Verbraucher sein können, sind **juristische Personen keine Verbraucher** i.S.d. § 13.

Problematisch ist die Einordnung von **rechtsfähigen Personengesellschaften**, die weder juristische noch natürliche Person sind. Insoweit kann aus deren Erwähnung in § 14 Abs. 1 und 2 nicht der Schluss gezogen werden, dass sie stets als Unternehmer und nicht als Verbraucher einzuordnen sind. Entscheidend für die Einordnung ist vielmehr die **Zweckrichtung des Handelns**.

1. Einordnung von OHG, KG und Partnerschaftsgesellschaften

Da die Rechtsgeschäfte einer **OHG** und die einer **KG** stets in Ausübung einer gewerblichen Tätigkeit und Rechtsgeschäfte von **Partnerschaftsgesellschaften** stets in Ausübung einer selbstständigen beruflichen Tätigkeit erfolgen, scheidet eine Verbrauchereigenschaft insoweit aus.[223] **153**

2. Einordnung von GbR und Wohnungseigentümergemeinschaft

Demgegenüber kann eine **Mehrzahl von natürlichen Personen**, die sich zu einer **GbR** zusammengeschlossen haben, als Verbraucher i.S.d. § 13 anzusehen sein, wenn sie ein Rechtsgeschäft tätigt, dessen Zweck nicht überwiegend einer gewerblichen oder selbstständigen beruflichen Tätigkeit dient (vgl. dazu sogleich Rn. 155 ff.).[224] **154**

Ferner ist die **Wohnungseigentümergemeinschaft** im Interesse des Verbraucherschutzes der in ihr zusammengeschlossenen, nicht gewerblich handelnden natürlichen Personen dann einem Verbraucher gemäß § 13 gleichzustellen, wenn ihr wenigstens ein Verbraucher (natürliche Person) angehört und sie ein Rechtsgeschäft zu einem Zweck abschließt, der weder einer gewerblichen noch einer selbstständigen beruflichen Tätigkeit dient.[225]

---

223 Jauernig/Mansel § 13 Rn. 2.

224 Vgl. BeckOK/Bamberger § 13 Rn. 6; Jauernig/Mansel § 13 Rn. 2; a.A.: K. Schmidt JuS 2006, 1, 5; Krebs DB 2002, 517.

225 BGH NJW 2015, 3228, 3330.

(–)

Allerdings ist eine GbR, deren Gesellschafter eine natürliche Person **und eine juristische Person** sind, unabhängig davon, ob sie lediglich zu privaten Zwecken und nicht gewerblich oder selbstständig beruflich tätig ist, nicht Verbraucher i.S.d. § 13 BGB. Gehören zu den Gesellschaftern nämlich neben natürlichen Personen auch juristische Personen, kann das Handeln der GbR nicht mehr als gemeinschaftliches Handeln natürlicher Personen angesehen werden. Denn der Begriff des Verbrauchers in § 13 ist auf natürliche Personen beschränkt.[226]

Unterschied:

Hinweis: *Zwischen der Einordnung der GbR und der Wohnungseigentümergemeinschaft besteht also ein wesentlicher Unterschied. Während eine GbR bereits dann nicht (mehr) als Verbraucher i.S.v. § 13 anzusehen ist, wenn neben natürlichen Personen auch (zumindest) eine juristische Person zum Gesellschafterkreis zählt, genügt bei der Wohnungseigentümergemeinschaft bereits eine natürliche Person, um die Verbrauchereigenschaft zu begründen.*

Der BGH begründet diese Unterscheidung mit der Erwägung, dass der Verbraucher die Mitgliedschaft ***in einer GbR*** *– anders als bei der Wohnungseigentümergemeinschaft – nicht kraft Gesetzes erwirbt, sondern aufgrund seiner auf den Abschluss des Gesellschaftsvertrags gerichteten Willenserklärung. Der* ***Verbraucher****, der es danach selbst in der Hand habe, ob und mit welchen anderen Gesellschaftern er sich zu einer GbR zusammenschließen will oder nicht, sei daher* ***nicht in gleichem Maße*** *wie ein Wohnungseigentümer* ***schutzbedürftig****, der nach § 13 Verbraucher ist und durch den Erwerb einer Eigentumswohnung notwendigerweise Mitglied im rechtsfähigen Verband der Wohnungseigentümergemeinschaft wird.*[227]

II. Zweck des Rechtsgeschäfts

155 Weitere Voraussetzung des § 13 ist, dass das Rechtsgeschäft zu einem Zweck abgeschlossen wird, welcher **weder einer gewerblichen noch einer selbstständigen beruflichen Tätigkeit** zugerechnet werden kann. Daher scheidet eine Verbrauchereigenschaft bei Gewerbetreibenden und Freiberuflern sowie bei Handwerkern und Landwirten aus, die ein Rechtsgeschäft in Ausübung ihrer Tätigkeit abschließen.[228]

1. Maßgebliche Kriterien für die Zuordnung der Zweckbestimmung

h.M.: objektiv

156 Umstritten ist, da in § 13 nicht gesetzlich geregelt, ob der **Zweck** eines Rechtsgeschäfts **objektiv** oder subjektiv zu bestimmen ist. Nach h.M. ist für die Abgrenzung zwischen privater und gewerblicher bzw. selbstständiger beruflicher Sphäre nicht auf den inneren Willen des Handelnden, sondern auf den Inhalt des Rechtsgeschäfts abzustellen, der ggf. durch Auslegung zu ermitteln ist.[229] Hierfür spricht, dass der Verbraucherschutz der Disposition der Vertragsparteien weitgehend entzogen ist, was aber unterlaufen werden könnte, wenn man den Geschäftszweck nach dem erklärten Parteiwillen und nicht nach objektiven Kriterien bestimmen würde. Maßgeblich für die Zuordnung ist daher eine Auslegung des Inhalts des Rechtsgeschäfts, bei der jedoch **auch die Begleitumstände mit einzubeziehen** sind.

226 BGH RÜ 2017, 485, 486 f.

227 BGH RÜ 2017, 485, 488.

228 Vgl. Palandt/Ellenberger § 14 Rn. 2.

229 BeckOk/Bamberger § 13 Rn. 40 m.w.N.

So kommt nach der Rspr. des BGH in dem Fall, in dem eine natürliche Person objektiv ein Rechtsgeschäft zu einem Zweck abschließt, der keinem der in § 13 genannten Zwecke zugerechnet werden kann, eine Zurechnung entgegen diesem mit dem Rechtsgeschäft objektiv verfolgten Zweck nur dann in Betracht, wenn die **dem Vertragspartner erkennbaren Umstände eindeutig und zweifelsfrei** darauf hinweisen, dass die natürliche Person einen gewerblichen oder selbstständigen beruflichen Zweck verfolgt.[230]

Ein Verbraucher, der beim Vertragsschluss wahrheitswidrig als Gewerbetreibender auftritt und damit dem Verkäufer eine **Unternehmereigenschaft vortäuscht** (sog. Scheinunternehmer), kann sich gemäß § 242 nicht auf seine Verbrauchereigenschaft berufen.[231]

2. Maßgeblicher Zeitpunkt für die Zuordnung des Zwecks

157 Entscheidend für die Zuordnung des Geschäftszwecks ist allein der Zeitpunkt der **Vornahme des Rechtsgeschäfts**, sodass eine zu einem späteren Zeitpunkt tatsächlich abweichende Verwendung unbeachtlich bleibt.[232]

3. Beweislast

158 Nach allgemeinen Beweislastgrundsätzen trägt **derjenige, der sich auf die Schutzvorschriften beruft**, die Beweislast für deren Vorliegen.[233]

Umstritten ist allerdings, ob sich zugunsten des Verbrauchers die Zugehörigkeit des Handelns des Unternehmers zum unternehmerischen Bereich **analog § 344 Abs. 1 HGB** vermuten lässt.[234] Gegen eine solche Sichtweise wird zum Teil vorgebracht, dass die Vorschriften eine unterschiedliche Zielrichtung haben, denn während die §§ 13, 14 die Beseitigung eines strukturellen Ungleichgewichts bezwecken, soll § 344 HGB Publizität und Vertrauensschutz gewährleisten.[235]

Der BGH[236] hat für den Bereich des Verbrauchsgüterkaufs (§§ 474 ff.) indes entschieden, dass auch **branchenfremde Nebengeschäfte** eines Unternehmers die Rechtsfolgen der Verbraucherschutzvorschriften der §§ 474 ff. auslösen können und dies gerade mit einer analogen Anwendung der Vermutungsregelung des § 344 HGB begründet.

III. Problemfälle der Abgrenzung

In den folgenden Fallgruppen kann die Abgrenzung zwischen Verbraucher und Unternehmer Probleme bereiten.

1. Existenzgründer

159 Als Verbraucher i.S.d. § 13 geschützt sind auch Unternehmer i.S.d. § 14, soweit sie außerhalb ihrer gewerblichen oder selbstständigen beruflichen Tätigkeit handeln. Hingegen

---

230 BGH RÜ 2010, 1.

231 BGH NJW 2005, 1045, 1046 m.w.N. (für den Fall des Verbrauchsgüterkaufs).

232 Palandt/Ellenberger § 13 Rn. 4.

233 BGH NJW 2007, 2619, 2620; Palandt/Ellenberger § 13 Rn. 4.

234 So Palandt/Ellenberger § 13 Rn. 3 und § 14 Rn. 2 m.w.N.

235 Herresthal JZ 2006, 695.

236 BGH RÜ 2011, 613.

sind nach h.M. Rechtsgeschäfte von **Existenzgründern** bis zum Beginn ihrer unternehmerischen Tätigkeit als Unternehmer- und nicht als Verbraucherhandeln anzusehen.[237] Diese Sichtweise wird vor allem damit begründet, dass aus einem **Gegenschluss zu § 513** folge, dass der Gesetzgeber den Existenzgründer grundsätzlich nicht als Verbraucher ansieht.[238] Im Übrigen seien bereits Gründungsgeschäfte objektiv auf unternehmerisches Handeln ausgerichtet.[239]

Allerdings liegt bei Rechtsgeschäften, die ihrerseits der **Vorbereitung der Existenzgründung** dienen, kein Unternehmerhandeln vor.[240]

2. Doppelte Zweckbestimmung („dual use")

160 In dem Fall, dass der Vertragsgegenstand sowohl **im privaten als auch im beruflichen** Bereich Verwendung finden soll (sog. „dual use"; also z.B. wenn ein Pkw für gewerbliche Zwecke gelegentlich auch privat genutzt wird), war – auch ohne gesetzliche Regelung – nach h.M. maßgeblich, zu welchem Zweck er **überwiegend** benutzt wird.[241] Dies ergibt sich seit einer Gesetzesänderung zum 13.06.2014 ausdrücklich aus § 13, in den das Wort überwiegend eingefügt worden ist. **Im Zweifel** ist dabei ein **Verbraucherhandeln** anzunehmen. Das ergibt sich aus der Negativformulierung in § 13.[242]

50:50 → Verbraucher

Problematisch ist jedoch die Behandlung von (eher theoretischen, aber durchaus examensrelevanten) Fällen, in denen feststeht, dass der **berufliche und** der **private Zweck gleichmäßig** (50:50) verteilt sind. Nach dem Wortlaut des § 13 liegt kein Verbraucherhandeln vor, da **nicht überwiegend zu nicht gewerblichen Zwecken** gehandelt wird. Dennoch wird in dieser Konstellation – leider ohne (nähere) Begründung – der Handelnde als Verbraucher qualifiziert.[243] Für eine solche Einordnung sprechen jedenfalls die Gesetzesmaterialien,[244] denen zufolge eine natürliche Person als Verbraucher handelt, wenn sie „einen Vertrag **nicht überwiegend zu gewerblichen** oder selbständigen beruflichen Zwecken" abschließt.[245]

3. Arbeitnehmer als Verbraucher

161 Da die Verbraucherstellung nach § 13 nur bei Rechtsgeschäften für selbstständige berufliche Zwecke ausgeschlossen ist, sind Arbeitnehmer dann als Verbraucher i.S.d. § 13 anzusehen, wenn sie Rechtsgeschäfte abschließen, die im Zusammenhang mit ihrer unselbstständigen beruflichen Tätigkeit stehen, die sie also **aus Anlass des Arbeitsverhältnisses** abschließen (z.B. Kauf von Arbeitskleidung usw.). Ebenso ist der Arbeitnehmer jedenfalls dann als Verbraucher anzusehen, wenn er **mit seinem Arbeitgeber** –

237 Palandt/Ellenberger § 13 Rn. 3 m.w.N.
238 BGH NJW 2008, 435, 436; Lorenz NJW 2007, 1, 7.
239 BGH BGHZ 162, 253.
240 BGH RÜ 2008, 81.
241 Palandt/Ellenberger § 13 Rn. 4 m.w.N.
242 Palandt/Ellenberger § 312 Rn. 2.
243 BeckOK/Bamberger § 13 Rn. 6; Palandt/Ellenberger § 13 Rn. 4; Looschelders Rn. 849.
244 Vgl. BT-Drs. 17/13951, 61.
245 Vgl. dazu auch Beck JURA 2014, 666, 668 ff.

dieser in seiner Eigenschaft als Unternehmer i.S.d. § 14 – ein **verbraucherspezifisches Rechtsgeschäft** abschließt (z.B. Darlehensvertrag, Kauf als Werksangehöriger).[246]

Das BAG hat entschieden, dass der Arbeitnehmer darüber hinaus auch bei **Abschluss, Änderung, Aufhebung und Abwicklung des Arbeitsvertrags** als Verbraucher handelt und der Arbeitsvertrag deshalb als Verbrauchervertrag i.S.d. § 310 Abs. 3 einzuordnen ist.[247] Allerdings ist zu beachten, dass trotz dieser statusrechtlichen Einordnung des Arbeitnehmers als Verbraucher in einem **zweiten Schritt** geklärt werden muss, ob die im jeweiligen Fall in Betracht zu ziehenden Verbraucherschutzvorschriften für den Arbeitnehmer passen.

4. Gesellschafter und Geschäftsführer einer GmbH

Übernimmt ein Gesellschafter und Geschäftsführer einer GmbH eine Schuld der GmbH 162
oder verbürgt er sich für sie, ist er als **Verbraucher** i.S.d. § 13 anzusehen, da das Halten eines GmbH-Geschäftsanteils keine gewerbliche Tätigkeit, sondern **Vermögensverwaltung** darstellt und die Geschäftsführung einer GmbH keine selbstständige, sondern eine **angestellte berufliche Tätigkeit** ist.[248] Dies gilt auch für den geschäftsführenden Alleingesellschafter, obwohl er kein Verbraucher i.S.d. § 304 InsO ist.[249]

5. Vertretung des Verbrauchers durch einen Unternehmer

Wird ein Verbraucher bei einem Rechtsgeschäft durch einen Unternehmer vertreten, ist 163
nach h.M. **nicht** analog § 166 die **Unternehmereigenschaft** des Vertreters **maßgeblich**. Vielmehr ist, da sich durch die Einschaltung des Unternehmers letztlich an der Schutzbedürftigkeit des Verbrauchers nichts ändert, auf die Verbrauchereigenschaft des Vertretenen abzustellen.[250]

B. Unternehmer

I. Natürliche oder juristische Person in Ausübung ihrer gewerblichen oder selbstständigen beruflichen Tätigkeit

Unternehmer ist jede natürliche oder juristische Person, die ein Rechtsgeschäft in Aus- 164
übung ihrer gewerblichen oder selbstständigen beruflichen Tätigkeit abschließt, vgl. **§ 14 Abs. 1**.

Für die Unternehmereigenschaft ist ein selbstständiges und planmäßiges, auf eine gewisse Dauer angelegtes Anbieten entgeltlicher Leistungen am Markt erforderlich.[251] Der Begriff des Unternehmers in § 14 erfasst auch **Freiberufler, Handwerker, Landwir-**

246 BAG NJW 2005, 3305, 3308 f.
247 BAG NJW 2005, 3305, 3308.
248 BGH NJW 2006, 431 f.
249 Palandt/Ellenberger § 13 Rn. 3 m.w.N.
250 Palandt/Ellenberger § 13 Rn. 5.
251 Vgl. die zahlreichen Nachweise bei Szczesny/Holthusen NJW 2007, 2586, 2587.

te und Kleingewerbetreibende, selbst wenn diese nicht im Handelsregister eingetragen sind.[252]

165 Ferner ist auch eine nur **nebenberuflich** ausgeübte unternehmerische Tätigkeit ausreichend, wie z.B. die als eBay-Powerseller.[253] Entscheidend für die Einordnung als Unternehmer ist hierbei **nicht der subjektive Wille**, sondern das **objektive Vorliegen** unternehmerischen Handelns (s.o. Rn. 156).[254]

Für den Bereich des Verbrauchsgüterkaufs (§§ 474 ff.) hat der BGH[255] ausdrücklich entschieden, dass auch **branchenfremde Nebengeschäfte** eines Unternehmers die Rechtsfolgen der Verbraucherschutzvorschriften der §§ 474 ff. auslösen können. Begründet wird diese Sichtweise mit einer **analogen Anwendung der Vermutungsregelung des § 344 HGB**.

In dem der Entscheidung des BGH zugrunde liegenden Fall hatte eine GmbH, die eine Druckerei betreibt, einen gebrauchten Pkw unter Ausschluss jeglicher Gewährleistungsrechte an einen Verbraucher als Familienfahrzeug verkauft. Nach Ansicht des BGH fiel der Verkauf durch die GmbH, obwohl es sich insoweit um ein branchenfremdes Nebengeschäft handelte, unter die Regelungen der §§ 474 ff. und der Gewährleistungsausschluss war daher gemäß § 475 Abs. 1 S. 1 unwirksam.

II. Rechtsfähige Personengesellschaft in Ausübung ihrer gewerblichen oder selbstständigen beruflichen Tätigkeit

166 Unternehmer kann gemäß § 14 Abs. 1 auch eine **rechtsfähige Personengesellschaft** sein. Das ist nach **§ 14 Abs. 2** eine Personengesellschaft, die mit der Fähigkeit ausgestattet ist, Rechte zu erwerben und Verbindlichkeiten einzugehen.

Durch diese Regelung sollen insbesondere die **OHG** und die **KG** miterfasst werden, die zwar durch § 124 HGB (i.V.m. § 161 Abs. 2 HGB) nicht zu juristischen Personen werden, jedoch weitgehend verselbstständigt sind und deshalb in vielen Beziehungen gleichen Regeln wie juristische Personen unterworfen und als teilrechtsfähig anzusehen sind.

Da aufgrund der Rspr. des BGH[256] auch die **Außen-GbR** als teilrechtsfähig zu behandeln ist, fällt auch diese unter § 14 Abs. 2, soweit sie **zu den in § 14 Abs. 1 genannten Zwecken tätig** wird.

Schließt die GbR hingegen das Rechtsgeschäft nicht für eine ausgeübte gewerbliche oder selbstständige berufliche Tätigkeit ab, kann sie als Verbraucher i.S.d. § 13 anzusehen sein (s.o. Rn. 156).

---

252 Palandt/Ellenberger § 14 Rn. 2; Szczesny/Holthusen NJW 2007, 2586, 2587 m.w.N.

253 Palandt/Ellenberger § 14 Rn. 2 m.w.N.; Szczesny/Holthusen NJW 2007, 2586, 2588 m.w.N.

254 Vgl. m.w.N. Szczesny/Holthusen NJW 2007, 2586, 2587.

255 BGH RÜ 2011, 613.

256 BGH BGHZ 146, 341 ff.

2. Abschnitt: Anwendungsbereich und Grundsätze des Verbraucherrechts

A. Anwendungsbereich der §§ 312 ff.

In **§ 312** wird Anwendungsbereich der §§ 312 ff. bestimmt. Diese enthalten Regelungen über die Grundsätze bei Verbraucherverträgen und für besondere Vertriebsformen. Zu diesen Vertriebsformen zählen Verträge, die außerhalb von Geschäftsräumen geschlossen werden (§ 312 b) und Fernabsatzverträge (§ 312 c). Die Vorschriften über Verträge im elektronischen Geschäftsverkehr (§ 312 i und j) bleiben davon unberührt. **167**

I. Verbraucherverträge i.S.d. § 312 Abs. 1

Gemäß § 312 Abs. 1 gelten die §§ 312 bis einschließlich 312 h nur für Verbraucherverträge i.S.d. § 310 Abs. 3, die eine entgeltliche Leistung des Unternehmers zum Gegenstand haben. **168**

Nach der Legaldefinition in **§ 310 Abs. 3** sind Verbraucherverträge zwischen einem **Unternehmer** und einem **Verbraucher** geschlossene Verträge. Die Begriffe Verbraucher und Unternehmer werden wiederum in den §§ 13 und 14 legaldefiniert (vgl. dazu Rn. 151 ff.)

Ein Verbrauchervertrag i.S.d. **§ 312 Abs. 1 erfordert zudem**, dass sich der Unternehmer (§ 14) zur Lieferung einer Ware oder zur Erbringung einer Dienstleistung und der Verbraucher (§ 13) zur Zahlung eines Entgelts verpflichtet. Durch diese **über** die Anforderungen des **§ 310 Abs. 3 hinausgehenden Voraussetzungen** schafft § 312 Abs. 1 eine eigenständige Legaldefinition.

Hinsichtlich des Begriffs **Ware** ist auf die Definition in **§ 241 a Abs. 1** zurückzugreifen. Danach sind Waren bewegliche Sachen, die nicht aufgrund von Zwangsvollstreckungsmaßnahmen oder anderen gerichtlichen Maßnahmen verkauft werden. Dazu zählen nicht nur Sachen i.S.d. § 90, sondern auch Wasser, Strom, Gas, Fernwärme oder Software.[257]

Dagegen wird etwa eine gerichtlich versteigerte Schiffsladung Baumwolle nicht vom Warenbegriff des § 241 a Abs. 1 erfasst.[258]

Der Begriff der **Dienstleistung** ist weit zu fassen und impliziert etwa auch Vermieter- und Werkunternehmerleistungen.[259]

Eine „**entgeltliche Leistung**" des Unternehmers gemäß § 312 Abs. 1 liegt immer dann vor, wenn sich der Verbraucher zu einer Gegenleistung verpflichtet. Das ist nicht nur bei einer Zahlungsverpflichtung anzunehmen, sondern auch dann, wenn der Verbraucher eine Sicherheit leistet oder personenbezogene Daten weitergibt.[260]

---

257 Palandt/Grüneberg § 241 a Rn. 3.
258 Wendehorst NJW 2014, 577, 578.
259 Palandt/Grüneberg § 312 Rn. 3.
260 Brönneke/Schmidt VuR 2014, 3.

Demnach handelt es sich beispielsweise bei Kauf-, Geschäftsbesorgungs- und Darlehensverträgen um Verbraucherverträge i.S.d. § 312 Abs. 1,[261] während ein Schenkungsvertrag nicht in den dort statuierten Anwendungsbereich fällt.[262]

II. Ausnahmetatbestände

Die Abs. 2–6 des § 312 enthalten Ausnahmen von der (uneingeschränkten) Anwendung der §§ 312–312 h. Die Geltung der §§ 312 i und j bleibt davon unberührt. Mit Wirkung zum 01.07.2018 wird in § 312 ein Abs. 7 eingeführt, der Ausnahmetatbestände für das Reiserecht enthält.

1. Ausnahmen nach Abs. 2

169 Auch wenn ein Verbrauchervertrag i.S.d. § 312 Abs. 1 vorliegt, werden die in Abs. 2 **Nr. 1–13** aufgeführten Verträge gleichwohl grundsätzlich von der Geltung der §§ 312 bis 312 h ausgenommen. Allerdings wird in § 312 Abs. 2 auch angeordnet, dass die verbraucherschützenden Regelungen zur Offenlegung des geschäftlichen Zwecks und der Identität des Unternehmers bei Telefonanrufen nach § 312 a Abs. 1, zur Wirksamkeit eines Entgelts für die Nutzung von Zahlungsmitteln nach § 312 a Abs. 3 und zur Wirksamkeit einer entgeltlichen Nebenleistung nach § 312 a Abs. 4 sowie § 312 a Abs. 6 auch für die in dieser Vorschrift genannten Verträge gelten. Diese grundlegenden Regelungen sollen nämlich im Interesse eines hohen Verbraucherschutzniveaus möglichst umfassend Anwendung finden.[263]

Zu den Verträgen gemäß § 312 Abs. 2 gehören u.a. Verbraucherbauverträge nach § 650 i (Nr. 3), Behandlungsverträge gemäß § 630 a (Nr. 7) und Außergeschäftsraumverträge, bei denen die Leistung bei Abschluss der Verhandlungen sofort erbracht und bezahlt wird und das vom Verbraucher zu zahlende Entgelt 40 € nicht überschreitet (Nr.12). Der Ausnahmetatbestand nach Nr. 12 soll „Geschäften des gängigen Lebens" (z.B. Kioskkäufe) Rechnung tragen[264] und unnötigen Verwaltungsaufwand vermeiden.[265]

2. Ausnahmen nach Abs. 3–6

170 Gemäß **Abs. 3** sind grundsätzlich auch Verträge über **soziale Dienstleistungen** vom Anwendungsbereich nach § 312 Abs. 1 ausgeschlossen. Dazu zählen Dienstleistungen für besonders benachteiligte, schutzbedürftige oder einkommensschwache Personen. Darunter fallen auch häusliche Pflegedienste und betreute Wohnformen sowie insbesondere auch Dienstleistungen privater Anbieter.[266] Bekanntes Beispiel ist ein Vertrag über die Lieferung von „Essen auf Rädern".[267] § 312 Abs. 3 enthält jedoch einen Katalog

261 Palandt/Grüneberg § 312 Rn. 4.
262 Brönneke/Schmidt VuR 2014, 3.
263 Begr. RegE, BT-Drs. 17/12637, 46.
264 Oelschlägel MDR 2013, 1317, 1318.
265 Begr. RegE, BT-Drs. 17/12637, 47.
266 Begr. RegE, BT-Drs. 17/12637, 47.
267 Palandt/Grüneberg § 312 Rn. 22.

an Regelungen aus den §§ 312 a–g, die auch für Verträge über soziale Dienstleistungen gelten.

Dieser Katalog gilt gemäß der Bezugnahme in § 312 Abs. 4 auch für **Wohnraum-Mietverträge**. Im Übrigen schließt **Abs. 4** Verträge über die Vermietung von Wohnraum aus dem Anwendungsbereich des § 312 Abs. 1 aus.

Schließlich werden durch **Abs. 5 Finanzdienstleistungen** und durch **Abs. 6 Versicherungsverträge** und Verträge über deren Vermittlung grundsätzlich aus dem Anwendungsbereich gemäß § 312 Abs. 1 **ausgenommen**. Allerdings enthalten auch diese Absätze jeweils einen Katalog, demzufolge einzelne Regelungen aus den §§ 312 ff. Anwendung finden.

B. Grundsätze bei Verbraucherverträgen

§ 312 a bestimmt allgemeine Grundsätze bei Verbraucherverträgen.

I. Informationspflichten bei telefonischer Kontaktaufnahme

Wird der Verbraucher vom Unternehmer oder seinem Gehilfen telefonisch kontaktiert, **171**
um mit diesem einen Vertrag zu schließen, hat der Anrufer zu Beginn des Gesprächs seine **Identität** und ggf. die Identität der Person, für die er anruft, sowie den **geschäftlichen Zweck** des Anrufs offenzulegen. Dabei sind die bisherigen Pflichten um die Angaben zur Person, in deren Auftrag der Anruf erfolgt, erweitert worden.

§ 312 a Abs. 1 schafft **keine Rechtsgrundlage für Anrufe** durch den Unternehmer, sondern setzt eine solche voraus. In der Praxis wird sich die Vorschrift überwiegend auf Fernabsatzverträge i.S.d. § 312 c beziehen. Gleichwohl findet sie aufgrund ihrer systematischen Stellung auf alle telefonischen Kontaktaufnahmen des Unternehmers, die zwecks eines Vertragsschlusses erfolgen, Anwendung.[268] Ferner sind die Pflichten aus § 312 a Abs. 1 **auch dann zu beachten, wenn** der **Anruf durch den Verbraucher** erfolgt, weil der Unternehmer ihn dazu aufgefordert hat.[269]

II. Informationspflichten für den stationären Handel

Der Unternehmer ist gemäß **§ 312 a Abs. 2 S. 1** verpflichtet den Verbraucher nach Maß- **172**
gabe des Art. 246 EGBGB zu informieren. **Art. 246 Abs. 1 EGBGB** enthält einen acht Nummern umfassenden Katalog an **vorvertraglichen Informationen,** die dem Verbraucher zur Verfügung zu stellen sind.[270] Erfüllt der Unternehmer diese Informationspflichten nicht, kommt ein Anspruch des Verbrauchers auf Schadensersatz gemäß **§§ 280 Abs. 1, 241 Abs. 2, 311 Abs. 2** in Betracht.[271] Soweit es um nicht ordnungsgemäß mitgeteilte Produkteigenschaften geht (gemäß Art. 246 Abs. 1 Nr. 1 EGBGB ist über

268 Vgl. Begr. RegE, BT-Drs. 17/12637, 51.
269 Palandt/Grüneberg § 312 a Rn. 2.
270 Dazu ausführlich Tamm VuR 2014, 9 ff.
271 Vgl. Begr. RegE, BT-Drs. 17/12637, 51.

die „wesentlichen Eigenschaften" zu informieren), ist auch eine Anfechtung gemäß § 119 Abs. 2 denkbar.[272]

Darüber hinaus kann der Unternehmer nach **§ 312 a Abs. 2 S. 2** vom Verbraucher Fracht-, Liefer- oder Versandkosten und sonstige Kosten nur verlangen, soweit er den Verbraucher über diese Kosten entsprechend den Anforderungen aus **Art. 246 Abs. 1 Nr. 3 EGBGB** informiert hat. Das soll eine wirksame, angemessene und abschreckende Sanktion für den Unternehmer sein.[273]

Dabei sind jedoch folgende **Einschränkungen** zu beachten:

- Die Informationen gemäß Art. 246 Abs. 1 EGBG muss der Unternehmer nur dann aktiv dem Verbraucher zur Verfügung stellen, wenn sich diese Informationen **nicht schon aus den Umständen** ergeben.
- Ferner bestimmt **Art. 246 Abs. 2 EGBGB** eine Ausnahme von der vorvertraglichen Informationspflicht für **Geschäfte des täglichen Lebens**, die zum Zeitpunkt des Vertragsschlusses sofort erfüllt werden. Das vermeidet einen übermäßigen Aufwand durch die Informationspflichten für Alltagsgeschäfte. Maßgebend für die Einordnung ist – wie bei § 105 a –, dass die Verkehrsauffassung das Geschäft zu den alltäglichen zählt.[274]

Schließlich **gelten** die beiden ersten Sätze des § 312 a Abs. 2 gemäß **§ 312 a Abs. 2 S. 3 nicht** für Verträge, die außerhalb von Geschäftsräumen geschlossen worden sind (§ 312 b) und ebenso nicht für Fernabsatzverträge (§ 312 c) und Verträge über Finanzdienstleistungen. Demnach gelten die Informationspflichten aus § 312 a Abs. 2 nur für den sog. stationären Handel.

III. Grenzen der Vereinbarung von Entgelten

Abs. 3

Die **Abs. 3–5 des § 312 a** enthalten Regelungen zum Schutz des Verbrauchers vor missbilligten Entgelten.

1. Entgelte für Nebenleistungen

173 § 312 a Abs. 3 soll den Verbraucher davor schützen, sich vertraglich in einem größeren Umfang zu verpflichten, als er es tatsächlich will.[275] Die Vorschrift sieht in S. 1 deshalb vor, dass eine **entgeltliche Nebenleistung** von einem Unternehmer mit einem Verbraucher **nur ausdrücklich** vereinbart werden kann. Zu den entgeltlichen Nebenleistungen zählen auch zusätzliche Bearbeitungs- und Verwaltungsgebühren im Rahmen der Hauptleistung.[276] Ausdrücklich ist die Vereinbarung nur dann, wenn der Verbraucher seinen (auch) auf den Erhalt und die Bezahlung der Nebenleistung gerichteten Geschäftswillen **unmittelbar** in einer Erklärung äußert.[277]

272 Tamm VuR 2014, 9, 16.
273 So Begr. RegE, BT-Drs. 17/12637, 51.
274 Vgl. Wendehorst NJW 2014, 577, 578.
275 Begr. RegE, BT-Drs. 17/12637, 53.
276 Palandt/Grüneberg § 312 a Rn. 4.
277 Begr. RegE, BT-Drs. 17/12637, 53.

Auch **AGB**, die eine Verpflichtung des Verbrauchers zur Bezahlung einer Nebenleistung enthalten, bedürfen zu ihrer Wirksamkeit einer ausdrücklichen Vereinbarung der Parteien i.S.d. § 312 a Abs. 3 S. 1, die eine Verpflichtung des Verbrauchers zur Zahlung entgeltpflichtiger Nebenleistungen vorrangig regelt.[278] Etwas anderes gilt nur dann, wenn Vorschriften (z.B. § 675 g Abs. 2 S. 1) die Zustimmung des Verbrauchers fingieren.[279]

Bei einem **Verbrauchervertrag im elektronischen Geschäftsverkehr** (§ 312 i Abs. 1), wird gemäß **§ 312 a Abs. 3 S. 2** eine entgeltliche Nebenleistung nur Vertragsbestandteil, wenn der Unternehmer die Vereinbarung über die Nebenleistung **nicht durch** eine **Voreinstellung** herbeiführt. Daher reicht es nicht aus, dass der Verbraucher seine Vertragserklärung abgibt, ohne eine Voreinstellung des Unternehmers zu ändern (sog. **opt-out**). Vielmehr muss der Verbraucher **aktiv** werden, beispielsweise indem er durch das Anklicken einer „Klickbox" im Internet eine Regelung über zusätzliche Kosten akzeptiert.[280] Demnach ist es etwa nicht (mehr) möglich dem Verbraucher bei der Bestellung von Konzertkarten eine Rücktrittsversicherung „unterzuschieben".[281]

Verwendet der Unternehmer dennoch eine durch § 312 Abs. 3 S. 2 missbilligte Voreinstellung, wird eine entgeltliche Nebenleistung nur dann Vertragsbestandteil, wenn der Unternehmer auf einem **anderen Wege** eine ausdrückliche Vereinbarung mit dem Verbraucher darüber herbeiführt, z.B. durch Erklärung des Verbrauchers in einer gesonderten E-Mail.[282]

2. Entgelte für die Nutzung bestimmter Zahlungsmittel

Eine Vereinbarung, die den Verbraucher verpflichtet, ein Entgelt dafür zu zahlen, dass er **174**
für die Erfüllung seiner vertraglichen Pflichten ein bestimmtes Zahlungsmittel nutzt, ist gemäß **§ 312 a Abs. 4** unwirksam, wenn für den Verbraucher keine gängige und zumutbare unentgeltliche Zahlungsmöglichkeit besteht (Nr. 1) oder das vereinbarte Entgelt über die Kosten hinausgeht, die dem Unternehmer durch die Nutzung des Zahlungsmittels entstehen (Nr. 2).

Damit stellt **§ 312 a Abs. 4 Nr. 1** klar, dass Unternehmer in Verträgen mit Verbrauchern zumindest eine gängige und zumutbare unentgeltliche Zahlungsmöglichkeit vorsehen müssen. Das entspricht der Rspr. des BGH[283] zur Klauselkontrolle nach § 307 BGB. Kein gängiges Zahlungsmittel i.S.d. § 312 a Abs. 4 Nr. 1 ist beispielsweise eine Firmenkundenkarte.[284]

§ 312 a Abs. 4 Nr. 2 verfolgt – ausweislich der Gesetzesmaterialien – das Ziel, den Wettbewerb und die Nutzung effizienter Zahlungsmittel zu fördern.[285] Der Begriff des Zah-

---

278 Schomburg VuR 2014, 18, 20.
279 Begr. RegE, BT-Drs. 17/12637, 53.
280 Vgl. Oelschlägel MDR 2013, 1317, 1318.
281 Halm VuR 2014, 1.
282 Begr. RegE, BT-Drs. 17/12637, 53.
283 BGH NJW 2010, 2719, 2720.
284 Palandt/Grüneberg § 312 a Rn. 2.
285 Begr. RegE, BT-Drs. 17/12637, 52.

lungsmittels erfasst etwa Lastschriften, Überweisungen, Kartenzahlungen sowie sonstige mobile oder elektronische Zahlungsmöglichkeiten.[286]

Die Regelungen des § 312 a Abs. 4 bleiben **von** der zum 13.01.2018 eingeführten Vorschrift des **§ 270 a** (dazu oben Rn. 3) **unberührt.**[287]

3. Entgelte für telefonische Auskünfte zur Vertragsabwicklung

175 Nach **§ 312 a Abs. 5 S. 1** ist eine Vereinbarung, durch die der Verbraucher verpflichtet wird, ein **Entgelt** dafür zu zahlen, dass er den Unternehmer **wegen Fragen oder Erklärungen zu einem** zwischen den Parteien **geschlossenen Vertrag** über eine Rufnummer anruft, die der Unternehmer für solche Zwecke bereithält, unwirksam, wenn das vereinbarte Entgelt die Kosten für die bloße Nutzung des Telekommunikationsdienstes übersteigt. Dadurch soll erreicht werden, dass der Verbraucher den telefonischen Kontakt zum Unternehmer wegen Fragen oder Erklärungen zur Abwicklung des bereits geschlossenen Vertrags nicht deshalb vermeidet, weil ihm dadurch gesonderte Kosten entstehen. Der Verbraucher ist daher **nur verpflichtet**, das Entgelt für die Inanspruchnahme der Telekommunikationsdienstleistung als solcher, also den „**Grundtarif**" zu zahlen.[288]

§ 312 a Abs. 5 S. 1 bezieht sich beispielsweise auf Anrufe, mit denen sich der Verbraucher über den Vertragsinhalt informiert, Gewährleistungsrechte geltend macht oder eine Rechnung des Unternehmers als nicht vertragskonform rügt. **Nicht erfasst** werden dagegen gesonderte Entgelte für im Rahmen eines Telefonats erbrachte Leistungen des Unternehmers, mit denen dieser seine vertraglichen Verpflichtungen gerade erfüllt, etwa die **telefonische Beratung durch einen Rechtsanwalt.**[289] Gleiches gilt für Fragen des Verbrauchers, die in keinem Zusammenhang mit einem zuvor mit dem Unternehmer geschlossenen Vertrag stehen.[290]

Ist eine Vereinbarung nach § 312 a Abs. 5 S. 1 unwirksam, ist der Verbraucher gemäß § 312 a Abs. 5 S. 2 auch gegenüber dem Anbieter des Telekommunikationsdienstes nicht verpflichtet, ein Entgelt für den Anruf zu zahlen. Der Anbieter des Telekommunikationsdienstes ist allerdings berechtigt, das **Entgelt für die bloße Nutzung** des Telekommunikationsdienstes **von dem Unternehmer** zu verlangen, der die unwirksame Vereinbarung mit dem Verbraucher geschlossen hat, § 312 a Abs. 5 S. 3.

4. Keine Unwirksamkeit des Vertrages im Übrigen

176 Soweit eine Vereinbarung nach den Abs. 3–5 nicht Vertragsbestandteil geworden oder unwirksam ist, bestimmt **§ 312 a Abs. 6**, dass der **Vertrag im Übrigen wirksam** bleibt. Damit wird die Anwendung des § 139, demzufolge im Zweifel von der Gesamtnichtigkeit des Vertrags auszugehen ist, ausgeschlossen.[291] Dadurch soll insbesondere der Ver-

286 Schomburg VuR 2014, 18, 21.
287 BeckOk/Schmalenbach § 270a Rn. 8.
288 Begr. RegE, BT-Drs. 17/12637, 52.
289 Palandt/Grüneberg § 312 a Rn. 6.
290 Schomburg VuR 2014, 22.
291 Schomburg VuR 2014, 20.

braucher geschützt werden, da dessen Interesse an der Durchführung des Verbrauchervertrags, etwa an der Lieferung einer bestellten Ware, nicht dadurch entfällt, dass der Unternehmer nach den Abs. 3–5 ohne Erfolg vom Verbraucher ein zu hohes Entgelt verlangt.[292] Die Vorschrift entspricht der Regelung in § 306 Abs. 1.[293]

3. Abschnitt: Außerhalb von Geschäftsräumen geschlossene Verträge und Fernabsatzverträge

Außerhalb von Geschäftsräumen geschlossene Verträge (Außergeschäftsraumverträge) 177
und Fernabsatzverträge sind besondere Vertriebsformen, die in § 312 b und § 312 c definiert werden und für die gemäß den §§ 312 d–h spezielle Regelungen gelten.

A. Außerhalb von Geschäftsräumen geschlossene Verträge

Der im Zuge einer Gesetzesänderung zum 13.06.2014 mit der Regelung in **§ 312 b** eingeführte Begriff „Außerhalb von Geschäftsräumen geschlossene Verträge" **ersetzte** die bis dato vertrauten **Haustürgeschäfte**.

I. Schutzzweck

Die Vorschriften über die Außergeschäftsraumverträge sollen den Verbraucher über die 178
allgemeinen Regelungen in § 312 a hinaus besonders schützen, da er außerhalb von Geschäftsräumen und bei **gleichzeitiger Anwesenheit des Unternehmers** möglicherweise (stärker) psychisch unter Druck steht oder einem Überraschungsmoment ausgesetzt ist.[294]

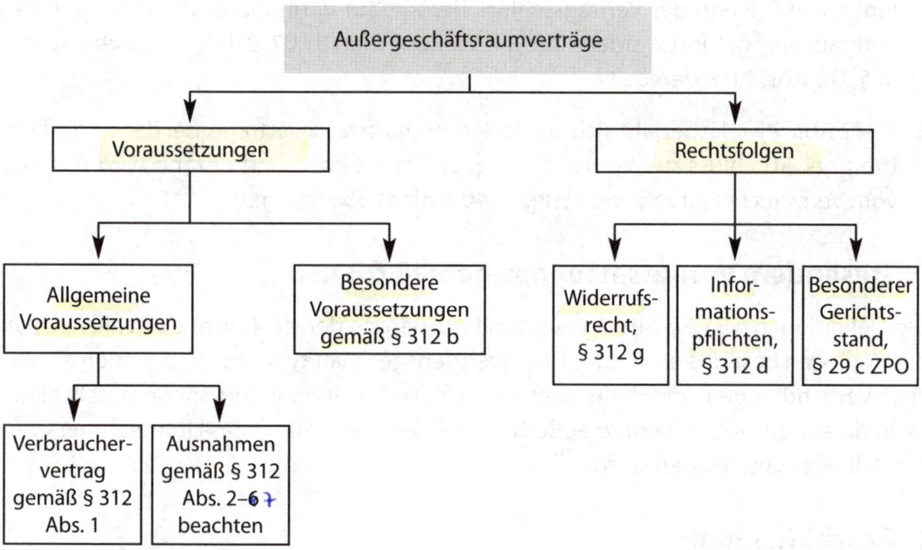

292 Begr. RegE, BT-Drs. 17/12637, 54.
293 Palandt/Grüneberg § 312 a Rn. 7.
294 Begr. RegE, BT-Drs. 17/12637, 49.

II. Anwendungsbereich

179 Die Vorschriften der §§ 312 bis 312 h sind nur dann (uneingeschränkt) anwendbar, wenn ein Verbrauchervertrag gemäß § 312 Abs. 1 vorliegt und kein Ausnahmetatbestand aus dem Katalog des § 312 Abs. 2-6 (mit Wirkung zum 01.07.2018: Abs. 2-7) eingreift.

1. Verbrauchervertrag gemäß § 312 Abs. 1

Unmittelbar aus § 312 b ergibt sich lediglich, dass ein Vertrag zwischen einem Unternehmer und einem Verbraucher gegeben sein muss. Gemäß § 312 Abs. 1 sind die Vorschriften über Außergeschäftsraumverträge aber nur dann anwendbar, wenn erstens ein **Verbrauchervertrag i.S.d. § 310 Abs. 3**, der zweitens eine **entgeltliche Leistung** des Unternehmers zum Gegenstand hat, vorliegt (dazu oben Rn. 168).

2. Ausnahmetatbestände

In Bezug auf Außergeschäftsraumverträge sind insbesondere folgende Ausnahmetatbestände zu beachten:

- Die Nr. 1 des Katalogs in § 312 Abs. 2 betrifft **notariell beurkundete Verträge über Finanzdienstleistungen**, die außerhalb von Geschäftsräumen geschlossen werden.

  Hintergrund: Der Schutz vor Übervorteilung und Übereilung wird bereits durch die allgemeinen Formvorschriften (z.B. §§ 311 b Abs. 1, 925) gewahrt.

- Nach § 312 Abs. 2 Nr. 4 b) besteht eine Ausnahme für **Reiseverträge**, wenn diese außerhalb von Geschäftsräumen geschlossen werden und die mündlichen Verhandlungen, auf denen der Vertragsschluss beruht, auf vorhergehende Bestellung des Verbrauchers geführt worden sind. Mit Wirkung zum 01.07.2018 ist diese Ausnahme in § 312 Abs. 1 n.F. geregelt.

- § 312 Abs. 2 Nr. 12 bezieht sich auf Außergeschäftsraumverträge, bei denen die Leistung bei Abschluss der Verhandlungen sofort erbracht und bezahlt wird und das vom Verbraucher zu zahlende Entgelt **40 € nicht übersteigt**.

III. Besondere Voraussetzungen gemäß § 312 b

180 Die Definition in § 312 b Abs. 1 knüpft mit Ausnahme der Nr. 4 nicht ausschließlich an das Vorliegen besonderer, für das Direktvertriebsgeschäft typischer Situationen an, wie etwa Verhandlungen am Arbeitsplatz oder in einer Privatwohnung, sondern stellt allgemein darauf ab, ob der Vertrag außerhalb der Geschäftsräume des Unternehmers verhandelt oder geschlossen wurde.[295]

1. Geschäftsräume

181 Nach der **Legaldefinition** des zentralen Begriffs Geschäftsräume in § 312 b Abs. 2 S. 1 werden sowohl unbewegliche Gewerberäume, in denen der Unternehmer seine Tätig-

295 Begr. RegE, BT-Drs. 17/12637, 49.

keit **dauerhaft**, d.h. ständig, ausübt, als auch bewegliche Gewerberäume, in denen der Unternehmer seine Tätigkeit für **gewöhnlich** ausübt, erfasst. Dazu gehören neben Ladengeschäften ebenso Stände und Verkaufswagen.[296] Solche „beweglichen Gewerberäume" müssen weder vier Wände noch ein Dach besitzen.[297]

Ferner werden auch Verkaufsstätten, in denen der Unternehmer seine Tätigkeit **saisonal** ausübt, etwa während der Fremdenverkehrssaison an einem Ski- oder Badeort, regelmäßig als Geschäftsräume zu qualifizieren sein.[298] Der Öffentlichkeit zugängliche Orte wie beispielsweise Straßen, Einkaufszentren, Strände, Sportanlagen und öffentliche Verkehrsmittel, die der Unternehmer lediglich ausnahmsweise für seine Geschäftstätigkeiten nutzt, sind dagegen keine Geschäftsräume i.S.d. § 312 b.[299]

2. Vertragsschluss außerhalb von Geschäftsräumen

Unter einen außerhalb von Geschäftsräumen geschlossenen Vertrag fällt gemäß § 312 b Abs. 1 S. 1 Nr. 1 ein Vertrag, der bei **gleichzeitiger Anwesenheit** des Unternehmers und des Verbrauchers an einem Ort, der **nicht zu den Geschäftsräumen des Unternehmers gehört**, geschlossen wird. Dazu zählen vor allem Verträge, die in einer Privatwohnung, am **Arbeitsplatz** oder auf **allgemein zugänglichen Verkehrsflächen** geschlossen werden. 182

Klausurhinweis: *Vor dem Hintergrund der bis zum 12.06.2014 geltenden Rechtslage (§ 312 Abs. 1 Nr. 1 a.F.) war umstritten (und deshalb ein beliebtes Klausurthema), ob dem Arbeitnehmer ein Widerrufsrecht zusteht, wenn er am Arbeitsplatz einen Aufhebungsvertrag mit dem Arbeitgeber abgeschlossen hat. Nach h.M. war ein solches Widerrufsrecht abzulehnen, da es an der notwendigen „Überrumpelungssituation" fehlt. Gleiches gilt für die aktuelle Rechtslage auf der Grundlage des § 312 b Abs. 1 Nr. 1.*[300] *Wird der Aufhebungsvertrag am Arbeitsplatz geschlossen liegt auch bereits nach dem Wortlaut der Vorschrift kein Außergeschäftsraumvertrag vor.*[301]

3. Vertragsangebot des Verbrauchers außerhalb von Geschäftsräumen

Durch **§ 312 b Abs. 1 S. 1 Nr. 2** wird der Anwendungsbereich nach § 312 b Abs. 1 S. 1 Nr. 1 auf Vertragsabschlüsse ausgedehnt, bei denen der Verbraucher unter den in Nr. 1 genannten Umständen ein bindendes Angebot abgegeben hat, also insbesondere bei körperlicher Anwesenheit des Unternehmers. Für die Schutzbedürftigkeit des Verbrauchers ist nämlich **ohne Belang, ob auch der Unternehmer seine Vertragserklärung außerhalb seiner Geschäftsräume abgibt**.[302] Entscheidend für die Druck- und Über- 183

296 Begr. RegE, BT-Drs. 17/12637, 49.
297 Brönneke/Schmidt VuR 2014, 3, 4.
298 Palandt/Grüneberg § 312 a Rn. 7
299 Begr. RegE, BT-Drs. 17/12637, 50.
300 Vgl. Looschelders Rn. 898.
301 Vgl. dazu Fischinger/Wertmüller NZA 2016, 193, 196; Kamanabrou NZA 2016, 919, 921.
302 Begr. RegE, BT-Drs. 17/12637, 49.

rumpelungsgefahr ist vielmehr die gleichzeitige körperliche Anwesenheit von Verbraucher und Unternehmer.[303]

4. Vertragsschluss nach persönlicher Ansprache des Verbrauchers

184 Nach **§ 312 b Abs. 1 S. 1 Nr. 3** werden auch Verträge erfasst, bei denen der Verbraucher außerhalb von Geschäftsräumen persönlich und individuell angesprochen wird, der Vertrag aber erst **unmittelbar danach** in den Geschäftsräumen des Unternehmers oder über Fernkommunikationsmittel geschlossen wird. Dabei geht es insbesondere um das Ansprechen des Verbrauchers im öffentlichen Verkehrsraum vor dem Geschäft des Unternehmers, denn auch in dieser Situation kann der Verbraucher unter Druck stehen oder einem Überraschungsmoment ausgesetzt sein.[304]

Der Vertragsschluss erfolgt nur „unmittelbar" i.S.d. § 312 b Abs. 1 S. 1 Nr. 3, soweit zwischen dem Ansprechen des Verbrauchers und dem Vertragsabschluss ein **enger zeitlicher Zusammenhang** besteht, der Überraschungsmoment also noch fortbesteht.[305] Deshalb fehlt die erforderliche Unmittelbarkeit, wenn beispielsweise der Unternehmer zunächst in die Wohnung des Verbrauchers kommt, um ohne jede Verpflichtung des Verbrauchers nur eine Schätzung vorzunehmen, und der Vertrag erst zu einem späteren Zeitpunkt nach Prüfung der Schätzung in den Geschäftsräumen des Unternehmers auf der Grundlage der Schätzung abgeschlossen wird.[306]

5. Vertragsschluss auf einem Ausflug

185 Klassisches Beispiel für einen „Ausflug" i.S.d. § 312 b Abs. 1 S. 1 Nr. 4 sind die sog. **Kaffee- oder Butterfahrten**. Bei diesen Veranstaltungen werden nicht nur die berühmt-berüchtigten Heizdecken, sondern etwa auch teure Pauschalreisen vertrieben.[307] Ausflugsveranstalter kann nicht nur der Unternehmer, sondern auch ein Dritter sein, der die Veranstaltung „mit seiner Hilfe" organisiert, beispielsweise eine Ausflugsfahrt mit Besuch eines Teppichanbieters.[308]

IV. Besonderer Gerichtsstand für Außergeschäftsraumverträge

186 Die Regelung des **§ 29 c ZPO** normiert einen teilweise besonderen und teilweise ausschließlichen Gerichtsstand.

- Gemäß **§ 29 c Abs. 1 S. 1 ZPO** ist für Klagen aus außerhalb von Geschäftsräumen geschlossenen Verträgen i.S.d. § 312 b mit dem **Wohnsitzgerichtsstand des Verbrauchers** ein besonderer örtlicher Gerichtsstand gegeben. Für **gegen** den Verbraucher gerichtete Klagen ist das Gericht am Wohnsitz des Verbrauchers ausschließlich zuständig, § 29 c Abs. 1 S. 2 ZPO.

303 Vgl. Palandt/Grüneberg § 312 b Rn. 5.
304 Begr. RegE, BT-Drs. 17/12637, 49.
305 Palandt/Grüneberg § 312 b Rn. 6.
306 Begr. RegE, BT-Drs. 17/12637, 49.
307 Halm VuR 2014, 1, 2.
308 Palandt/Grüneberg § 312 b Rn. 7.

- Nach der Regelung des **§ 29 c Abs. 2 ZPO** kann der Unternehmer in dem Fall, dass der Verbraucher selbst nicht an seinem Wohnsitz, sondern am allgemeinen Gerichtsstand des Unternehmers oder am Erfüllungsort Klage erhoben hat, **widerklagend** auch den Anspruch gegen den Verbraucher trotz §§ 29 c Abs. 1 S. 2, 33 Abs. 2 ZPO dort erheben.

  Der **Grund für diese Regelung** liegt darin, dass sich in diesem Fall der Verbraucher durch die Klage an einem anderen Ort selbst des Schutzes des ausschließlichen Gerichtsstands an seinem Wohnsitz begeben hat.

- Die Gerichtsstandsregel des § 29 c ZPO erstreckt sich nach ihrem Sinn und Zweck **187**
  auch auf Folgeansprüche aus Außergeschäftsraumverträgen. Daher gilt sie für alle Klagen, gleich welcher Klageart und gleich welcher Anspruchsgrundlage, die auf Außergeschäftsraumverträgen beruhen. Erfasst werden alle Ansprüche, die solche Verträge betreffen, wie Erfüllungsansprüche oder Schadensersatzansprüche wegen Verletzung vertraglicher Pflichten, wegen Verschuldens bei Vertragsverhandlungen (§§ 280 Abs. 1, 311 Abs. 2, 241 Abs. 2) oder wegen einer mit dem Vertrag begangenen unerlaubten Handlung (§§ 823 ff.).

  Dies gilt nach der Rspr. auch insoweit, als Ansprüche nicht nur gegenüber der anderen Vertragspartei, sondern **auch gegenüber ihrem Vertreter** verfolgt werden.[309]

B. Fernabsatzverträge

Die Definition des Fernabsatzvertrags enthält **§ 312 c**. **188**

I. Schutzzweck

Sinn und Zweck spezieller Regelungen für Verträge im Fernabsatz ist es, den Verbraucher vor den beim Abschluss eines Fernabsatzvertrags (z.B. via Katalog, Internet, Teleshopping und E-Mail) drohenden, **besonderen Gefahren** zu schützen.

Als solche Gefahren sind insbesondere zu nennen:

- Der **Vertragspartner** ist für den Verbraucher **unsichtbar**, aber durch das organisierte Vertriebs- oder Dienstleistungssystem gut vorbereitet; hinzu kommt, dass die Informationsbeschaffung über ihn daher schwieriger ist als bei persönlichem Kontakt.
- Die zu erwerbende **Ware oder Dienstleistung** ist ebenfalls **unsichtbar**; dies führt dazu, dass sie einer näheren Überprüfung nicht zugänglich ist.
- Die im Zusammenhang mit dem Vertragsschluss übermittelten **Informationen sind flüchtig** und stehen für eine Nachprüfung und einen Vergleich mit Konkurrenzangeboten nicht ohne Weiteres zur Verfügung.[310]

Die Regelungen über Fernabsatzverträge setzen zum Schutz des Verbrauchers insoweit **zwei Mittel** ein:

- Dem Unternehmer werden umfangreiche **Informations-** (§ 312 d) und **Dokumentationspflichten** (§ 312 f) auferlegt (dazu Rn. 194 und Rn. 199).
- Dem Verbraucher wird ein **Widerrufsrecht** eingeräumt, § 312 g Abs. 1.

309 BGH NJW 2003, 1190.

310 Vgl. hierzu Fuchs ZIP 2000, 1273, 1274 m.w.N.

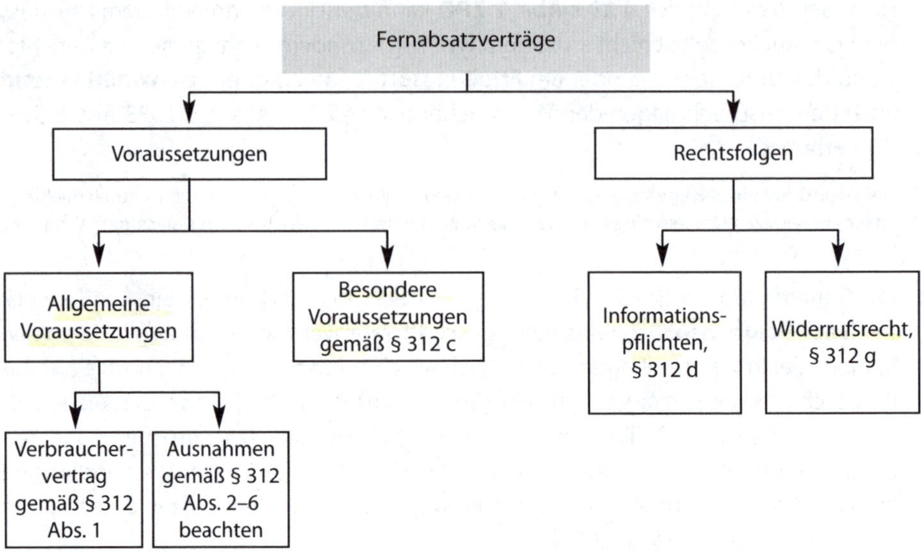

II. Anwendungsbereich

Die Vorschriften der §§ 312 bis 312 h sind nur dann (uneingeschränkt) anwendbar, wenn ein Verbrauchervertrag gemäß § 312 Abs. 1 vorliegt und kein Ausnahmetatbestand aus dem Katalog des § 312 Abs. 2-6 (mit Wirkung zum 01.07.2018: Abs. 2-7) eingreift.

1. Verbrauchervertrag gemäß § 312 Abs. 1

189 Unmittelbar aus § 312 c ergibt sich nur, dass ein Vertrag zwischen einem Unternehmer und einem Verbraucher gegeben sein muss. Gemäß § 312 Abs. 1 sind die Vorschriften über Fernabsatzverträge aber nur dann anwendbar, wenn zum einen ein Verbrauchervertrag i.S.d. § 310 Abs. 3 vorliegt, der zum anderen eine entgeltliche Leistung des Unternehmers zum Gegenstand hat (dazu oben Rn. 168).

2. Ausnahmetatbestände

190 In Bezug auf Fernabsatzverträge sind vor allem folgende Ausnahmetatbestände zu beachten:

- Nach Nr. 4 des Katalogs in § 312 Abs. 2 sind Verträge über **Reiseleistungen** gemäß § 651 a aus dem Anwendungsbereich ausgenommen, wenn sie im Fernabsatz geschlossen werden. Mit Wirkung zum 01.07.2018 ergibt sich dies aus § 312 Abs. 7 n.F.

- Die Ausnahme in § 312 Abs. 2 Nr. 8 greift ein bei Verträgen über die Lieferung von Lebensmitteln, Getränken und sonstigen **Haushaltsgegenständen des täglichen Bedarfs**, die am Wohnsitz, Aufenthaltsort oder Arbeitsplatz des Verbrauchers im Rahmen häufiger und regelmäßiger Fahrten geliefert werden.

  Da sich die erforderliche **Häufigkeit und Regelmäßigkeit** nicht auf den Verbraucher bezieht, gilt die Ausnahme nicht nur für Stammkunden eines Unternehmers. Entscheidend ist vielmehr, dass das Angebot des Unternehmers auf eine regelmäßige Belieferung ausgerichtet ist.[311]

Unter diesen Ausnahmetatbestand fallen etwa Pizza-Bringdienste. Hier wäre die Anwendung der §§ 312 ff. **unverhältnismäßig** und wegen der häufig vorliegenden Unmöglichkeit der Rückgabe der Lebensmittel **unpraktikabel**.

- Gemäß § 312 Abs. 2 Nr. 9 sind auch Verträge unter **Einsatz von Warenautomaten** bzw. automatisierten Geschäftsräumen oder mit Telekommunikationsanbietern bezüglich der **Nutzung von öffentlichen Fernsprechern** ausgeschlossen.

Insoweit sind Verträge erfasst, die in der Regel **von beiden Parteien sofort erfüllt** werden, sodass die in den §§ 312 b ff. vorgesehenen Schutzmechanismen der Informationspflicht und des Widerrufsrechts ausscheiden.[312]

- Schließlich sind nach § 312 Abs. 2 **Nr. 11** Verträge über die Nutzung einer einzelnen von einem Verbraucher hergestellten Telefon-, Internet- oder Telefaxverbindung ausgenommen. Dieser Ausnahmetatbestand bezieht sich insbesondere auf sog. **Call-by-Call-Dienstleistungen**, die auf Veranlassung des Verbrauchers unmittelbar und in einem Mal erbracht und über die Telefonrechnung abgerechnet werden.

III. Besondere Voraussetzungen gemäß § 312 c

Für das Vorliegen eines Fernabsatzvertrags müssen gemäß der Begriffsbestimmung in § 312 c Abs. 1 **zwei maßgebende Voraussetzungen** erfüllt sein: 191

- Zum einen muss der Vertrag unter **ausschließlicher Verwendung von Fernkommunikationsmitteln** abgeschlossen worden sein.
- Zum anderen muss der Vertragsschluss im Rahmen eines **für den Fernabsatz organisierten Vertriebs- oder Dienstleistungssystems** erfolgt sein.

1. Ausschließliche Verwendung von Fernkommunikationsmitteln

Gemäß der **Legaldefinition** der Fernkommunikationsmittel in § 312 c Abs. 2 ist hierunter jedes Kommunikationsmittel zu verstehen, das zur Anbahnung oder zum Abschluss eines Vertrags **ohne gleichzeitige körperliche Anwesenheit** der Vertragsparteien eingesetzt werden kann, wie insbesondere Briefe, Kataloge, Telefonanrufe, Telekopien, E-Mails sowie Rundfunk, Tele- und Mediendienste.

Seit der Reform zum 13.06.2014 wird auch die **SMS** („über den Mobilfunkdienst versendete Nachrichten") als in Betracht kommendes Kommunikationsmittel ausdrücklich aufgeführt.

Nach der Rspr. des BGH liegt eine ausschließliche Verwendung von Fernkommunikationsmitteln wegen des Schutzzwecks des § 312 c auch dann vor, wenn der **Unternehmer** bei Vertragsschluss (oder -anbahnung) einen **Boten einschaltet**, der zwar dem Verbraucher in unmittelbarem persönlichen Kontakt gegenübertritt, jedoch über den Vertragsinhalt, insbesondere die Beschaffenheit der Vertragsgegenstände, keine nähere Auskunft geben kann und soll. Denn Sinn und Zweck der §§ 312 c ff. sei es, den Ver- auch Bote

311 Vgl. MünchKomm/Wendehorst § 312 Rn. 52.

312 Palandt/Grüneberg § 312 Rn. 19.

braucher in der Fernabsatzsituation zu schützen, weil er zum einen den Vertragsgegenstand vor Abschluss des Vertrags nicht prüfen und zum anderen sich an niemanden wenden könne, um weitere Informationen zu erlangen. An dieser Schutzwürdigkeit ändere aber eine zwar körperlich anwesende Person, deren Rolle sich jedoch in einer Botenfunktion erschöpfe, nichts.

Anders verhalte es sich demgegenüber bei Einschaltung eines **Vertreters oder eines sonstigen Repräsentanten des Unternehmers**, der Auskunft über den Vertragsgegenstand geben kann.[313]

2. Organisiertes Vertriebs- oder Dienstleistungssystem

192 Die Voraussetzung eines Fernabsatzsystems i.S.d. § 312 c Abs. 1 ist dann gegeben, wenn der Unternehmer in personeller und sachlicher Hinsicht innerhalb seines Betriebs die organisatorischen Voraussetzungen geschaffen hat, die notwendig sind, um **regelmäßig im Fernabsatz zu tätigende Geschäfte** durchzuführen.[314]

Unbeachtlich ist dabei, wer das für den Fernabsatz organisierte Vertriebs- oder Dienstleistungssystem betreibt, sodass **auch Online-Plattformen Dritter** erfasst werden, die der Unternehmer nutzt. Nicht erfasst werden indes Webseiten, die lediglich Informationen über den Unternehmer, seine Waren oder Dienstleistungen und seine Kontaktdaten bieten.[315]

Die Formulierung in § 312 c Abs. 1 („es sei denn") macht deutlich, dass das Bestehen eines solchen Organisationssystems **gesetzlich vermutet** wird. Der Unternehmer trägt mithin die Beweislast dafür, dass ein entsprechendes Organisationssystem (ausnahmsweise) nicht vorliegt.[316] Das ist sachgerecht, denn die entscheidenden Tatsachen dafür liegen in der Sphäre des Unternehmers.[317]

IV. Konkurrenzen

193 Da ein Außergeschäftsraumvertrag nach § 312 b **gleichzeitige körperliche Anwesenheit** der Parteien voraussetzt, während der Fernabsatzvertrag nach § 312 c hingegen einen Vertragsschluss **unter ausschließlicher Verwendung von Fernkommunikationsmitteln** verlangt, schließen sich die beiden Vertriebsformen im Hinblick auf ihre Anwendbarkeit aus. Ein Konkurrenzproblem besteht insoweit nicht.[318]

Ist der Fernabsatzvertrag zugleich ein Vertrag im elektronischen Geschäftsverkehr i.S.d. § 312 i, finden sowohl die **§§ 312 ff. als auch die §§ 312 i und j** Anwendung.[319]

---

313 BGH NJW 2004, 3699, 3700 (Postident 2-Verfahren), RÜ 2005, 71.
314 Lorenz JuS 2000, 833, 838.
315 Begr. RegE, BT-Drs. 17/12637, 50.
316 Palandt/Grüneberg § 312 c Rn. 6.
317 Begr. RegE, BT-Drs. 17/12637, 50.
318 Vgl. Palandt/Grüneberg § 312 c Rn. 9.
319 Vgl. Palandt/Grüneberg § 312 i Rn. 4.

C. Informations- und Dokumentationspflichten für Außergeschäftsraumverträge und Fernabsatzverträge

Aufgrund der besonderen Situation des Vertragsschlusses außerhalb von Geschäftsräumen oder im Fernabsatz besteht die Gefahr von Informationsdefiziten des Verbrauchers. Daher sieht **§ 312 d** i.V.m. **Art. 246 a und b EGBGB** umfangreiche Informationspflichten des Unternehmers vor, deren Verletzung u.a. nach Maßgabe des **§ 312 e** sanktioniert wird. Ferner statuiert **§ 312 f** zusätzliche Dokumentationspflichten des Unternehmers.

Hinweis: Die §§ 312 d und f sowie die entsprechenden **Verweisungsziele im EGBGB** wurden im Rahmen der Reform zum 13.06.2014 neugefasst. Die Handhabung der sehr detailreichen Regelungen ist indes unverändert „sperrig" und sollte deshalb nicht erstmalig in der (Examens)Klausur eingeübt werden.

I. Informationspflichten des Unternehmers i.V.m. Art. 246 a EGBGB

§ 312 d Abs. 1 S. 1 enthält für Fernabsatzverträge und für außerhalb von Geschäftsräumen geschlossene Verträge, die **keine Finanzdienstleistungen** betreffen (für diese gilt Abs. 2), den Verweis auf die in Art. 246 a EGBGB geregelten Informationspflichten. Die in Erfüllung dieser Informationspflichten gemachten Angaben des Unternehmers werden Vertragsbestandteil, es sei denn, die Parteien haben **ausdrücklich** etwas anderes bestimmt, vgl. **§ 312 d Abs. 1 S. 2**. 194

Klausurhinweis: *Übersendet der Unternehmer dem Verbraucher nach erfolgter Information AGB, die abweichende Angaben enthalten, werden die ursprünglichen Angaben nur dann abgeändert, wenn der Verbraucher den AGB ausdrücklich zugestimmt hat. Ein schlüssiges Handeln oder ein Schweigen des Verbrauchers auf die Zusendung abweichender AGB genügt nicht. Sollten bereits die gemeinsam mit den ursprünglichen Informationsangaben überreichten oder versandten AGB von den Informationsangaben abweichen oder diesen widersprechen, verhält sich der Unternehmer widersprüchlich, sodass er sich gemäß § 242 nicht auf die von der Information abweichende Bestimmung in den AGB berufen kann.*[320]

1. Inhalt der Informationen

Der sehr umfangreiche Katalog an Informationspflichten in **Art. 246 a § 1 Abs. 1 S. 1 Nr. 1–16 EGBGB** statuiert u.a. die Verpflichtung, den Verbraucher über Folgendes zu unterrichten: 195

- die **wesentlichen Eigenschaften** der Ware oder Dienstleistung (Nr. 1),
- den **Gesamtpreis** der Ware oder Dienstleistung (Nr. 4) und
- die **Mindestlaufzeit** des Vertrags (Nr. 12).

Ferner bestimmt Art. 246 a § 1 EGBGB nicht nur, dass der Verbraucher über das Bestehen eines **Widerrufsrechts** gemäß § 312 g (dazu unten Rn. 204) zu informieren ist (Abs. 2), sondern ggf. auch darüber zu unterrichten ist, dass **kein** Widerrufsrecht besteht oder der Verbraucher dieses vorzeitig verlieren kann (Abs. 3).

320 Begr. RegE, BT-Drs. 17/12637, 54.

§ 2 des Art. 246 a EGBGB erleichtert die Informationspflichten für Außergeschäftsraumverträge über **Reparatur- und Instandhaltungsarbeiten**, sofern die Leistungen von beiden Seiten sofort erfüllt werden und die zu leistende Vergütung **200 €** nicht übersteigt. Die Erleichterung gilt indes nur, wenn der Verbraucher die Dienste des Unternehmers ausdrücklich angefordert hat, der Vertrag über die Arbeiten also nicht im Rahmen eines „herkömmlichen Vertreterbesuchs" geschlossen wird.[321]

Eine weitere Erleichterung der Informationspflichten enthält **§ 3 des Art. 246 a EGBGB**. Die Vorschrift gilt für Fernabsatzverträge, die mit einem Fernkommunikationsmittel geschlossen werden, auf dem für die Darstellung der zu erteilenden Informationen **nur begrenzter Raum oder begrenzte Zeit** zur Verfügung steht. Dadurch wird den technischen Beschränkungen, die manche Medien aufweisen (z.B. limitierter Zeitrahmen eines Werbespots[322] oder beschränkte Anzahl der Zeichen auf einem Display), Rechnung getragen.[323]

2. Formale Anforderungen

196 Gemäß **§ 4 Abs. 1 des Art. 246 a EGBGB** sind die Informationen der §§ 1–3 dem Verbraucher vor der Abgabe seiner Vertragserklärung in **klarer und verständlicher Weise** zur Verfügung zu stellen. Dabei beziehen sich die Erfordernisse der Klarheit und Verständlichkeit sowohl auf die **Darstellung** der Informationen auf dem jeweiligen Medium als auch darauf, dass die Informationen in einer für den Verbraucher klaren und verständlichen **Sprache** abgefasst sind.[324]

Der Unternehmer hat bei einem **Außergeschäftsraumvertrag** die Informationen **grundsätzlich auf Papier** zur Verfügung zu stellen. Stimmt der Verbraucher zu, können die Informationen auch auf einem anderen **dauerhaften Datenträger** zur Verfügung gestellt werden, vgl. **Art. 246 a § 4 Abs. 2 EGBGB**.

Gleiches gilt gemäß § 312 f Abs. 1. Andere dauerhafte Datenträger sind beispielsweise eine E-Mail, eine DVD oder auch ein USB-Stick.

Soweit bei einem **Fernabsatzvertrag** die Informationen auf einem dauerhaften Datenträger zur Verfügung gestellt werden, müssen diese **lesbar** sein, und die Person des erklärenden **Unternehmers muss genannt sein** (**Art. 246 a § 4 Abs. 3 EGBGB**). Wird der Vertrag über ein Fernkommunikationsmittel mit begrenzten Darstellungsmöglichkeiten geschlossen, reicht es aus, dass der Unternehmer beispielsweise eine gebührenfreie Telefonnummer oder einen Hyperlink zu einer Webseite angibt, auf der die Informationen unmittelbar abrufbar und leicht zugänglich sind.[325]

---

321 Begr. RegE, BT-Drs. 17/12637, 75.

322 Palandt/Grüneberg Art. 246 § 3 Rn. 3.

323 Begr. RegE, BT-Drs. 17/12637, 75.

324 Vgl. Begr. RegE, BT-Drs. 17/12637, 75.

325 Begr. RegE, BT-Drs. 17/12637, 76.

II. Informationspflichten des Unternehmers i.V.m. Art. 246 b EGBGB

Für Außergeschäftsraumverträge über **Finanzdienstleistungen** und Fernabsatzverträge über Finanzdienstleistungen verweist **§ 312 d Abs. 2** abweichend von Abs. 1 auf die in Art. 246 b § 1 EGBGB normierten Informationspflichten.

1. Inhalt der Informationen

Nach dem sehr umfangreichen Pflichtenkatalog gemäß **Art. 246 b § 1 Abs. 1 S. 1** **197**
Nr. 1–19 EGBGB hat der Unternehmer den Verbraucher u.a. über Folgendes zu informieren:

- die **wesentlichen Merkmale** der Finanzdienstleistung (Nr. 5)
- den **Gesamtpreis** der Finanzdienstleistung einschließlich aller damit verbundenen Preisbestandteile sowie alle über den Unternehmer abgeführten Steuern (Nr. 6)
- ggf. **spezielle Risiken der Finanzinstrumente**, auf die sich die Finanzdienstleistung bezieht (Nr. 8)
- und nicht nur über das Bestehen, sondern **auch über das Nichtbestehen** eines **Widerrufsrechts** (Nr. 12).

Für **Telefongespräche** kann gemäß **Art. 246 b § 1 Abs. 2 EGBGB** eine gegenüber Abs. 1 eingeschränkte Informationsverpflichtung gelten, wenn der Unternehmer den Verbraucher darüber informiert, dass auf Wunsch weitere Informationen übermittelt werden können.

Gemäß **§ 2 des Art. 246 b EGBGB** treffen den Unternehmer weitere Informationspflichten gegenüber dem Verbraucher. Danach sind u.a. die **AGB** des Unternehmers mitzuteilen.

Klausurhinweis: *Es kann sein, dass der Unternehmer durch die Erfüllung der Informationspflichten dem Verbraucher zugleich alle oder zumindest einen Teil seiner AGB mitteilt. In diesen Fällen ist* ***keine doppelte Information*** *(nach Art. 246 b § 2 und § 305 Abs. 2 EGBGB) erforderlich, sodass die Informationen zur Einbeziehung der AGB führen, wenn sie den Anforderungen des § 305 Abs. 2 genügen.*[326]

2. Formale Anforderungen

Die Informationen sind gemäß **Art. 246 b § 1 Abs. 1 S. 1 EGBGB** rechtzeitig vor Abgabe **198**
der Vertragserklärung des Verbrauchers in einer dem eingesetzten Fernkommunikationsmittel **entsprechenden Weise**, d.h. z.B. telefonisch, per E-Mail oder postalisch, vom Unternehmer zur Verfügung zu stellen.

- Das Erfordernis der **Rechtzeitigkeit** führt **nicht** zu einer generellen **Mindestfrist** zwischen der Erteilung der Information und dem Vertragsschluss.[327]

---

326 Vgl. Palandt/Grüneberg Art. 246 b Rn. 20.

327 Palandt/Grüneberg Art. 246 b § 1 Rn. 3.

- Eine **Werbeanzeige** muss die Informationen noch nicht erhalten, es sei denn, die Anzeige enthält ein Bestellformular.[328]

Für alle Informationen gilt das **Transparenzgebot**, da sie „klar und verständlich" sein müssen und das **Offenlegungsgebot** („unter Angabe des geschäftlichen Zwecks").

Für eine klare und verständliche Zurverfügungstellung der Informationen ist nicht erforderlich, dass die Angaben auf der Startseite bereitgehalten werden. Daher ist es ausreichend, dass die Informationen mittels eines Links vom Verbraucher aufgerufen werden können.[329]

Gemäß **Art. 246 b § 2 Abs. 3 EGBGB** hat der Unternehmer seine Informationspflicht zum Widerrufsrecht erfüllt, wenn er das im Anhang zum EGBGB befindliche **Muster für eine Widerrufsbelehrung** bei Finanzdienstleistungen zutreffend ausgefüllt dem Verbraucher in Textform zur Verfügung stellt.

Die Unternehmer sind nicht verpflichtet das Muster für die Widerrufsbelehrung zu verwenden, sie können **auch eigene Texte** gestalten.[330]

III. Dokumentationspflichten gemäß § 312 f

Zum Schutz des Verbrauchers statuiert § 312 f Dokumentationspflichten des Unternehmers bei Außergeschäftsraumverträgen (Absatz 1) und bei Fernabsatzverträgen (Absatz 2). Diese Pflichten hat der Unternehmer **nach Vertragsschluss** zu erfüllen. Aus § 312 f Abs. 4 folgt, dass diese Pflichten auf Außergeschäftsraumverträge und Fernabsatzverträge über **Finanzdienstleistungen keine Anwendung** finden.

1. Dokumentationspflichten für Außergeschäftsraumverträge

199 Der Unternehmer hat gemäß **§ 312 f Abs. 1 S. 1** bei einem Außergeschäftsraumvertrag dem Verbraucher auf Papier entweder

- eine **Abschrift** eines Vertragsdokuments, das von den Vertragsschließenden so unterzeichnet wurde, dass ihre **Identität erkennbar** ist (Nr. 1),
- **oder** eine Bestätigung des Vertrags (Nr. 2) in welcher der Vertragsinhalt wiedergegeben ist, zur Verfügung zu stellen.

Eine Pflicht, den Vertrag schriftlich abzuschließen, folgt aus § 312 f Abs. 1 S. 1 Nr. 1 **nicht**.[331] Das Vertragsdokument ist **„unterzeichnet"**, wenn es die Namensunterschriften oder sonstiges Handzeichen der Vertragsschließenden enthält. Es reicht also auch eine Namensabkürzung oder eine Paraphe.[332]

Da die **vorvertraglichen Informationen** bei Außergeschäftsraumverträgen nach Art. 246 a § 4 Abs. 2 EGBGB bereits auf Papier oder einem dauerhaften Datenträger zur Verfügung gestellt werden müssen, bestimmt § 312 f Abs. 1 S. 3, dass die Bestätigung

328 Palandt/Grüneberg Art. 246 b § 1 Rn. 3.
329 BGH NJW 2006, 3633, 3636 m.w.N.
330 Vgl. dazu BGH NJW 2012, 3298 f.
331 Begr. RegE, BT-Drs. 17/12637, 55.
332 Palandt/Grüneberg § 312 f Rn. 2.

diese Informationen nur enthalten muss, wenn der Unternehmer seiner vorvertraglichen Informationspflicht nicht nachgekommen ist.

Mit Zustimmung des Verbrauchers kann hinsichtlich der Abschrift des Vertragsdokuments oder der Bestätigung von der Papierform abgewichen und stattdessen ein **anderer dauerhafter Datenträger** als Medium gewählt werden, vgl. § 312 f Abs. 1 S. 2. In jedem Fall muss die Bestätigung oder die Abschrift des Vertrags dem Verbraucher **zugehen.**[333] Dazu genügt es nicht, dass der Verbraucher auf eine Webseite des Unternehmers verwiesen wird.[334]

2. Dokumentationspflichten für Fernabsatzverträge

Abs. 2

Bei Fernabsatzverträgen hat der Unternehmer dem Verbraucher gemäß **§ 312 f Abs. 2** 200
eine **Bestätigung** des geschlossenen Vertrags nach Vertragsschluss, spätestens mit der Lieferung der Waren oder vor Ausführung der Dienstleistung auf einem **dauerhaften Datenträger** zur Verfügung zu stellen.

Auch in diesem Fall muss die Vertragsbestätigung des Unternehmers den Vertragsinhalt wiedergeben. Da die **vorvertraglichen Informationen** bei Fernabsatzverträgen nach Art. 246 a § 4 Abs. 3 des EGBGB nicht auf einem dauerhaften Datenträger zur Verfügung gestellt werden müssen, bestimmt **§ 312 f Abs. 2 S. 2**, dass sämtliche in Art. 246 a EGBGB genannten Angaben in der Bestätigung enthalten sein müssen, es sei denn, der Unternehmer hat diese dem Verbraucher bereits vor Vertragsschluss auf einem dauerhaften Datenträger überlassen. Ebenso wie im Rahmen des Abs. 1 muss die Bestätigung dem Verbraucher **zugehen.**[335]

3. Dokumentationspflichten für digitale Daten

Gemäß **§ 312 f Abs. 3** ist bei **Außergeschäftsraumverträgen** und bei **Fernabsatzver-** 201
trägen über die Lieferung von nicht auf einem körperlichen Datenträger befindlichen Daten, die in digitaler Form hergestellt und bereitgestellt werden, auf der Abschrift oder in der Bestätigung nach den Abs. 1 und 2 ggf. auch festzuhalten, dass der Verbraucher:

- der Ausführung des Vertrags vorher **ausdrücklich zugestimmt** hat (Nr. 1)
- **und** bestätigt hat, dass er **zur Kenntnis genommen** hat, dass er sein Widerrufsrecht verliert, sobald der Unternehmer mit seiner vorherigen ausdrücklichen Zustimmung mit der Ausführung des Vertrags beginnt (Nr. 2).

Unter den Begriff **„digitale Inhalte"** i.S.d. § 312 f Abs. 3 fallen Daten, die in digitaler Form hergestellt und bereitgestellt werden, wie beispielsweise Computerprogramme, Apps, Spiele, Musik oder Videos.[336] Unerheblich ist dabei, ob solche Daten heruntergeladen, gespeichert und erst danach sichtbar gemacht werden oder bereits während des Herunterladens sichtbar gemacht werden (Streaming).[337]

---

333 Begr. RegE, BT-Drs. 17/12637, 55.
334 Brox/Walker § 19 Rn. 16.
335 Begr. RegE, BT-Drs. 17/12637, 55.
336 Palandt/Grüneberg § 312 f Rn. 4.
337 Begr. RegE, BT-Drs. 17/12637, 55.

Dass der Verbraucher sein **Widerrufsrecht** unter den in Nr. 2 genannten Voraussetzungen verliert, folgt aus **§ 356 Abs. 5**.

IV. Sanktionen bei Verletzung der Informations- oder Dokumentationspflichten

Zu den möglichen Sanktionen eines Verstoßes gegen die Informations- oder Dokumentationspflichten zählen Auswirkungen auf den Beginn der Widerrufsfrist, der Ausschluss von Nebenkosten, die Begründung eines Rücktrittsrechts sowie Schadensersatz- und Unterlassungsansprüche.

1. Verletzung der Informationspflichten gemäß § 312 d Abs. 1 und 2

202 Gemäß **§ 356 Abs. 3** beginnt die Widerrufsfrist nicht, bevor der Unternehmer den Verbraucher gemäß Art. 246 a § 1 Abs. 2 S. 1 Nr. 1 oder Art. 246 b § 2 Abs. 1 des EGBGB unterrichtet hat. Die **Widerrufsfrist** bei außerhalb von Geschäftsräumen geschlossenen Verträgen und Fernabsatzverträgen beginnt also erst dann zu laufen, wenn der Unternehmer etwa seiner Pflicht aus Art. 246 a § 1 Abs. 2 S. 1 Nr. 1 EGBGB, nämlich den Verbraucher über dessen Widerrufsrecht zu informieren, in vollem Umfang nachgekommen ist.[338]

Hinweis: *Dagegen hat eine Verletzung der übrigen Informationspflichten aus den Art. 246 a oder b EGBGB keinen Einfluss auf den Beginn der Widerrufsfrist.*[339]

Für Fernabsatzverträge und für außerhalb von Geschäftsräumen geschlossene Verträge, die keine Finanzdienstleistungen betreffen, enthält **§ 312 e** ferner eine Sonderregelung. Danach besteht ein Anspruch des Unternehmers gegenüber dem Verbraucher auf Zahlung von **Fracht-, Liefer- oder Versandkosten** und der sonstigen in Art. 246 a § 1 Abs. 1 S. 1 Nr. 4 EGBGB genannten Kosten nur dann, wenn der Unternehmer den Verbraucher hierüber informiert hat. Kommt der Unternehmer dieser Pflicht zur Information **nicht vor Abgabe** der Vertragserklärung durch den Verbraucher nach, besteht insoweit kein Anspruch gegenüber dem Verbraucher. Vom Verbraucher bereits geleistete Zahlungen sind insoweit vom Unternehmer gemäß § 812 Abs. 1 S. 1 Alt. 1 zu erstatten.[340]

§ 312 e ergänzt die allgemeine Regelung in § 312 a Abs. 3. Der Vorschrift verbleibt gegenüber der allgemeinen Regelung ein **eigenständiger Anwendungsbereich**, wenn zwar eine ausdrückliche Zustimmung des Verbrauchers, weitere Kosten zu tragen, vorliegt, der Unternehmer den Verbraucher allerdings nicht entsprechend den Anforderungen des Art. 246 a EGBGB über diese zusätzlichen Kosten informiert hat. Das kann beispielsweise der Fall sein, wenn der Verbraucher ausdrücklich zustimmt, „die üblichen Versandkosten" zu tragen, der Unternehmer aber nicht den genauen Preis – obwohl er ihm bekannt ist – angibt.[341]

Die Verletzung der Informationspflichten des Unternehmers gemäß § 312 d Abs. 1 i.V.m. Art. 246 a EGBGB oder gemäß § 312 d Abs. 2 i.V.m. Art. 246 b EGBGB kann schließlich

338 Palandt/Grüneberg § 312 d Rn. 4.

339 Vgl. Begr. RegE, BT-Drs. 17/12637, 61.

340 Vgl. Brox/Walker § 19 Rn. 17.

341 Begr. RegE, BT-Drs. 17/12637, 55.

auch **Schadensersatzansprüche** aus §§ 280 Abs. 1, 311 Abs. 2, 241 Abs. 2 oder gemäß § 280 Abs. 1 begründen.[342]

Bei planmäßiger Verletzung der Informationspflichten durch den Unternehmer kommt außerdem ein Unterlassungsanspruch gemäß **§ 2 UKlaG**, ggf. auch nach **§ 8 UWG** in Betracht.[343]

2. Verletzung der Dokumentationspflichten gemäß § 312 f

Bei Verletzung der Dokumentationspflichten aus § 312 f kommt ein **Schadensersatzanspruch** wegen einer Nebenpflichtverletzung gemäß **§§ 280 Abs. 1, 241 Abs. 2** in Betracht.[344] 203

Ferner kann die Verletzung der Pflichten aus § 312 f im Einzelfall einen **Rücktrittsgrund gemäß § 324 BGB** begründen.[345] Dazu muss dem Verbraucher wegen der Verletzung der Dokumentationspflichten das Festhalten am Vertrag nicht mehr zuzumuten sein.

D. Einräumung eines Widerrufsrechts gemäß § 312 g

Die Informations- und Dokumentationspflichten für Außergeschäftsraumverträge und Fernabsatzverträge aus den §§ 312 d und f werden durch ein weiteres Instrument des Verbraucherschutzes in § 312 g flankiert. Die Vorschrift räumt dem Verbraucher bei außerhalb von Geschäftsräumen geschlossenen Verträgen und bei Fernabsatzverträgen nämlich ein **Widerrufsrecht gemäß § 355** ein (zum Widerrufsrecht bei Verbraucherverträgen vgl. die Ausführungen unter Rn. 233 ff.). 204

Allerdings enthält **§ 312 g Abs. 2 S. 1 Nr. 1–13** einen umfangreichen Katalog an Tatbeständen, in denen das grundsätzliche Widerrufsrecht nach Abs. 1 – soweit die Parteien nichts anderes vereinbaren – ausnahmsweise nicht besteht. Dieser **Ausnahmekatalog** erfasst beispielsweise:

- Waren, die nach **Verbraucherspezifikation** angefertigt werden oder eindeutig auf die **persönlichen Bedürfnisse** zugeschnitten sind (Nr. 1)

  Beispiel: Nach Maß gefertigte Anzüge oder Gardinen

- Versiegelt gelieferte Waren, die aus **Gründen des Gesundheitsschutzes oder der Hygiene** nicht zur Rückgabe geeignet sind, sofern deren Versiegelung nach der Lieferung entfernt wurde (Nr. 3)

  Beispiele: Freiverkäufliche Medikamente, Kosmetikprodukte[346]

  § 312 g Abs. 2 S. 1 Nr. 3 greift jedoch **nicht** ein, wenn der Unternehmer die Waren durch eine Reinigung wieder verkehrsfähig machen kann, wie etwa bei Bade- und Unterwäsche oder auch bei Piercingschmuck.[347]

---

342 Dazu Palandt/Grüneberg § 312 d Rn. 4 und eingehend EGBGB Einf v § 238 Rn. 7 ff.
343 Vgl. Lorenz JuS 2000, 833, 839.
344 Brox/Walker § 19 Rn. 16.
345 Begr. RegE, BT-Drs. 17/12637, 55.
346 Palandt/Grüneberg § 312 g Rn. 6.
347 Janal WM 2012, 2314, 2319.

- **Alkoholische Getränke**, deren Preis zwar bereits bei Abschluss des Kaufvertrags vereinbart wurde, deren Lieferung aber erst nach frühestens 30 Tagen erfolgen kann, sofern deren aktueller Wert von Schwankungen auf dem Markt abhängt, die nicht im Einflussbereich des Unternehmers liegen (Nr. 5)

  Beispiel: Verträge über die Lieferung von Wein, bei denen die Lieferung erst lange nach Abschluss des Kaufvertrags spekulativer Art erfolgen soll („vin en primeur")[348]

- **Ton- und Videoaufnahmen und Computersoftware**, die auf einem versiegelten körperlichen Datenträger, wie z.B. einer CD-ROM oder DVD, geliefert werden und vom Verbraucher entsiegelt worden sind (Nr. 6)

  Durch diese Ausnahme soll die ansonsten bestehende Möglichkeit des Missbrauchs verhindert werden.[349]

- Waren und Dienstleistungen, deren Preis von **Schwankungen auf dem Finanzmarkt** abhängt (Nr. 8)

  Hintergrund: Diese Ausnahme ist sachgerecht, um das von den Parteien nicht zu beeinflussende Risiko von Preisschwankungen während der Widerrufsfrist nicht einseitig dem Unternehmer aufzubürden.[350]

  Beispiel: Bei Fernabsatzverträgen über die Lieferung von Heizöl ist das Widerrufsrecht des Verbrauchers nicht nach § 312 g Abs. 2 S. 1 Nr. 8 ausgeschlossen, denn kennzeichnend für diese Ausnahmevorschrift ist, dass der spekulative Charakter den Kern des Geschäfts ausmacht. Einen solchen spekulativen Kern weist der Ankauf von Heizöl durch den Verbraucher jedoch nicht auf. Das Geschäft dient dem Verbraucher nämlich nicht dazu, durch Weiterveräußerung einen finanziellen Gewinn zu erzielen, sondern richtet sich typischerweise auf Eigenversorgung durch Endverbrauch der Ware.[351]

- öffentlich zugängliche **Versteigerungen** (Nr. 10)

  Internet-Versteigerungen (z.B. bei eBay), bei denen der Vertragsschluss gemäß den §§ 145 ff. erfolgt,[352] fallen **nicht** unter diesen Ausnahmetatbestand. Der BGH hat in Bezug auf die Vorgängerregelung in § 312 d Abs. 4 Nr. 5 **a.F.** sowohl eine direkte als auch eine analoge Anwendung abgelehnt.[353] Daran hat sich durch die Reform zum 13.06.2014 nichts geändert.[354]

Ferner besteht das Widerrufsrecht gemäß § 312 g Abs. 1 nicht, wenn der Verbraucher bereits nach den §§ 495 oder 506–513 zum Widerruf berechtigt ist, vgl. **§ 312 g Abs. 3.**

E. Widerruf eines neuen nach Kündigung eines bestehenden Dauerschuldverhältnisses, § 312 h

Eine besondere Regelung für Dauerschuldverhältnisse enthält § 312 h.

---

348 Begr. RegE, BT-Drs. 17/12637, 56.
349 Vgl. Lorenz JuS 2000, 833, 839 f.
350 So Begr. RegE, BT-Drs. 17/12637, 56.
351 BGH RÜ 2015, 688, 690.
352 Vgl. dazu BGH RÜ 2014, 205 ff.
353 BGH NJW 2005, 53, 54 ff.
354 So auch Begr. RegE, BT-Drs. 17/12637, 57; Looschelders Rn. 919; Stürner JURA 2016, 26, 30.

I. Zweck der Regelung

Durch § 312 h soll der Verbraucher vor bestimmten unseriösen Geschäftspraktiken ge- 205
schützt werden, indem ihm durch das **Erfordernis der Textform (§ 126 b)** deutlich gemacht wird, dass er im Fall des Widerrufs eines neu abgeschlossenen Vertrags an die Kündigung des bestehenden Dauerschuldverhältnisses gebunden bleibt.[355]

Hinweis zur Verdeutlichung der Problematik: [356] Der Widerruf des neuen Vertrags erfasst nicht die Kündigung des ursprünglich bestehenden Vertrags, welche als Gestaltungsrecht nach dem Zugang ihrer Erklärung nicht mehr widerrufen werden kann. Das ursprüngliche Dauerschuldverhältnis bleibt somit unwirksam. Die sich hieraus ergebende Gefahr einer Versorgungslücke (z.B. im Fall der Kündigung eines Altvertrags bei Wechsel des Telefonanbieters) könnte den Verbraucher von der Ausübung seines Widerrufsrechts bezüglich des neuen Vertrags abhalten. § 312 h, der für die Kündigung bzw. die Vollmacht zur Kündigung des Verbrauchers das besondere Formerfordernis der Textform (§ 126 b) vorschreibt, soll nun sicherstellen, dass sich der Verbraucher der Auswirkungen der Kündigung auch tatsächlich bewusst ist.

II. Fallgruppen und Rechtsfolgen

§ 312 h Nr. 1 erfasst die Konstellation, dass der Verbraucher die Kündigung des beste- 206
henden Dauerschuldverhältnisses erklärt und den Unternehmer oder einen von diesem beauftragten Dritten **als Boten** zur Übermittlung der Kündigungserklärung an den bisherigen Vertragspartner einsetzt. In diesem Fall bedarf die **Kündigungserklärung des Verbrauchers** der Textform gemäß § 126 b.[357]

Hingegen betrifft **§ 312 h Nr. 2** den Fall, dass der Verbraucher den Unternehmer oder einen von diesem beauftragten Dritten **als Vertreter** zur Erklärung der Kündigung an den bisherigen Vertragspartner einsetzt. In diesem Fall sieht § 312 a Nr. 2 die Textform für die **Vollmacht des Verbrauchers** vor.[358]

Nach Ansicht des Gesetzgebers war insoweit der bei Vertretung in einseitigen Rechtsgeschäften über den – neben § 312 h anwendbaren – **§ 174** bereits bestehende Schutz als nicht ausreichend anzusehen.[359]

Die **Nichteinhaltung** der Textform führt zur **Unwirksamkeit** der Kündigung bzw. der 207
Vollmacht gemäß **§ 125 S. 1**.

4. Abschnitt: Besondere Regelungen für den elektronischen Geschäftsverkehr

Während **§ 312 i** die Pflichten im elektronischen Geschäftsverkehr enthält, die der Unternehmer **unabhängig** vom Vorliegen eines Verbrauchervertrags zu erfüllen hat, regelt **§ 312 j** den Fall, dass sich ein Unternehmer beim Vertragsschluss **mit einem Verbraucher** eines elektronischen Geschäftsverkehrs bedient.

355 Hk-BGB/Schulte-Nölke § 312 h Rn. 1; Palandt/Grüneberg § 312 h Rn. 1.
356 Vgl. hierzu: Hk-BGB/Schulte-Nölke § 312 h Rn. 1.
357 Palandt/Grüneberg § 312 h Rn. 2.
358 Palandt/Grüneberg § 312 h Rn. 2.
359 Alexander JuS 2009, 1070, 1073 m.w.N.

A. Schutzzweck

208 Die Vorschriften über den elektronischen Geschäftsverkehr in den §§ 312 i und 312 j sollen die Kunden vor den **besonderen Gefahren dieser Vertriebsform** schützen. Dazu zählen vor allem Eingabefehler, Unsicherheiten über das Zustandekommen des Vertrags und versteckte Kostenfallen.

B. Vertrag im elektronischen Geschäftsverkehr

209 Die §§ 312 i und 312 j setzen einen Vertrag im elektronischen Geschäftsverkehr voraus. Ein solcher liegt vor, wenn sich der Unternehmer **zum Zwecke des Abschlusses** eines Vertrags über die Lieferung von Waren oder über die Erbringung von Dienstleistungen **Telemedien** bedient, vgl. § 312 i Abs. 1 S. 1.

Der Begriff Telemedien wird im BGB nicht definiert, fällt jedoch unter den **Oberbegriff der Telemediendienste**, vgl. § 1 Abs. 1 Telemediengesetz (TMG).

Die Regelung des § 1 Abs. 1 TMG enthält keine (positive) gesetzliche Definition der „Telemedien", jedoch werden gemäß § 1 Abs. 1 S. 1 TMG vom Begriff der Telemedien bestimmte elektronischen Informations- und Kommunikationsdienste ausgenommen (**negative Abgrenzung**), nämlich:

- **Telekommunikationsdienste** nach § 3 Nr. 24 TKG, die ganz in der Übertragung von Signalen über Telekommunikationsnetze bestehen;

  Beispiele: Internet-Telefonie (Voice-Over-IP); Router-Rechner; bei Angeboten von Access-Providern ist zu unterscheiden: Soweit die reine Übertragung von Signalen selbst betroffen ist, liegt kein Telemediendienst vor. Besteht jedoch der Telekommunikationsdienst (nur) „überwiegend" in der Übertragung von Signalen (ist also auch eine inhaltliche Leistungskomponente gegeben), liegt zugleich ein Telekommunikationsdienst nach dem TKG als auch ein Telemediendienst vor).

  Beispiele hierfür: Internet-Zugang, E-Mail-Übertragung, Internet-Suchmaschinen.[360]

- **Telekommunikationsgestützte Dienste** nach § 3 Nr. 25 TKG;

  Beispiel: Mehrwertdienste, z.B. unter Verwendung von 0190-, 0900- oder 0800-Rufnummern[361]

- **Rundfunk** nach § 2 Rundfunkstaatsvertrag (= RStV).

  Beispiele: Herkömmliche Rundfunk- und Fernsehsendungen, Live-Streaming (d.h. die zusätzliche/zeitgleiche Übertragung herkömmlicher Rundfunkprogramme über das Internet) und das Webcasting (d.h. die ausschließliche Übertragung herkömmlicher Programme über das Internet).[362]

  Hinweis: *Demgegenüber sind Fernseh- und Radiotext und Teleshoppingkanäle als Telemedien einzuordnen (vgl. § 2 Abs. 1 S. 4 RStV).*[363]

Insbesondere folgende Telemediendienste i.S.d. § 1 TMG können als Telemedien i.S.d. § 312 i Abs. 1 **relevant** werden:[364]

---

360 Vgl. Hoeren NJW 2007, 801, 802 unter Hinweis auf die Gesetzesbegründung, BT-Drs. 16/3078, 17.

361 Vgl. Hoeren NJW 2007, 801, 802.

362 Vgl. Hoeren NJW 2007, 801, 803.

363 Vgl. Hoeren NJW 2007, 801, 803.

364 Vgl. weitere Beispiele für Telemediendienste i.S.d. § 1 TMG bei Hoeren NJW 2007, 801, 803.

- Online-Angebote von Waren und Dienstleistungen mit interaktivem Zugriff und unmittelbarer Bestellmöglichkeit (Onlineshopping),
- Tele- und Internetbanking,
- Teleshopping,
- Datendienste wie Verkehrs-, Wetter- oder Börsendaten,
- Podcasts und Chatrooms.

Dabei ist Folgendes **zu beachten**:

- Erfasst werden nur elektronische Dienste, die **wirtschaftlich ausgerichtet** sind und **zur individuellen Abgabe** einer Bestellung abgerufen werden können und tatsächlich abgerufen werden.[365]

  Da § 312 i Abs. 1 S. 1 voraussetzt, dass der Vertrag unter Einsatz elektronischer Kommunikationsmittel geschlossen wird, werden die Fälle **nicht erfasst**, in denen der Vertragsschluss mittels **Brief, Telefax oder Telefon** erfolgt.[366]
- Der Einsatz der Telemedien muss **zum Zwecke des Abschlusses eines Vertrags** erfolgt sein, weshalb solche Telemedien, die nicht der Vorbereitung eines Vertragsschlusses dienen (bloße „Verteildienste", die durch Datenübertragung ohne individuelles Abrufen gleichzeitig für eine unbestimmte Zahl von Nutzern erbracht werden), nicht von § 312 i Abs. 1 S. 1 erfasst werden.[367]
- Zu beachten ist aber, dass **nur der Vertrag** mittels der Telemedien zustande gekommen, hingegen nicht auch die spätere Lieferung der Waren oder die Erbringung der Dienstleistung in dieser Weise erfolgt sein muss.[368]

C. Allgemeine Pflichten des Unternehmers im elektronischen Geschäftsverkehr, § 312 i

I. Anwendungsbereich

Die Anwendbarkeit des § 312 i Abs. 1 erfordert zunächst einen elektronischen Ge- **210**
schäftsverkehr und setzt zudem in persönlicher Hinsicht einen Vertrag zwischen einem Unternehmer und einem **Kunden** voraus. Mit dem Begriff Kunden werden **sowohl Verbraucher als auch Unternehmer** erfasst.[369]

Die Frage, ob Unternehmer oder Verbraucher am Vertragsschluss beteiligt sind, hat jedoch Bedeutung für die **Abdingbarkeit der Bestimmungen** des § 312 i. Sind nämlich beide Parteien nicht Verbraucher, können nach § 312 i Abs. 2 S. 2 die Bestimmungen der § 312 i Abs. 1 S. 1 Nr. 1–3 sowie S. 2 abbedungen werden.

365 Grigoleit NJW 2002, 1151, 1152.
366 Artz JuS 2002, 528, 534; Grigoleit NJW 2002, 1151, 1152; Raue JURA 2015, 326, 332.
367 Palandt/Grüneberg § 312 i Rn. 2.
368 Grigoleit NJW 2002, 1151, 1152.
369 Palandt/Grüneberg § 312 i Rn. 3.

II. Pflichten des Unternehmers gemäß § 312 i Abs. 1

Der Katalog in § 312 i Abs. 1 S. 1 Nr. 1–4 enthält die folgenden allgemeinen Pflichten des Unternehmers im elektronischen Geschäftsverkehr.

1. Zurverfügungstellung von Korrekturmöglichkeiten

211 Nach **§ 312 i Abs. 1 S. 1 Nr. 1** ist der Unternehmer verpflichtet, angemessene, wirksame und zugängliche technische Mittel zur Verfügung zu stellen, mittels derer der Kunde Eingabefehler vor Abgabe seiner Bestellung erkennen und berichtigen kann. Diese Pflicht trifft den Unternehmer **bereits im vorvertraglichen Stadium**, sobald er dem Kunden eine Bestellmöglichkeit eröffnet.

Die Korrekturmöglichkeit darf nicht zur Konsequenz haben, dass der Kunde mit dem Ausfüllen eines umfangreicheren Formulars von vorne zu beginnen hat.[370]

2. Informationspflichten i.V.m. Art. 246 c EGBGB

212 Ferner ist der Unternehmer bereits im vorvertraglichen Stadium gemäß **§ 312 i Abs. 1 S. 1 Nr. 2** verpflichtet, dem Kunden die in Art. 246 c EGBGB genannten Informationen **rechtzeitig** vor Abgabe der Bestellung **klar und verständlich** mitzuteilen. Art. 246 c EGBGB (lesen!) enthält einen fünf Nummern umfassenden Katalog an Informationspflichten. Dazu gehört etwa die Pflicht, den Kunden über die einzelnen technischen Schritte, die zum Vertragsschluss führen (Nr.1) und über die für den Vertragsschluss zur Verfügung stehenden Sprachen zu unterrichten (Nr. 4).

„Rechtzeitigkeit" erfordert, dass der Kunde **vor seiner Bestellung genügend Zeit** hat, die Informationen hinreichend zur Kenntnis zu nehmen. Das Merkmal „klar und verständlich" ist eine besondere Ausprägung des allgemeinen Transparenzgebots.[371]

3. Zugangsbestätigung

213 Nach **§ 312 i Abs. 1 S. 1 Nr. 3** hat der Unternehmer dem Kunden unverzüglich den Zugang der Bestellung auf elektronischem Wege (z.B. mittels E-Mail) zu bestätigen. Da die Zugangsbestätigung und die Annahme streng auseinanderzuhalten sind,[372] hat die Verletzung dieser Pflicht **keine Auswirkung auf die Wirksamkeit** des Zugangs der Annahme, der Vertrag kommt also dennoch wirksam zustande.

Die Pflicht aus § 312 i Abs. 1 S. 1 Nr. 3 gilt auch für eine bloße **invitatio ad offerendum** des Kunden.[373]

Gemäß **§ 312 i Abs. 1 S. 2 gelten** die Bestellung und die Empfangsbestätigung nach § 312 i Abs. 1 S. 1 Nr. 3 **als zugegangen**, wenn die Parteien sie unter gewöhnlichen Umständen abrufen können. Diese Fiktion hat indes lediglich deklaratorische Bedeutung, da in diesem Fall die elektronische Willenserklärung bereits tatsächlich zugegangen ist.[374]

---

370 So MünchKomm/Wendehorst § 312 i Rn. 63.

371 Hk-BGB/Schulte-Nölke § 312 g Rn. 8.

372 Grigoleit NJW 2002, 1151, 1158.

373 Palandt/Grüneberg § 312 i Rn. 7.

374 Vgl. Palandt/Grüneberg § 312 i Rn. 7; Grigoleit NJW 2002, 1151, 1158.

Fall 11: Preisbrecher

B betreibt ein Online-Kaufhaus für Computer und Zubehör. Sie hält unter ihrer Internetadresse ein Warensortiment aus diesem Bereich zur Online-Bestellung bereit. Der klamme Kunststudent K bestellte bei B über das Internet einen Computer zu einem Bruttopreis von 327,50 €. Bei der Abgabe der Bestellung bezog sich K auf einen Preis, der von B auf ihrer Homepage unter der Rubrik „Preisbrecherangebote" für den Computer in einer entsprechenden Preisliste zum Zeitpunkt der Abgabe der Bestellung genannt worden war.

Tatsächlich belief sich der Preis des bestellten Computers auf 3.275 €. Zu dem Preisunterschied ist es gekommen, weil aufgrund einer Formeländerung in der Software des Providers bei der Übertragung der Daten an diesen, zusätzlich standardmäßig eine Kommastelle berücksichtigt wurde. Durch diese zusätzliche Kommasetzung verringerte sich der Preis eines jeden Artikels auf 10% des von B tatsächlich geforderten Betrags. Die von K aufgegebene Bestellung wurde unter Bezugnahme auf die Auftragsnummer sofort mit einer automatisierten E-Mail („Mail-Link") bestätigt, in der es heißt: „Vielen Dank für Ihren Auftrag, den wir so schnell wie möglich ausführen werden." Zwischen Eingang der Bestellung und Absendung der Bestätigung lag eine Minute.

Am Folgetag wies B den K in einer E-Mail darauf hin, dass ihm ein falscher Preis für den bestellten Computer übermittelt worden sei. Ferner wurde K der richtige Preis mitgeteilt und angefragt, ob er auch unter Zugrundelegung dieses Preises an der Bestellung festhalte. K forderte demgegenüber die Lieferung des bestellten Computers zum Preis von 327,50 €, was B ablehnte. Steht K ein Anspruch gegen B auf Lieferung des Computers gegen Zahlung von 327,50 € zu?

K könnte gegen B ein Anspruch aus **§ 433 Abs. 1 S. 1** auf Übergabe und Übereignung **214**
des Computers Zug um Zug gegen Zahlung von 327,50 € zustehen.

Dazu müsste ein **wirksamer Kaufvertrag** zwischen B und K vorliegen.

A. Zwischen B und K könnte ein Kaufvertrag zustande gekommen sein. Das Zustandekommen eines Kaufvertrags erfordert eine entsprechende **Einigung gemäß §§ 145 ff.** Für Rechtsgeschäfte im Internet gelten die allgemeinen Bestimmungen, ohne dass es eines Rückgriffs auf die §§ 312 c ff. bedarf, da weder die Regelungen über Fernabsatzverträge noch die Vorschriften für Verträge im elektronischen Geschäftsverkehr das Zustandekommen der Verträge regeln. Erklärungen i.S.d. §§ 145 ff. können nach inzwischen unumstrittener Ansicht auch online per Mausklick durch die Übermittlung einer elektronischen Datei abgegeben werden.[375]

I. Fraglich ist, worin hier das erforderliche **Angebot** zu sehen ist.

1. Die „Angebote" der **B** auf ihrer **Homepage**, in der u.a. der Computer unter der Rubrik „Preisbrecher" aufgeführt war, stellten noch kein rechtlich bindendes Angebot i.S.v. § 145 dar. Bei ihnen handelte es sich – aus der maßgeblichen

375 Vgl. nur Alexander NJW 2012, 1985, 1986 m.w.N.

Sicht eines objektiven Empfängers[376] – lediglich um die noch **unverbindliche Aufforderung zur Abgabe eines Angebots** (invitatio ad offerendum).[377] Der Website der B kam lediglich die Funktion eines ansonsten gedruckten Prospekts oder Katalogs zu, mit denen üblicherweise nur vorvertragliche Informationen übermittelt werden.[378]

2. Indem **K** unter Übernahme des auf der Website der B angeführten Preises bei dieser den Computer **bestellte**, gab er ihr gegenüber einen Antrag auf Abschluss eines Kaufvertrags ab. Inhalt des Antrags war die Lieferung des Computers zu einem Preis von 327,50 €.

II. B müsste dieses Angebot **angenommen** haben. Die Annahme könnte hier mittels der automatisierten Computererklärungen erfolgt sein. Eine solche **Bestätigung der Bestellung** stellt **regelmäßig** eine **reine Wissens- und keine Willenserklärung** dar. Gleichwohl ist nicht ausgeschlossen, dass der Unternehmer diese Wissenserklärung mit einer Willenserklärung, sei es mit der Annahme oder sei es mit der Ablehnung des Angebots verbindet.[379] Eine automatisierte Erklärung kommt daher grundsätzlich auch als Annahme des Angebots in Betracht, wenn es sich nicht nur um die Bestätigung des Eingangs einer Bestellung i.S.v. **§ 312 i Abs. 1 S. 1 Nr. 3** handelt. Entscheidend ist deshalb wie hier der Wortlaut der automatisierten Erklärung zu verstehen ist.

1. Nach **teilweise** in der Rspr. vertretener Auffassung[380] ist allerdings aufgrund des Wortlauts eine eindeutige **Einordnung** einer solchen Erklärung **nicht möglich**. Denn die Erklärung lasse sich einerseits dahingehend verstehen, dass B nunmehr die konkrete Auftragsabwicklung angehen, d.h. die Ware zusammenstellen und versandfertig machen wolle. Ebenso lasse sich die Erklärungen jedoch auch dahingehend verstehen, dass B erst noch ihren Lagerbestand dahingehend überprüfen wolle, ob sie das Angebot der K überhaupt annehmen kann.

2. Nach **überwiegender** und überzeugender Auffassung[381] sind solche Erklärungen hingegen aus der Sicht eines objektiven Empfängers als (konkludente) **Annahme** der Angebote zu verstehen.[382] Zur Begründung wird ausgeführt, dass solche Mitteilungen nicht bloß die Bestätigung des Eingangs der Bestellung auf elektronischem Wege beinhalteten, wie sie gemäß § 312 i Abs. 1 S. 1 Nr. 3 geboten ist. Dem steht nämlich der Wortlaut der E-Mail entgegen. Der Hinweis auf die schnellst mögliche Ausführung des Auftrags kann nur als Annahme des von K unterbreiteten Angebots interpretiert werden. Wenn der Lieferant lediglich den Zugang bestätigen möchte, sich die Annahme des Angebots aber noch offenhalten will, müsste er dies eindeutig klarstellen.

---

376 Kimmelmann/Winter JuS 2003, 532, 533 m.w.N.

377 Vgl. Jaensch JuS 2012, 38, 39.

378 Kritisch insoweit Kimmelmann/Winter JuS 2003, 532, 533 f.

379 BGH RÜ 2013, 69, 70.

380 AG Butzbach NJW-RR 2003, 54, 55.

381 BGH RÜ 2005, 173, 174; Hoffmann NJW 2003, 2576, 2577.

382 Ebenso AG Hamburg-Barmbek NJW-RR 2004, 412.

Demnach ist eine Annahme der B zu bejahen, da die Empfangsbestätigung keinen ausdrücklichen Hinweis enthält, dass sie nur als Bestätigung für den Empfang der Bestellung zu werten ist.

Eine Einigung i.S.d. §§ 145 ff. liegt somit vor.

B. Der Kaufvertrag könnte jedoch **nach § 142 Abs. 1 nichtig** sein. Dann müsste B ihre Annahmeerklärung wirksam angefochten haben.

I. Fraglich ist zunächst, ob die **Anfechtungsregeln** auf eine automatisierte, vom Computer erstellte Erklärung **anwendbar** sind. Dies ist zu bejahen, denn jede automatisch erstellte Computererklärung hat ihren Ursprung in einer menschlichen Handlung, die von dem Erklärenden veranlasst wurde und die auf seinen Willen zurückgeht. Auch Computererklärungen sind deshalb als Willenserklärungen dem jeweiligen Betreiber zuzurechnen.[383]

II. B müsste ein **Anfechtungsgrund** zustehen. In Betracht kommt vorliegend ein Übermittlungsirrtum gemäß **§ 120**. Die Vorschrift stellt die irrtümlich unrichtig übermittelte Erklärung dem Irrtum in der Erklärungshandlung (§ 119 Abs. 1 Alt. 2) gleich. Die Besonderheit besteht nur darin, dass zur Übermittlung ein Erklärungsbote eingeschaltet worden ist und dieser die Erklärung unbewusst unrichtig übermittelt.

1. Der Irrtum, der B hier unterlaufen ist, ist auf eine von ihr nicht erkannte Formeländerung in der Software durch den Provider zurückzuführen. Dieser hat letztlich bewirkt, dass die von B in ihrem Auftragssystem korrekt erfassten Beträge unter Setzen einer Kommastelle (aus 3.275 € wurde 327,50 €) in die Datenbank des Providers und von dort in die Internet-Datenbank transportiert wurden. Diese unrichtige Übermittlung betraf jedoch **nicht unmittelbar** die Annahmeerklärung der B. Gegenstand der unrichtigen Übermittlung des zwischengeschalteten Providers war die invitatio ad offerendum, aufgrund derer K ihre Vertragsangebote abgab. Die **unrichtige Übermittlung** der invitatio ad offerendum **wirkte jedoch** bei den infolge der entsprechenden Programmierung automatisch erstellten und dann an den Rechner der K elektronisch übermittelten Annahmeerklärungen der B **noch fort**. Bei diesem Geschehensablauf hatte B keine Möglichkeit, den Fehler bei der Übermittlung zu bemerken oder gar zu korrigieren.

2. Dieser Fall kann nicht anders zu beurteilen sein, als wenn man die invitatio ad offerendum der B bereits als bindendes Angebot angesehen hätte, das K angenommen hätte.[384] Die **Voraussetzungen des § 120** liegen vor, weil der eingeschaltete Provider die ihm zur Verfügung gestellten Preise nicht korrekt weitergegeben und falsche Zahlen in die Homepage der B eingestellt hat. Die „invitatio ad offerendum" ist zum Vorteil des Anbieters entwickelt worden, um der Interessenlage Rechnung zu tragen, dass dieser sich noch nicht sofort und endgültig binden will. Diese Konstruktion kann ihm jedenfalls dann nicht zum Nachteil gereichen, wenn die Folgen einer unrichtigen Übermittlung oder ei-

383 Palandt/Ellenberger § 120 Rn. 2.

384 BGH NJW 2005, 976, 977.

nes Irrtums bei einer invitatio ad offerendum unverändert bei der Annahme noch fortwirken.

Somit war B gemäß § 120 zur Anfechtung berechtigt.

III. Die **Anfechtung** muss durch B außerdem wirksam **erklärt** worden sein. Die E-Mail der B an K erfüllt die Anforderungen einer Anfechtungserklärung i.S.v. § 143 Abs. 1. Unerheblich ist, dass die Formulierung „Anfechtungserklärung" in dem Schreiben nicht enthalten ist. Es reicht aus, wenn die Erklärung erkennen lässt, dass die Partei aus einem in den §§ 119 ff. genannten Gründen das Geschäft nicht gelten lassen will.

IV. Die Anfechtung ist auch **fristgemäß** i.S.v. § 121 Abs. 1, nämlich **unverzüglich** erfolgt.

V. Da die zum Vertragsschluss führende Willenserklärung von B wirksam angefochten worden ist, ist der **Kaufvertrag** gemäß § 142 Abs. 1 von Anfang an **nichtig**.

K steht der geltend gemachte Anspruch auf Lieferung des Computers nicht zu.

---

4. Verschaffung einer Abruf- und Speicherungsmöglichkeit

215 Schließlich muss der Unternehmer gemäß **§ 312 i Abs. 1 S. 1 Nr. 4** dem Kunden die Möglichkeit verschaffen, die **Vertragsbestimmungen einschließlich der AGB** bei Vertragsschluss abzurufen und in wiedergabefähiger Form zu speichern.

Im Hinblick auf AGB ist für die wirksame Einbeziehung in den Vertrag fraglich, wie sich das **Verhältnis des § 312 i Abs. 1 S. 1 Nr. 4 zu den §§ 305 ff.** darstellt. Nach wohl überwiegender Ansicht ist § 305 Abs. 2 allein maßgebend für die Beurteilung der Frage, ob die AGB Vertragsinhalt geworden sind.[385] Jedoch erlangt die Regelung des § 312 i Abs. 1 S. 1 Nr. 4 neben § 305 Abs. 2 zum einen Bedeutung, weil der Unternehmer hiernach verpflichtet ist, die AGB in speicherbarer Form zu verschaffen.[386] Zum anderen wird sie virulent, wenn der Kunde Unternehmer ist, da § 305 Abs. 2 in diesen Fällen nach § 310 Abs. 1 keine Anwendung findet.[387]

III. Ausnahmen und Abdingbarkeit

1. Ausnahmen

216 Nach **§ 312 i Abs. 2 S. 1** gelten die Pflichten des § 312 i Abs. 1 S. 1 Nr. 1–3 ausnahmsweise **nicht, wenn** der Vertrag ausschließlich durch **individuelle Kommunikation** geschlossen wird.

Beispiele: Vertragsverhandlungen der Parteien per E-Mail[388] oder mittels WhatsApp

385 Palandt/Grüneberg § 312 i Rn. 8; Meyer DB 2004, 2739, 2741.
386 Lorenz/Riehm Rn. 145.
387 Artz JuS 2002, 528, 534.
388 BT-Drs. 14/6040, S. 172.

2. Abdingbarkeit

In dem Fall, dass **beide Vertragsparteien nicht Verbraucher** i.S.d. § 13 sind, können gemäß **§ 312 i Abs. 2 S. 2** die Bestimmungen in § 312 i Abs. 1 S. 1 Nr. 1–3 sowie S. 2 abbedungen werden. Im Hinblick auf die Regelung des § 307 Abs. 2 Nr. 1 kann dies jedoch nur durch Individualvereinbarung, nicht durch AGB erfolgen.[389] 217

Hinweis: *Die Verpflichtung des Unternehmers aus § 312 i Abs. 1 S. 1* ***Nr. 4*** *ist also weder bei individueller Kommunikation ausgeschlossen noch kann diese Pflicht abbedungen werden.*

Nr. 4!

IV. Rechtsfolgen der Verletzung der Pflichten aus § 312 i Abs. 1

Der **Vertrag** kommt trotz Verletzung der Pflichten aus § 312 i Abs. 1 durch den Unternehmer **wirksam zustande.**[390] 218

Hintergrund: Anderenfalls könnte der Kunde nicht eine nachträgliche Vornahme der Informationen beanspruchen, wodurch der Schutzzweck des § 312 i konterkariert würde.

Als Rechtsfolge einer Verletzung der Pflichten gemäß § 312 i Abs. 1 S. 1 durch den Unternehmer kommen jedoch die **folgenden Sanktionen** in Betracht:

1. Anfechtung

Ein Anfechtungsrecht des Kunden besteht vor allem in den Fällen, in denen der Unternehmer die Pflicht aus § 312 i Abs. 1 S. 1 Nr. 1, nämlich eine Berichtigung von Eingabefehlern zu ermöglichen, oder seine Informationspflicht aus § 312 i Abs. 1 S. 1 Nr. 2 i.V.m. Art. 246 c EGBGB verletzt und dies zu einem Mangel des Erklärungsbewusstseins oder einem **Erklärungsirrtum gemäß § 119 Abs. 1 Alt. 2** führt.[391] 219

Ficht der Kunde an, ist ein Anspruch des Unternehmers nach **§ 122** auf Ersatz des Vertrauensschadens **nach § 242** unter dem Gesichtspunkt des Verbots des widersprüchlichen Verhaltens (venire contra factum proprium) **ausgeschlossen.**[392]

2. Schadensersatz- und Unterlassungsansprüche

Da die Informationspflichten aus § 312 i Abs. 1 grundsätzlich Schutzpflichten i.S.d. § 241 Abs. 2 darstellen, kommt ein Anspruch aus **§§ 280 Abs. 1, 311 Abs. 2, 241 Abs. 2** in Betracht.[393] Der Schadensersatzanspruch kann gemäß § 249 Abs. 1 auf Vertragsaufhebung und Rückabwicklung gerichtet sein.[394] 220

Eine Verletzung der Pflichten des Unternehmers aus § 312 i Abs. 1 kann schließlich auch zu einem Unterlassungsanspruch nach **§ 2 UKlaG** bzw. nach **§ 8 UWG** führen.[395]

389 Meyer DB 2004, 2739, 2741.

390 Palandt/Grüneberg § 312 i Rn. 11; Grigoleit WM 2001, 597.

391 MünchKomm/Wendehorst § 312 i Rn. 106.

392 Vgl. BT-Drs. 14/6040, 173.

393 Palandt/Grüneberg § 312 i Rn. 11.

394 Grigoleit NJW 2002, 1151, 1155.

395 Grigoleit NJW 2002, 1151, 1155.

3. Kein Hinausschieben des Beginns der Widerrufsfrist

221 Im Gegensatz zur Rechtslage bis zur Reform zum 13.06.2014 (§ 312 g Abs. 6 S. 2 **a.F.**) hat eine Verletzung der Pflichten aus § 312 i Abs. 1 BGB **keinen Einfluss auf** den Beginn der **Widerrufsfrist**.

V. Weitergehende Informationspflichten

222 Die rein deklaratorische Regelung in **§ 312 i Abs. 3** sieht vor, dass weitergehende Informationspflichten aufgrund anderer Vorschriften unberührt bleiben. Hiermit werden insbesondere die **Informationspflichten beim Fernabsatzvertrag** nach § 312 c erfasst. Daneben kommen spezialgesetzliche Regelungen von Informationspflichten in Betracht, wie z.B. in § 5 f. TMG, § 55 RStV oder der Preisangabenverordnung (PAngV).[396]

D. Besondere Pflichten des Unternehmers im elektronischen Geschäftsverkehr mit Verbrauchern, § 312 j

223 Zum **Schutz der Verbraucher vor Kostenfallen** im elektronischen Geschäftsverkehr enthält § 312 j verschärfte Informationspflichten des Unternehmers (Abs. 1 u. 2) sowie besondere formale Anforderungen an die Bestellsituation (Abs. 3), deren Nichteinhaltung zur Unwirksamkeit des Vertrages führt (Abs. 4).

Hintergrund: Die Gefahr für Verbraucher, in sog. Kostenfallen im Internet zu geraten, hat in den letzten Jahren stark zugenommen. Die – in diesen Fällen regelmäßig gleich ablaufende – Vorgehensweise der Unternehmer ist, auf Internetseiten scheinbar kostenlose Leistungen (z.B. Mitfahrgelegenheiten, Gedichte, Hausaufgabenlösungen, etc.) anzubieten. Die Verbraucher müssen zwar zur Inanspruchnahme der Leistung Angaben über persönliche Daten machen, werden jedoch durch die Gestaltung der Internetseite (z.B. Hervorhebungen wie „kostenlos") über deren Kostenpflichtigkeit getäuscht, auf die nur versteckt (z.B. über Sternchenzusätze oder in AGB) hingewiesen wird. In der Regel nach Ablauf etwaiger Widerrufsfristen (vgl. §§ 312 d Abs. 1, 355 Abs. 2) erhalten die Verbraucher dann Mahnungen und werden – meist zudem unter Einschaltung von Inkassobüros – zur Zahlung des „geschuldeten Entgelts" aufgefordert.[397]

I. Anwendungsbereich

224 Die Anwendbarkeit des § 312 j setzt – wie bei § 312 i – einen Vertrag im elektronischen Geschäftsverkehr voraus. Im Gegensatz zu § 312 i darf der **Kunde** jedoch nicht **Unternehmer** sein. Was die weiteren Anforderungen angeht, ist zwischen Absatz 1 und den übrigen Absätzen des § 312 j zu differenzieren.

II. Pflichten des Unternehmers gemäß § 312 j Abs. 1

225 Anders als im Rahmen der Abs. 2 und 3 setzt Abs. 1 **nicht** voraus, dass der Verbrauchervertrag eine **entgeltliche Leistung** des Unternehmers zum Gegenstand hat.

Der Unternehmer hat gemäß § 312 j Abs. 1 auf Webseiten, die für den elektronischen Geschäftsverkehr mit Verbrauchern bestimmt sind, **spätestens bei Beginn** des Bestellvorgangs anzugeben, ob **Lieferbeschränkungen** bestehen und welche **Zahlungsmit-**

---

396 Palandt/Grüneberg § 312 i Rn. 12.

397 Ausführlich dazu Alexander NJW 2012, 1985 ff.

tel akzeptiert werden. Dabei muss er angeben, welche Zahlungsmittel er nach seinem Geschäftsmodell **grundsätzlich** zulässt (z.B. Kauf auf Rechnung, vorherige Überweisung, Lastschrift, Zahlung per Kreditkarte).

Davon ist die Frage zu unterscheiden, ob der Unternehmer bereit ist, dem Kunden **im konkreten Einzelfall** jedes der angegebenen Zahlungsmodelle vorbehaltlos einzuräumen. Denn der Unternehmer muss weiterhin die Möglichkeit haben, insbesondere die Zahlung auf Rechnung, bei der er in Vorleistung tritt, von einer vorherigen Bonitätsprüfung abhängig zu machen. Eine solche Bonitätsprüfung kann aber nicht bereits zu Beginn des Bestellvorgangs erfolgen.[398]

Problematisch ist, dass im Gesetz nicht bestimmt wird, was unter „Beginn des Bestellvorgangs" und unter „Lieferbeschränkungen" zu verstehen ist. Insbesondere bei einem Online-Shop sind jedoch durchaus verschiedene Zeitpunkte denkbar, die als Beginn des Bestellvorgangs in Betracht kommen, etwa das erste Aufrufen der Seite, auf der die Ware präsentiert wird, das Einstellen in den Warenkorb, oder auch das „zur Kasse gehen", mit dem der Kunde zur endgültigen Abwicklung des Bestellvorgangs fortschreitet. Angesichts dieser Unklarheit empfiehlt es sich für Betreiber entsprechender Shops, die Informationen dem Kunden bereits bei Aufrufen des Online-Shops – beispielsweise durch den Link „Zahlungsinformationen" – zugänglich zu machen.[399]

III. Informationspflichten gemäß § 312 j Abs. 2

Die Pflichten aus § 312 j Abs. 2 gelten **nur für Verträge** im elektronischen Geschäftsverkehr, **die eine entgeltliche Leistung** des Unternehmers **zum Gegenstand haben** (vgl. dazu oben Rn. 225). Die Vorschrift sieht in Bezug auf den Inhalt und die Form besondere Informationspflichten für den Unternehmer vor. 226

1. Inhalt der Information

Für den Inhalt der Informationen verweist § 312 j Abs. 2 auf **Art. 246 a § 1 Abs. 1 S. 1 Nr. 1, 4, 5, 11 und 12 EGBGB.** 227

Hierdurch soll erreicht werden, dass dem Verbraucher besonders bedeutsame Informationen etwa über

- die **wesentlichen Eigenschaften** der Ware oder Dienstleistung (Nr. 1),
- den **Gesamtpreis** der Ware oder Dienstleistung (Nr. 4) und
- die **Mindestlaufzeit** des Vertrags (Nr. 12),

aufgezeigt werden müssen.

2. Formale Anforderungen

Hinsichtlich der Form der Informationen statuiert § 312 j Abs. 2 drei Anforderungen: 228

- **unmittelbar vor** der Bestellung des Verbrauchers,

  Nach den Vorstellungen des Gesetzgebers erfordert Unmittelbarkeit in diesem Sinne, dass die Informationen „direkt im **zeitlichen** Zusammenhang mit der Abgabe der Bestellung durch den Verbraucher und in einem **räumlich-funktionalen Zusammenhang** mit der Bestellung stehen".[400]

398 Begr. RegE, BT-Drs. 17/12637, 58.
399 Vgl. Bierekofen/Crone MMR 2013, 687, 689
400 Begr. RegE, BT-Drs. 17/7745, 10.

- **klar und verständlich** und

  Hinsichtlich dieses **Transparenzerfordernisses** gelten die gleichen Anforderungen wie bei den Regelungen von Art. 248 § 2 EGBGB, § 4 Nr. 4 und 5 UWG („klar und eindeutig") oder auch § 6 Abs. 1 Nr. 3 und 4 TMG („klar und unzweideutig").[401]

- **in hervorgehobener Weise** müssen die Informationen erfolgen.

  Das Erfordernis der Hervorhebung der Informationen setzt nach dem Willen des Gesetzgebers voraus, dass sie von den übrigen Inhalten und Hinweisen **erkennbar abgesetzt und herausgestellt** wird, etwa durch Fettdruck oder eine abweichende Schriftfarbe.[402]

IV. Anforderungen an die Bestellsituation gemäß § 312 j Abs. 3 und Rechtsfolge bei Nichtbeachtung nach § 312 j Abs. 4

229 Die Regelungen in § 312 j Abs. 3 und 4 gelten **nur für Verträge** im elektronischen Geschäftsverkehr, **die eine entgeltliche Leistung** des Unternehmers **zum Gegenstand haben** (vgl. dazu oben Rn. 225).

1. Anforderungen an die Bestellsituation

230 Gemäß **§ 312 j Abs. 3 S. 1** muss der Unternehmer die Bestellsituation so gestalten, dass der Verbraucher mit seiner Bestellung **ausdrücklich bestätigt**, dass er sich zu einer Zahlung **verpflichtet**.

Aufgrund des Erfordernisses einer „ausdrücklichen" Bestätigung ist ein **konkludenter Vertragsschluss** bei entgeltlichen Verträgen im elektronischen Geschäftsverkehr zwischen Unternehmern und Verbrauchern **nicht möglich**.[403]

„Bestellsituation" und **„Bestellung"** sind nicht wie die Begriffe der „Willenserklärung" oder des „Vertragsschlusses" im Sinne des BGB aufzufassen, sondern erfasst wird hiermit ein **tatsächlicher Lebensvorgang**, der auf elektronischem Wege stattfindet und zu einer vertraglichen Bindung zwischen Unternehmer und Verbraucher führt.[404]

Nach den Gesetzesmaterialien[405] spielt es insoweit **keine Rolle:**

- ob es bereits unmittelbar mit oder erst im zeitlichen Anschluss zur Bestellung zum Vertragsschluss kommt oder
- ob der Verbraucher die Bestellung unmittelbar auf der Homepage des Unternehmers oder über eine Internetversteigerungsplattform wie z.B. eBay vornimmt.

§ 312 j Abs. 3 S. 2 bestimmt, dass bei einer Bestellung über eine Schaltfläche die Pflicht des Unternehmers aus S. 1 nur erfüllt ist, wenn diese Schaltfläche gut lesbar und mit nichts anderem als den Wörtern „zahlungspflichtig bestellen" oder mit einer entsprechend eindeutigen Formulierung beschriftet ist (sog. **Button-Lösung**[406]).

Button-Lösung

401 Vgl. Alexander NJW 2012, 1985, 1988.
402 Begr. RegE, BT-Drs. 17/7745, 11.
403 Kirschbaum MMR 2012, 8, 10.
404 Vgl. Alexander NJW 2012, 1985, 1988.
405 Begr. RegE, BT-Drs. 17/7745, 12.
406 Kirschbaum MMR 2012, 8, 10.

Mit dem Begriff **„Schaltfläche"** ist jedes grafische Bedienelement gemeint, das es dem Bediener erlaubt, eine Aktion in Gang zu setzen oder dem System eine Rückmeldung zu geben. Dazu zählen etwa Auswahlkästchen (Checkboxes) und Hyperlinks.[407]

Die Schaltfläche ist **nicht gut lesbar**, wenn sie keine ausreichende (Schrift)größe oder keinen ausreichenden Farbkontrast aufweist.[408]

Nach den Vorstellungen des Gesetzgebers sind Formulierungen wie „kostenpflichtig bestellen" oder „zahlungspflichtigen Vertrag schließen" als **entsprechend eindeutig** i.S.d. § 312 j Abs. 3 S. 2 anzusehen.[409]

2. Rechtsfolge bei Nichtbeachtung der Anforderungen

Gemäß **§ 312 j Abs. 4** kommt ein entgeltlicher Vertrag im elektronischen Geschäftsverkehr zwischen Unternehmern und Verbrauchern nicht wirksam zustande, wenn der Unternehmer seine Pflicht aus § 312 j Abs. 3 nicht erfüllt. Diese Besonderheit, dass eine Pflichtverletzung des Unternehmers vor oder bei Vertragsschluss die **Unwirksamkeit** des Vertrags zur Folge hat, ordnet das Gesetz deshalb an, weil der Pflicht aus **§ 312 j** Abs. 3 eine **vergleichbare Schutzwirkung wie** einer **Formvorschrift** zukommt.[410] 231

Zu beachten ist insoweit allerdings, dass aufgrund der in § 312 j Abs. 4 angeordneten Unwirksamkeit des Vertrags auch der – durch diese Regelung an sich zu schützende – Verbraucher **keine Erfüllungsansprüche** aus dem Vertrag herleiten kann, selbst wenn er hieran Interesse haben sollte. Aus diesem Grunde wird in der Lit.[411] vertreten, dass **§ 312 j Abs. 4 nicht richtlinienkonform** sei, da dies eine gemäß deren Art. 4 unzulässige Abweichung von der Verbraucherrechterichtlinie darstelle. Deshalb sei in richtlinienkonformer Auslegung der Vertrag nur schwebend bzw. relativ unwirksam.[412]

V. Ausnahmen gemäß § 312 j Abs. 5

Zu beachten ist, dass nach § 312 j Abs. 5 S. 1 die Regelungen in § 312 j Abs. 2–4 ausnahmsweise **keine Anwendung** finden, wenn der Vertrag ausschließlich durch **individuelle Kommunikation** geschlossen wird. 232

Beispiel: Vertragsverhandlungen der Parteien per E-Mail[413]

Ferner bestimmt **§ 312 j Abs. 5 S. 2**, dass die Pflichten aus den Absätzen 1 und 2 weder für Webseiten, die Finanzdienstleistungen betreffen, noch für Verträge über Finanzdienstleistungen gelten.

407 Begr. RegE, BT-Drs. 17/7745, 12; vgl. Alexander NJW 2012, 1985, 1988.

408 Palandt/Grüneberg § 312 j Rn. 9.

409 Begr. RegE, BT-Drs. 17/7745, 12; kritisch insoweit aufgrund des in diesem Merkmal liegenden „erheblichen Streitpotentials" für die Praxis: Alexander NJW 2012, 1985, 1988 f.

410 Begr. RegE, BT-Drs. 17/7745, 12.

411 Alexander NJW 2012, 1985, 1989.

412 Vgl. dazu MünchKomm/Wendehorst § 312j Rn. 33.

413 BT-Drs. 14/6040, 172.

5. Abschnitt: Widerrufsrecht bei Verbraucherverträgen

233 Die Möglichkeit des Verbrauchers, seine auf den Abschluss des Vertrags gerichtete Willenserklärung widerrufen zu können, ist das **Kernstück des Verbraucherschutzes** und daher auch besonders **prüfungsrelevant**.

A. Schutzzweck und Struktur

234 Das Widerrufsrecht bei Verbraucherverträgen soll den Verbraucher vor vertraglichen **Verpflichtungen** schützen, die er möglicherweise **voreilig und ohne Abwägung** der für- und widerstreitenden Gesichtspunkte eingegangen ist.[414] Der Verbraucher kann sich deshalb unter den Voraussetzungen des Widerrufsrechts **ohne Grund** vom Vertrag mit dem Unternehmer lösen.[415] Demgegenüber erfordert etwa der gesetzliche Rücktritt vom Vertrag stets einen Rücktrittsgrund (dazu oben Rn. 94).

§ 355 ist die Grundnorm des Widerrufsrechts. Als „vor die Klammer gezogene" Vorschrift trifft sie allgemeine Aussagen zur Widerrufserklärung, zur Widerrufsfrist und zu den Rechtsfolgen des Widerrufs.[416] Nach den einzelnen Vertragstypen differenziert sehen die **§§ 356 ff.** diverse **Modifikationen** hinsichtlich der Widerrufserklärung, der Widerrufsfrist und der Rechtsfolgen des Widerrufs vor.

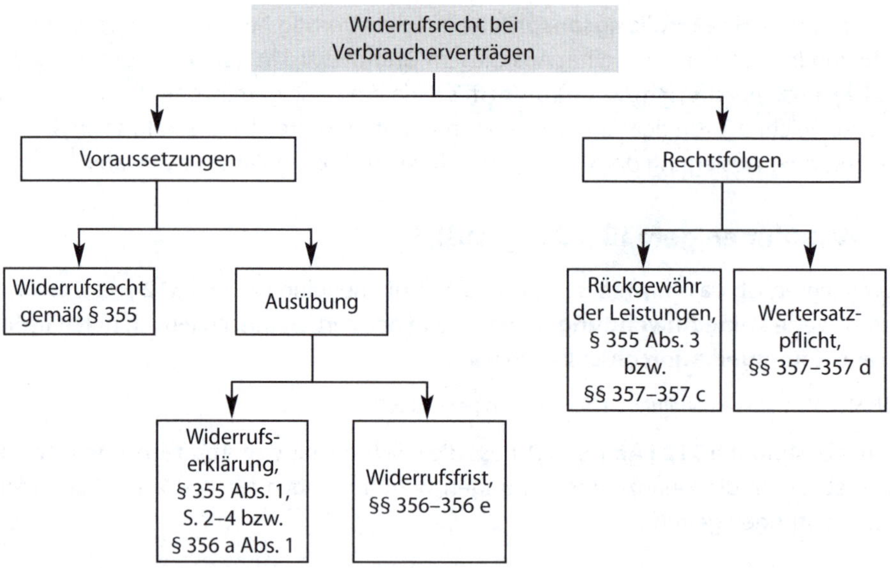

B. Anwendungsbereich

235 Die Vorschrift des § 355 statuiert **kein allgemeines Widerrufsrecht** für alle Verbraucherverträge. Die Vorschrift setzt vielmehr voraus, dass dem Verbraucher durch Gesetz ein Widerrufsrecht nach § 355 eingeräumt wird. Solche Widerrufsrechte finden sich so-

414 Palandt/Grüneberg § 355 Rn. 2.
415 Brox/Walker § 19 Rn. 18.
416 Vgl. zur Struktur auch Leier VuR 2013, 457, 458.

wohl im Allgemeinen als auch im Besonderen Teil des Schuldrechts. Ferner kann sich ein Widerrufsrecht auch aus einer Parteivereinbarung ergeben.

- Die **größte Bedeutung** hinsichtlich der Begründung eines Widerrufsrechts nach § 355 kommt dem im Allgemeinen Schuldrecht verorteten **§ 312 g** zu. Danach besteht ein Widerrufsrecht des Verbrauchers bei außerhalb von Geschäftsräumen geschlossenen Verträgen und bei Fernabsatzverträgen (vgl. dazu oben Rn. 204).
- Darüber hinaus enthält das besondere Schuldrecht die folgenden Widerrufsrechte:
  - Widerrufsrecht bei **Teil-Wohnrechteverträgen** (§ 485)
  - Widerrufsrecht bei **Verbraucherdarlehensverträgen** (§ 495)
  - Widerrufsrecht bei **Zahlungsaufschub** und **sonstigen Finanzierungshilfen** (§ 506 Abs. 1 S. 1)
  - Widerrufsrecht bei **Ratenlieferungsverträgen** (§ 510 Abs. 2)
  - Widerrufsrecht bei **unentgeltlichen Darlehensverträgen** (§ 514 Abs. 2 S. 1)
  - Widerrufsrecht bei Verbraucherbauverträgen (§ 650 i)
- Die Vertragspartner können schließlich auch als Ausprägung der Vertragsfreiheit ein **Widerrufsrecht vereinbaren**, wenn ein solches gesetzlich nicht vorgesehen ist, und für die nähere Ausgestaltung sowie hinsichtlich der Rechtsfolgen auf die §§ 355 ff. verweisen.[417]

  Hinweis: *Umstritten ist, ob allein durch die Erteilung einer gesetzlich nicht geschuldeten Widerrufsbelehrung ein vertragliches Widerrufsrecht begründet wird.*[418]

Fall 12: Bereute Bürgschaft

B übernimmt durch schriftliche Erklärung vom 11.10. eine selbstschuldnerische Bürgschaft für die Verbindlichkeiten seiner Eltern S gegenüber der G-Bank (G) bis zum Höchstbetrag von 50.000 €. Der Vater des B betreibt ein Bauunternehmen, für das die G anlässlich eines Gesprächs in der Bankzentrale u.a. einen Kontokorrentkredit eingeräumt hat. Zur Abgabe der schriftlichen Bürgschaftserklärungen kommt es dagegen im Hause der Eltern des B, die ein Angestellter der G-Bank nach telefonischer Absprache mit der Mutter des B aufgesucht hat.
Nach ein paar Tagen ist B zu der Einsicht gelangt, dass er sich mit der Bürgschaft wohl übernommen hat. Er fragt daher seinen Freund, den Rechtsanwalt P, ob er ein Widerrufsrecht i.S.d. § 355 hat.

Ein Widerrufsrecht des B gemäß § 355 könnte sich aus **§ 312 g Abs. 1** ergeben. Dann müsste ein Außergeschäftsraumvertrag gemäß § 312 b oder ein Fernabsatzvertrag nach § 312 c vorliegen, bei dem es sich gemäß **§ 312 Abs. 1** um einen Verbrauchervertrag i.S.d. § 310 Abs. 3 handelt, und der eine entgeltliche Leistung des Unternehmers zum Gegenstand hat. Ferner dürfte kein Ausnahmetatbestand der Kataloge in § 312 oder § 312 g Abs. 2 eingreifen. **236**

417 Ebnet NJW 2011, 1029, 1030 f.

418 Zweifelnd BGH NJW 2012, 1066, 1067 ff.; dazu Ebnet NJW 2011, 1029, 1031.

I. Ein **Verbrauchervertrag i.S.d. § 310 Abs. 3** ist ein Vertrag zwischen Unternehmer und Verbraucher. Hinsichtlich der Bürgschaft (§ 765) handelt B als Verbraucher gemäß § 13 und die G als Unternehmer i.S.d. § 14. Dass mit der Bürgschaft ein Kredit zugunsten der Eltern für deren gewerbliche Tätigkeit gesichert werden soll, ist ohne Belang. Es kommt nämlich nur darauf an, ob die Bürgschaft selbst ein Verbrauchervertrag ist.[419] Somit liegt ein Verbrauchervertrag vor.

II. Fraglich ist jedoch, ob die Bürgschaft ein Vertrag ist, der eine **entgeltliche Leistung des Unternehmers** zum Gegenstand hat. Eine solche Leistung liegt regelmäßig bei gegenseitig verpflichtenden Verträgen vor. Die Bürgschaft verpflichtet indes nur einseitig den Bürgen, hier den Verbraucher B. Allerdings handelt es sich wegen des Schutzzwecks der Verbraucherschutzvorschriften auch bei der Bürgschaft um einen Vertrag mit einer „entgeltlichen Leistung" des Unternehmers.[420]

III. Bei dem Bürgschaftsvertrag zwischen B und G könnte es sich um einen **Außergeschäftsraumvertrag i.S.d. § 312 b** handeln. Ein solcher ist gemäß § 312 b Abs. 1 S. 1 Nr. 1 gegeben, wenn ein Vertrag bei gleichzeitiger körperlicher Anwesenheit des Verbrauchers und des Unternehmers an einem Ort geschlossen wird, der kein Geschäftsraum des Unternehmers ist. Nach § 312 Abs. 1 S. 2 stehen dem Unternehmer Personen gleich, die in seinem Namen oder Auftrag handeln.

Der Bürgschaftsvertrag wurde bei gleichzeitiger körperlicher Anwesenheit von B und einem Angestellten der G im Wohnzimmer der S, also außerhalb der Geschäftsräume der G, geschlossen. Dass es sich bei der Hauptschuld der S gegenüber G um keinen Außergeschäftsraumvertrag handelt, ist unerheblich. Denn es kommt nur auf die Umstände des Vertragsschlusses hinsichtlich der Bürgschaft an.[421] Demnach liegt ein Außergeschäftsraumvertrag gemäß § 312 b vor.

IV. Ferner greift auch **kein Ausnahmetatbestand** aus § 312 oder § 312 g Abs. 2 ein.

B hat ein Widerrufsrecht gemäß § 355 aus § 312 g.

C. Widerrufserklärung

237 Der Widerruf muss gemäß **§ 355 Abs. 1 S. 2** durch **Erklärung gegenüber dem Unternehmer** erfolgen. Aus dieser Erklärung muss der Entschluss des Verbrauchers zum Widerruf des Vertrags **eindeutig** hervorgehen, vgl. **§ 355 Abs. 1 S. 2**.

Deshalb reicht – im Gegensatz zur bis zum 12.06.2014 geltenden Rechtslage – für die (konkludente) Ausübung des Widerrufs die kommentarlose Rücksendung der Ware grundsätzlich nicht mehr aus. Unternehmer und Verbraucher können allerdings ver-

419 BGH NJW 2006, 845, 846; Looschelders Rn. 336

420 Jauernig/Stadler § 312 Rn. 6; Looschelders Rn. 336; Mätzig JURA 2015, 233, 235.

421 So die ganz h.M. in Bezug auf die „Haustürsituation" bei § 312 **a.F.** BGH NJW 2007, 2106, 2107; MünchKomm/Masuch § 312 Rn. 30 m.w.N. **Anders** (noch) BGH RÜ 1998, 327 und EuGH NJW 1998, 1295, 1296 („Dietzinger-Entscheidung"), RÜ 1998, 221.

traglich vereinbaren, dass die Rücksendung der Ware für einen Widerruf genügen soll.[422]

Für die Widerrufserklärung ist die ausdrückliche **Verwendung des Wortes Widerruf** allerdings nicht erforderlich.[423]

Klausurhinweis: *Daher kann etwa auch eine „**Anfechtungs**erklärung" des Verbrauchers wegen arglistiger Täuschung als **Widerrufs**erklärung ausgelegt werden, da der Verbraucher hiermit zugleich hinreichend deutlich macht, dass er einen etwaigen Vertrag nicht gelten lassen will.*[424]

Der Widerruf muss **keine Begründung** enthalten (§ 355 Abs. 1 S. 4).

Hinweis: *Da die Widerrufsvorschriften dem Verbraucher ein effektives und einfach zu handhabendes Recht zur Lösung vom Vertrag gewähren sollen, bedarf es keiner Begründung des Widerrufs. Daher ist es **grundsätzlich ohne Belang, aus welchen Gründen** der Verbraucher von seinem Widerrufsrecht Gebrauch macht. Ein Ausschluss dieses von keinen weiteren Voraussetzungen abhängenden Widerrufsrechts wegen eines rechtsmissbräuchlichen Verhaltens des Verbrauchers kommt **nur in Ausnahmefällen** in Betracht, in denen der **Unternehmer besonders schutzbedürftig** ist.*

*Das kann etwa der Fall sein, **wenn** ein **Verbraucher arglistig handelt**, z.B. indem er eine Schädigung des Verkäufers beabsichtigt oder schikanös handelt. Stellt der Käufer nach Vertragsschluss fest, dass er die Ware bei einem anderen Anbieter günstiger bekommt und bietet er dem Verkäufer deshalb an, den Vertrag bei Zahlung der Preisdifferenz nicht zu widerrufen, stellt dies kein rechtsmissbräuchliches Verhalten dar. Es ist vielmehr Folge der sich aus dem grundsätzlich einschränkungslos gewährten Widerrufsrecht ergebenden Wettbewerbssituation, die der Verbraucher zu seinem Vorteil nutzen darf.*[425]

Außerdem kann der Widerruf grundsätzlich **formlos**, also etwa auch mündlich, telefonisch sowie per Fax oder E-Mail erfolgen.[426] Abweichend von der bis zum 12.06.2014 geltenden Rechtslage bedarf die Widerrufserklärung grundsätzlich **nicht** mehr der **Textform** (§ 126 b). Gleichwohl ist es weiterhin ratsam, in Textform zu widerrufen, da dem Verbraucher die Beweislast für einen rechtzeitigen Widerruf obliegt.[427]

Aufgrund der fehlenden Formbedürftigkeit reicht es **beispielsweise** aus, wenn der Verbraucher seine Widerrufserklärung auf dem Anrufbeantworter des Unternehmers hinterlässt.[428]

Zum 21.03.2016 ist allerdings das **Textformerfordernis für bestimmte Vertragsarten** wieder eingeführt worden. So ist bei Teilzeit-Wohnrechteverträgen, Verträgen über ein langfristiges Urlaubsprodukt, bei Vermittlungsverträgen und Tauschsystemverträgen der Widerruf gemäß **§ 356 a Abs. 1** in Textform zu erklären.

---

422 Begr. RegE, BT-Drs. 17/12637, 60.
423 Stürner JURA 2016, 26, 31.
424 BGH RÜ 2007, 462.
425 Vgl. BGH RÜ 2016, 411 f.
426 Palandt/Grüneberg § 355 Rn. 6.
427 Föhlisch/Dyakova MMR 2013, 71, 73.
428 Brox/Walker § 19 Rn. 26.

Der Unternehmer kann dem Verbraucher bei Außergeschäftsraumverträgen und bei Fernabsatzverträgen gemäß **§ 356 Abs. 1 S. 1** auch die Möglichkeit einräumen, das **Muster-Widerrufsformular** nach Anlage 2 zu Art. 246 a § 1 Abs. 2 S. 1 Nr. 1 EGBGB oder eine andere eindeutige Widerrufserklärung auf der Webseite des Unternehmers auszufüllen und zu übermitteln. Nutzt der Verbraucher diese Möglichkeit, muss der Unternehmer dem Verbraucher den Zugang des Widerrufs unverzüglich auf einem dauerhaften Datenträger bestätigen, **§ 356 Abs. 1 S. 2**. Der beweisbelastete Verbraucher erhält also sogleich die Bestätigung des Eingangs.

Hintergrund: § 356 Abs. 1 dient indes nicht nur dem Interesse des Verbrauchers, sondern auch dem des Unternehmers. Der Unternehmer kann durch das Widerrufsformular nämlich die Rückabwicklung automatisiert vornehmen und unmittelbar dem Kundenkonto zuordnen, wohingegen er eine Widerrufserklärung per Post, E-Mail oder Telefax händisch erfassen müsste.[429]

D. Widerrufsfrist

238 In der Klausur kommt es nicht selten auf eine (richtige und „saubere") **Fristberechnung** an. Auch für die Berechnung der Widerrufsfrist bei Verbraucherverträgen gelten die allgemeinen Regelungen in den **§§ 187 Abs. 1, 188 Abs. 2, 193**. Zur **Fristwahrung** genügt gemäß **§ 355 Abs. 1 S. 5** die rechtzeitige Absendung des Widerrufs. Der Zeitpunkt des Zugangs ist mithin nicht erheblich.[430]

Hinweis: *§ 355 Abs. 1 S. 5 bezieht sich lediglich auf den Widerruf in Papierform oder auf einem anderen dauerhaften Datenträger.[431] Eine mündliche Erklärung kann nämlich nicht „abgesandt" werden.*

Die Widerrufsfrist beträgt, soweit nicht ein anderes bestimmt ist, für alle von § 355 erfassten Widerrufsrechte einheitlich **14 Tage** und **beginnt grundsätzlich mit Vertragsschluss**, vgl. § 355 Abs. 2. Abweichungen für bestimmte Widerrufsrechte statuieren die Spezialvorschriften in den §§ 356 ff. Dabei ist insbesondere Folgendes zu beachten:

Sonderregeln für AGV / FAV in § 356

- Abweichende Sonderregelungen für den **Fristbeginn** bei einem Verbrauchsgüterkauf im Rahmen eines Außergeschäftsraumvertrags oder Fernabsatzvertrags enthält **§ 356 Abs. 2 Nr. 1a–d**. Danach ist nicht der Vertragsschluss, sondern der **Erhalt der Ware** maßgebend.

  Der **Begriff Verbrauchsgüterkauf** ist im Zuge der Reform zum 13.06.2014 neu definiert worden. Nach **§ 474 Abs. 1 S. 2** liegt ein Verbrauchsgüterkauf auch dann vor, wenn der Vertrag neben dem Verkauf einer beweglichen Sache auch die Erbringung einer Dienstleistung zum Gegenstand hat.

  Ist **beispielsweise** bei einem Fernunterrichtsvertrag neben einer Dienstleistung auch die Lieferung von Schulungsunterlagen wesentlicher Inhalt des Vertrags, beginnt die Widerrufsfrist erst mit Erhalt dieser Unterlagen. Das gilt jedenfalls, soweit die Schulungsunterlagen im Vergleich zur Dienstleistung nicht nur eine völlig untergeordnete Rolle spielen.[432]

- Für Außergeschäftsraumverträge und Fernabsatzverträge bestimmt **§ 356 Abs. 3** ferner, dass die **Widerrufsfrist nicht beginnt**, bevor der Unternehmer seine in den

---

429 Begr. RegE, BT-Drs. 17/12637, 60.

430 Brox/Walker § 19 Rn. 33.

431 Palandt/Grüneberg § 355 Rn. 8; Mätzig JURA 2015, 233, 238.

432 Begr. RegE, BT-Drs. 17/12637, 60 f.

Art. 246 a § 1 Abs. 2 S. 1 Nr. 1 oder Art. 246 b § 2 Abs. 1 EGBGB geregelten Informationspflichten zum Widerrufsrecht erfüllt hat. Allerdings hängt der Beginn der Widerrufsfrist mit Ausnahme von Verträgen über Finanzdienstleistungen nicht mehr von der Erfüllung der sonstigen Informationspflichten ab, wie dies bis zum 12.06.2014 der Fall war (vgl. § 312 d Abs. 2 **a.F.**).

Anders als nach der alten Rechtslage (§ 355 Abs. 4 S. 3 **a.F.**) **erlischt** das Widerrufsrecht grundsätzlich **auch bei unterbliebener oder nicht ordnungsgemäßer Belehrung** über das Widerrufsrecht zwölf Monate nach Ablauf der ursprünglichen Widerrufsfrist, vgl. § 356 Abs. 3 S. 2. Das „quasi unendliche Widerrufsrecht" hat damit ein Ende gefunden.[433]

erlischt nach 12 Mon

Eine **Ausnahme** gilt allerdings für Verträge über Finanzdienstleistungen. Hier verbleibt es bei der bisherigen Rechtslage, da **§ 356 Abs. 3 S. 3** die Anwendung von S. 2 insoweit ausschließt.

Seit 21.03.2016 enthält **§ 356 b Abs. 2 S. 4** für **Immobiliar-Verbraucherdarlehensverträge** eine **Gegenausnahme**, derzufolge das Widerrufsrecht spätestens nach zwölf Monaten und 14 Tagen erlischt.

- Gemäß **§ 356 a Abs. 2** kann der Beginn der Widerrufsfrist bei Teilzeit-Wohnrechteverträgen (§ 481), Verträgen über ein langfristiges Urlaubsprodukt (§ 481 a), Vermittlungsverträgen (§ 481 b Abs. 1) und Tauschsystemverträgen (§ 481 b Abs. 2) auch vom Zeitpunkt des **Abschlusses eines Vorvertrags** oder des **Erhalts einer Vertragsurkunde** abhängen.

  Das Widerrufsrecht erlischt aber jedenfalls entweder **spätestens drei Monate und 14 Tage** (§ 356 a Abs. 3 S. 2) oder **zwölf Monate und 14 Tage** nach dem Abschluss eines Vorvertrags oder des Erhalts einer Vertragsurkunde, § 356 a Abs. 4 S. 2.

- Bei **Verbraucherdarlehensverträgen** (§ 491) beginnt die Widerrufsfrist grundsätzlich auch mit Vertragsschluss, da die allgemeine Regel des § 355 Abs. 2 S. 2 auch auf den Verbraucherdarlehensvertrag Anwendung findet. Liegt dem Darlehensnehmer indes zu diesem Zeitpunkt noch nicht die in **§ 356 b Abs. 1 genannte Urkunde** vor, beginnt die Frist erst dann zu laufen, wenn die Urkunde ihm zur Verfügung steht, vgl. § 356 b Abs. 2 S. 1 u. 2. Außerdem beträgt die **Widerrufsfrist** dann **einen Monat**, § 356 b Abs. 2 S. 3.

  Bei einem **Immobiliar-Verbraucherdarlehensvertrag** (§ 491 Abs. 3) erlischt Das Widerrufsrecht spätestens zwölf Monate und 14 Tage nach dem Vertragsschluss oder nach dem in § 356 b Abs. 1 genannten Zeitpunkt, wenn dieser nach dem Vertragsschluss liegt, § 356 b Abs. 2 S. 4.

- Für **Ratenlieferungsverträge**, die weder im Fernabsatz noch außerhalb von Geschäftsräumen geschlossen wurden, bestimmt **§ 356 c Abs. 1**, dass die Widerrufsfrist nicht beginnt, bevor der Unternehmer seine Informationspflichten zum Widerrufsrecht (Art. 246 Abs. 3 EGBGB) erfüllt hat. § 356 c betrifft insbesondere Verträge, die im

433 Dazu kritisch Brönneke VuR 2013, 441.

stationären Handel geschlossen wurden und für die § 510 – unabhängig von der Vertriebsform – ein Widerrufsrecht einräumt. Mit der Vorschrift soll ein möglichst weitgehender Gleichlauf von Ratenlieferungsverträgen im Wege besonderer Vertriebsformen und im stationären Handel erreicht werden.[434]

Für das Erlöschen des Widerrufsrechts enthält **§ 356 c Abs. 2** eine an § 356 Abs. 3 S. 2 angelehnte Sonderregelung. Danach erlischt das Widerrufsrecht **spätestens zwölf Monate und 14 Tage** nach Vertragsschluss.

- Bei **unentgeltlichen Darlehen** (§ 514) oder **unentgeltlichen Finanzierungshilfen** (§ 515) beginnt die Widerrufsfrist abweichend von § 355 Abs. 2 S. 2 nicht, bevor der Unternehmer den Verbraucher entsprechend den Anforderungen des § 514 Abs. 2 S. 3 über dessen Widerrufsrecht unterrichtet hat. Allerdings erlischt das Widerrufsrecht spätestens zwölf Monate und 14 Tage nach dem Vertragsschluss oder nach dem in Satz 1 genannten Zeitpunkt, wenn dieser nach dem Vertragsschluss liegt, **§ 356 d**.
- Zum 01.01.2018 wurde der Verbraucherbauvertrag (§ 650 i Abs. 1) als besonderer Werkvertrag eingeführt, für den § 650 l ein Widerrufsrecht gemäß § 355 statuiert.[435] In **§ 356 e S. 1** ist für **Verbraucherbauverträge** bestimmt, dass die Widerrufsfrist nicht vor ordnungsgemäßer Belehrung gemäß Art. 249 § 3 EGBGB beginnt. Indes sieht (auch im Fall einer nicht oder nicht ordnungsgemäß vorgenommenen Belehrung) § 356 e S. 2 das Erlöschen des Widerrufsrechts spätestens 12 Monate und 14 Tage nach dem in § 355 Abs. 2 S. 2 genannten Zeitpunkt (dem Vertragsschluss) vor, sodass ein „ewiges Widerrufsrecht" ausgeschlossen ist.

E. Rechtsfolgen des Widerrufs

239 Die Regelung der Rechtsfolgen hat durch die Reform zum 13.06.2014 eine erhebliche Änderung erfahren. Anders als nach der alten Rechtslage, die einen Rekurs auf das Rücktrittsrecht vorsah, werden die Rechtsfolgen des Widerrufs nämlich **in den §§ 355 ff. eigenständig geregelt**.

Die **Regelungstechnik** entspricht der Ausgestaltung der Widerrufsfrist. Die Vorschrift des § 355 Abs. 3 bestimmt die grundsätzlichen Rechtsfolgen des Widerrufs, die in den **§§ 357–357 d** für einzelne Vertragstypen **modifiziert und ergänzt** werden.

Der bis zur Widerrufserklärung des Verbrauchers schwebend wirksame Vertrag wird durch den Widerruf nachträglich (ex nunc) unwirksam, vgl. § 355 Abs. 1 S. 1: „nicht mehr gebunden".[436] Durch den Widerruf wandelt sich der Vertrag in ein **Rückgewährschuldverhältnis** um.[437]

Klausurhinweis: *Die **Anspruchsgrundlage** für die jeweilige Pflicht zur Rückgewähr der empfangenen Leistungen ist **§ 355 Abs. 3 S. 1**, soweit in den Folgevorschriften keine speziellere Regelung vorhanden ist.*

---

434 Begr. RegE, BT-Drs. 17/12637, 62.

435 Dazu AS-Skript Schuldrecht BT 1(2018), Rn. 360 ff.

436 Palandt/Grüneberg § 355 Rn. 12.

437 Brox/Walker § 19 Rn. 35.

I. Allgemeine Regelungen

Nach **§ 355 Abs. 3 S. 1** sind die Parteien verpflichtet, die empfangenen **Leistungen** unverzüglich **zurückzugewähren**. Dabei bedeutet **unverzüglich** in Anlehnung an § 121 Abs. 1 S. 1 ohne schuldhaftes Zögern.[438] **240**

Beispiel: Beim Widerruf eines Kaufvertrags hat der Käufer (Verbraucher) die Ware und der Verkäufer (Unternehmer) den Kaufpreis zurückzuerstatten.

Vom Unternehmer gelieferte Waren und sonstige dem Verbraucher überlassene Vermögensgegenstände sind grundsätzlich **in Natur zurückzugewähren.**[439] Dabei kann der Verbraucher die Ware auch an eine vom Unternehmer ermächtigte Person zurückgewähren, etwa ein vom Unternehmen eingeschaltetes Logistikunternehmen.[440]

Bei **Geldleistungen** wird zwar nicht die Rückgabe der konkreten Geldzeichen geschuldet, sondern lediglich die Rückgewähr des Geldwertes, jedoch reicht eine Gutschrift allein nicht aus.[441]

Da der Unternehmer gemäß **§ 355 Abs. 3 S. 4** die **Gefahr der Rücksendung** trägt, wird der Verbraucher von seiner Rückgewährpflicht auch dann frei, wenn die Sache untergeht oder sich verschlechtert.[442]

Hinweis: *Der Verbraucher ist gleichwohl verpflichtet, die Waren für die Rücksendung angemessen zu verpacken. Das bedeutet indes nicht automatisch, dass er die Originalverpackung verwenden muss.*[443]

II. Besondere Regelungen für Außergeschäftsraumverträge und Fernabsatzverträge

Für außerhalb von Geschäftsräumen geschlossene Verträge und Fernabsatzverträge enthält **§ 357** die allgemeinen Regelungen in § 355 Abs. 3 modifizierende und ergänzende Bestimmungen. Diese gelten nicht für Verträge über Finanzdienstleistungen. **241**

1. Rückgewähr der Leistungen

Im Gegensatz zur allgemeinen Regelung in § 355 Abs. 3 S. 1 (unverzüglich) sind die empfangenen Leistungen gemäß § 357 Abs. 1 **spätestens nach 14 Tagen** zurückzugewähren. Diese **Höchstfrist beginnt** für den Unternehmer mit dem Zugang und für den Verbraucher mit der Abgabe der Widerrufserklärung, vgl. § 355 Abs. 3 S. 2. Der Verbraucher wahrt diese Frist gemäß § 355 Abs. 3 S. 4 durch die **rechtzeitige Absendung** der Waren. Die Verpflichtung zur Absendung der Ware entfällt, wenn der Unternehmer angeboten hat, die Ware abzuholen, § 357 Abs. 5. **242**

---

438 Vgl. Leier VuR 2013, 457, 458.
439 MünchKomm/Fritsche § 355 Rn. 22.
440 Begr. RegE, BT-Drs. 17/12637, 60.
441 Palandt/Grüneberg § 355 Rn. 12.
442 Brox/Walker § 19 Rn. 35.
443 Begr. RegE, BT-Drs. 17/12637, 60.

Abs. 2

2. Rückgewähr der Lieferkosten

243 Gemäß **§ 357 Abs. 2 S. 1** hat der Unternehmer auch die Kosten der Lieferung zurückzugewähren. Davon sind jedoch **Zusatzkosten ausgenommen**, die dadurch entstanden sind, dass der Verbraucher ausdrücklich eine andere Art der Lieferung als die vom Unternehmer angebotene, günstigste Standardlieferung gewählt hat.

Beispiel: Zusatzkosten können etwa durch eine Expresslieferung entstehen. Im diesem Fall stellt sich die Frage, ob der Verbraucher auch keinen **Anspruch auf den Differenzbetrag** zwischen der angebotenen Standard- und der von ihm gewählten Expresslieferung hat.[444]

Für einen Anspruch des Verbrauchers in Höhe des Differenzbetrags spricht der Wortlaut des § 357 Abs. 2 S. 2, demzufolge die Erstattungspflicht nur „soweit" für „zusätzliche" Kosten entfallen soll. Ferner ist zu bedenken, dass die Belastung mit den gesamten Hinsendekosten den Verbraucher davon abhalten könnte, sein Widerrufsrecht auszuüben. Das widerspräche dem Sinn und Zweck des § 357 Abs. 2.

Hinweis: *Nach der Rspr. des EuGH[445] hatte der Unternehmer dem Verbraucher auch bereits vor der Reform zum 13.06.2014 bei einem Widerruf grundsätzlich die Kosten der Hinsendung zu erstatten – eine gesetzliche Regelung hierzu fehlte allerdings bislang. Der EuGH berief sich dabei u.a. auf die Gefahr, dass der Verbraucher durch die Belastung mit Hin- bzw. Zusendungskosten davon abgehalten werden könnte, seine Rechte auszuüben.*[446]

Abs. 3

3. Rückzahlung mit demselben Zahlungsmittel

244 Der Unternehmer hat nach **§ 357 Abs. 3 S. 1** für die Rückzahlung das Zahlungsmittel zu verwenden, das auch der Verbraucher bei seiner Zahlung verwendet hat.

Beispiele: Hat der Verbraucher bar bezahlt, muss der Unternehmer den Betrag auch bar erstatten. Erfolgte die Zahlung per Überweisung oder im Lastschriftverfahren, muss der Unternehmer den Betrag auf das Konto des Verbrauchers zurückerstatten.[447]

Hinweis: *Die von vielen Unternehmen favorisierte und praktizierte Rückzahlung durch Zusendung eines* ***Gutscheins*** *ist vor dem Hintergrund des § 357 Abs. 3 S. 1 nur in dem Fall zulässig, das der Verbraucher bereits bei der Zahlung einen Gutschein eingesetzt hat.*[448]

Der Unternehmer kann von der Verpflichtung aus § 357 Abs. 3 S. 1 nur abweichen, wenn er mit dem Verbraucher **ausdrücklich** eine andere Vereinbarung getroffen hat und dem Verbraucher durch diese Art der Rückzahlung keine Kosten entstehen, **§ 357 Abs. 3 S. 2**.

Klausurhinweis: *Vor dem Hintergrund der gebotenen Ausdrücklichkeit wird eine abweichende Vereinbarung im Rahmen von* ***AGB*** *regelmäßig unwirksam sein.*[449]

Abs. 4

4. Zurückbehaltungsrecht beim Verbrauchsgüterkauf

245 Dem Unternehmer gewährt **§ 357 Abs. 4 S. 1** ein Zurückbehaltungsrecht beim Widerruf eines Verbrauchsgüterkaufs. Danach kann der Unternehmer die Rückzahlung solange

444 So ausdrücklich Begr. RegE, BT-Drs. 17/12637, 63.
445 EuGH RÜ 2010, 348.
446 Vgl. dazu Faust JuS 2010, 640, 641.
447 Leier VuR 2013, 457, 459.
448 Begr. RegE, BT-Drs. 17/12637, 63.
449 Palandt/Grüneberg § 357 Rn. 4.

verweigern, bis er die **Ware zurückerhalten oder** vom Verbraucher den **Nachweis der Rücksendung** erhalten hat. Der erforderliche Nachweis kann beispielsweise durch eine Einlieferungsquittung erbracht werden.[450]

Die Vorleistungspflicht des Verbrauchers besteht gemäß **§ 357 Abs. 4 S. 2** ausnahmsweise nicht, wenn der Unternehmer angeboten hat, die Ware selbst abzuholen. Denn dann hat es der Unternehmer selbst in der Hand, die Ware wieder in Besitz zu nehmen.[451] In diesem Fall sind die jeweiligen Rückgewährpflichten **Zug-um-Zug** zu erfüllen.[452]

5. Kosten der Rücksendung

Abs. 6

Gemäß § 357 Abs. 6 S. 1 **trägt der Verbraucher** grundsätzlich die unmittelbaren Kosten **246**
der Rücksendung der Ware, ohne dass es auf den Preis der zurückzusendenden Ware ankommt. Voraussetzung der Kostentragung ist jedoch, dass der Unternehmer den Verbraucher zuvor gemäß Art. 246 a § 1 Abs. 2 S. 1 Nr. 2 EGBGB unterrichtet hat und sich nicht selbst bereit erklärt hat, die Kosten zu tragen (§ 357 Abs. 6 S. 2).

Hintergrund: Die grundsätzliche Kostentragungspflicht des Verbrauchers ist eine deutliche Abweichung von der alten Rechtslage (vgl. § 357 Abs. 2 **a.F.**), derzufolge der Unternehmer die Kosten der Rücksendung grundsätzlich zu tragen hatte. Maßgebend war dabei u.a., dass der Preis der zurückzusendenden Sache den Betrag von 40 € nicht übersteigt. Allerdings haben viele Unternehmen bereits vor der Reform zum 13.06.2014 angekündigt, dass sie auch weiterhin die Rücksendekosten tragen werden.[453]

§ 357 Abs. 6 S. 3 trifft für außerhalb von Geschäftsräumen geschlossene Verträge eine Sonderbestimmung. Danach hat der Unternehmer die Ware nach dem Widerruf auf eigene Kosten abzuholen, wenn die **Ware** so beschaffen ist, dass sie **normalerweise nicht per Post zurückgesendet werden kann** und die Ware zum Zeitpunkt des Vertragsschlusses zur Wohnung des Verbrauchers geliefert worden ist.

Beispiel: Wird die Ware bei einem Vertreterbesuch sogleich bei Vertragsschluss an den Verbraucher übergeben und eignet sich die Ware nicht zum Postversand, ist es sachgerecht, dass der Unternehmer die Ware im Fall des Widerrufs beim Verbraucher auf eigene Kosten abholt.[454]

Da § 357 Abs. 6 S. 3 eine Sonderbestimmung für Außergeschäftsraumverträge darstellt, bedeutet dies im Umkehrschluss, dass der Verbraucher bei Fernabsatzverträgen auch die Rücksendekosten tragen muss, wenn sich die Ware nicht für den Postversand eignet.

Dass den Verbraucher nicht nur die Kostentragung, sondern auch die **Verpflichtung zur Rücksendung** trifft, ergibt sich nicht aus § 357, sondern aus der allgemeinen Regelung in § 355 Abs. 3 S. 1.[455] Dabei ist zu beachten, dass der Verbraucher **auch nicht paketversandfähige Ware** an den Unternehmer zurückgewähren muss.[456]

Verpflichtung zur Rücksendung gem. § 355 III 1

Das folgt aus einem Vergleich mit der Rechtslage bis zum 12.06.2014 (vgl. § 357 Abs. 2 **a.F.**). Danach war der Verbraucher bei einem Widerruf nur dann zur Rücksendung der Ware verpflichtet, wenn die Ware durch Paket versandt werden kann. Eine solche Beschränkung sehen die §§ 355 ff. nun nicht mehr vor.

---

450 Begr. RegE, BT-Drs. 17/12637, 63.
451 Leier VuR 2013, 457, 459.
452 Palandt/Grüneberg § 357 Rn. 5.
453 Vgl. Leier VuR 2013, 457, 459.
454 Begr. RegE, BT-Drs. 17/12637, 63.
455 Palandt/Grüneberg § 357 Rn. 6.
456 Pechstein RÜ 2014, 291, 299.

Abs. 7-9

6. Wertersatzanspruch des Unternehmers

247 Die Absätze 7–9 des § 357 treffen abschließende Regelungen hinsichtlich des Wertersatzanspruchs des Unternehmers. Der abschließende Charakter ergibt sich aus § 361 (dazu unten Rn. 256). Bei Verträgen über die Lieferung von digitalen Inhalten, die sich nicht auf einem körperlichen Datenträger befinden, scheidet ein Wertersatzanspruch von vornherein aus, vgl. **§ 357 Abs. 9**.

Hintergrund: Bis zur Reform zum 13.06.2014 wurde hierfür auf die Rechtsfolgen des Rücktrittsrechts verwiesen (§ 357 Abs. 1 **a.F.** i.V.m. § 346 Abs. 2 und 3 BGB), allerdings mit den in § 357 Abs. 3 **a.F.** und § 312 e BGB **a.F.** geregelten Besonderheiten. Dabei wurde zwischen einem Wertersatz für gezogene Nutzungen aus der Ware und einem Wertersatz für eine Verschlechterung der Ware unterschieden. Nun spielt **nur noch der Wertersatz für einen Wertverlust** eine Rolle.[457]

Abs. 7

a) Wertersatz bei Waren

248 Der Verbraucher schuldet dem Unternehmer gemäß **§ 357 Abs. 7** Wertersatz für einen Wertverlust der Ware unter zwei Voraussetzungen:

- der Wertverlust muss auf einen **für die Prüfung** der Beschaffenheit, Eigenschaften und Funktionsweise der Waren **nicht notwendigen Umgang** mit der Ware zurückzuführen sein (Nr. 1)

+

- und der Unternehmer muss den **Verbraucher ordnungsgemäß** nach Artikel 246 a § 1 Abs. 2 S. 1 Nr. 2 EGBGB über sein Widerrufsrecht **unterrichtet** haben (Nr. 2).

Mit der Voraussetzung gemäß § 357 Abs. 7 Nr. 1 soll gewährleistet werden, dass der Verbraucher die Ware ansehen und prüfen kann.[458] Er muss die Ware dabei aber mit der gebührenden Sorgfalt behandeln.

Beispiel: Der Verbraucher darf ein **Kleidungsstück** nur anprobieren, nicht jedoch tragen.[459]

Zur Prüfung der Ware kann im Einzelfall aber auch die **bestimmungsgemäße Ingebrauchnahme** gehören.

Beispiel: Verbraucherin V, die im Fernabsatz ein **Wasserbett** gekauft hat, befüllt die Matratze zu Prüfzwecken mit Wasser. V muss den Wertverlust, der durch diese Ingebrauchnahme entsteht, im Fall des Widerrufs nicht ersetzen. Insoweit zeigt ein Vergleich mit dem Kauf in einem Ladengeschäft, dass es für einen solchen Kauf typisch ist, dass der Käufer ausgestellte Musterstücke in befülltem Zustand ausprobieren kann.[460]

Dagegen ist beim **Neuwagenkauf** die Zulassung des Fahrzeugs, die regelmäßig mit einem Wertverlust von etwa 20% verbunden ist, zur Prüfung der Ware nicht notwendig, weil sich der Verbraucher für eine Probefahrt beispielsweise auch ein „rotes Nummernschild" besorgen kann.[461]

Außerdem kann nach der Verkehrssitte eine Prüfung der Ware durch **Ingebrauchnahme** oder Öffnen der Verpackung **unüblich** sein.[462]

---

457 Vgl. Pechstein RÜ 2014, 291, 299.
458 Brox/Walker § 19 Rn. 41.
459 Begr. RegE, BT-Drs. 17/12637, 63.
460 Vgl. BGH RÜ 2009, 1.
461 Looschelders Rn. 933, 936.
462 Palandt/Grüneberg § 357 Rn. 9.

Beispiele: Werden **Medikamente** geöffnet oder **Kosmetik** (testweise) gebraucht, muss der Verbraucher Wertersatz leisten.

Der Begriff „**Wertverlust der Ware**" umfasst:

- die **normale Abnutzung** infolge der bestimmungsgemäßen Ingebrauchnahme und des weiteren Gebrauchs der Ware
- auch darüber hinausgehende **Verschlechterungen** wie z.B. eine Beschädigung der Ware infolge unsachgemäßer Handhabung oder übermäßiger Inanspruchnahme
- und den **vollständigen Wertverlust oder Untergang** der Sache durch unsachgemäßen Umgang.[463]

Beispiel: Kauft ein Verbraucher im Fernabsatz eine Geschirrspülmaschine, muss der Verbraucher im Fall des Widerrufs keinen Wertersatz leisten für die Verschlechterung, die allein durch das Auspacken der Ware, das Anschließen des Geräts und den erstmaligen Spüldurchlauf entsteht. Insoweit dient die bestimmungsgemäße Ingebrauchnahme allein der Prüfung der Funktionsweise der Ware. Hingegen muss er (vorbehaltlich des Vorliegens der Voraussetzungen des § 357 Abs. 7) Wertersatz leisten für die Verschlechterung, die z.B. durch ein Verkratzen der Türfront aus Edelstahl oder durch ein Verbiegen des Gestänges des Geschirrkorbs beim Umgang mit der Maschine entsteht.

Für bloße Gebrauchsvorteile, die zu keiner Verschlechterung geführt haben, ist aber jedenfalls kein Wertersatz zu leisten.[464] Gleiches gilt für den erstrebten Gewinn des Unternehmers, da für die **Ermittlung der Wertersatzhöhe** nicht das vertragliche Entgelt, sondern der **objektive Wert der Sache** maßgeblich ist, soweit der objektive Wert das Entgelt nicht übersteigt.[465]

Beispiel: Verbraucher V erwirbt bei Online-Händler O einen venezianischen Wandspiegel zu einem Kaufpreis von 250 €. Der objektive Wert des Spiegels beträgt 120 €. Beim Auspacken fällt V der Spiegel zu Boden und zerbricht in hundert Scherben. V erklärt danach gegenüber O den Widerruf. Dieser ist mit dem Widerruf einverstanden, verlangt aber Wertersatz i.H.v. 250 €.

O hat gegen V einen Anspruch auf Wertersatz aus § 357 Abs. 7. Er kann aber nur den Ersatz des objektiven Werts, also 120 € verlangen.[466]

Hinweis: *Dass sich die Wertersatzhöhe im Rahmen des § 357 Abs. 7 grds. nach dem objektiven Wert der Sache richtet, ergibt ein Umkehrschluss aus § 357 Abs. 8 S. 4, demzufolge (ausnahmsweise) die Gegenleistung maßgebend sein soll.*[467]

b) Wertersatz bei Dienstleistungen und Energielieferungen

§ 357 Abs. 8 enthält eine besondere Bestimmung für Verträge über Dienstleistungen **249**
und über die nicht in einem begrenzten Volumen oder in einer bestimmten Menge erfolgte Lieferung von Wasser, Gas oder Strom. Widerruft der Verbraucher einen solchen Vertrag, muss er **Wertersatz** für die **bis zum erfolgten Widerruf empfangenen Leistungen** leisten, wenn:

463 Begr. RegE, BT-Drs. 17/12637, 63.
464 Leier VuR 2013, 457, 459.
465 Palandt/Grüneberg § 357 Rn. 11.
466 Vgl. Brox/Walker § 19 Rn. 40.
467 BeckOK/Müller-Christmann § 357 Rn. 28.

- der Verbraucher vom Unternehmer **ausdrücklich verlangt** hat, dass der Unternehmer die **Leistung vor Ablauf der Widerrufsfrist** erbringt (S. 1)
- und der Unternehmer den **Verbraucher ordnungsgemäß** nach Artikel 246 a § 1 Abs. 3 Nr. 1 EGBGB über das Widerrufsrecht und die Pflicht zur Zahlung eines angemessenen Betrags **informiert** hat (S. 2).

Für die Berechnung des angemessenen Betrags ist **grundsätzlich** die vereinbarte **Gegenleistung** maßgebend, vgl. § 357 Abs. 8 S. 4. Ist der Gesamtpreis allerdings unverhältnismäßig hoch, erfolgt die Berechnung des zu zahlenden Nutzungswertersatzes gemäß § 357 Abs. 8 S. 5 **ausnahmsweise** auf **Basis des Marktwerts** der erbrachten Leistung. Ein unverhältnismäßiger Gesamtpreis ist regelmäßig anzunehmen, wenn der übliche Preis um 20% überschritten wird.[468]

Gemäß **§ 357 Abs. 8 S. 3** muss **bei Außergeschäftsraumverträgen** der ausdrückliche Wunsch des Verbrauchers, dass der Unternehmer mit der Ausführung bzw. Lieferung vor Ablauf der Widerrufsfrist beginnt, auf einem **dauerhaften Datenträger** übermittelt werden.

III. Besondere Regelungen für Verträge über Finanzdienstleistungen

250 **§ 357 a** enthält im Hinblick auf die Rückgewähr der empfangenen Leistungen und die Wertersatzverpflichtung des Verbrauchers spezielle Bestimmungen für Verträge über Finanzdienstleistungen. Auf Verbraucherdarlehensverträge findet ausschließlich Absatz 3 der Vorschrift Anwendung.

1. Rückgewähr der Leistungen

251 Im Gegensatz zur allgemeinen Regelung in § 355 Abs. 3 S. 1 (unverzüglich) sind die empfangenen Leistungen gemäß **§ 357 a Abs. 1** spätestens nach **30 Tagen** zurückzugewähren. Diese Höchstfrist beginnt für den Unternehmer mit dem Zugang und für den Verbraucher mit der Abgabe der Widerrufserklärung, vgl. § 355 Abs. 3 S. 2.

2. Wertersatz bei Außergeschäftsraum- und Fernabsatzverträgen

252 Im Falle des Widerrufs von außerhalb von Geschäftsräumen geschlossenen Verträgen oder Fernabsatzverträgen über Finanzdienstleistungen ist der Verbraucher gemäß **§ 357 a Abs. 2 S. 1** zur Zahlung von Wertersatz für die vom Unternehmer bis zum Widerruf erbrachte Dienstleistung verpflichtet, wenn er

- **vor Abgabe** seiner Vertragserklärung auf diese Rechtsfolge **hingewiesen** worden ist (Nr. 1), und
- **ausdrücklich zugestimmt** hat, dass der Unternehmer vor Ende der Widerrufsfrist mit der Ausführung der Dienstleistung beginnt (Nr. 2).

468 Palandt/Grüneberg § 357 Rn. 16.

Mit einem „versteckten Hinweis" im Rahmen der gemäß Art. 246 b EGBGB zu erfüllenden Informationspflichten kann der Unternehmer seiner Hinweispflicht aus § 357 a Abs. 2 S. 1 Nr.1 nicht nachkommen.[469]

Für bestimmte Verträge über entgeltliche Finanzierungshilfen, die die Lieferung **digitaler Inhalte** betreffen, gelten entsprechende Voraussetzungen für die Wertersatzverpflichtung des Verbrauchers, vgl. **§ 357 a Abs. 2 S. 1 u. 4**.

Ist im Vertrag eine Gegenleistung bestimmt, ist diese grundsätzlich bei der **Berechnung des Wertersatzes** zugrunde zu legen. Ist der vereinbarte Gesamtpreis allerdings unverhältnismäßig hoch, ist der Wertersatz auf der Grundlage des Marktwerts der erbrachten Leistung zu berechnen, vgl. **§ 357 a Abs. 2 S. 4**.

3. Wertersatz bei Verbraucherdarlehensverträgen

Während die Verpflichtung zur Rückgewähr der Darlehensvaluta aus der allgemeinen Regelung in § 355 Abs. 3 S. 1 folgt,[470] normiert **§ 357 a Abs. 3 S. 1** die Pflicht des Darlehensnehmers zur Zahlung des vereinbarten **Sollzinses** für die Inanspruchnahme des Kredits bis zur Rückzahlung des Darlehens im Falle eines Verbraucherdarlehensvertrages. 253

§ 357 a Abs. 3 S. 2 gewährt dem Verbraucher bei **Immobiliar-Verbraucherdarlehensverträgen** (§ 491 Abs. 3) das Recht des Nachweises, dass der Wert des Gebrauchsvorteils niedriger war als der Sollzins. Dann schuldet der Verbraucher dem Unternehmer nur den niedrigeren Wert, vgl. **§ 357 a Abs. 3 S. 3**.

§ 357 a Abs. 3 S. 4 enthält eine **ergänzende Regelung** für den Fall des Widerrufs von Verträgen über eine **entgeltliche Finanzierungshilfe**.

Hintergrund: Für diese Finanzierungshilfen ist eine besondere Bestimmung erforderlich, da hier anders als bei einem einfachen Verbraucherdarlehensvertrag auch geregelt werden muss, wie im Falle des Widerrufs mit der Ware oder der sonstigen Leistung zu verfahren ist, die Gegenstand der Finanzierungshilfe ist.[471]

Ferner hat der Darlehensgeber gegen den Verbraucher gemäß **§ 357 a Abs. 3 S. 5** einen Anspruch auf **Erstattung von Aufwendungen**, die gegenüber öffentlichen Stellen erbracht wurden. Da der Anspruch ausdrücklich auf Aufwendungen **gegenüber öffentlichen Stellen** beschränkt ist, werden zwar beispielsweise Notarkosten, nicht aber Kosten bezüglich der Anfragen bei privaten Auskunfteien (z.B. SCHUFA-Auskunft) erfasst.[472]

IV. Besondere Regelungen für Teilzeit-Wohnrechteverträge sowie für Verträge über ein langfristiges Urlaubsprodukt, Vermittlungsverträge und Tauschsystemverträge

Abweichend von § 355 Abs. 3 S. 1 und § 357 bestimmt **§ 357 b Abs. 1 S. 1**, dass der Verbraucher im Falle des Widerrufs **grundsätzlich keine Kosten** zu tragen hat. 254

469 Palandt/Grüneberg § 357 a Rn. 3.
470 Vgl. Palandt/Grüneberg § 357 a Rn. 4.
471 Begr. RegE, BT-Drs. 17/12637, 65.
472 Vgl. Palandt/Grüneberg § 357 a Rn. 4.

Hintergrund: Dadurch soll dem Verbraucher wegen den oftmals schwer durchschaubaren Regelungen in den vom Anwendungsbereich des § 357 c erfassten Verträgen ein Überprüfen und Überdenken ermöglicht werden, ohne dabei irgendwelche Kosten befürchten zu müssen.[473]

Ferner hat der Unternehmer dem Verbraucher gemäß § 357 b Abs. 1 S. 2 die **Kosten des Vertrags und seiner Durchführung sowie der Rückabwicklung zu erstatten**. Auch eine Vergütung für geleistete Dienste oder für die Überlassung von Wohngebäuden zur Nutzung ist ausgeschlossen (§ 357 b Abs. 1 S. 3).

Der Verbraucher hat aber dann **ausnahmsweise** Wertersatz zu leisten, wenn der Wertverlust auf einer **nicht bestimmungsgemäßen Nutzung der Unterkunft** beruht, vgl. § 357 b Abs. 2.

V. Besondere Regelungen für Ratenlieferungsverträge

255 **§ 357 c** trifft für Ratenlieferungsverträge, die weder außerhalb von Geschäftsräumen noch im Fernabsatz geschlossenen worden sind, Regelungen, die sich weitgehend darin erschöpfen, die entsprechende Anwendung der Bestimmungen des § 357 Abs. 1–5 und 7 anzuordnen. Allerdings wird der Unterrichtungsinhalt aus § 357 Abs. 7 entsprechend angepasst und die Verpflichtung des Verbrauchers, die **unmittelbaren Kosten der Rücksendung** zu tragen, in **§ 357 c S. 2** eigenständig geregelt.

VI. Besondere Regelungen für Verbraucherbauverträge

Für Verbraucherbauverträge (§ 650 i) wird die allgemeine Vorschrift in § 355 Abs. 3 S. 1 durch die spezielle Regelung des **§ 357 d** ergänzend. Hiernach **schuldet** der **Verbraucher** für den Fall, dass die Rückgewähr (vgl. § 355 Abs. 3 S. 1) der bis zum Widerruf erbrachten Leistung ihrer Natur nach ausgeschlossen ist, dem Unternehmer **Wertersatz**.

Diese – verschuldensunabhängige – Wertersatzverpflichtung ist gegenüber der Rückgewähr in Natur die Regel. Denn die Bauarbeiten werden üblicherweise auf dem Grundstück des Verbrauchers durchgeführt und führen deshalb zu einem **Wertzuwachs aufseiten des Verbrauchers**, der nicht zurückgewährt werden kann.

Beispiele: Aushub einer Baugrube, Betonieren von Fundamenten, Errichtung eines Dachstuhls[474]

Bei der **Berechnung** des Wertersatzes ist gemäß **§ 357 d S. 2** grundsätzlich die vereinbarte Vergütung zugrunde zulegen. Ist diese **Vergütung** indes unverhältnismäßig hoch, ist der Wertersatz auf **Grundlage des Marktwerts** der erbrachten Leistung zu berechnen, vgl. **§ 357 d S. 3**. Grenzen oder Kriterien für die **Bemessung der Unverhältnismäßigkeit** enthält das Gesetz nicht; jedenfalls reicht die bloße Überschreitung des Marktwerts aber nicht aus.[475]

473 Palandt/Grüneberg § 357 b Rn. 1.
474 BT-Drucks. 18/8486, S. 38.
475 Wolffskeel/Jerger NJW 2015, 237, 240.

VII. Weitergehende Ansprüche und abweichende Vereinbarungen

§ 361

Die Regelung des **§ 361 Abs. 1** schließt **weitergehende Ansprüche** des Unternehmers **gegen den Verbraucher** infolge des Widerspruchs, beispielsweise aus § 280 Abs. 1 (ggf. i.V.m. §§ 311 Abs. 2, 241 Abs. 2) sowie gemäß § 812 oder § 823 aus. 256

Hiervon bleiben jedoch Schadensersatzansprüche des Unternehmers gegen den Verbraucher wegen vorvertraglicher Pflichtverletzung, aus Vertrag oder aus Delikt unberührt, die sich **unabhängig vom Widerrufsrecht** aus der Verletzung von Schutzpflichten ergeben.[476]

§ 361 Abs. 2 S. 2 stellt fest, dass von den Regelungen der §§ 355 ff. **nicht zum Nachteil des Verbrauchers abgewichen** werden darf. Zu Gunsten des Verbrauchers sind Änderungen allerdings möglich.[477] Zudem besteht gemäß **§ 361 Abs. 2 S. 1** ein **Umgehungsverbot**. Dabei muss die Umgehung lediglich objektiv vorliegen, eine entsprechende Absicht ist nicht erforderlich.[478]

Ob ein Verbraucher von seinem Widerrufsrecht auch dann Gebrauch machen kann, wenn der **Vertrag nichtig** ist, wird nicht einheitlich beurteilt.

Fall 13: Doppelt hält besser

K bestellt nach einem am 01.11. erfolgten Werbeanruf durch einen Mitarbeiter der B, die einen Versandhandel für Autozubehör betreibt, bei dieser am darauffolgenden Tag per Fax einen Innenspiegel für ihren privaten Pkw mit einer u.a. für Deutschland codierten Radarwarnfunktion zum Preis von 1.100 €. Der von der K ausgefüllte Bestellschein enthielt keine Widerrufsbelehrung. Die Lieferung des Geräts erfolgte per Nachnahme am 09.11. Die K widerrief am 29.11. ihre auf den Abschluss des Kaufvertrags gerichtete Willenserklärung gegenüber B per E-Mail und sandte das Gerät an B zurück. Da sie die Kosten der Rücksendung nicht tragen will, sendet K die Ware per Nachnahme an B zurück. Hat die K einen Anspruch auf Rückzahlung des Kaufpreises? Wer muss die Rücksendekosten tragen?

A. K könnte gegen B einen Anspruch auf **Rückzahlung des Kaufpreises** i.H.v. 1.100 € gemäß **§§ 357 Abs. 1 S.1, 355 Abs. 3, 312 g** haben. Dies wäre der Fall, wenn die K ein ihr zustehendes Widerrufsrecht fristgerecht ausgeübt hat. 257

I. K müsste ein **Widerrufsrecht gemäß § 355** zustehen. Ein solches könnte sich aus **§ 312 g Abs. 1** ergeben, wenn der mit der B geschlossene Vertrag ein **Fernabsatzvertrag** ist. Gemäß **§ 312 c Abs. 1** handelt es sich um einen Fernabsatzvertrag, wenn ein Vertrag über die Lieferung von Waren zwischen einem Unternehmer und einem Verbraucher unter ausschließlicher Verwendung von Fernkommunikationsmitteln abgeschlossen wird, es sei denn, dass der Vertragsschluss nicht im Rahmen eines für den Fernabsatz organisierten Vertriebssystems erfolgt. Aus **§ 312 Abs. 1** ergibt sich zudem, dass ein Verbrauchervertrag i.S.d. § 310 Abs. 3

476 Palandt/Grüneberg § 361 Rn. 1.

477 Begr. RegE, BT-Drs. 17/12637, 68.

478 Palandt/Grüneberg § 361 Rn. 2.

vorliegen, und dieser eine entgeltliche Leistung des Unternehmers zum Gegenstand haben muss.

Die B betreibt einen Versandhandel, ist also Unternehmer i.S.d. § 14, während die K das Gerät für ihren privaten Pkw kaufte, also als Verbraucher i.S.d. § 13 handelte. Der Kaufvertrag mit B stellt ein typisches Warenlieferungsgeschäft dar, das eine **entgeltliche Leistung** zum Gegenstand hat.

Außerdem liegt **kein Ausnahmetatbestand gemäß § 312 Abs. 2-6** vor.

Der Vertrag wurde per Telefon und Fax, also unter **ausschließlicher Nutzung von Fernkommunikationsmitteln** geschlossen. Da die B einen Versandhandel betreibt, liegt auch ein für den Fernabsatz organisiertes Vertriebssystem vor, sodass es sich um einen Fernabsatzvertrag handelt und der K grundsätzlich ein Widerrufsrecht gemäß § 312 g zusteht.

Dieses Widerrufsrecht ist auch **nicht gemäß § 312 g Abs. 2 ausgeschlossen**.

II. Weiter ist eine **wirksame Widerrufserklärung** erforderlich. Der Widerruf muss gemäß **§ 355 Abs. 1 S. 2** gegenüber dem Unternehmer erklärt werden und ist an keine Form gebunden, sodass die E-Mail der K den Anforderungen des § 355 Abs. 1 S. 2 genügt.

III. Es müsste auch eine **fristgerechte Widerrufserklärung** vorliegen. Die Frist beträgt 14 Tage (§ 355 Abs. 2 S. 2) und zur Fristwahrung reicht die rechtzeitige Absendung des Widerrufs, vgl. § 355 Abs. 1 S. 5. Gemäß **§ 356 Abs. 2 Nr. 1 a** beginnt die Widerrufsfrist bei einem Verbrauchsgüterkauf grundsätzlich mit dem Erhalt der Ware.

K hat von B eine bewegliche Sache gekauft, sodass ein Verbrauchsgüterkauf i.S.d. **§ 474 Abs. 1 S. 1** vorliegt und die Widerrufsfrist an sich mit Erhalt des Innenspiegels am 09.11. begann und am 29.11. bereits abgelaufen wäre. Nach § 356 Abs. 3 S. 1 beginnt die Widerrufsfrist jedoch nicht, bevor der Unternehmer den Verbraucher gemäß **§ 312 d Abs. 1 S. 1 i.V.m. Art. 246 a § 1 Abs. 2 S. 1 EGBGB** über das Bestehen eines Widerrufsrechts informiert hat. Eine Widerrufsbelehrung hat die K nicht erhalten. Mithin wurde die Widerrufsfrist nicht in Gang gesetzt.

Widerrufsfrist mangels Info nicht in Gang gesetzt

Das Widerrufsrecht dürfte aber auch noch **nicht erloschen** sein. Vorliegend erlischt es gemäß **§ 356 Abs. 3 S. 2** spätestens zwölf Monate und 14 Tage nach dem fristauslösenden Ereignis. K hat den Widerruf am 29.01. abgesendet und damit 20 Tage nach dem Erhalt der Ware erklärt. Folglich war das Widerrufsrecht noch nicht erloschen.

IV. Fraglich ist allerdings, ob die Vorschriften über gesetzliche Widerrufsrechte auch auf **nichtige Verträge** anzuwenden sind.

1. Der zwischen K und B geschlossene Kaufvertrag über das Radarwarngerät könnte nämlich **sittenwidrig** und damit nichtig gemäß **§ 138 Abs. 1** sein. Sittenwidrig sind u.a. Geschäfte, durch die Dritte gefährdet oder geschädigt werden oder die in krassem Widerspruch zum Gemeinwohl stehen. Gemäß **§ 23 Abs. 1c StVO** ist das Betreiben eines Radarwarngerätes im Straßenverkehr ver-

boten. Dieses Verbot dient der Erhöhung der Verkehrssicherheit. Die Regelung soll zur Sicherung einer erfolgreichen Bekämpfung von Geschwindigkeitsverstößen und anderen Verkehrszuwiderhandlungen beitragen und verhindern, dass sich Kraftfahrer durch technische Vorkehrungen im Kraftfahrzeug Maßnahmen der Verkehrsüberwachung entziehen können. Dem liegt die Überlegung zugrunde, dass die Verwendung eines Radarwarngeräts geeignet ist, die präventive Wirkung drohender Geschwindigkeitskontrollen zu unterlaufen und dadurch risikolose Geschwindigkeitsübertretungen mit erhöhten Gefahren für Leib und Leben Dritter zu fördern.

Der Kaufvertrag über ein Radarwarngerät ist also auf die Begehung eines ordnungswidrigen Verhaltens im Straßenverkehr gerichtet, das im Interesse der Verkehrssicherheit verboten ist. Ein solches Rechtsgeschäft läuft dem Gemeinwohlinteresse an der Sicherheit im Straßenverkehr zuwider und ist daher sittenwidrig.[479] Der Vertrag zwischen K und B ist deshalb gemäß § 138 Abs. 1 nichtig.

2. Ob verbraucherschützende **Widerrufsrechte auch bei nichtigen Verträgen** bestehen, ist **umstritten:**[480]

Teilweise wird das Bestehen eines Widerrufsrechts verneint, da ein Widerrufsrecht einen **wirksamen Fernabsatzvertrag** voraussetze.[481]

Der BGH[482] wendet dagegen die Vorschriften über Widerrufsrechte auch auf nichtige Verträge an. Zur Begründung führt der BGH[483] an, dass der **Sinn des Widerrufsrechts** beim Fernabsatzvertrag darin bestehe, dem Verbraucher ein an keine materiellen Voraussetzungen gebundenes, einfach auszuübendes Recht zur einseitigen Loslösung vom Vertrag in die Hand zu geben, das neben und unabhängig von den allgemeinen Rechten besteht, die jedem zustehen, der einen Vertrag schließt. Daher habe der Verbraucher auch ein **Wahlrecht**, ob er einen Fernabsatzvertrag widerruft oder ob er den Vertrag wegen Irrtums oder arglistiger Täuschung gemäß §§ 119 ff., 142 anficht.

Das begriffslogische Argument, nur ein wirksamer Vertrag könne widerrufen werden, überzeugt nicht. Denn eine solche Sichtweise berücksichtigt nicht, dass in der Zivilrechtsdogmatik seit langem anerkannt ist, dass auch **nichtige Rechtsgeschäfte angefochten** werden können (sog. Doppelwirkungen im Recht).[484] Für den Widerruf eines nichtigen Vertrages gilt in dogmatischer Hinsicht nichts Anderes als für dessen Anfechtung. Die Nichtigkeit des Vertrags steht dem Widerrufsrecht der K aus § 312 g mithin nicht entgegen.

V. Es könnte der K jedoch gemäß **§ 242** verwehrt sein, sich auf das Widerrufsrecht zu berufen. Ein Ausschluss des Widerrufsrechts wegen unzulässiger Rechtsaus-

479 Vgl. BGH RÜ 2010, 69, 70.
480 Vgl. hierzu: Würdinger JuS 2011, 769.
481 Staudinger/Thüsing § 312 d Rn. 14.
482 BGH RÜ 2010, 69.
483 BGH RÜ 2010, 69, 71.
484 Zur Lehre der „Doppelwirkungen im Recht" Würdinger JuS 2011, 769.

übung (§ 242) kommt aber nur unter dem Gesichtspunkt besonderer **Schutzbedürftigkeit des Unternehmers** in Betracht, etwa bei arglistigem Handeln des Verbrauchers gegenüber dem Unternehmer.[485] Ein arglistiges Handeln der K gegenüber der B liegt jedoch nicht vor. Vielmehr fällt bei dem nichtigen Kaufvertrag über das Radarwarngerät beiden Parteien – auch der B – ein Verstoß gegen die guten Sitten zur Last.

K hat gegen B einen Anspruch auf Rückzahlung des Kaufpreises.

B. K könnte gegen B einen Anspruch auf Rückzahlung des Kaufpreises i.H.v. 1.100 € zudem aus **§ 812 Abs. 1 S. 1 Alt. 1** haben.

I. Die B hat einen Vermögensvorteil i.H.v. 1.100 € durch eine **Leistung** der K erlangt. Diese Leistung erfolgte auch **ohne Rechtsgrund**, da der zugrunde liegende Kaufvertrag gemäß § 138 Abs. 1 nichtig war.

258 II. Einer Rückforderung des Kaufpreises könnte jedoch **§ 817 S. 2** entgegenstehen.

Nach seinem Wortlaut („gleichfalls“) bezieht sich der Ausschluss nach § 817 S. 2 nur auf die Kondiktion nach § 817 S. 1. Die Vorschrift ist nach allgemeiner Meinung aber zu eng gefasst und über ihren Wortlaut hinaus **auf alle Fälle der Leistungskondiktion anwendbar**.[486]

§ 817 S 2 auf alle Leistungskondiktionen anwendbar

Fraglich ist aber, ob es B nach **§ 242** verwehrt ist, sich auf § 817 S. 2 zu berufen. Der Käufer eines Radarwarngeräts handelt sittenwidrig und steht dem verbotenen Verhalten noch näher als der Verkäufer, jedenfalls dann, wenn er das Radarwarngerät zu dem Zweck erwirbt, es entgegen dem Verbot des § 23 Abs. 1c StVO zu verwenden. Beide Parteien verdienen daher im Hinblick auf das sittenwidrige Geschäft nicht den Schutz der Rechtsordnung, sodass es dabei zu bleiben hat, dass die in § 817 S. 2 geregelte Rechtsschutzverweigerung grundsätzlich die Vertragspartei trifft, die aus dem sittenwidrigen Geschäft Ansprüche herleitet.[487] Demnach ist ein Anspruch der K gemäß § 817 S. 2 ausgeschlossen.

K hat gegen B keinen Anspruch auf Rückzahlung des Kaufpreises aus **§ 812 Abs. 1 S. 1 Alt. 1**.

C. Auch einem Anspruch der K gegen B aus **§ 817 S. 1** steht § 817 S. 2 entgegen.

D. Die **Kosten für die Rücksendung** hat gemäß **§ 357 Abs. 6 S. 1** der Verbraucher zu tragen, wenn der Unternehmer ihn über diese Verpflichtung unterrichtet hat. Dieser Informationspflicht aus **§ 312 d Abs. 1 i.V.m. Art. 246 a § 1 Abs. 2 S. 1 Nr. 2 EGBGB** ist B jedoch nicht nachgekommen, sodass K die Kosten der Rücksendung nicht zu tragen hat. In einem solchen Fall hat der Verbraucher indes, mangels Anspruchsgrundlage, keinen Anspruch auf eine Vorschusszahlung des Unternehmers, kann (und sollte zweckmäßigerweise) die Ware aber per Nachnahme zurücksenden.[488]

485 BGH RÜ 2010, 69, 71.
486 BeckOK/Wendehorst § 817 Rn. 11.
487 Vgl. BGH NZV 2005, 363, 364.
488 Palandt/Grüneberg § 357 Rn. 7.

6. Abschnitt: Verbundene Verträge

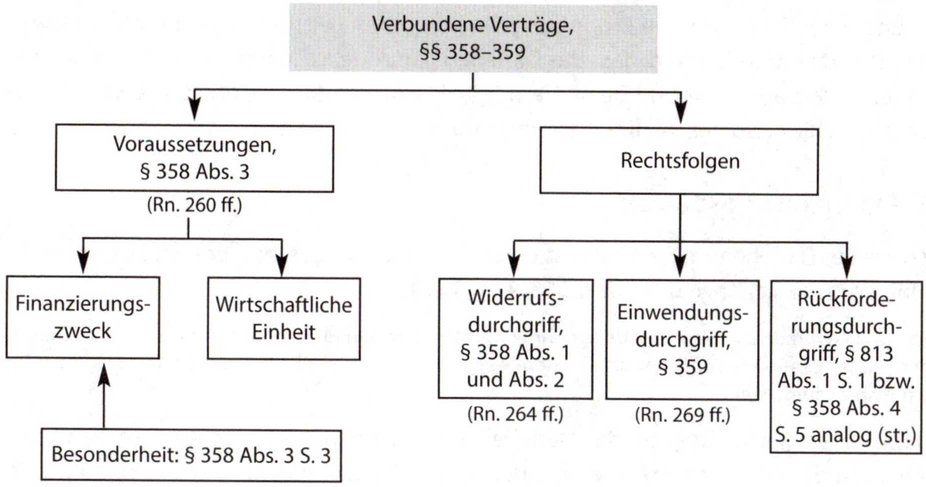

In dem Fall, dass ein Vertrag über die Lieferung einer Ware oder die Erbringung einer anderen Leistung mit einem Darlehensvertrag derart verbunden ist, dass das Darlehen ganz oder teilweise der Finanzierung des anderen Vertrags dient und beide Verträge eine wirtschaftliche Einheit bilden – also sog. verbundene Verträge vorliegen (vgl. § 358 Abs. 3 S. 1) –, stellt sich die Frage, welche Rechtsfolgen eintreten, wenn einer dieser Verträge wirksam gemäß § 355 widerrufen wird. **259**

Der in einem solchen Fall erforderliche **Schutz des Verbrauchers** wird mit den Regelungen über verbundene Verträge in den **§§ 358, 359** erreicht:

- Gemäß **§ 358 Abs. 1** ist der Verbraucher, wenn er seine auf den Abschluss eines Vertrags über die Lieferung einer Ware oder die Erbringung einer anderen Leistung durch einen Unternehmer gerichtete Willenserklärung wirksam widerrufen hat, **auch an** seine auf den Abschluss eines **Darlehensvertrags** gerichtete Willenserklärung **nicht mehr gebunden**.

  Nach **§ 358 Abs. 2** ist der Verbraucher, wenn er seine auf den Abschluss eines Darlehensvertrags gerichtete Willenserklärung wirksam widerrufen hat (also in der im Vergleich zu § 358 Abs. 1 **umgekehrten Situation**), auch an seine auf den Abschluss eines mit diesem Darlehensvertrag verbundenen Vertrags über die Lieferung einer Ware oder die Erbringung einer anderen Leistung gerichtete Willenserklärung nicht mehr gebunden.

  Hinweis: *Die Regelung in § 358 Abs. 1 u. 2 werden als **Widerrufsdurchgriff** bezeichnet.*

- Einwendungen des Verbrauchers aus dem verbundenen Vertrag wirken sich auch gegenüber dem Verbraucherdarlehensvertrag aus, sog. **Einwendungsdurchgriff, § 359 S. 1**.

A. Voraussetzungen

260 Verbundene Verträge liegen gemäß **§ 358 Abs. 3 S. 1** vor, wenn ein Vertrag über die Lieferung einer Ware oder die Erbringung einer anderen Leistung und ein Darlehensvertrag derart verbunden sind, dass das Darlehen ganz oder teilweise der Finanzierung des anderen Vertrags dient und beide Verträge als wirtschaftliche Einheit anzusehen sind. Erforderlich ist also das **Vorliegen zweier Voraussetzungen:**

I. Finanzierungszweck

261 Zweck des Darlehens muss es sein, das vom Verbraucher geschuldete Entgelt des anderen Vertrags zu finanzieren, vgl. **§ 358 Abs. 3 S. 1**.

Beispiel: Verbraucher V kauft bei Unternehmer U einen imposanten Flachbildschirm. Zur Finanzierung des Kaufpreises i.H.v. 1.800 € vermittelt U dem V ein Darlehen von der Bank B, mit der U in ständiger Geschäftsbeziehung steht.

Dabei ist es gleichgültig, ob das Darlehen zunächst dem Verbraucher ausgezahlt und von diesem an den Unternehmer, mit dem der verbundene Vertrag geschlossen wurde, **weitergeleitet oder ob das Entgelt unmittelbar** von dem Kreditinstitut an den Unternehmer gezahlt wird.

Ferner spielt auch die **zeitliche Reihenfolge** des Abschlusses der Verträge grundsätzlich keine Rolle.[489]

II. Wirtschaftliche Einheit

Die beiden Verträge müssen ferner eine wirtschaftliche Einheit bilden (§ 358 Abs. 3 S. 1).

1. Allgemeine Voraussetzungen

262 Eine solche Einheit wird nach **§ 358 Abs. 3 S. 2 unwiderlegbar vermutet**, wenn der **Unternehmer selbst** die Gegenleistung des Verbrauchers finanziert oder der Darlehensgeber sich bei der Vorbereitung oder dem Abschluss des Darlehens der **Mitwirkung des Unternehmers** bedient.

Bei § 358 Abs. 3 S. 2 handelt es sich aber lediglich um ein **Regelbeispiel** („insbesondere"). Eine wirtschaftliche Einheit ist darüber hinaus immer dann zu bejahen, wenn beide Verträge derart miteinander verbunden sind, dass keiner ohne den anderen abgeschlossen worden wäre.[490]

Dabei ist das Vorliegen der wirtschaftlichen Einheit **ausschließlich objektiv** zu bestimmen.[491]

Indizien für die Annahme einer wirtschaftlichen Einheit sind beispielsweise, dass beide Verträge aufeinander Bezug nehmen und den Kunden jeweils als „Käufer und Darlehensnehmer" bezeichnen oder dass eine andere Verwendung der Valuta (als die Finanzierung des anderen Vertrags) ausgeschlos-

---

489 Palandt/Grüneberg § 358 Rn. 11.

490 BGH NJW 1992, 2557, 2560.

491 Dazu eingehend MünchKomm/Habersack § 358 Rn. 37 f.

sen wird oder dass Unternehmer und Darlehensgeber gemeinsame oder jedenfalls aufeinander abgestimmte Formulare verwenden.[492]

Beispiel: Im Fall des **Beitritts zu einer Beteiligung an einem Immobilienfonds** liegen mit dem Beitritt und dem diesen finanzierenden Darlehensvertrag dann verbundene Verträge vor, wenn der Realkreditvertrag nicht aufgrund eigener Initiative des Darlehensnehmers, sondern aufgrund der Vorlage der Kreditantragsunterlagen durch den Vertriebsbeauftragten des Anlagevertreibers zustande kommt, sodass sich Fondsgesellschaft und Darlehensgeber derselben Vertriebsorganisation bedienen.[493]

Widerruft in diesem Fall der Anleger den Darlehensvertrag, ist er nach der Rspr. des BGH aus Verbraucherschutzgründen gegenüber dem Darlehensgeber nicht zur Darlehensrückzahlung, sondern nur zur Übertragung seines Gesellschaftsanteils verpflichtet, sodass die Rückabwicklung unmittelbar zwischen dem Darlehensgeber und dem Verkäufer der Anlage erfolgt.[494] Der Anleger erhält seine an den Darlehensgeber erbrachten Zins- und Tilgungsleistungen sowie gewährte Sicherheiten (z.B. Rechte aus einer Kapitallebensversicherung) zurück.[495] Hingegen muss er sich in entsprechender Anwendung des Rechtsgedankens der Vorteilsausgleichung zugeflossene Fondsausschüttungen sowie – nach nunmehr geänderter Rspr. – auch unverfallbare und nicht anderweitig erzielbare Steuervorteile auf seinen Rückforderungsanspruch anrechnen lassen,[496] da er sonst besser stünde, als er ohne Beteiligung am Fonds gestanden hätte.

Für den aus Verbraucherschutzgründen zwischen Darlehensgeber und Verkäufer der Anlage stattfindenden Rückgriff haftet der Verbraucher im Hinblick auf Treu und Glauben (§ 242) auch nicht als Gesellschafter des Fonds analog §§ 128, 130 HGB.[497]

2. Besondere Voraussetzungen für Immobiliardarlehensverträge

Für den **finanzierten Erwerb eines Grundstücks oder grundstücksgleichen Rechts** 263
enthält § 358 Abs. 3 S. 3 hinsichtlich der wirtschaftlichen Einheit besondere Voraussetzungen. Da hiernach der Darlehensvertrag und das durch ihn finanzierte Grundstücksgeschäft nur ausnahmsweise und unter engen Voraussetzungen als verbundene Verträge anzusehen sind, berührt der Widerruf des Darlehensvertrags (sog. Realkreditvertrag) die Wirksamkeit des finanzierten Grundstücksgeschäfts (z.B. Kauf einer Eigentumswohnung) grundsätzlich nicht.[498]

Eine wirtschaftliche Einheit ist nach **§ 358 Abs. 3 S. 3** nur dann anzunehmen,

- wenn der **Darlehensgeber selbst** das Grundstück oder das grundstücksgleiche Recht verschafft, **oder**
- wenn er über die Zurverfügungstellung des Darlehens hinaus den **Erwerb** des Grundstücks oder grundstücksgleichen Rechts **durch Zusammenwirken mit dem Unternehmer fördert**,
  - indem er sich **dessen Veräußerungsinteressen** ganz oder teilweise zu eigen macht, **oder**

-D Siehe Randbemerkung S. 2; Fall 12

492 BeckOK/Müller-Christmann § 358 Rn. 22.
493 BGH BGHZ 167, 252, NJW 2006, 1788, 1789 m.w.N.; Hk-BGB/Schulze § 358 Rn. 9.
494 BGH NJW 2007, 2401, 2402 m.w.N., RÜ 2007, 401.
495 BGH RÜ 2007, 401, 403.
496 BGH RÜ 2007, 401.
497 OLG Karlsruhe RÜ 2007, 401; Palandt/Grüneberg § 358 Rn. 21.
498 BGH NJW 2003, 199, 200.

- indem er bei der Planung, Werbung oder Durchführung des Projekts **Funktionen des Veräußerers** übernimmt, **oder**
- indem er den Veräußerer **einseitig begünstigt**.

B. Rechtsfolgen

Das Vorliegen eines verbundenen Vertrags ermöglicht sowohl einen Widerrufsdurchgriff als auch einen Einwendungsdurchgriff.

I. Widerrufsdurchgriff

264 Durch die Regelung des Widerrufsdurchgriffs in **§ 358 Abs. 1** und **Abs. 2** soll der Verbraucher vor den Gefahren geschützt werden, die für ihn daraus resultieren, dass ein **wirtschaftlich einheitlicher Vertrag** in einen finanzierenden und einen finanzierten Vertrag **aufgespalten** wird.[499]

Hintergrund: Der Widerruf des Darlehensvertrags wäre für den Verbraucher im Ergebnis wirtschaftlich sinnlos, wenn dennoch die Zahlungspflicht aus dem durch diesen finanzierten Vertrag über die Lieferung einer Ware oder Erbringung einer anderen Leistung bestehen bliebe. Gleiches gilt für den umgekehrten Fall, dass der Verbraucher lediglich den finanzierten Vertrag (z.B. den Kaufvertrag über einen Pkw) widerrufen könnte, aber weiterhin an den Darlehensvertrag gebunden bliebe.

1. Widerruf des finanzierten Vertrags, § 358 Abs. 1

265 Die Vorschrift des § 358 Abs. 1 regelt den Fall, dass der Verbraucher seine auf den Abschluss eines Vertrags über die Lieferung einer Ware oder die Erbringung einer anderen Leistung durch einen Unternehmer gerichtete Willenserklärung wirksam widerrufen hat.

Für diesen Fall bestimmt § 358 Abs. 1, dass infolge dieses Widerrufs des finanzierten Vertrags der Verbraucher **auch an den finanzierenden Darlehensvertrag nicht mehr gebunden ist**, sodass also auch dieser rückabgewickelt werden kann (vgl. auch § 358 Abs. 4 S. 1). Der Darlehensvertrag gilt deshalb als widerrufen, ohne dass eine diesbezügliche Widerrufserklärung erforderlich ist und es kommt auch nicht darauf an, ob dem Verbraucher insoweit überhaupt ein Widerrufsrecht zusteht.[500]

2. Widerruf des Darlehensvertrags, § 358 Abs. 2

266 In § 358 Abs. 2 ist der gegenüber § 358 Abs. 1 umgekehrte Fall geregelt, dass der Verbraucher seine auf den Abschluss eines Verbraucherdarlehensvertrags (§ 491 Abs. 1) oder eines unentgeltlichen Darlehens (§ 514 Abs. 1) gerichtete Willenserklärung wirksam widerrufen hat.

In diesem Fall sieht § 358 Abs. 2 vor, dass der Verbraucher durch den Widerruf des Verbraucherdarlehensvertrags (gemäß § 495 Abs. 1) oder des unentgeltlichen Darlehens (gemäß § 514 Abs. 2 S. 1) **auch an den finanzierten Vertrag nicht mehr gebunden ist**.

---

499 BeckOK/Müller-Christmann § 358 Rn. 2.

500 Brox/Walker § 19 Rn. 47.

Da also auch der finanzierte Vertrag als widerrufen gilt, kommt es ebenso wie in der Situation des § 358 Abs. 1 – nur eben umgekehrt – zu einem Gleichlauf bei der Rückabwicklung der verbundenen Verträge.

Dass auch der finanzierte Vertrag widerrufen werden kann, ist nicht erforderlich. Ist dies der Fall, hat der Verbraucher ein „**doppeltes Widerrufsrecht**“, was etwa in folgender Situation wichtig werden kann: Verbraucher V schließt zuerst einen Kaufvertrag und neun Tage später einen diesen finanzierenden Darlehensvertrag. V kann den Kaufvertrag, weil dieser ein mit dem Darlehensvertrag verbundener Vertrag ist, auch noch widerrufen, wenn die diesbezügliche 14-tätige Widerrufsfrist abgelaufen ist.[501]

Hinweis zum kreditfinanzierten Beitritt zu einer Gesellschaft: *Kann der Verbraucher den Beitritt zu einer Gesellschaft widerrufen oder erfasst über den Widerrufsdurchgriff gemäß § 358 Abs. 2 der Widerruf des Kreditvertrags auch den Gesellschaftsbeitritt, gelten nach der Rspr. des BGH die* ***Grundsätze über die fehlerhafte Gesellschaft****.*[502]

Fall 14: Knapp daneben

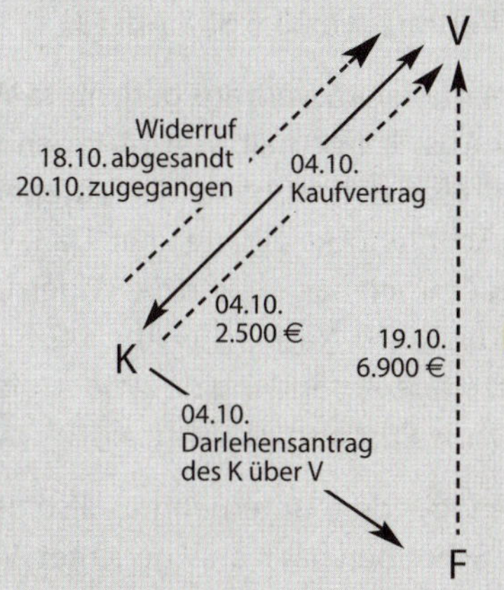

Am Montag, dem 04.10., kaufte K für private Zwecke bei Autohändler V einen neuen Pkw. In dem von V ausgestellten Bestellformular wurde von den beiden Möglichkeiten „Barzahlung“ und „Finanzierung“ die letztere angekreuzt und der mit 9.400 € angegebene Gesamtpreis in der Zeile „Zahlungsweise“ mit „2.500 € sofort, Rest FKB“ eingetragen. K unterschrieb das Formular. Gleichzeitig unterschrieb K bei V einen von V vorgelegten „Darlehensantrag“ bei der F-Kredit-Bank (F) über die Finanzierung des Pkw und gesondert die formrichtige Widerrufsbelehrung. K leistete an V eine „Anzahlung“ i.H.v. 2.500 € und erhielt noch am 04.10. das Fahrzeug sowie eine Kopie seines Darlehensantrags ausgehändigt.

Mit einem am 18.10. von K abgesandten und am 20.10. dem V zugegangenen Schreiben widerrief K den Darlehensantrag an die F. Dieses Schreiben leitete V an die F weiter, der es am 21.10. zuging. Inzwischen hatte die F am 19.10. dem Konto des V den Darlehensbetrag i.H.v. 6.900 € gutgeschrieben.

K verlangt von V Rückzahlung seiner Anzahlung i.H.v. 2.500 €. V weigert sich mit dem Hinweis, dass der Kaufvertrag ja gar nicht widerrufbar sei.

K könnte gegen V einen Anspruch auf Rückzahlung der Anzahlung i.H.v. 2.500 € aus §§ 358 Abs. 2 und 4 S. 1, 355 Abs. 3 haben. **267**

I. Dies setzt einen **wirksamen Widerruf des Kaufvertrags** zwischen V und K voraus.

501 Vgl. Brox/Walker § 19 Rn. 48.

502 Vgl. BGH NJW 2003, 2821, 2822 m.w.N.

1. Ein (unmittelbarer) Widerruf des Kaufvertrags liegt nicht vor, da bereits kein Widerrufsrecht des K ersichtlich ist. Insbesondere scheidet § 312 g aus, weil K den Pkw im stationären Handel erworben hat. Zudem hat K gegenüber V nicht den Widerruf seiner auf den Abschluss des Kaufvertrags gerichteten Willenserklärung, sondern den Widerruf des Darlehensantrags erklärt.

WRD

2. Es kommt aber ein **Widerrufsdurchgriff** gemäß **§ 358 Abs. 2** in Betracht. Dazu müsste der Kaufvertrag ein mit einem Darlehensvertrag gemäß § 491 Abs. 1 oder § 514 Abs. 1 verbundener Vertrag und der Darlehensvertrag wirksam widerrufen worden sein.

   Bei dem Darlehensvertrag, den K der F durch seine Unterschrift vom 04.10. angetragen hat, handelt es sich um einen Verbraucherdarlehensvertrag i.S.d. § 491 Abs. 1. Dieser **dient der Finanzierung** des (Rest-)Kaufpreises für den Pkw. Ferner bilden beide Verträge nach § 358 Abs. 3 S. 2 eine **wirtschaftliche Einheit**, weil sich die F als Darlehensgeber bei der Vorbereitung des Verbraucherdarlehensvertrags der Mitwirkung des V als Verkäufer bedient hat. V und F verwenden nämlich aufeinander abgestimmte Formulare. Mit dem Verbraucherdarlehensvertrag bildet der Kaufvertrag also einen verbundenen Vertrag gemäß **§ 358 Abs. 3**.

K konnte seine auf den Abschluss des Verbraucherdarlehensvertrags gerichtete Willenserklärung gemäß **§ 495 Abs. 1 i.V.m. § 355 Abs. 2** innerhalb von 14 Tagen widerrufen. Gemäß § 356 b Abs. 1 beginnt die Widerrufsfrist nicht, bevor der Darlehensnehmer eines der in der Vorschrift aufgeführten Schriftstücke erhalten hat. Da K von V am 04.10. eine Kopie des Darlehensantrags bekommen hat, endete die Widerrufsfrist gemäß §§ 187 Abs. 1, 188 Abs. 2 mit Ablauf des 18.10. Nach § 355 Abs. 1 S. 5 genügt zur **Wahrung der Widerrufsfrist** die rechtzeitige Absendung des Widerrufs. K hat mit der Absendung des Schreibens am 18.10. die Frist also gewahrt.

Gemäß § 355 Abs. 1 S. 2 muss der Widerruf gegenüber dem Unternehmer, also dem Vertragspartner des Verbrauchers, erfolgen. Das Schreiben hat K an V gerichtet. Vertragspartner des Darlehens ist aber nicht V, sondern F. Dies steht jedoch der Wirksamkeit des Widerrufs der auf den Abschluss des Verbraucherdarlehensvertrags mit der F gerichteten Willenserklärung nicht entgegen, da V ebenso wie für den Darlehensantrag des K auch für dessen Widerruf Empfangsbote der F war.[503]

Der Widerruf des Verbraucherdarlehensvertrags hat zur Folge, dass der K an seine auf den Abschluss des verbundenen Kaufvertrags gerichtete Willenserklärung nicht mehr gebunden ist, § 358 Abs. 2 (Widerrufsdurchgriff).

II. Die **Rechtsfolgen** des Widerrufs richten sich gemäß § 358 Abs. 4 S. 1 unabhängig von der Vertriebsform nach **§ 355 Abs. 3**. Danach sind die empfangenen Leistungen unverzüglich zurückzugewähren.

§ 358 IV S

Eine **Besonderheit** ordnet indes **§ 358 Abs. 4 S. 5** an. Ist demnach der Darlehensbetrag dem Unternehmer, hier also dem V, bereits zugeflossen, tritt der Darlehensgeber im Verhältnis zum Verbraucher hinsichtlich der Rechtsfolgen des Widerrufs in die

503 BGH BGHZ 131, 66, 71.

Rechte und Pflichten des Verkäufers aus dem Kaufvertrag ein. Hierdurch soll eine **bilaterale Rückabwicklung** zwischen Verbraucher und Darlehensgeber erreicht werden, sodass der Verbraucher nicht erst den Darlehensbetrag dem Darlehensgeber zurückerstatten und dann seinerseits vom Verkäufer die Rückzahlung des Kaufpreises verlangen muss.[504] **Maßgeblicher Zeitpunkt** für die Frage, ob der Darlehensbetrag dem Verkäufer „bereits" zugeflossen ist, ist der **Zugang des Widerrufs** beim Darlehensgeber.[505]

bilaterale Rückabwicklung

Hier hatte K die Widerrufserklärung gegenüber V, dem Empfangsboten der F, abgegeben. Für den Zugang einer an einen Empfangsboten abgegebenen schriftlichen Willenserklärung ist grundsätzlich der Zeitpunkt maßgebend, der nach dem regelmäßigen Verlauf der Dinge für die Übermittlung der Erklärung an den Adressaten zu erwarten war.[506] Das war hier der 21.10., an dem die F das Widerrufsschreiben des K durch V auch tatsächlich erhalten hat. **Bereits vor diesem Zeitpunkt** war dem Konto des V der Darlehensbetrag am 19.10. gutgeschrieben worden. Im Verhältnis zu K tritt F damit hinsichtlich der Rechtsfolgen des Widerrufs in die Rechte und Pflichten des V aus dem Kaufvertrag ein. **V** ist insoweit **nicht mehr passivlegitimiert**.

K hat gegen V keinen Anspruch auf Rückzahlung der 2.500 €.

Hinweis: *Es findet nach h.M. ein* ***Übergang der Rechte und Pflichten des Verkäufers*** *aus dem den unwirksam gewordenen Kaufvertrag betreffenden Rückabwicklungsverhältnis auf den Darlehensgeber statt. Dieser wird* ***anstelle*** *des Verkäufers –* ***nicht neben diesem*** *– Gläubiger und Schuldner des Verbrauchers und demgemäß für einen Prozess aktiv- und passivlegitimiert.*[507]

---

3. Rechtsfolgen des § 358 Abs. 4 S. 5

Bei verbundenen Verträgen sind je nach dem, ob die Voraussetzungen des § 358 Abs. 4 S. 3 vorliegen, zwei Fallgestaltungen zu unterscheiden: **268**

2 Fälle

- Rechtslage **vor Zufluss** des Darlehensbetrags beim Unternehmer (z.B. Verkäufer):

  Hat der Verkäufer den Darlehensbetrag noch nicht erhalten, findet eine **Rückabwicklung** etwaiger Leistungen allein **in dem jeweiligen Leistungsverhältnis** statt.

  Bei einem Leistungsaustausch zwischen Verkäufer und Käufer aufgrund des Kaufvertrags erfolgt die **Rückabwicklung** insoweit allein **zwischen den Kaufvertragsparteien** gemäß den §§ 355 ff. Der Käufer kann also vom Verkäufer eine etwaige Anzahlung zurückverlangen und der Verkäufer hat gegen den Käufer einen Anspruch auf Rückgabe der bereits gelieferten Kaufsache sowie ggf. Wertersatzansprüche.

---

504 Looschelders Rn. 885.
505 BGH BGHZ 131, 66, 75.
506 BGH BGHZ 131, 66, 75.
507 BGH RÜ 2009, 412.

Wenn der Darlehensgeber den Darlehensbetrag an den Verbraucher (Käufer) ausgezahlt und dieser ihn bis zum Zugang der Widerrufserklärung beim Darlehensgeber noch nicht an den Verkäufer weitergeleitet hat, so erfolgt die **Abwicklung des Verbraucherdarlehensvertrags zwischen Darlehensgeber und Verbraucher**.[508]

- Rechtslage **nach Zufluss** des Darlehensbetrags beim Unternehmer (z.B. Verkäufer):

Ist der Darlehensbetrag dem Verkäufer **vor Zugang des Widerrufs** beim Darlehensgeber **bereits zugeflossen**, so tritt der Darlehensgeber hinsichtlich der Rechtsfolgen des Widerrufs nach § 358 Abs. 4 S. 5 im Verhältnis zum Verbraucher (Käufer) in die Rechte und Pflichten des Verkäufers aus dem Kaufvertrag ein. Zufluss i.S.d. § 358 Abs. 4 S. 5 liegt erst dann vor, wenn der Verbraucher seine Verpflichtung gegenüber dem Unternehmer erfüllt, d.h. Auszahlung oder Gutschrift erfolgt ist.[509]

Der Verbraucher kann vom Darlehensgeber nicht nur die auf das Darlehen schon erbrachten Teilleistungen zurückverlangen, sondern **auch** die Rückgabe einer von dem Verbraucher aus eigenen Mitteln **an den Verkäufer geleisteten Anzahlung**.[510]

Der Darlehensgeber tritt aber **nur** hinsichtlich der Rechtsfolgen des Widerrufs an die Stelle des Verkäufers. Wegen etwaiger **Schadensersatzansprüche** aus §§ 280 Abs. 1, 311 Abs. 2, 241 Abs. 2 oder § 280 Abs. 1 muss sich der Käufer an den Verkäufer halten.[511]

In § 358 Abs. 4 wird nicht geregelt, auf welche Weise der Darlehensgeber das bereits ausgezahlte Darlehen zurückerhalten kann. Die h.M. vertritt die Auffassung, dass dem Darlehensgeber **kein Anspruch gegen den Verbraucher** auf Rückzahlung der Darlehensvaluta zusteht.[512]

Wegen der Rückzahlung des Darlehens kann sich der Darlehensgeber deshalb nur an den Unternehmer (Verkäufer) halten. Für diese Rückabwicklung enthält § 358 Abs. 4 keine Regelung. Bestehen auch keine vertraglichen Abreden, ist die Rückabwicklung zwischen Darlehensgeber und Unternehmer nach **Bereicherungsrecht** (§ 812 Abs. 1 S. 1 Alt. 2) vorzunehmen.[513]

Klausurhinweis: *Der auf den Widerruf des Verbrauchers zugeschnittene § 358 Abs. 4 S. 5 ist nicht analog auf das Rückabwicklungsverhältnis nach wirksam erklärten Rücktritt des Verbrauchers wegen Sachmängeln anzuwenden. Dazu fehlt es an einer planwidrigen Regelungslücke.*[514]

508 MünchKomm/Habersack § 358 Rn. 81.

509 Palandt/Grüneberg § 358 Rn. 21.

510 BGH BGHZ 131, 66, 73.

511 MünchKomm/Habersack § 358 Rn. 86 m.w.N.

512 Hk-BGB-/Schulze § 358 Rn. 13 m.w.N.

513 H.M.: BGH BGHZ 133, 254, 263 f.; Palandt/Grüneberg § 358 Rn. 21; Hk-BGB/Schulze § 358 Rn. 13; für eine analoge Anwendung des § 358 Abs. 4 dagegen MünchKomm/Habersack § 358 Rn. 87 ff.

514 BGH NJW 2015, 3455, 3456.

II. Einwendungs- und Rückforderungsdurchgriff

Neben dem Widerrufsdurchgriff gemäß § 358 Abs. 1 und 2, sieht **§ 359 Abs. 1** bei verbundenen Verträgen einen Einwendungsdurchgriff vor. Dieser Durchgriff findet indes gemäß § 359 Abs. 2 nur dann statt, wenn das finanzierte **Entgelt mindestens 200 €** beträgt. 269

Während im Rahmen des § 358 Abs. 1 ein Darlehensvertrag ausreicht, der nicht notwendigerweise ein Verbraucherdarlehensvertrag i.S.d. § 491 sein muss, setzt § 358 Abs. 2 einen Verbraucherdarlehensvertrag voraus.[515] Gleiches gilt für den Einwendungsdurchgriff gemäß § 359. Das **Erfordernis eines Verbraucherdarlehensvertrags** ergibt sich zwar nicht aus § 359 Abs. 1 S. 1, der nur von „Rückzahlung des Darlehens" spricht, es wird aber durch den Wortlaut des **§ 359 Abs. 1 S. 2** und dessen Verbindung zu § 359 Abs. 1 S. 1 deutlich. Danach bezieht sich das Wort Darlehen auf einen Verbraucherdarlehensvertrag.[516]

Ob dem Verbraucher neben dem Einwendungsdurchgriff auch ein sog. **Rückforderungsdurchgriff** gegenüber dem Darlehensgeber zusteht, ist umstritten.

Fall 15: Klammer Käufer

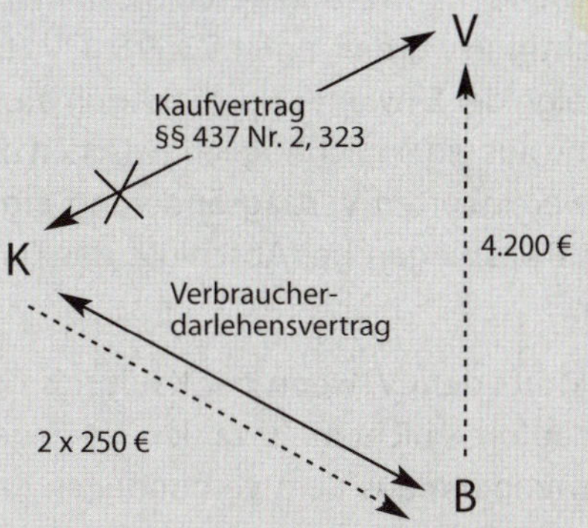

V verkauft dem nicht verbeamteten Lehrer K eine Polstergarnitur für 4.200 €. Da K den Kaufpreis nicht zahlen kann, überreicht ihm V Darlehensunterlagen der B-Bank (B), mit der V einen entsprechenden Rahmenvertrag hat. K füllt diese Anträge aus und die B zahlt daraufhin den Darlehensbetrag an V zur Tilgung der Kaufpreisforderung. Der Darlehensvertrag ist formgerecht und mit ordnungsmäßiger Widerrufsbelehrung abgeschlossen worden. Nachdem K zwei Raten i.H.v. je 250 € gezahlt hat, erklärt er wegen eines Mangels der Garnitur drei Monate nach deren Ablieferung den Rücktritt vom Kaufvertrag. K hatte zuvor V eine angemessene Frist zur Nacherfüllung gesetzt, die jedoch erfolglos verstrichen war. K verweigert gegenüber B die Zahlung der restlichen Raten und verlangt von B Rückzahlung der bereits gezahlten 500 €. B fordert dagegen von K die Weiterzahlung der Raten. Stehen B und K die geltend gemachten Ansprüche zu?

A. B könnte gegen K einen Anspruch auf Rückzahlung des Darlehens gemäß § 488 Abs. 1 S. 2 haben.

I. Der **Anspruch** ist durch Abschluss des Darlehensvertrags und Auszahlung der Darlehensvaluta an den von K benannten V gemäß § 488 Abs. 1 S. 2 **entstanden**. Der Rücktritt vom Kaufvertrag gemäß §§ 437 Nr. 2, 323 hat bezüglich des Kaufver-

515 Looschelders Rn. 879.

516 Vgl. BGH RÜ 2015, 4, 5.

trags zu einem Rückgewährschuldverhältnis geführt, dagegen den zwischen K und B geschlossenen Darlehensvertrag nicht (unmittelbar) berührt.

270 II. Den Rücktritt vom Kaufvertrag könnte K aber der B im Wege des **Einwendungsdurchgriffs** gemäß **§ 359 S. 1** entgegenhalten.

1. Es liegen **verbundene Verträge i.S.d. § 358 Abs. 3** vor, da der mit B geschlossene Verbraucherdarlehensvertrag (§ 491 Abs. 1) der Finanzierung des Kaufpreises dient und die beiden Verträge eine **wirtschaftliche Einheit** bilden, was vorliegend gemäß § 358 Abs. 3 S. 2 unwiderlegbar vermutet wird. B und V haben ihr Zusammenwirken bei der Vorbereitung und dem Abschluss der Darlehensverträge nämlich sogar durch einen Rahmenvertrag geregelt.

2. Nach **§ 359 S. 1** kann der Verbraucher die Rückzahlung des Darlehens verweigern, soweit ihm Einwendungen aus dem verbundenen Vertrag, hier also dem Kaufvertrag, gegenüber dem Unternehmer, mit dem er den verbundenen Vertrag geschlossen hat (hier: V), zur Verweigerung seiner Leistung berechtigen würden.

   Es fallen grundsätzlich alle rechtshindernden, rechtsvernichtenden und rechtshemmenden Einwendungen und Einreden, die den Verbraucher gegenüber dem Unternehmer, mit dem er den verbundenen Vertrag geschlossen hat, zur **Verweigerung seiner Leistung berechtigen** würden, unter § 359 S. 1.[517] Eine **Ausnahme** macht **§ 359 S. 2**, demzufolge der Einwendungsdurchgriff ausgeschlossen ist, wenn sich die Einwendung aus einer nachträglich zwischen dem Verbraucher und dem Unternehmer vereinbarten Vertragsänderung ergibt, weil der Darlehensgeber mit solchen Belastungen bei Abschluss des Darlehensvertrags nicht zu rechnen braucht.

3. K müsste aufgrund des erklärten Rücktritts dem V, wenn der Kaufpreis noch nicht an V gezahlt worden wäre, den Kaufpreis nicht mehr zahlen. Vorliegend ist somit eine rechtsvernichtende Einwendung aus dem verbundenen Kaufvertrag gegeben.

4. Gemäß **§ 359 S. 3** kann der Verbraucher die Rückzahlung des Darlehens in dem Fall, dass er Nacherfüllung verlangen kann, erst verweigern, wenn die Nacherfüllung fehlgeschlagen ist.

   K hat – was bereits Voraussetzung für den Rücktritt ist (vgl. § 323 Abs. 1) – V erfolglos eine Frist zur Nacherfüllung gesetzt. V hat indes jede Form der Nacherfüllung ernsthaft und endgültig verweigert. Zwar fällt die Verweigerung der Nacherfüllung nach § 440 S. 2 nicht unter den Begriff des Fehlschlagens, jedoch wird sie im Rahmen des § 359 S. 3 dem Fehlschlagen gleichgestellt.[518]

   Es liegen somit – da auch ein Ausschluss wegen Geringwertigkeit nach **§ 359 Abs. 2** nicht in Betracht kommt – die Voraussetzungen des Einwendungsdurchgriffs nach § 359 S. 1 vor.

---

517 BeckOK/Müller-Christmann § 359 Rn. 4.

518 Palandt/Grüneberg § 359 Rn. 3.

III. **Rechtsfolge** ist, dass K gegenüber der B ein **Leistungsverweigerungsrecht** im selben Umfang hat, wie er eine Einwendung aus dem finanzierten Kaufvertrag gegenüber V hat.

K ist somit berechtigt, die Zahlung der Darlehensraten zu verweigern.

B. K könnte gegen B einen Anspruch auf Rückzahlung der an B bereits geleisteten Darlehensraten i.H.v. 500 € haben.

Ein solcher sog. **Rückforderungsdurchgriff** ist **in § 359 nicht geregelt**.

I. **Zum Teil** wird vertreten, dass § 359 eine **abschließende Regelung** der Rechte des Verbrauchers gegen den Darlehensgeber darstelle und sich daher die Rückabwicklung innerhalb der jeweiligen Leistungsbeziehungen zu vollziehen habe.[519] Dann könnte sich K wegen der Rückzahlung nur an V halten.

II. Demgegenüber wird **überwiegend** die Auffassung vertreten, dass der Gesetzgeber die Frage des Rückforderungsdurchgriffs in § 359 **nicht abschließend geregelt**, sondern deren Beantwortung bewusst der Rspr. und Lit. überlassen habe.[520] Insoweit ist jedoch **zu unterscheiden:**

1. Ein **Rückforderungsdurchgriff** des Verbrauchers gegenüber dem Darlehensgeber gemäß **§ 813 Abs. 1 S. 1** wird **bei anfänglicher Nichtigkeit** des finanzierten Vertrags zugelassen, da dann der Anspruch auf Darlehensrückzahlung aufgrund der Nichtigkeit des finanzierten Vertrags und des Einwendungsdurchgriffs nach § 359 S. 1 von Anfang an und dauernd einredebehaftet war.[521] Gleiches gilt, wenn der finanzierte Vertrag **angefochten** ist.[522] Allerdings hat der **II. Zivilsenat des BGH** [523] bei einer Anfechtung wegen arglistiger Täuschung einen Rückforderungsdurchgriff normativ nicht auf das Bereicherungsrecht, sondern auf **§ 358 Abs. 4 S. 3 analog**[524] gestützt.

   Hinweis: *Der XI. Zivilsenat des BGH, der zuletzt den Rückforderungsdurchgriff bei anfänglicher Unwirksamkeit bejaht und auf § 813 Abs. 1 S. 1 gestützt hat, hat in dieser Entscheidung die vom II. Zivilsenat vorgenommene Analogie zu § 358 Abs. 4 S. 3 mangels Regelungslücke abgelehnt.*

   Vorliegend ist der finanzierte Kaufvertrag allerdings weder nichtig noch angefochten worden, sondern mangelhaft.

2. Bei **Mangelhaftigkeit** der vom Unternehmer geschuldeten Leistung lehnt die ganz h.M. einen Rückforderungsdurchgriff zu Recht ab und verweist den Käufer wegen bereits geleisteter Raten allein an den Verkäufer.[525] Da Rücktritt,

---

519 OLG Frankfurt WM 2002, 1275, 1279.

520 Vgl. BeckOK/Müller-Christmann § 359 Rn. 9 m.w.N.

521 Vgl. BGH RÜ 2008, 152.

522 OLG Dresden ZIP 2000, 180, 182; Palandt/Grüneberg § 359 Rn. 7 m.w.N.

523 BGH BGHZ 156, 46, NJW 2003, 2821 (Fall des kreditfinanzierten Beitritts zu einem Immobilienfonds) m. Anm. Emmerich JuS 2003, 1230 („sensationelle Wendung"); vgl. auch Schäfer JZ 2004, 260.

524 Beachte: § 358 Abs. 4 S. 3 a.F. betraf unmittelbar nur den Fall des Widerrufsdurchgriffs, der seit dem 13.06.2014 in S. 5 geregelt ist.

525 Vgl. m.w.N. Palandt/Grüneberg § 359 Rn. 8; Looschelders Rn. 892.

Minderung und Schadensersatz statt der Leistung nur zu einer Umgestaltung des Kaufvertrags mit ex-nunc-Wirkung führen, § 813 Abs. 1 S. 1 aber das Bestehen der Einrede im Zeitpunkt der Leistung voraussetze, erfasse dieser die Fälle einer nachträglichen Entstehung einer Einrede nicht.[526]

Demnach hat K weder aus § 813 Abs. 1 S. 1 noch aus § 358 Abs. 4 S. 5 analog einen Anspruch gegen B auf Rückzahlung der bereits geleisteten Raten i.H.v. insgesamt 500 €.

III. Einschränkungen für den Erwerb von Finanzinstrumenten

271 **Widerrufs- und Einwendungsdurchgriff** sind beim Widerruf eines Darlehens, das der Finanzierung des Erwerbs von Finanzinstrumenten dient, **ausgeschlossen**, vgl. **§ 358 Abs. 5** und **§ 359 Abs. 2**.

Hinsichtlich des Begriffs „Finanzinstrumente" kann auf die **Legaldefinition** für Finanzinstrumente **in § 1 Abs. 11 Kreditwesengesetz** rekurriert werden.[527] Danach werden beispielsweise Aktien, Schuldverschreibungen, Investmentanteile, Devisen und Derivate erfasst.

Zweck der Ausschlussregelungen ist es, zu verhindern, dass beim finanzierten Erwerb solcher Finanzinstrumente der Käufer durch einen Widerruf des Darlehensvertrags das ihm **bekannte Risiko von Kursschwankungen** dem Verkäufer aufbürden kann.[528] Da die Regeln zum Widerrufs- und Einwendungsdurchgriff aufgrund der §§ 358 Abs. 5 und 359 Abs. 2 keine Anwendung finden, bleibt der Verbraucher beim Widerruf des Darlehens an das finanzierte Spekulationsgeschäft gebunden.

IV. Entsprechende Anwendung auf zusammenhängende Verträge

1. Voraussetzungen

272 Die Vorschrift des § 360 kommt nur dann zur Anwendung, wenn **nicht bereits ein verbundener Vertrag** i.S.d. § 358 Abs. 3 vorliegt, vgl. § 360 Abs. S. 1. Ferner müssen die Voraussetzungen für einen zusammenhängenden Vertrag gemäß § 360 Abs. 2 vorliegen.

a) Allgemeine Voraussetzungen

273 Nach der Legaldefinition in § 360 Abs. 2 S. 1 liegt ein zusammenhängender Vertrag vor, wenn er einen **Bezug zu dem widerrufenen Vertrag** aufweist und eine Leistung betrifft, die von dem Unternehmer des widerrufenen Vertrags oder einem Dritten auf der Grundlage einer Vereinbarung zwischen dem Dritten und dem Unternehmer des widerrufenen Vertrags erbracht wird.

---

526 MünchKomm/Habersack § 359 Rn. 75.

527 MünchKomm/Habersack § 359 Rn. 47a.

528 Begr. RegE, BT-Drs. 17/12637, 66.

Der erforderliche Bezug liegt vor, wenn die beiden Verträge eine direkte kausale Verbindung aufweisen, was regelmäßig bei einem **tatsächlichen oder wirtschaftlichen Zusammenhang** anzunehmen ist.[529]

„Leistung" ist dabei als Oberbegriff für Warenlieferung und Dienstleistung zu verstehen.[530] Soweit die **Leistung** von einem Dritten erbracht wird, muss dies aufgrund einer ausdrücklichen oder konkludenten Vereinbarung zwischen dem Dritten und dem Unternehmer geschehen.[531]

Beispiele: Kostenpflichtige Mitgliedschaft in einem Fitness-Studio in einer Ferienanlage, an welcher der Verbraucher ein Teilzeitwohnrecht inne hat.[532] Entgeltlicher Zugang zu einer Internetplattform, auf der die Möglichkeit besteht, zusätzliche gesonderte Verträge über digitale Inhalte abzuschließen.[533]

b) Ergänzung für Darlehensverträge

Die Voraussetzungen des § 360 Abs. 2 S. 1 gelten auch für Darlehensverträge. Satz 1 der Vorschrift wird aber durch **§ 360 Abs. 2 S. 2** ergänzt, demzufolge ein Darlehensvertrag **auch dann** ein zusammenhängender Vertrag ist, wenn das Darlehen **ausschließlich der Finanzierung** des widerrufenen Vertrags dient und die **Leistung** des Unternehmers aus dem widerrufenen Vertrag in dem Verbraucherdarlehensvertrag **genau angegeben** ist. 274

Für das Merkmal der **genauen Angabe** ist eine bloße Typenbezeichnung nicht ausreichend, sondern es ist eine eindeutige **Identifizierbarkeit** erforderlich.[534]

Beispiel: Nicht ausreichend wäre die bloße Angabe im Darlehensvertrag, dass ein „Pkw-Kauf" finanziert wird, erforderlich wäre etwa die Angabe des Fabrikats des finanzierten Pkw („Mercedes SLK").[535]

Ein **„angegebener Vertrag"** i.S.d. Vorschrift liegt vor, wenn das Verbraucherdarlehen zwar der Finanzierung der Leistung aus dem widerrufenen Vertrag dient, eine wirtschaftliche Einheit gemäß § 358 Abs. 3 S. 2 aber nicht gegeben ist.[536]

Beispiel: Beim Abschluss des Darlehens ist der konkrete Unternehmer noch nicht bekannt.[537]

2. Rechtsfolge

Der Verbraucher soll auch an einen mit dem widerrufenen Vertrag im Zusammenhang stehenden Vertrag nicht gebunden sein. Er soll von einem möglichen Widerruf nicht dadurch abgehalten werden, dass er auch in diesem Fall an einen weiteren, mit dem widerrufenen Vertrag im Zusammenhang stehenden Vertrag gebunden bleibt.[538] Der Widerruf wird deshalb gemäß **§ 360 Abs. 1 S. 1** auch auf den zusammenhängenden Ver- 275

529 Palandt/Grüneberg § 360 Rn. 2.
530 Begr. RegE, BT-Drs. 17/12637, 68.
531 Palandt/Grüneberg § 360 Rn. 2.
532 Begr. RegE, BT-Drs. 17/2764, 19.
533 Palandt/Grüneberg § 360 Rn. 2.
534 MünchKomm/Habersack § 360 Rn. 11.
535 Palandt/Grüneberg § 360 Rn. 3.
536 Begr. RegE, BT-Drs. 17/12637, 67.
537 Palandt/Grüneberg § 360 Rn. 3
538 Begr. RegE, BT-Drs. 17/12637, 67.

trag erstreckt. Die Vorschrift statuiert damit einen § 358 Abs. 1 und § 358 Abs. 2 entsprechenden **Widerrufsdurchgriff**.

Ferner findet der für verbundene Verträge geltende **§ 358 Abs. 4 S. 1–3** entsprechende Anwendung auf die **Rückabwicklung** zusammenhängender Verträge, vgl. § 360 Abs. 1 S. 2. Durch diesen Verweis kommen wiederum die Grundnorm des § 355 Abs. 3 und je nach Vertragstypus die §§ 357 ff. zur Anwendung.

Dagegen verweist § 360 **nicht** auf den für verbundene Verträge geltenden **Einwendungsdurchgriff** (§ 359). Dieser soll für zusammenhängende Verträge gerade nicht gelten.

Hintergrund: In Fällen, in denen zwar der Verwendungszweck im Darlehensvertrag bereits konkret bezeichnet ist, sich der Verbraucher aber etwa erst nach Auszahlung des Darlehens für einen bestimmten Vertragspartner entscheidet, der den finanzierten Gegenstand liefert, erscheint es nicht sachgerecht, sämtliche Vorschriften über das verbundene Geschäft anzuwenden. Insbesondere würde der Einwendungsdurchgriff nach § 359 für den Darlehensgeber ein unberechenbares Risiko darstellen, wenn er den Lieferanten gar nicht kennt. Deshalb sollen Fälle, bei denen eine wirtschaftliche Einheit fehlt, aber der zu finanzierende Gegenstand konkret im Vertrag bezeichnet ist, nur hinsichtlich des Widerrufsrechts den verbundenen Geschäften gleichgestellt werden.[539]

539 So Begr. RegE, BT-Drs. 17/12637, 68.

Verbraucherschutz

Grundbegriffe des Verbraucherrechts (§§ 13, 14)

I. Begriff des Verbrauchers

- Natürliche Person
- Zweck des Rechtsgeschäfts ist keiner überwiegend gewerblichen oder selbstständigen beruflichen Tätigkeit zuzuordnen

II. Begriff des Unternehmers

- Natürliche oder juristische Person (§ 14 Abs. 1) oder rechtsfähige Personengesellschaft (§ 14 Abs. 1 u. 2)
- in Ausübung ihrer gewerblichen oder selbstständigen beruflichen Tätigkeit

Anwendungsbereich und Grundsätze bei Verbraucherverträgen

I. Anwendungsbereich

- § 312 enthält allgemeine Voraussetzungen für Anwendbarkeit der §§ 312 a–h
- nach § 312 Abs. 1 Verbrauchervertrag gemäß § 310 Abs. 3, der eine entgeltliche Leistung des Unternehmers zum Gegenstand hat, erforderlich
- Ausnahmetatbestände in § 312 Abs. 2-6 beachten

II. Grundsätze bei Verbraucherverträgen

- Informationspflichten bei telefonischer Kontaktaufnahme (§ 312 a Abs. 1)
- Informationspflichten für den stationären Handel (§ 312 a Abs. 2)
- Grenzen der Vereinbarung von Entgelten (§ 312 a Abs. 3–5)

Außergeschäftsraumverträge

I. Voraussetzung

- Verbrauchervertrag i.S.d. § 312 Abs. 1
- Ausnahmen in § 312 Abs. 2-6 beachten
- Besondere Voraussetzungen aus § 312 b

II. Rechtsfolgen

- Widerrufsrecht (§ 312 g)
- Informations- und Dokumentationspflichten (§ 312 d und f)
- Besonderer Gerichtsstand (§ 29 c ZPO)

Fernabsatzverträge

I. Voraussetzungen

- Verbrauchervertrag i.S.d. § 312 Abs. 1
- Ausnahmen in § 312 Abs. 2-6 beachten
- Besondere Voraussetzungen aus § 312 c

II. Rechtsfolgen

- Widerrufsrecht (§ 312 g)
- Informations- und Dokumentationspflichten (§ 312 d und f)

Verbraucherschutz (Fortsetzung)

Widerrufsrecht bei Verbraucherverträgen (§§ 355 ff.)

I. Voraussetzungen

- Widerrufsrecht gemäß § 355 (z.B. aus § 312 g)
- fristgerechte Erklärung des Verbrauchers ggü. dem Unternehmer

II. Rechtsfolgen

- Rückgewähr der Leistungen und Wertersatzpflicht des Verbrauchers
- Verbraucher trägt gemäß § 357 Abs. 3 S. 1 grds. die Kosten der Rücksendung

Besondere Regelungen für den elektronischen Geschäftsverkehr

I. Allgemeine Pflichten des Unternehmers, § 312 i

1. Anwendungsbereich
   - Sachlich: elektronischer Geschäftsverkehr (Telemedien)
   - Persönlich: Unternehmer und Kunde (§ 13 oder § 14)
2. Pflichtinhalt: § 312 i Abs. 1 S. 1 Nr. 1–4
3. Rechtsfolgen bei Pflichtverletzung
   - Anfechtung; Schadensersatz- und Unterlassungsansprüche

II. Besondere Pflichten des Unternehmers, § 312 j

1. Anwendungsbereich
   - Sachlich: Entgeltlicher Vertrag; elektronischer Geschäftsverkehr
   - Persönlich: Unternehmer (§ 14) und Verbraucher (§ 13)
2. Pflichtinhalt: Verschärfte Informationspflichten (§ 312 j Abs. 1–3)
3. Rechtsfolge bei Pflichtverletzung: Unwirksamkeit des Vertrages (§ 312 j Abs. 4)

Verbundene Verträge (§§ 358–359)

I. Voraussetzungen

- Darlehen dient der Finanzierung des anderen Vertrags und beide Verträge bilden eine wirtschaftliche Einheit (§ 358 Abs. 3)

II. Rechtsfolgen

- Widerrufsdurchgriff (§ 358 Abs. 1 u. 2)
- Einwendungsdurchgriff (§ 359)
- Rückforderungsdurchgriff (str.)

4. Teil: Beteiligung Dritter an Schuldverhältnissen

Gemäß § 241 Abs. 1 besteht ein Schuldverhältnis grundsätzlich nur zwischen dem **Gläu- 276
biger** und dem **Schuldner**. Die Beteiligten können jedoch auf unterschiedliche Art und mit unterschiedlichen Folgen **Dritte an dem Schuldverhältnis teilhaben lassen**:

Beteiligung Dritter an Schuldverhältnissen

VzD	**§ 398**	**§ 414**	**VSD**	**§ 311 Abs. 3**	**DSL**
Dritter erhält Primäranspruch	**Dritter erhält Anspruch**	**Dritter schuldet Anspruchsinhalt**	**Dritter erhält Schadensersatzanspruch**	**Dritter haftet auf Schadensersatz-**	**Schaden eines Dritten wird geltend gemacht** (Dritter kann Abtretung verlangen)
Keine *zusätzliche* Leistungspflicht			**Haftungsausweitung**		**Haftungsverlagerung**

- Durch **Vertrag zugunsten Dritter** (§§ 328 ff.; VzD) kann zugunsten des Dritten ein eigener primärer Leistungsanspruch (§ 241 Abs. 1) erstmalig begründet werden.
- Durch **Abtretung** (§§ 398 ff.) kann auf den Dritten als neuen Gläubiger ein bereits bestehender Anspruch übertragen werden.
- Durch **Schuldübernahme** (§ 414) übernimmt hingegen ein Dritter als neuer Schuldner eine Verpflichtung aus einem Schuldverhältnis.
- Beim **Vertrag mit Schutzwirkung zugunsten Dritter** (VSD) wird ein Dritter so in den Schutzbereich eines Schuldverhältnisses einbezogen, dass er neben der Partei einen eigenen Schadensersatzanspruch gegen die andere Partei bei Verletzung von Rücksichtnahmepflichten (§ 241 Abs. 2) hat.
- Nach § 311 Abs. 3 kann ein eigenes **rechtsgeschäftsähnliches Schuldverhältnis zu einem Dritten** entstehen, sodass dieser bei Verletzung einer Rücksichtnahmepflicht zum Schadensersatz gegenüber einer der Parteien verpflichtet ist.
- Ferner kann eine Partei für den Schaden eines Dritten, der keinen eigenen Anspruch gegen die andere Partei hat, von der anderen Partei Schadensersatz verlangen **(Drittschadensliquidation)**. In der Regel kann der Dritte von der berechtigten Partei die Abtretung dieses Schadensersatzanspruches einfordern und ihn sodann selbst gegen die Partei geltend machen.

Ausführungen zu **§ 311 Abs. 3** finden Sie im AS-Skript Schuldrecht AT 1 (2017), Rn. 33 ff. Ausführungen zu den **übrigen Rechtsinstituten** finden Sie auf den folgenden Seiten.

1. Abschnitt: Vertrag zugunsten Dritter, §§ 328 ff.

Aus einem Vertrag zugunsten Dritter erhält der Dritte gemäß § 328 Abs. 1 **unmittelbar 277
das Recht, die Leistung zu fordern**. Obwohl er nicht Vertragspartei ist, steht ihm ein eigener Anspruch zu, den er selbst gegen den Versprechenden geltend machen kann.

Beispiel: G aus Frankfurt möchte seiner Tochter D, die in Münster studiert, ein Fahrrad schenken. Er ruft beim Fahrradhändler S in Münster an und kauft ein Hollanddamenrad der Marke „Gazelle". Da G sich nicht sicher ist, welche Farbe D gefällt, vereinbart er mit S, dass D selbst im Geschäft vorbeikommen, sich das Rad aussuchen und direkt mitnehmen soll. Die Rechnung soll S an G senden.

A. Rechtsverhältnisse zwischen den Beteiligten

278 Es sind **drei Personen** mit **drei Verhältnissen** beteiligt:

- Der Vertrag zu Gunsten des Dritten wird geschlossen zwischen dem Versprechenden und dem Versprechensempfänger. Die Beziehung zwischen diesen Personen ist das **Deckungsverhältnis**.

  Im obigen **Beispiel** der Kaufvertrag (§ 433) zwischen G und S.

- Der Dritte erhält von dem Versprechensempfänger eine Zuwendung, nämlich den eigenen Anspruch gegen den Versprechenden. Das Verhältnis zwischen dem Dritten und dem Versprechensempfänger ist das **Valutaverhältnis**.

  Im obigen **Beispiel** die Schenkung (§ 516) zwischen G und D.

- Der Dritte hat aus dem Deckungsverhältnis einen Anspruch auf Erbringung der versprochenen Leistung gegen den Versprechenden. Zwischen dem Dritten und dem Versprechenden besteht das rein tatsächliche **Vollzugsverhältnis**.

  Im obigen **Beispiel** kann D von S den Vollzug des Kaufvertrags zwischen G und S, also Übergabe und Übereignung des Fahrrades an sich selbst verlangen (§§ 433 Abs. 1 S. 1, 328 Abs. 1).

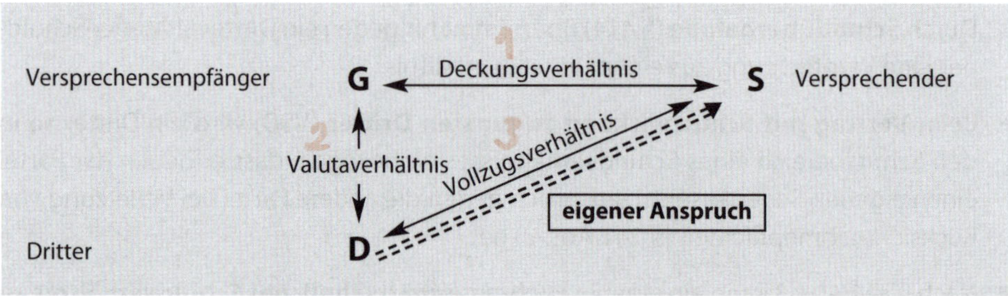

I. Deckungsverhältnis

279 Der Vertrag zugunsten Dritter entsteht durch die vertragliche **Einigung zwischen dem Versprechenden und dem Versprechensempfänger**. Die Parteien vereinbaren insbesondere, ob und wann der Dritte einen Anspruch gegen den Versprechenden erwirbt und ob dies unwiderruflich geschehen soll, vgl. § 328 Abs. 2.

Die **Bezeichnung** als Deckungsverhältnis ergibt sich daraus, dass der Versprechende aus diesem Verhältnis Bezahlung (also „Deckung") für die an den Dritten zu erbringende Leistung verlangen kann.

1. Eigenes Forderungsrecht des Dritten

280 Der Vertrag zugunsten Dritter i.S.d. §§ 328 ff. wird dadurch gekennzeichnet, dass dem Dritten ein eigenes Forderungsrecht zusteht (§ 328 Abs. 1). Ein solcher Vertrag wird auch als **„echter Vertrag zugunsten Dritter"** bezeichnet.

Ob der Dritte ein eigenes Forderungsrecht hat, bestimmt sich nach der im Rahmen der Vertragsfreiheit (Art. 2 Abs. 1 GG, § 311 Abs. 1) getroffenen **Parteivereinbarung**, vgl. § 328 Abs. 2. Fehlt eine Abrede, so ist der Parteiwille durch **Auslegung** zu ermitteln.

Die §§ 133, 157 werden dabei durch **Auslegungsregeln** konkretisiert: 281

- Nach § 329 besteht bei bloßer **Erfüllungsübernahme** im Zweifel kein Forderungsrecht des Dritten.[540] Das Versprechen, den Dritten als Gläubiger des Versprechensempfängers zu befriedigen, bindet im Zweifel den Versprechenden nur gegenüber dem Versprechensempfänger.
- Verträge mit **Versorgungsfunktion** gewähren hingegen dem Dritten im Zweifel einen eigenen Anspruch.

  Beispiele: Leibrente, § 330; Lebensversicherungsvertrag, § 159 VVG
- Im Übrigen sind gemäß § 328 Abs. 2 die Umstände, insbesondere der **Zweck des Vertrags**, maßgeblich.

Einer **Zustimmung des Dritten** bedarf es nicht. Ihm steht aber ein **Zurückweisungsrecht** zu, § 333.

Im Zweifel kann gemäß § 335 (neben dem Dritten selbst) **auch der Versprechensempfänger die Leistung an den Dritten fordern**.

Es kann aber auch vereinbart werden, dass der Dritte **keinen eigenes Forderungsrecht** 282
gegen den Versprechenden erhält (vgl. § 328 Abs. 1: „kann"). Ein solcher **„unechter Vertrag zugunsten Dritter"** liegt vor, wenn die Parteien nur den Leistungsweg abkürzen wollen. Der Versprechende soll dem Dritten nicht verpflichtet, sondern lediglich gegenüber dem Versprechensempfänger – seinem Gläubiger – berechtigt sein, an den Dritten befreiend (§§ 362 Abs. 2, 185 Abs. 1) zu leisten.

Beispiel: G aus Frankfurt kauft beim Fahrradhändler S in Köln für seine Tochter D ein von G ausgewähltes Fahrrad und bittet S, das Rad unmittelbar an die in Münster studierende D auszuliefern.

Eine ausdrückliche Abrede zwischen G und S hinsichtlich eines eigenen Forderungsrechts der D liegt nicht vor und gesetzliche Auslegungsregeln greifen nicht ein. Aus dem Vertragszweck lässt sich ebenfalls kein Forderungsrecht der D herleiten. Die Abrede zur Auslieferung an D dient letztlich nur der Abkürzung des Lieferweges. S kann befreiend an D leisten. Einen Anspruch auf die Leistung des S hat hingegen nur G, nicht aber D.

Verträge zulasten Dritter, die dem Dritten also eine Verpflichtung auferlegen, versto- 283
ßen gegen die **Privatautonomie** des Dritten und sind daher nicht zulässig.[541]

2. Zeitpunkt des Rechtserwerbs

Ab welchem Zeitpunkt der Dritte den Anspruch erwirbt, ist ebenfalls durch **Auslegung** 284
des Deckungsverhältnisses zu ermitteln. Gemäß § 328 Abs. 2 sind auch insofern die Umstände, insbesondere der Vertragszweck, zu berücksichtigen. Im Zweifel entsteht der Anspruch des Dritten **sofort**.[542]

540 Siehe zur Erfüllungsübernahme auch Rn. 453.

541 Staudinger/Klumpp, Vorbem. zu §§ 328 ff Rn. 53.

542 MünchKomm/Gottwald § 328 Rn. 34.

Wenn die Leistung nach dem Tod des Versprechensempfängers erfolgen soll, dann erwirbt der Dritte gemäß § 331 Abs. 1 den Anspruch im Zweifel **mit dem Tod des Versprechensempfängers**.[543]

3. Widerrufsmöglichkeit

285 Das Forderungsrecht des Dritten kann nur ohne Zustimmung des Dritten widerrufen werden, wenn sich ein entsprechender Vorbehalt ausdrücklich aus dem Deckungsverhältnis bzw. im Wege der **Auslegung** aus den Umständen bzw. dem Vertragszweck ergibt, § 328 Abs. 2. Im Zweifel entsteht das Recht des Dritten **endgültig**.[544]

*Der Widerruf ist ein einseitiges **Rechtsgeschäft zu Lasten des Dritten**. Er kann daher als actus contrarius zur Anspruchsverschaffung nach § 328 Abs. 1nur zulässig sein, soweit er bei Erschaffung des Anspruchs in diesen „eingewoben" wurde.*

286 Ein einseitig dem Versprechensempfänger vorbehaltenes Widerrufsrecht kann dieser im Zweifel auch durch eine **Verfügung von Todes wegen** ausüben, § 332.

Bei einem **Lebensversicherungsvertrag** besteht nach § 159 Abs. 1 VVG die Vermutung eines einseitigen Widerrufsrechts des Versprechensempfängers gegenüber der versprechenden Versicherung.

II. Valutaverhältnis

287 Das Rechtsverhältnis zwischen dem Versprechensempfänger und dem Dritten beinhaltet die Vereinbarung, warum der Dritte den Anspruch erhalten soll. Das Valutaverhältnis bildet damit den **Rechtsgrund für die Zuwendung des Leistungsanspruchs**. Wird keine Gegenleistung des Dritten vereinbart, so liegt häufig ein Schenkungsvertrag vor.

Fehlt im Valutaverhältnis der Rechtsgrund, so kann der Versprechensempfänger vom Dritten die Zuwendung nach § 812 Abs. 1 S. 1 Var. 1 bzw. S. 2 Var. 1 **kondizieren**. Er kann also Abtretung des Leistungsanspruchs oder, wenn der Versprechende bereits an den Dritten geleistet hat, Herausgabe des Geleisteten verlangen.

***Klausurhinweis zum Aufbau: Ob und was** der Dritte erlangt hat, richtet sich nach dem Deckungsverhältnis. Das Valutaverhältnis bestimmt hingegen, ob er es **behalten darf**.*

III. Vollzugsverhältnis

288 Zwischen dem Versprechenden und dem Dritten besteht **kein Vertragsverhältnis**. Der dem Dritten zustehende vertragliche Leistungsanspruch gegen den Versprechenden ist vielmehr aus dem Deckungsverhältnis zwischen dem Versprechenden und dem Versprechensempfänger abgespalten.

Das Vollzugsverhältnis ist allerdings gemäß § 311 Abs. 2 Nr. 3 eine **rechtsgeschäftsähnliche Sonderverbindung** mit wechselseitigen Schutzpflichten nach § 241 Abs. 2,[545] deren Verletzung einen **Schadensersatzanspruch** nach § 280 Abs. 1 begründen kann.

---

543 Vgl. näher zu § 331 Rn. 298 ff.

544 MünchKomm/Gottwald § 328 Rn. 34.

545 BGH NJW 2005, 3778; Palandt/Grüneberg, Einf v § 328 Rn. 5; Vgl. AS-Skript Schuldrecht AT 1 (2017), Rn. 32.

B. Leistungsstörungen

Treten im weitesten Sinne Leistungsstörungen auf, so stellt sich die Frage, wer der **Inhaber** der sich daraus ergebenden Rechte ist. Ferner kann die **Befugnis, diese Rechte geltend zu machen**, ausnahmsweise nicht bzw. nicht alleine bei ihrem Inhaber liegen. **289**

I. Rechte des Dritten

Dem Dritten stehen **gegen den Versprechenden** Ansprüche und Rechte zu, die entweder nur sein Leistungsrecht betreffen und dabei **keine Auswirkung auf das Deckungsverhältnis** im Übrigen haben oder die die **Nebenpflichten aus dem Vollzugsverhältnis** betreffen: **290**

- Dem Dritten stehen Ansprüche wegen **Verzögerung** der Leistung gemäß §§ 280 Abs. 1 und 2, 286 zu.
- Der Dritte kann bei Mangelhaftigkeit der Leistung **Nacherfüllung** verlangen, wenn diese vorgesehen ist, z.B. in §§ 437 Nr. 1, 439 bzw. §§ 634 Nr. 1, 635.
- Dem Dritten stehen auch **Schadensersatzansprüche statt der Leistung bei Unmöglichkeit** zu, §§ 280 Abs. 1 und 3, 283 bzw. § 311 a.[546]

  Hier entfallen zwar Leistung und Gegenleistung gemäß §§ 275, 326 Abs. 1, sodass das **Deckungsverhältnis beeinflusst** wird. Allerdings tritt dies bereits **ipso iure** wegen der Unmöglichkeit und nicht erst durch die Geltendmachung des Anspruchs des Dritten ein.

- Bei Verletzung von Schutzpflichten kann der Dritte wie ausgeführt vom Versprechenden Schadensersatz verlangen, **§§ 280 Abs. 1, 241 Abs. 2, 311 Abs. 2 Nr. 3**.

II. Rechte des Versprechensempfängers

Hingegen stehen dem Dritten Rechte und Ansprüche, die das **Deckungsverhältnis gestalten**, nicht zu.[547] Diese muss der Versprechensempfänger geltend machen, da nur er als Partei des Deckungsverhältnisses über dessen **Synallagma** entscheiden kann. **291**

- Nur der Versprechensempfänger kann daher **Gestaltungsrechte** (Anfechtung, Rücktritt, Kündigung, Widerruf, Minderung) bezüglich des Deckungsverhältnisses geltend machen.

  Die Anfechtung wegen **arglistiger Täuschung** richtet sich alleine nach § 123 Abs. 1 Var. 1, soweit der Versprechende oder ein ihm stets zuzurechnender „Nicht-Dritter" getäuscht hat. Die Täuschung **eines Dritten** berechtigt hingegen nur zur Anfechtung **gegenüber dem Versprechenden**, soweit er diese kannte oder kennen musste, §§ 123 Abs. 2 S. 1, 122 Abs. 2. Kannte der Versprechende die Täuschung des Dritten nicht, so erlangt **§ 123 Abs. 2 S. 2** entscheidende Bedeutung: Der Versprechensempfänger kann **gegenüber dem Dritten i.S.d. § 328** anfechten, **soweit dieser die Täuschung kannte oder kennen musste**, sei es, weil der Dritte i.S.d. § 328 selbst getäuscht hat, oder weil ihm die Täuschung eines anderen (Vierten) bekannt war bzw. bekannt sein musste.[548]

---

546 BGH NJW 1985, 1457; Hk-BGB/Schulze § 328 Rn. 11.

547 BeckOK BGB/Janoschek § 328 Rn. 20; Palandt/Grüneberg § 328 Rn. 5.

548 MünchKomm/Armbrüster § 123 Rn. 72, 74 u. 75. Vgl. zu § 123 allgemein AS-Skript BGB AT 2 (2017), Rn. 221 ff.

- Nur der Versprechensempfänger kann **Schadensersatz statt der Leistung ohne Unmöglichkeit** verlangen, §§ 280 Abs. 1 und 3, 281. Denn dadurch erlischt gemäß § 281 Abs. 4 der Leistungsanspruch. Das Deckungsverhältnis wird also gestaltet.

292 Allerdings schränkt die h.M. die Befugnisse des Versprechensempfängers ein, wenn das Recht des Dritten **unwiderruflich**[549] ist. In diesem Fall ist die **Zustimmung des Dritten** (§§ 182 ff.) zur Gestaltung erforderlich, da er eine schützenswerte Rechtsposition innehat. Jedoch bedarf die **Anfechtung** durch den Versprechensempfänger nie der Zustimmung des Dritten. Der Schutz der Willensbildung des Versprechensempfängers geht dem Schutz auch der unwiderruflichen Rechtsposition des Dritten vor.[550]

III. Rechte des Versprechenden

293 Bei Leistungsstörungen hat der Versprechende **Sekundäransprüche grundsätzlich nur aus dem Deckungsverhältnis** gegen den Versprechensempfänger. Der Dritte erwirbt ein Forderungsrecht ohne eigene Leistungspflichten.

- Der Versprechende kann allerdings den Dritten nach §§ 293 ff. in **Annahmeverzug** versetzen und insbesondere den Anspruch aus **§ 304** geltend machen.
- Bei **Verletzung von Schutzpflichten** aus dem rechtsgeschäftsähnlichen Vollzugsverhältnis steht dem Versprechenden hingegen wie ausgeführt ein **Schadensersatzanspruch** gegen den Dritten zu, **§§ 280 Abs. 1, 241 Abs. 2, 311 Abs. 2 Nr. 3**. Gleichzeitig besteht ein solcher Anspruch über § 278 S. 1 Var. 2 auch gegen den Versprechensempfänger, da der Dritte regelmäßig dessen Erfüllungsgehilfe ist.[551]

294 Auch **Gestaltungsrechte** hinsichtlich des Deckungsverhältnisses muss der Versprechende **gegenüber dem Versprechensempfänger** geltend machen.

Erklärt allerdings der Versprechende nach Erbringung der Leistung an den Dritten den **Rücktritt** vom Deckungsverhältnis, so stellt sich die Frage, ob er seine Leistung nach § 346 Abs. 1 unmittelbar von dem Dritten zurückfordern kann. Dafür spricht, dass das Geleistete tatsächlich in das Vermögen des Dritten gelangt ist und daher auch nur von diesem zurückgewährt werden kann.[552] Jedoch treffen den Dritten, der nicht Partei des Deckungsverhältnisses ist, grundsätzlich keine Leistungs- und damit auch keine Rückgewährpflichten. Diese Konstellation entspricht derjenigen der bereicherungsrechtlichen Rückabwicklung bei nichtigem Deckungsverhältnis, sodass die hierfür geltenden, sogleich erörterten Grundsätze angewendet werden sollten.[553]

C. Einwendungen des Versprechenden, § 334

295 Gemäß § 334 kann der Versprechende dem Leistungsanspruch des Dritten **Einwendungen** „aus dem Vertrag" entgegenhalten. Gemeint ist das **Deckungsverhältnis**, nicht aber das Valutaverhältnis. Der Versprechende soll durch den Vertrag zugunsten Dritter nicht schlechter stehen als bei einem Schuldverhältnis ohne Drittbeteiligung.

549 Siehe zur Widerruflichkeit des Rechts des Dritten oben Rn. 285 f.

550 Vgl. zu alledem Palandt/Grüneberg § 328 Rn. 6.

551 Palandt/Grüneberg § 328 Rn. 7.

552 Lange NJW 1965, 657, 659.

553 Vgl. MünchKomm/Gottwald § 334 Rn. 12, m.w.N.; die bereicherungsrechtliche Rückabwicklung wird erörtert in Rn. 296 f.

Beispiel: V und K schließen einen Kaufvertrag zugunsten D. V kann gemäß §§ 334, 320 auch gegenüber D Übergabe und Übereignung der Kaufsache verweigern, solange K nicht an V den Kaufpreis zahlt.

Beispiel: V und M schließen einen Mietvertrag zugunsten D über das Haus des V. M vereinbart mit D, dass dieser das Haus erst nutzen darf, wenn er dem M bei der Reparatur eines Fahrrades hilft. V kann gegenüber D die Übergabe der Mietsache nicht gemäß §§ 334, 320 verweigern, weil die Einrede der unterbliebenen Reparatur sich nicht aus dem Deckungsverhältnis (Mietvertrag V-M), sondern aus dem Valutaverhältnis (atypischer Vertrag M-D) ergibt.

§ 334 ist **dispositiv**. Er kann von den Parteien des Deckungsverhältnisses ohne Mitsprache des Dritten ausdrücklich oder konkludent abbedungen werden.[554]

Der **Begriff der Einwendungen** ist weit zu verstehen. Er erfasst sowohl Erlöschensgründe als auch dauernde oder vorübergehende Einreden.[555]

*§§ **404, 417** enthalten entsprechende Regelungen.*

D. Bereicherungsrechtliche Rückabwicklung

Nach bereicherungsrechtlichen Grundsätzen muss der Ausgleich zwischen den **Parteien des fehlerhaften Rechtsverhältnisses** erfolgen. Ferner darf der Bereicherte grundsätzlich darauf vertrauen, dass nur derjenige von ihm kondizieren kann, der an ihn geleistet hat (**Vorrang der Leistungskondiktion**).[556] 296

- Soweit der Versprechende den Anspruch des Dritten erfüllt, kann er hiernach vom Versprechensempfänger im Wege der Leistungskondiktion kondizieren, soweit das **Deckungsverhältnis unwirksam** ist. Obgleich die Zuwendung an den Dritten erfolgte, um dessen Anspruch gegen den Versprechenden zu erfüllen, hat der Versprechende sie auch getätigt, um seine Verpflichtung aus dem Deckungsverhältnis gegenüber dem Versprechensempfänger zu erfüllen. Diese besteht nämlich gemäß § 335 grundsätzlich neben dem Anspruch des Dritten. Es liegt daher nach h.M. eine Leistung (zumindest auch) an den Versprechensempfänger auf das Deckungsverhältnis vor.

- Ist das **Valutaverhältnis unwirksam**, kann der Versprechensempfänger vom Dritten die Zuwendung, die dieser zuvor vom Versprechenden empfangen hat, im Wege der Leistungskondiktion kondizieren. Die Zuwendung ist aus Sicht des Dritten nach h.M. (zumindest auch) eine Leistung des Versprechensempfängers auf das Valutaverhältnis. Ob die Zuwendung auch Leistung des Versprechenden ist, ist grundsätzlich unerheblich, da in der fehlerhaften Rechtsbeziehung rückabzuwickeln ist.

- Auch wenn **beide Verhältnisse unwirksam** sind, ist „übers Eck" rückabzuwickeln. Ein Anspruch des Versprechenden gegen den Dritten besteht nicht, weil zwischen ihnen kein (unwirksames) Rechtsverhältnis besteht.

---

554 Palandt/Grüneberg § 334 Rn. 2.

555 Palandt/Grüneberg § 334 Rn. 3.

556 Vgl. zu diesen Grundsätzen und ihren Ausnahmen allgemein AS-Skript Schuldrecht BT 3 (2017), Rn. 233 ff. Vgl. speziell zu §§ 328 ff. a.a.O. Rn. 245 f., sowie MünchKomm/Gottwald § 334 Rn. 15 f. m.w.N. auch zu a.A.

297 Im Bereicherungsrecht **verbietet sich** aber **jede schematische** Lösung.[557] **Ausnahmsweise** kann ein **Direktanspruch** des Versprechenden gegen den Dritten bestehen:

- Bei einem **Fehler im Deckungsverhältnis** kann der Versprechende nach h.M. die Zuwendung direkt beim Dritten kondizieren, soweit der Versprechensempfänger sie dem Dritten **unentgeltlich** verschafft hat, z.B. um diesen zu **versorgen**. Das folgt aus dem Rechtsgedanken des § 822 (**Schwäche des unentgeltlichen Erwerbs**, vgl. auch § 816 Abs. 1 S. 2 u. § 988).[558]

  § 822 fände direkte Anwendung, wenn die Zuwendung zunächst an den Versprechensempfänger flösse und dieser sie dann an den Dritten weiterleiten würde.[559]

  Der h.M. wird allerdings **entgegengehalten**, dass die Rechtsstellung des Dritten dann schwächer ist, als wenn ihm kein eigener Anspruch eingeräumt wäre, sondern der Versprechende vom Versprechensempfänger lediglich zur Leistung an den Dritten angewiesen worden wäre. In derartigen **Anweisungsfällen** ist die Unzulässigkeit der Direktkondiktion nahezu unstreitig. Die Abspaltung eines eigenen Anspruchs soll den Dritten zudem nicht schwächen, sondern stärken.[560]

- Eine Direktkondiktion gegen den Dritten ist ferner möglich, wenn **dem Versprechensempfänger** die Leistung an den Dritten **nicht zuzurechnen** ist oder wenn er – obgleich Partei des Deckungsverhältnisses – in den **Hintergrund** tritt.[561]

  Beispiel: Versprechender wendet Drittem doppelt oder zu viel zu.

  Beispiel: In Ausnahme zu § 335 hat der Versprechensempfänger kein eigenes Forderungsrecht.

E. Vertrag zugunsten Dritter auf den Todesfall, §§ 328, 331

298 Der Dritte soll – wie ausgeführt – im Zweifel den Anspruch sofort und unwiderruflich erwerben. Soll allerdings die Leistung des Versprechenden an den Dritten erst nach dem Tod des Versprechensempfängers erfolgen, erwirbt der Dritte das Recht auf die Leistung gemäß § 331 Abs. 1 im Zweifel **erst mit dem Tod** des Versprechensempfängers. Bis dahin ist der avisierte Rechtserwerb regelmäßig **frei widerruflich**. Der Dritte hat bis zum Tod des Versprechensempfängers nur eine nicht geschützte Erwerbshoffnung.[562]

Mit dem Eintritt des Todes erwirbt der Dritte unmittelbar das Forderungsrecht. Die Erben des Versprechensempfängers können den Forderungserwerb **nicht mehr verhindern oder widerrufen**,[563] selbst wenn der Dritte zum Zeitpunkt des Todes noch nicht geboren war (§ 331 Abs. 2). Ob der Dritte allerdings im Verhältnis zu den Erben die Forderung und das aufgrund dieser Leistung Erlangte behalten darf, richtet sich nach dem Valutaverhältnis, dessen Parteien der Dritte und nunmehr die Erben sind.

557 St. Rspr., z.B. BGH RÜ 2014, 760, 762, Rn. 22.
558 Palandt/Sprau § 812 Rn. 58; BGH RÜ 2001, 450, 450 f.
559 Näher zu § 822 AS-Skript Schuldrecht BT 3 (2017), Rn. 215 f.
560 Lorenz JuS 2003, 839, 840; vgl. auch MünchKomm/Schwab § 812 Rn. 225 ff.
561 MünchKomm/Gottwald § 334 Rn. 17 f.
562 BGH NJW 2010, 3232, Rn. 17.
563 BGH RÜ 2008, 477, Rn. 20; BGH NJW 2013, 2588, Rn. 8; MünchKomm/Gottwald § 331 Rn. 1; Palandt/Grüneberg § 331 Rn. 4.

Fall 16: Lebensversicherung für die Geliebte

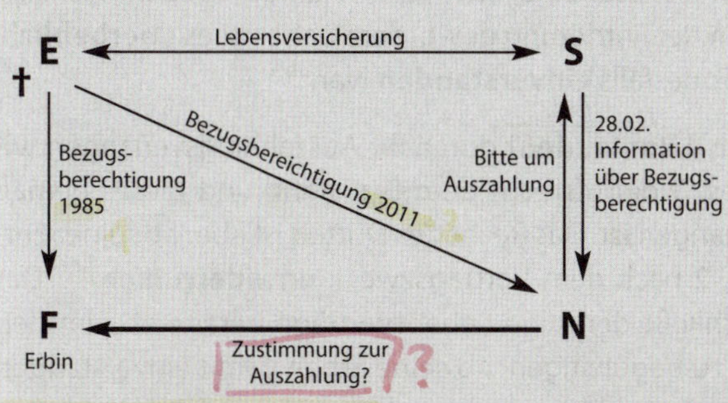

Ehemann E hat bei der Securenta Lebensversicherung AG (S) eine kapitalbildende Lebensversicherung abgeschlossen und zunächst seine im Jahr 1985 geheiratete Ehefrau (F) als Bezugsberechtigte für die Todesfallleistung benannt. Seit 2011 lebte E mit N in nichtehelicher Lebensgemeinschaft zusammen. E widerrief gegenüber S die Bezugsberechtigung der F und benannte N als bezugsberechtigt, was diese jedoch nicht wusste. E beauftragte S, N von ihrer Bezugsberechtigung erst nach seinem Tod zu informieren.

Am Abend des 26.02.2018 verließ E nach einer Aussprache mit N, die sich von ihm trennen wollte, die gemeinsame Wohnung und stürzte sich von einer Autobahnbrücke. Am 28.02.2018 informierte S die N am Telefon über die Bezugsberechtigung. N bat um Auszahlung auf ihr Konto. Am 03.03.2018 widerrief F, nachdem sie von der Bezugsberechtigung der N erfahren hatte, als Alleinerbin des E den Auftrag der S und verlangte Auszahlung an sich selbst. S hinterlegte gemäß § 372 die Versicherungssumme beim Amtsgericht unter Verzicht auf das Recht zur Rücknahme. N verlangt von F Zustimmung zur Auszahlung des hinterlegten Betrags an sie. Zu Recht?

Ein Anspruch der N gegen F auf Zustimmung zur Auszahlung des hinterlegten Geldes **299**
kann sich aus **§ 812 Abs. 1 S. 1 Var. 2** ergeben.

I. F müsste **etwas erlangt** haben. Das Erlangte kann in jedem Vermögensvorteil bestehen. Nach den Hinterlegungsgesetzen der Länder (z.B. § 22 HintG NRW) darf das Geld nur ausgezahlt werden, wenn die anderen in Betracht kommenden Gläubiger ihre Einwilligung erklären. Jeder dieser (möglichen) Gläubiger, also auch F, hat eine sog. **Blockierstellung** inne. Diese ist vermögenswertes Etwas i.S.d. § 812.[564]

II. F hat die Blockierstellung **in sonstiger Weise auf Kosten der N** erlangt, soweit N **300**
(und nicht F) Inhaberin der Forderung war, bezüglich der S hinterlegt hat. N könnte gemäß **§ 1 S. 1 VVG i.V.m. §§ 328 Abs. 1, 331 Abs. 1** mit dem Tod des E unwiderrufen Inhaberin des Anspruchs auf Auszahlung geworden sein.

1. E hat mit S im Jahr 1985 einen **Lebensversicherungsvertrag** geschlossen. Zunächst hatte er zwar als Bezugsberechtigte für den Todesfall die F benannt. E konnte aber gemäß § 159 Abs. 1 VVG die Bezugsberechtigung der F widerrufen und **N als bezugsberechtigt** benennen, was er auch getan hat.

2. **Mit dem Todesfall erwirbt** gemäß § 331 Abs. 1 **sofort und unmittelbar der Dritte** – also N – **das Recht**. Es ist unerheblich, dass N zu Lebzeiten des E **keine Kenntnis** hiervon hatte, denn der Dritte erwirbt den Anspruch gegen den Ver-

564 BGH RÜ 2008, 477, Rn. 17; Palandt/Grüneberg Einf v § 372 Rn. 8 u. Palandt/Sprau § 812 Rn. 93.

sprechenden mit dem Tode des Versprechensempfängers von selbst. Die Forderung fällt ferner nicht – auch nicht für eine juristische Sekunde – in den Nachlass. F ist daher niemals Inhaberin der Forderung geworden. Daher ist es **unerheblich**, ob F mit dem Erwerb kraft Todesfalls **einverstanden** war.[565]

3. F hat den Rechtserwerb der N **konkludent** durch ihr Auszahlungsverlangen **widerrufen**, wenn ein solches Widerrufsrecht dem E zustand und dieses gemäß § 1922 Abs. 1 auf F übergegangen ist. Das Recht des Dritten ist aber ab seiner Entstehung gemäß § 328 Abs. 2 nach dem Vertragszweck **unwiderruflich**.[566] Der Versprechensempfänger schließt derartige Lebensverträge gerade ab, um den Dritten unabhängig davon zu begünstigen, ob seine Erben damit einverstanden sind. F hat mithin den Rechtserwerb der N nicht wirksam widerrufen.

Inhaberin des Auszahlungsanspruchs gegenüber S ist demnach N, sodass F ihre Blockierstellung auf Kosten der N erlangt hat.

Schwer zu erkennen, aber entscheidend für die weitere Prüfung ist die ***Doppelstellung der F****. Als* ***(vermeintliche) Dritte*** *darf sie die Blockierstellung behalten, soweit sie tatsächlich die Forderung gegen S aufgrund des Deckungsverhältnisses erlangt hat (hierzu III.). Als* ***Erbin des Versprechensempfängers*** *kann sie über § 242 einwenden, dass das Valutaverhältnis unwirksam ist und N daher das Erlangte sogleich wieder an E bzw. an dessen Erben herausgeben muss. (hierzu IV.).*

III. F müsste die Blockierstellung **ohne rechtlichen Grund** erlangt haben. Soweit der Anspruchsteller Inhaber der Forderung ist, steht zugleich fest, dass der Anspruchsgegner nicht Inhaber der Forderung ist und daher die Auszahlung des diesbezüglich hinterlegten Betrags nicht blockieren darf.[567] N ist Inhaberin der Forderung, mithin besteht für F kein Rechtsgrund.

301 IV. Das Freigabeverlangen verstößt gegen **§ 242**, wenn der andere Hinterlegungsbeteiligte seinerseits einen Anspruch auf Übertragung des Gegenstands hat **(„dolo agit, qui petit, quod statim redditurus est")**. Dem Bereicherungsanspruch der N steht deshalb § 242 entgegen, wenn E gegen N einen Anspruch auf Abtretung des Anspruchs N gegen S hat, denn F hätte diesen Anspruch gemäß § 1922 Abs. 1 geerbt. Ein solcher Anspruch des E bzw. der F kann sich aus **§ 812 Abs. 1 S. 1 Var. 1** ergeben.

1. N hat aus dem wirksamen Versicherungsvertrag den Auszahlungsanspruch gegen S – wie ausgeführt – **erlangt**.

   Im Rahmen des ***erlangten Etwas*** *prüfen Sie bei Anlass die Wirksamkeit des* ***Deckungsverhältnisses****, um darzulegen, ob überhaupt etwas erlangt wurde.*

2. N hat den Auszahlungsanspruch von E bewusst und zum Zweck der Schenkung, also durch **Leistung** des E, erlangt.

565 BGH NJW 2010, 3232, Rn. 17.

566 BGH RÜ 2008, 477, Rn. 20; BGH NJW 2013, 2588, Rn. 8; Palandt/Grüneberg § 331 Rn. 4.

567 BGH NJW 2000, 291.

3. N hat diesen Anspruch mit **Rechtsgrund** erworben, soweit zwischen E und N ein wirksamer **Schenkungsvertrag** besteht. **302**

*Im Rahmen des **Rechtsgrunds** prüfen Sie bei Anlass die Wirksamkeit des **Valutaverhältnisses**, um darzulegen, ob die Bereicherung behalten werden darf.*

a) E und N haben sich zwar zu Lebzeiten des E selbst nicht unmittelbar **geeinigt**, zumal N von der Bezugsberechtigung nichts wusste. Allerdings wirkt ein entsprechendes durch S mitgeteiltes **Angebot des E** gemäß § 164 Abs. 1 analog für und gegen E, wenn S **Botin des E** war. S müsste Botenmacht gehabt haben.

aa) E könnte S konkludent eine **Außenbotenmacht** (§ 167 Abs. 1 Var. 1 BGB analog) **erteilt** haben. Die Erklärung des Versicherungsnehmers gegenüber seinem Lebensversicherer, ein Dritter sei für die Todesfallleistung bezugsberechtigt, beinhaltet regelmäßig den konkludenten Auftrag und die konkludente Botenmacht, dem Dritten nach Eintritt des Versicherungsfalles das Schenkungsangebot des Versicherungsnehmers zu überbringen.[568] E hat S mithin Botenmacht erteilt.

bb) Dieser Auftrag ist gemäß § 672 S. 1 nicht **mit dem Tod des E** erloschen, sodass auch die **Botenmacht** analog § 168 S. 1 insofern **nicht erloschen** ist.

cc) Jedoch ist die **Botenmacht** analog § 168 S. 1 erloschen, wenn F den Auftrag am 02.03. gemäß § 671 Abs. 1 **widerrufen** hat. Dieses Widerrufsrecht geht gemäß § 1922 Abs. 1 zwar auf den Erben über. N war aber das Schenkungsangebot bereits am 28.02. zugegangen, sodass der spätere Wegfall der Botenmacht es nicht beseitigt.

dd) Auch das bereits am 28.02 zugegangene **Schenkungsangebot** selbst konnte F daher am 02.03. nicht mehr gemäß § 130 Abs. 1 S. 2 widerrufen.

ee) Schließlich ist es gemäß § 130 Abs. 2 unerheblich, dass E **vor dem Zugang** seines Angebots **verstorben** ist. Ein wirksames Angebot liegt mithin vor.

b) Eine **konkludente Annahmeerklärung der N** liegt in der Aufforderung an die Versicherung, ihr die Versicherungssumme auszuzahlen. Das Angebot des E ist trotz seines Todes auch noch **annahmefähig**, § 153.

c) Der mündliche Schenkungsvertrag könnte gemäß § 125 S. 1 **formnichtig** sein. **303**

aa) Der Schenkungsvertrag könnte als Schenkungsversprechen von Todes wegen gemäß **§ 2301 Abs. 1 i.V.m. § 2276** formbedürftig sein.

Man könnte § 2301 bei Verträgen nach § 331 stets für anwendbar halten, wenn im Valutaverhältnis eine Schenkung vorliegt. Anderenfalls würden die erbrechtlichen Formen ausgehöhlt und die Nachlassgläubiger benachteiligt werden. Eine **Heilung** des Formmangels **durch Vollzug** nach § 2301 Abs. 2 wäre dann nur anzunehmen, wenn sich der Schenker zu Lebzeiten **jeglicher Verfügungsmacht begeben** hat. E hatte aber die Möglichkeit

568 BGH RÜ 2008, 477, Rn. 21; BGH NJW 2013, 2588, Rn. 9.

des **jederzeitigen Widerrufs**, sodass ein Vollzug zu Lebzeiten nicht vorliegt. Der Schenkungsvertrag wäre gemäß § 125 S. 1 nichtig.

Die h.M. betont hingegen den Charakter der §§ 328, 331 als **lebzeitige Verträge**, auf die § 2301 nicht anwendbar sei. Die Vorschriften der §§ 330, 331 gingen davon aus, dass die dort genannten Zuwendungen auch durch Vertrag unter Lebenden möglich seien.

Für die h.M. spricht, dass bei einem Vertrag nach § 331 der Dritte das Recht auf die Leistung mit dem Tod des Versprechensempfängers **sofort erwirbt,** während § 2301 die Fälle betrifft, in denen der Rechtserwerb unter der aufschiebenden Bedingung (§ 158 Abs. 2) des Todes steht. Da der gegen den Versprechenden gerichtete **Anspruch nicht in den Nachlass fällt**, wird auch kein Nachlassgläubiger benachteiligt. Der Gesetzgeber hat mit § 331 und § 2301 bewusst zwei verschiedene Möglichkeiten geschaffen, Hinterbliebene zu versorgen. E hat die erstgenannte gewählt. Daher musst die Form des § 2301 nicht gewahrt werden.

bb) Gemäß **§ 518 Abs. 1** musste allerdings – wie jedes Schenkungsversprechen, auch außerhalb von § 331 – die Erklärung des E notariell beurkundet werden, was nicht geschehen ist. Gemäß § 518 Abs. 2 tritt jedoch **Heilung durch Bewirkung** der geschuldeten Leistung ein. Die geschuldete Leistung ist die Einräumung des Auszahlungsanspruchs aus dem Versicherungsvertrag gegen S. Diesen hat N mit Eintritt des Todes des E erworben, vgl. § 331 Abs. 1. **Unerheblich** ist, ob der Schenkungsvollzug vor oder nach der schuldrechtlichen Einigung erfolgt und ob die Bewirkung **noch widerrufen** werden kann.

*Der **Vollzug** (§ 2301 Abs. 2) hat also strengere Voraussetzungen als die **Bewirkung** (§ 518 Abs. 2).*

Damit besteht ein wirksamer Schenkungsvertrag im Valutaverhältnis zwischen E und N, der einen Rechtsgrund für das Behaltendürfen des im Deckungsverhältnis zugewandten Anspruchs der N gegen S darstellt.

E bzw. F hat daher keinen Gegenanspruch gegen N aus § 812 Abs. 1 S. 1 Var. 1. Das Freigabeverlangen der N verstößt damit nicht gegen § 242. N hat daher im **Ergebnis** gegen F einen Anspruch auf Zustimmung zur Auszahlung des hinterlegten Geldes aus § 812 Abs. 1 S. 1 Var. 2.

F. Abgrenzung

Der Vertrag zugunsten Dritter muss – gedanklich und bei Anlass auch in der Klausur – zu 304
anderen Fällen mit Drittbeteiligung abgegrenzt werden.

I. Stellvertretung

Soll ein Dritter einen eigenen Anspruch erhalten, kann auch ein Vertreter für den Dritten 305
auftreten. Der Unterschied zum Vertrag zugunsten Dritter ist, dass **der Vertreter im Namen des Dritten auftritt und nur der Dritte selbst Vertragspartei** wird. Beim Vertrag zugunsten Dritter handelt hingegen der Versprechensempfänger im eigenen Namen. Der Dritte wird nicht Vertragspartei, sondern lediglich forderungsberechtigt.

Beispiel: Vater V bucht bei Reiseveranstalter R für sich, seine Ehefrau E und ihren gemeinsamen 3-jährigen Sohn S eine Reise. Der Preis für die Eltern beträgt pro Person 2.000 €, der Preis für S 500 €.

Ein Vertrag ist jedenfalls zwischen R und V zustande gekommen. Ob V die E vertreten oder einen Vertrag zu ihren Gunsten abgeschlossen hat, hängt davon ab, wie V gegenüber R aufgetreten ist. Im Zweifel ist ein Handeln nur in eigenem Namen anzunehmen.[569] Bei Minderjährigen spricht dafür zudem die Überlegung, dass der Vertragspartner meist einen Anspruch gegen die regelmäßig leistungsfähigeren Eltern vorziehen wird. Es besteht also ein Vertrag zwischen V und R zugunsten E und S.

II. Abtretung

Auch durch Abtretung erhält der Dritte einen Anspruch, § 398 S. 2. Beim Vertrag zuguns- 306
ten Dritter entsteht der Anspruch aber direkt in der Person des Dritten. Es handelt sich hierbei um einen **originären Ersterwerb**, an dem der Dritte nicht beteiligt werden muss. Bei der Abtretung ist hingegen zunächst der Gläubiger (Zedent) selbst Anspruchsinhaber und überträgt den bereits bestehenden Anspruch auf den Dritten (Zessionar). Dieser **derivative Zweiterwerb** findet ohne die Beteiligung des Schuldners statt. Ein weiterer Unterschied besteht darin, dass der Versprechensempfänger regelmäßig gemäß § 335 ein **eigenes Forderungsrecht** auf Leistung an den Dritten behält, hingegen nach einer Abtretung der Zedent seine **Gläubigerstellung verliert**.[570]

III. Vertrag mit Schutzwirkung zugunsten Dritter

Während bei einem Vertrag zugunsten Dritter der Dritte einen eigenen Leistungsan- 307
spruch erwirbt, werden bei einem Vertrag, der nur Schutzwirkung für Dritte entfaltet, **lediglich Schutzpflichten** begründet, bei deren Verletzung ein Schadensersatzanspruch entstehen kann.[571]

G. Verfügung zugunsten Dritter

§ 328 gilt dem Wortlaut nach nur für Verpflichtungsverträge. Zweifelhaft ist, ob die Vor- 308
schrift **analog auch auf Verfügungsgeschäfte** anwendbar ist.

---

569 Vgl. Medicus/Lorenz Rn. 849.

570 Näher zur Abtretung Rn. 359 ff.

571 Näher zum Vertrag mit Schutzwirkungen zugunsten Dritter sogleich Rn. 315 ff.

I. Dingliche Verfügungsgeschäfte

309 Der rechtsgeschäftliche Erwerb eines dinglichen Rechts setzt eine Einigung zwischen Veräußerer und Erwerber voraus. Für den Eigentumserwerb an beweglichen Sachen ist dies in § 929 S. 1, für den Erwerb eines Grundstücks in §§ 873, 925 geregelt. Wendete man § 328 Abs. 1 analog auf dingliche Verfügungsgeschäfte an, würde **einem Dritten ohne sein Zutun unmittelbar das Eigentum verschafft** werden.

310 Nach h.M. ist eine solche analoge Anwendung jedoch **abzulehnen.**[572] Soll der Dritte das dingliche Recht direkt erwerben, so muss er vielmehr bei der dinglichen Einigung gemäß § 164 Abs. 1 u. 3 **vertreten** werden und, soweit keine Vollmacht besteht, das Rechtsgeschäft gemäß § 177 Abs. 1 **genehmigen.**[573] Allein durch die Einigung zwischen einem Versprechenden und einem Versprechensempfänger könnte der Dritte das Eigentum ohnehin nicht erwerben, da noch die Übergabe (§ 929 S. 1), ein Übergabesurrogat (§§ 929 S. 2, 930, 931) oder die Eintragung im Grundbuch (§ 873 Abs. 1) erforderlich sind. Wegen des **sachenrechtlichen Publizitätserfordernisses** müssen diese Vollzugsakte in der Person des Erwerbers erfolgen.[574] Wenn der Dritte daher ohnehin an dem Erwerb beteiligt werden muss, dann besteht hinsichtlich Fallgestaltungen ohne seine Beteiligung keine Regelungslücke, die durch eine Analogie zu schließen ist.

Beispiel: K kauft bei V ein Fahrrad, welches er seiner Tochter T schenken will. T soll direkt Eigentümerin werden, ohne dass ein Zwischenerwerb des K stattfindet. Das gelingt nach § 929 S. 1 wie folgt:

I. V und K können sich nicht zugunsten der T über den Eigentumserwerb der T **einigen**, da § 328 auf Verfügungen weder direkt noch analog anzuwenden ist. K kann aber als Vertreter der T auftreten. Die dingliche Einigung findet dann gemäß § 164 Abs. 1 u. 3 zwischen V und der durch K vertretenen T statt. Wenn K keine Vertretungsmacht hat, kann T die dingliche Einigung gemäß § 177 Abs. 1 genehmigen.
II. Für den Übergang des Eigentums gemäß § 929 S. 1 ist die **Übergabe** des Fahrrads an T als Partei der dinglichen Einigung erforderlich. Eine Übergabe an K genügt nicht. Allerdings kann K als Besitzdiener, Besitzmittler oder Geheißperson der T und mit Wirkung für diese auftreten.[575]
III. V ist auch verfügungsbefugter Eigentümer des Fahrrades und daher zur Übereignung **berechtigt**.

II. Schuldrechtliche Verfügungsgeschäfte

311 Umstritten ist, ob die §§ 328 ff. auf schuldrechtliche Verfügungsgeschäfte (z.B. **Abtretung**, § 398, oder **Erlass**, § 397) analog anzuwenden sind.

312 ■ Die h.M.[576] lehnt das ab. Eine **Schwebelage** nach § 333 vertrage sich mit keiner Verfügung. Zudem gebe es **andere Gestaltungsmöglichkeiten**.

So könne das wirtschaftliche Ergebnis einer Abtretung zugunsten Dritter dadurch erreicht werden, dass die Forderung „des Zedenten" gemäß § 397 **erlassen** wird und zugunsten des nicht beteiligten „Zessionars" als Dritten gemäß § 328 eine inhaltsgleiche Forderung **neu begründet** wird.[577]

---

572 BGH NJW 1993, 2617; Palandt/Grüneberg Einf v § 328 Rn. 9; Staudinger/Klumpp, Vorbem. zu § 328 Rn. 37 ff.

573 MünchKomm/Gottwald § 328 Rn. 277.

574 Looschelders Rn. 1157; vgl. zur Publizität AS-Skript Sachenrecht 1 (2017), Rn. 9 und zu den Publizitätsakten a.a.O. Rn. 123 ff. sowie AS-Skript Sachenrecht 2 (2018), Rn. 32.

575 Näher zur Übergabe und der Einschaltung von Hilfspersonen AS-Skript Sachenrecht 1 (2017), Rn. 123 ff.

576 BGH NJW 1994, 2483.

577 Palandt/Grüneberg Einf v § 328 Rn. 8.

- Teile der Lit. bejahen hingegen diese Möglichkeit.[578] Anders als bei sachenrechtlichen Verfügungsgeschäften gelte im Schuldrecht **kein Publizitätserfordernis**. Darüber hinaus bestehe ein **sachliches Bedürfnis** an der Abtretung zugunsten Dritter z.B. aufgrund des Fortbestandes von Nebenrechten (§ 401), welcher bei der Kombination von Erlass und Neubegründung nicht gegeben sei. Zudem sei dem BGB ausweislich § 414 eine Verfügung über eine Forderung zugunsten Dritter **nicht gänzlich fremd**. 313

Beispiel: V ist Inhaber einer durch eine Bürgschaft gesicherten Kaufpreisforderung gegen K. V und K vereinbaren die Abtretung der Kaufpreisforderung von V an D. Bei Anerkennung der analogen Anwendung des § 328 erwirbt D gemäß § 398 S. 2 die Kaufpreisforderung und gemäß § 401 die Forderung gegen den Bürgen aus § 765.

578 Nachweise bei Staudinger/Jagmann Vorbem. zu § 328 ff. Rn. 44 ff.; MünchKomm/Gottwald § 328 Rn. 269 f.

314

Vertrag zugunsten Dritter

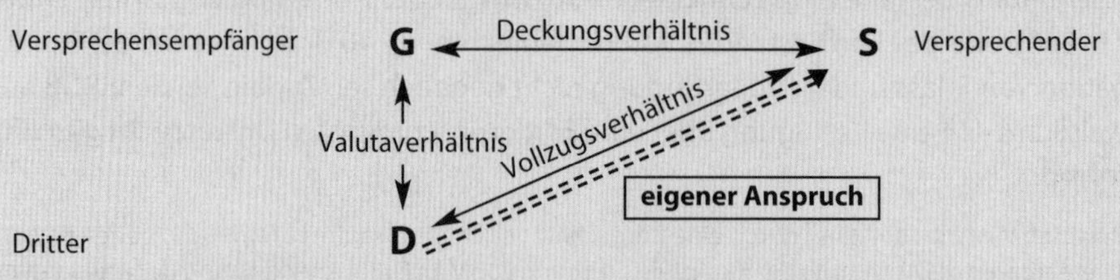

Anspruchsgrundlage

D hat Anspruch aus dem Vertrag zwischen S und G i.V.m. § 328 Abs. 1 gegen S

Voraussetzungen

I. **Vertrag** zwischen Versprechendem und Versprechensempfänger
II. Auslegung, ob Drittem ein **eigenes Forderungsrecht** zustehen soll (§§ 328 Abs. 2, 329, 330)
III. Auslegung: **Zeitpunkt** des Rechtserwerbs
IV. Auslegung, ob **Widerruflichkeit** der Drittbegünstigung
V. Besonderheit: **§ 331, Vertrag zugunsten Dritter auf den Todesfall**

- Dritter erwirbt das Recht auf die Leistung im Zweifel erst mit dem Tod des Versprechensempfängers (ohne dass dieses in den Nachlass fällt).
- Anspruch des Dritten grundsätzlich widerruflich

Rechtsfolgen

für den Dritten

- Dritter erhält **eigenen Anspruch auf Primärleistung**.
- Dritter wird **nicht Vertragspartner**.
- Rechte des Dritten bei **Leistungsstörungen:**
  - Anspruch auf Nacherfüllung (z.B. §§ 437 Nr. 1, 439 oder §§ 634 Nr. 1, 635)
  - Surrogat, § 285
  - Schadensersatz neben der Leistung, §§ 280 Abs. 1, 241 Abs. 2
  - Verzugsschaden, §§ 280 Abs. 1 und 2, 286
  - Schadensersatz statt der Leistung nur bei Unmöglichkeit, §§ 280 Abs. 1 und 3, 283 bzw. § 311 a

für den Versprechensempfänger

- Versprechensempfänger hat **Anspruch auf Primärleistung an Dritten**, § 335.
- Versprechensempfänger ist **Vertragspartner**.
- Rechte des Versprechensempfängers bei **Leistungsstörungen:**
  - Schadensersatz statt der Leistung, §§ 280 Abs. 1 und 3, 281, wegen § 281 Abs. 4
  - Rücktritt, §§ 323 ff.
  - Anfechtung (beachte § 123 Abs. 2, insb. S. 2), Widerruf, Kündigung
  - Zustimmung des Dritten erforderlich, wenn Recht unwiderruflich (Ausnahme: Anfechtung)

für den Versprechenden

- Versprechender kann schuldbefreiend nur noch **an Dritten leisten**.
- **Zurückbehaltungsrecht** bis Versprechensempfänger geleistet hat, § 320
- **Sekundäransprüche** grundsätzlich nur gegen den Versprechensempfänger
- Versprechender kann Dritten in **Annahmeverzug** setzen (§§ 293 ff.) und Anspruch aus § 304 geltend machen.
- Ausübung von **Gestaltungsrechten** gegenüber dem Versprechensempfänger
- Mit Versprechensempfänger vereinbarte Haftungsbeschränkungen und alle anderen **Einwendungen** gelten auch gegenüber Drittem, § 334.

2. Abschnitt: Vertrag mit Schutzwirkung zugunsten Dritter

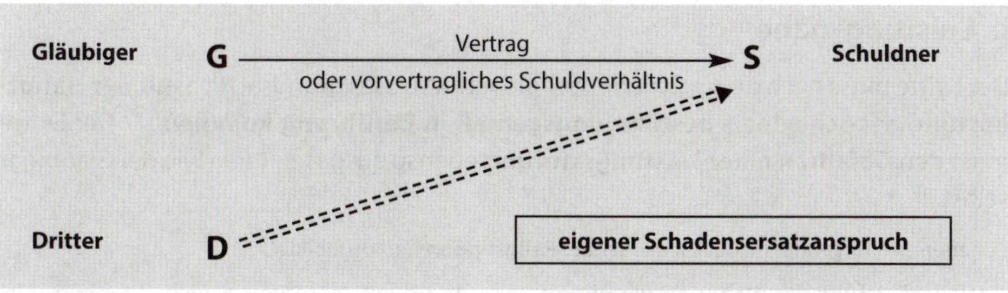

Der Vertrag zugunsten Dritter begründet für den Dritten gemäß § 328 Abs. 1 ein eigenes 315
Forderungsrecht auf eine Primärleistung. Bei einem Vertrag mit Schutzwirkung zugunsten Dritter besteht dagegen **kein Anspruch des Dritten auf eine Primärleistung**. Der Anspruch auf die geschuldete Hauptleistung steht allein dem Vertragspartner zu. Der Dritte ist aber gegenüber vertraglichen Pflichtverletzungen des Schuldners in gleicher Weise geschützt wie der Gläubiger. Wie dem Gläubiger kann dem Dritten daher ein **vertraglicher Schadensersatzanspruch** zustehen.

Vertragliche Schadensersatzansprüche haben gegenüber deliktsrechtlichen Ansprüchen z.B. folgende **Vorteile:**[579]

- Vertragliche Schadensersatzansprüche schützen das **Vermögen** als solches, was im Deliktsrecht nur unter den Voraussetzungen der §§ 823 Abs. 2, 826 der Fall ist.
- Gemäß § 280 Abs. 1 S. 2 wird das Vetretenmüssen **vermutet** (der Schuldner muss sich exkulpieren), während bei den § 823 Abs. 1 der Geschädigte das Verschulden beweisen muss.
- Beim vertraglichen Schadensersatzanspruch wird das Verschulden eines **Erfüllungsgehilfen** dem Schuldner nach § 278 S. 1 Var. 2 zugerechnet, ohne dass sich der Schuldner – wie bei einem Anspruch aus § 831 – für die Einschaltung dieser Person exkulpieren kann.

Es besteht Einigkeit, dass ein Vertrag Schutzwirkungen zugunsten eines Dritten entfal- 316
ten kann, sodass dieser **ausnahmsweise** einen vorteilhaften vertraglichen Anspruch erhält. Der Schuldner erhält dadurch einen weiteren Gläubiger, es kommt für ihn zur **Haftungsausweitung**. Das ist ihm nur unter **vier Voraussetzungen** zuzumuten.[580]

Umstritten ist lediglich die **dogmatische Herleitung**. Die neuere Rspr. nimmt eine ergänzende Vertragsauslegung gemäß §§ 133, 157, 242 an.[581] Vorgeschlagen werden auch § 328 ff. analog, § 311 Abs. 3 oder die Anerkennung als mittlerweile allgemeinverbindliche richterliche Rechtsfortbildung nach § 242.[582] Die §§ 328 ff. sind jedoch auf einen Primäranspruch des Dritten zugeschnitten und § 311 Abs. 3 bezieht sich nur auf den Dritten als Schädiger.[583] Gegen die richterliche Rechtsfortbildung spricht, dass sie keinen Spielraum im Einzelfall lässt, während im Rahmen der **ergänzenden Vertragsauslegung**[584] stets der **hypothetische Parteiwille** zu berücksichtigen ist und so die **Besonderheiten des Einzelfalls** berücksichtigt werden können.[585]

579 Näher zu den Schadensersatzansprüchen aus Vertrag AS-Skript Schuldrecht AT 1 (2017) und aus Delikt. AS-Skript Schuldrecht BT 4 (2017).

580 Aufgezählt z.B. bei BGH RÜ 2018, 273, Rn 12.

581 BGH RÜ 2012, 477, Rn. 14; BGH RÜ 2014, 332, Rn. 9; BGH RÜ 2017, 140, Rn. 15; BGH RÜ 2018, 276, Rn. 24.

582 Vgl. jeweils m.w.N. Looschelders Rn. 160 ff.; Palandt/Grüneberg § 328 Rn. 14.

583 A.A. Looschelders Rn. 162 unter Hinweis auf § 311 Abs. 3 S. 2 „insbesondere".

584 Vgl. zu den Voraussetzungen der ergänzenden Vertragsauslegung AS-Skript BGB AT 1 (2017), Rn. 209 ff.

585 Palandt/Grüneberg § 328 Rn. 14.

A. Voraussetzungen

I. Leistungsnähe

317 Der Dritte muss nach dem Inhalt des Schuldverhältnisses grundsätzlich **mit der Hauptleistung** des Schuldners **bestimmungsgemäß in Berührung kommen**.[586] Der Dritte muss den **Gefahren einer Leistungsstörung** ebenso ausgesetzt sein wie der Gläubiger selbst.

(+) Es haben sich folgende (nicht abschließende) **Fallgruppen** herausgebildet:

- Mit der **Leistung des Wohnungsvermieters** kommen alle mit dem Mieter dauerhaft zusammenlebenden Personen in Kontakt, aber nicht nur gelegentliche Besucher.[587]
- Sind **Büroräume** vermietet, haben die Arbeitnehmer der Mieterin zu den angemieteten Räumen eine ebenso starke Leistungsnähe wie die Mieterin selbst.[588]
- Leistungsnähe besteht bei Arbeitnehmern, die eine von ihrem Arbeitgeber **gemietete oder gekaufte Maschine** bedienen.[589]
- Leistungsnähe besteht bei **Dritten, die befördert werden sollen** und keinen eigenen Leistungsanspruch nach § 328 Abs. 1 gegen den Beförderer erlangen.[590]
- Leistungsnähe besteht bei **Patienten**, die nicht selbst den Behandlungsvertrag geschlossen haben. Daran ändert auch § 630 a Abs. 1 Hs. 2 nichts, der nicht regelt, wer Partei des Vertrags sein kann, sondern wer bezahlen muss.[591] Leistungsnähe besteht daher beim Kassenpatienten, für welchen die Krankenkasse den Behandlungsvertrag abschließt[592] und auch beim Mann, dessen Partnerin zwecks Empfängnisverhütung einen Behandlungsvertrag abgeschlossen hat.[593]

(–) **Keine Leistungsnähe** entfaltet hingegen der Anwaltsvertrag zugunsten des Vertreters des Mandanten, soweit der Vertreter vom Anwalt Ersatz dafür verlangt, dass der Mandant ihn wegen eigener Pflichtverletzungen aus dem Vertreterverhältnis in Anspruch nimmt. Hauptleistungspflicht des Anwalts ist es nur, den Mandanten vor der Verletzung ihm selbst obliegender Pflichten zu bewahren. Vor möglichen Pflichtverletzungen des Vertreters gegenüber dem Mandanten muss der Anwalt den Vertreter nur warnen, soweit eine solche Pflicht ausdrücklich vereinbart wurde.[594]

318 Anerkannt ist ferner, dass auch ein **vorvertragliches Schuldverhältnis** i.S.d. § 311 Abs. 2 Schutzwirkungen entfalten kann. Dieses entfaltet per definitionem keine Leistungspflichten, sondern nur Schutzpflichten i.S.d. § 241 Abs. 2. Daher ist entscheidend, ob der Dritte **bestimmungsgemäß den Gefahren einer Schutzpflichtverletzung** ausgesetzt ist, die den Schuldner ebenso gegenüber seinem Vertragspartner trifft.[595]

Beispiel:[596] Kind K kommt bei Betreten des Supermarkts des V zu Fall, weil es auf einem Gemüseblatt ausrutscht, während es seine Eltern E begleitet.

K steht ein Schadensersatzanspruch aus Verschulden bei Vertragsschluss gemäß §§ 280 Abs. 1, 311 Abs. 2, 241 Abs. 2 i.V.m. den Grundsätzen des Vertrags zugunsten Dritter zu. Es schadet insbesondere nicht,

586 BGH RÜ 2014, 332, Rn. 9; BGH NJW 2008, 2245, 2247, Rn. 27.
587 Medicus/Lorenz Rn. 868.
588 BGH RÜ 2010, 762, Rn. 20.
589 Looschelders Rn. 165.
590 BGH NJW 1957, 325.
591 Vgl. Palandt/Weidenkaff § 630a Rn. 5 u. 22.
592 Nach BGH NJW 1992, 2962.
593 Nach BGH RÜ 2007, 83.
594 BGH NJW 2016, 3432; a.A. im konkreten Fall Mappus/EnBW/Stromaktien Ramm, BRAK-Mitteilungen 2016, 211, 212.
595 BT-Drs. 14/6040, 163.
596 Nach BGH NJW 1976, 712.

dass K nie Vertragspartei werden sollte. Denn V traf aus §§ 311 Abs. 2, 241 Abs. 2 die Pflicht, seine potentiellen Kunden vor dem Ausrutschen zu schützen. K war dieser Gefahr ebenso ausgesetzt wie die E.

Unentgeltliche **Gefälligkeitsverträge** wie z.B. der Auftrag enthalten – einseitige – Leis- 319
tungspflichten. Daher kann auch bei Ihnen Leistungsnähe gegeben sein. Reine **Gefälligkeiten** begründen mangels Rechtsbindungswillen hingegen weder Leistungs- noch Schutzpflichten, sodass hier keine Leistungsnähe möglich ist – der „Gläubiger" der Gefälligkeit hat keinen Anspruch gegen den „Schuldner", dann kann dies für den Dritten nicht anders sein.[597]

II. Einbeziehungsinteresse des Gläubigers

Der Gläubiger muss ein **besonderes Interesse an der Einbeziehung des Dritten** in 320
den Schutzbereich des Vertrags haben.

- Ein Einbeziehungsinteresse wird klassischerweise bejaht, wenn der Gläubiger ge- 321
genüber dem Dritten **Schutz- und Fürsorgepflichten** hat und daher für sein **Wohl und Wehe** verantwortlich ist. Das ist etwa bei familienrechtlichen Beziehungen und sozialen Abhängigkeitsverhältnissen wie einem Arbeitsvertrag oder einem Mietvertrag (auch über Gewerberäume) zwischen Gläubiger und Drittem der Fall.[598]
- Demgegenüber genügt **nicht das allgemeine Interesse** des Gläubigers, **jeder-** 322
mann vor Schäden zu schützen. Dieses ist rechtlich in den **Verkehrssicherungspflichten** des Deliktsrechts abgebildet. Es bleibt bei dem Grundsatz, dass der geschädigte „Jedermann" deliktische Ansprüche gegen den Gläubiger und/oder Schuldner haben kann. Würde man ihm zudem vertragliche Ansprüche gegen den Schuldner zubilligen, so würde dessen Haftungspflicht zu stark ausgeweitet.

  Beispiel:[599] H lässt Elektriker E eine Lampe an seinem Mehrfamilienhaus anbringen. Wegen Fahrlässigkeit steht die Lampe unter Strom. N, Enkelin und Mieterin des H, erleidet beim Reinigen der Lampen einen Stromschlag. Eine Woche später tritt den Reinigungsunternehmer U dasselbe Schicksal. – H hat ein besonderes Interesse, N in den Vertrag mit E einzubeziehen (Wohl-und-Wehe-Beziehung kraft Verwandtschaft und Vermietung). Hinsichtlich U ist das hingegen nicht der Fall.
- Da die Einbeziehung in den Schutzbereich eines Vertrags nach h.M. auf dessen er- 323
gänzender Auslegung beruht, können die Parteien allerdings von ihnen bestimmte Dritte ausdrücklich oder konkludent in den Schutzbereich einbeziehen. Im Examen und in der Praxis relevant ist dies vor allem für die **Berufshaftung von Gutachtern**, deren Einschätzung aufgrund **besonderer** (ggf. sogar staatlich anerkannter) **Sachkunde** ein **besonderes Vertrauen** und/oder eine **hohe Beweiskraft** entgegengebracht wird. Ein Einbeziehungsinteresse hat der das Gutachten beauftragende Gläubiger allerdings nur, soweit er das Gutachten gerade beauftragt, um es **dem Dritten vorzulegen** und ihn zu **Vermögensdispositionen zu veranlassen**. Zu diesen zählt auch die Bereitschaft des Dritten, angesichts des Gutachtens Haftungsrisiken für den Gläubiger zu übernehmen.[600]

---

597 BGH RÜ 2017, 140; vgl. zur Gefälligkeit und zum Gefälligkeitsvertrag AS-Skript BGB AT 1 (2017), Rn. 44 ff.
598 BGH RÜ 2004, 625; BGH RÜ 2010, 762; MünchKomm/Gottwald § 328 Rn. 180.
599 Nach BGH RÜ 2017, 140.
600 BGH RÜ 2004, 625; BGH RÜ 2012, 477; MünchKomm/Gottwald § 328 Rn. 185.

Kein Einbeziehungsinteresse besteht daher, soweit das Gutachten nur der Vorbereitung einer Entscheidung des Gläubigers dienen soll. Das gilt auch, wenn der Dritte kausal durch das Gutachten veranlasst einen Schaden aufgrund der Verletzung ihn persönlich treffender Pflichten erleidet.[601]

Weil die ergänzende Auslegung gemäß § 157 anhand der Verkehrsanschauung zu objektivieren ist, wird selbst dann das Einbeziehungsinteresse des Gläubigers in den Gutachtervertrag bejaht, wenn die **subjektiven Interessen des Gläubigers und des Dritten gegenläufig** sind. Das ist regelmäßig der Fall, wenn das Gutachten der Festlegung eines Kaufpreises zwischen dem Gläubiger und dem Dritten dient.

Einen **ausführlich gelösten Fall** zur Berufshaftung finden Sie in Rn. 326 Fall 17 Pferdegutachten.

III. Erkennbarkeit für den Schuldner

324 Die **Ausweitung des Haftungsrisikos** ist dem Schuldner nur zumutbar, soweit er sein Haftungsrisiko **überblicken** und ggf. versichern kann.[602] Nicht erforderlich ist allerdings, dass der Schuldner die zu schützenden Dritten zahlenmäßig exakt und namentlich kennt. Es reicht, dass die Schutzpflicht auf eine **klar abgrenzbare Personengruppe** beschränkt ist.[603]

Beispielsweise ist in den Schutzbereich eines Behandlungsvertrags zwecks Empfängnisverhütung der aktuelle Partner der Patientin einbezogen, unabhängig davon, ob er dem Arzt namentlich bekannt ist.[604] Erkennbarkeit dürfte hingegen hinsichtlich künftiger Partner zu verneinen sein, wenn Behandlungszeitpunkt offen ist, wann und wie viele es davon geben wird.[605] Problematisch ist in beiden Fällen, wie weit die Schadensersatzpflicht gegenüber Mutter und ggf. Vater reicht („Kind als Schaden"[606]).

IV. Schutzbedürftigkeit des Dritten

325 Der Dritte wird nur in den Vertrag einbezogen, wenn er schutzbedürftig ist. Das ist er nicht, wenn dem Dritten **eigene vertragliche Ansprüche** zustehen, die denselben oder einen **gleichwertigen Inhalt** haben wie die Ansprüche, die ihm über eine Einbeziehung in den Vertrag gegen den Gläubiger zukämen. Unerheblich ist, ob der Anspruch finanziell durchsetzbar ist.[607]

Beispiel:[608] A vermietet an B, B vermietet an C unter. C ist nicht in den Hauptmietvertrag zwischen A und B einbezogen, da C eigene vertragliche Ansprüche desselben Inhalts gegen B hat.

Beispiel:[609] F betreibt eine Stahlveredelung. Er härtet den Stahl von A und B gleichzeitig im selben Becken. Der Stahl des A ist minderwertig, daher nimmt der Stahl des B Schaden. B ist nicht in den Vertrag zwischen A und F einbezogen, da B eigene vertragliche Ansprüche desselben Inhalts gegen F hat.

Beispiel:[610] X parkt im Halteverbot. Das Ordnungsamt der Stadt S beauftragt den Abschleppunternehmer U, das Fahrzeug abzuschleppen. Dabei wird es beschädigt. Ein möglicher Anspruch des X gegen S aus § 839 i.V.m. Art. 34 S. 1 GG ist nicht vertraglicher Natur und schließt daher die Einbeziehung des X

---

601 BGH NJW 2016, 3432; a.A. im konkreten Fall Mappus/EnBW/Stromaktien Ramm, BRAK-Mitteilungen 2016, 211, 212.

602 BGH RÜ 2004, 625, Rn. 26; MünchKomm/Gottwald § 328 Rn. 187.

603 BGH RÜ 2004, 625; Brox/Walker § 33 Rn. 11; MünchKomm/Gottwald § 328 Rn. 187.

604 BGH RÜ 2007, 83.

605 Insoweit allerdings offenlassend: BGH RÜ 2007, 83.

606 Dazu AS-Skript Schuldrecht BT 4 (2017), Rn. 545 ff.

607 St.Rspr., z.B. BGH RÜ 2018, 273; Palandt/Grüneberg § 328 Rn. 18.

608 Nach BGH NJW 1978, 883.

609 Nach BGH JZ 1997, 358, mit Anm. Lorenz.

610 Nach BGH RÜ 2014, 332.

nicht aus. X ist aber trotzdem nicht in den Vertrag zwischen S und U einbezogen, da er eigene vertragliche Ansprüche aus öffentlicher Verwahrung (§ 280 analog) hat.[611]

Fall 17: Pferdegutachten

Im Auftrag des V hatte der Tierarzt T bei einem Wallach des V eine tierärztliche Ankaufsuntersuchung durchgeführt und laut seinem schriftlichen Befund keine Anhaltspunkte für erhebliche gesundheitliche Beeinträchtigungen festgestellt. V zeigt K den Befund und verkauft ihm den Wallach zum Preis von 6.300 €. Nach der Übergabe des Pferdes an K stellt sich heraus, dass das Tier an einer unheilbaren Gelenkarthrose leidet. Diese hatte T bei seiner Untersuchung übersehen.

K will das Pferd behalten und verlangt von T Schadensersatz. Zu Recht?

A. Ein Anspruch des K gegen T kann sich aus **§§ 634 Nr. 4, 280 Abs. 1** ergeben. **326**

I. Zwischen K und T muss ein **Schuldverhältnis** bestehen.

1. Über die Erstellung eines Gutachtens als körperliches Werk wird in aller Regel ein **Werkvertrag** abgeschlossen. K und T haben aber nicht unmittelbar miteinander gesprochen. Als V bei T die Untersuchung beauftragte, hätte er zwar im Namen des K auftreten und diesen dadurch gemäß § 164 Abs. 1 u. 3 vertreten können. V hat jedoch im eigenen Namen das Gutachten in Auftrag gegeben, den K kannte er zu diesem Zeitpunkt nicht einmal. Zwischen K und T besteht kein Werkvertrag.

*Hätte hingegen **K den T beauftragt**, dann bestünde natürlich zwischen K und T ein Werkvertrag. T und V würden dem K dann als **Gesamtschuldner** haften.*[612]

2. K ist aber in den **Werkvertrag zwischen V und T** einbezogen, soweit dieser **Schutzwirkung zugunsten des K** entfaltet.

*Der Vertrag mit Schutzwirkungen ist „Schuldverhältnis" im Sinne vertraglicher Schadensersatzansprüche. Im **Gutachten** prüfen Sie die Voraussetzungen des Vertrags mit Schutzwirkung daher regelmäßig **inzident** an dieser Stelle.*

a) K müsste nach dem Inhalt des Vertrags mit der Leistung des T **bestimmungsgemäß in Berührung** kommen. Eine Ankaufsuntersuchung hat gerade den Zweck, dem Käufer auf sicherer Basis eine Kaufentscheidung zu ermöglichen. K kommt mit der Leistung des T daher mindestens ebenso in Berührung wie V. **327**

b) Der Gläubiger V muss ein **besonderes Interesse an der Einbeziehung** des Dritten K haben. Den V treffen gegenüber K keine besonderen Fürsorge- oder Schutzpflichten, sodass sich insofern ein solches Interesse nicht ergibt. **328**

aa) Das Einbeziehungsinteresse könnte durch **ergänzende objektiven Auslegung** des Vertrags zwischen Gläubiger und Schuldner zu ermit-

611 Vgl. zu § 839 und zur öffentlich-rechtlichen Verwahrung AS-Skript Verwaltungsrecht AT 2 (2017), Rn. 672 ff. u. 756.

612 BGH RÜ 2012, 217; näher dazu Rn. 474 ff., 479 ff.

teln sein. Bei einem Gutachtervertrag ist es gegeben, wenn das Gutachten mit Wissen des Gutachters **Dritten vorgelegt und ihnen als Grundlage von Vermögensdispositionen dienen soll**, insbesondere wenn hierdurch ein **Haftungsrisiko vom Gläubiger auf den Dritten verlagert wird.**[613]

T hatte seinen Befund im Rahmen einer Ankaufsuntersuchung erstellt. Er war daher zur Verwendung gegenüber Ankäufern wie K bestimmt und sollte als Grundlage seiner Kaufentscheidung dienen. Zudem wollte V den Befund nutzen, um sich für ihm unbekannte Mängel gemäß § 280 Abs. 1 S. 2 oder § 311 a Abs. 2 S. 2 exkulpieren zu können und dafür seinem Vertragspartner K – bei Fehlern des Gutachtens – einen Regress gegenüber T zu ermöglichen. V hatte somit ein Interesse an der Einbeziehung des K in den Schutzbereich des Werkvertrags zwischen V und T.

Obgleich dogmatisch betrachtet die Haftung des Schuldners T ausgeweitet wird, kommt es also ***wirtschaftlich-faktisch*** *zu einer* ***Verlagerung der Schädigung*** *vom Gläubiger V zum Dritten K. Das Interesse des T, eine grenzenlose Haftungsausweitung zu verhindern, ist daher deutlich gewahrt. Die h.M. bejaht daher deutlich einen Fall des Vertrags mit Schutzwirkungen, obwohl manche darauf hinweisen, dass eine Haftungsverlagerung klassischerweise als Fall der* ***Drittschadensliquidation*** *angesehen wird.*[614]

bb) Es wird aber vertreten, dass die Figur des Vertrags mit Schutzwirkungen nicht aus der ergänzenden objektiven Vertragsauslegung herzuleiten sei. Ein Vertrag könne daher – selbst wenn seine Parteien das nach objektiver Auslegung wollen – keine Schutzwirkungen entfalten, wenn die **Interessen des Gläubigers und des Dritten gegenläufig seien**.[615] Denn dann könne der tatsächliche Wille des Gläubigers kaum den Schutz des Dritten beinhalten, und der Schuldner wüsste nicht, wessen Interessen er vornehmlich beachten soll. Das zeigt sich auch vorliegend: V als Verkäufer profitiert von einem Gutachten, dass dem Pferd einen möglichst hohen Wert bescheinigt, während für K als Käufer die Festsetzung eines niedrigeren Wertes günstiger ist. T muss versuchen, einen vertretbaren Wert auszuwerfen, weil ihm anderenfalls Schadensersatzforderungen entweder von seinem Vertragspartner V oder dem vom Vertrag geschützten K drohen. Dem folgend könnte sich eine Haftung des T gegenüber K nicht aus §§ 634 Nr. 4, 280 Abs. 1 ergeben.

Diese Mindermeinung würde die Prüfung des vertraglichen Anspruchs hier ***beenden*** *und mit* ***§§ 280 Abs. 1, 311 Abs. 3, 241 Abs. 2*** *weiterprüfen.*

613 So die h.M.: BGH RÜ 2004, 625; Palandt/Grüneberg § 328 Rn. 34; MünchKomm/Gottwald § 328 Rn. 185.
614 Looschelders Rn. 167a m.w.N. zu beiden Ansichten; näher zur Drittschadensliquidation Rn. 340.
615 Mäsch JuS 2013, 935, 936; kritisch auch Looschelders Rn. 166 ff.

cc) Die Grundsätze über den Vertrag mit Schutzwirkung zugunsten Dritter sind gleichwohl auch bei gegenläufigen Interessen anzuwenden, weil sie eine **interessengerechte Begrenzung der Haftung** ermöglichen. Stützt man die Haftung von Gutachtern und die Berufshaftung auf andere Normen – insbesondere auf die Inanspruchnahme eines besonderen Maßes persönlichen Vertrauens i.S.d. § 311 Abs. 3 S. 2 – so fehlen Haftungskorrektive wie die Erkennbarkeit des Haftungsrisikos für den Schuldner und die Schutzbedürftigkeit des Dritten als weitere anerkannte Voraussetzungen des Vertrags mit Schutzwirkungen. Ferner kann der Gutachter nur bei der Ableitung seiner Haftung aus dem Werkvertrag eine in diesem enthaltene Haftungsbeschränkung dem Dritten entgegenhalten. Nach §§ 280 Abs. 1, 311 Abs. 3, 241 Abs. 2 würde er dem Dritten hingegen originär und somit voll haften – also sogar weiter als gegenüber seinem Gläubiger. Das würde für den Gutachter zu unüberschaubaren Haftungsrisiken führen.

c) T wusste, dass V das Gutachten zwecks Weiterverkaufs dem künftigen Ab- **329**
käufer vorlegen wird. Für T war daher erkennbar, dass der künftige Abkäufer des V mit der Leistung – dem Gutachten – in Berührung kommen wird und dass der V das unter b) aa) dargestellte Interesse daran hat, den K in den Schutzbereich des Werkvertrags einzubeziehen.

d) Eine Einbeziehung des K in den Schutzbereich ist zu verneinen, soweit K **ei-** **330**
gene vertragliche Ansprüche zustehen, die denselben oder zumindest einen gleichwertigen Inhalt haben wie diejenigen, die er gegen T geltend macht.

K könnte gegen V einen Gewährleistungsanspruch aus §§ 437 Nr. 3, 311 a haben. V und K haben einen Kaufvertrag über das Pferd geschlossen. Eine Beschaffenheitsvereinbarung oder eine vertraglich vorausgesetzte Verwendung ist nicht ersichtlich. Der Wallach ist aber jedenfalls mangelhaft gemäß § 434 Abs. 1 S. 2 Nr. 2, weil er wegen der Hufarthrose nicht die übliche Beschaffenheit aufwies, die K als Käufer erwarten konnte. Der Mangel lag schon bei Vertragsschluss vor und ist nicht zu beseitigen, sodass die Voraussetzungen des § 311 a Abs. 1, Abs. 2 S. 1 vorliegen. V kann sich jedoch gemäß § 311 a Abs. 2 S. 2 entlasten, da er den Mangel nicht kannte und auch nicht kennen konnte. Sogar der Tierarzt T hatte den Mangel übersehen.

K hat keine eigenen vertraglichen Ansprüche gegen V. Er ist schutzwürdig. Der Vertrag zwischen V und T hat Schutzwirkung zugunsten des K.

II. T hat in dem Gutachten die Arthrose nicht erwähnt und somit seine **Pflicht** zur richtigen und vollständigen Gutachtenerstellung **verletzt**.

III. T gelingt diesbezüglich keine **Exkulpation**, § 280 Abs. 1 S. 2.

K hat im **Ergebnis** gegen T einen Anspruch aus §§ 634 Nr. 4, 280 Abs. 1, dessen konkrete Höhe nach Maßgabe der §§ 249 ff. zu berechnen ist.

B. Ein rechtsgeschäftsähnlicher Anspruch des K gegen T aus **§§ 311 Abs. 3, 241 Abs. 2, 280 Abs. 1** besteht nach der hier vertretenen Ansicht nicht. Er tritt jedenfalls hinter dem vertraglichen Anspruch aus §§ 634 Nr. 4, 280 Abs. 1 zurück.[616]

---

331 Der Dritte kann aber gleichwertige Ansprüche haben, soweit die **Nacherfüllung** – anders als im soeben geschilderten Fall – **möglich** ist.

Beispiel:[617] V beauftragt Händler H mit dem Verkauf seines Pkw und bevollmächtigt ihn. H preist das Fahrzeug mit Standheizung an, eine solche ist jedoch nicht vorhanden (was V nicht wusste), aber nachrüstbar. K kauft das Fahrzeug.

K hat gegen H keinen Anspruch aus § 280 Abs. 1 auf Erstattung der Kosten des nachträglichen Heizungseinbaus. K ist nicht in den Schutzbereich des Vertrages zwischen V und H einbezogen. Anders als in Fall 17 Pferdegutachten kann K von V Nachbesserung gemäß § 439 Abs. 1 Var. 1 verlangen. Dieser Anspruch besteht unabhängig von der Kenntnis des V. Auch ist dieser Anspruch auf Einbau in Natur gleichwertig mit einem Schadensersatzanspruch auf Erstattung der Einbaukosten.

(+) 332 Auch **vertragliche Ansprüche gegen den Gläubiger** schließen die Schutzwirkung aus.

*Es wirkt gekünstelt, dies erst als letztes Tatbestandsmerkmal anzusprechen. Vielmehr sollten Sie **gleich zu Beginn darstellen**, dass zwischen Drittem und Gläubiger ein echtes Schuldverhältnis besteht, sodass auf den Vertrag mit Schutzwirkungen nicht zurückgegriffen werden muss. In Fall 17 Pferdegutachten wäre dafür unter A. I. 1. der richtige Ort gewesen.*

Beispiel:[618] G bietet das Leasing von Fahrzeugen an, die S bei deren Rückgabe für sie begutachtet. G stellt dabei – anders als in Fall 17 Pferdegutachten – ausdrücklich klar, dass die Bewertungen objektiv ausfallen sollen und S eine neutrale Stellung zwischen G und dem Leasingnehmer L einnehmen soll.

Zwischen S und G besteht ein echter Schiedsgutachtervertrag. Aus diesem haftet S direkt sowohl G als auch L. L hat daher eigene vertragliche Ansprüche. Des Vertrags mit Schutzwirkungen bedarf es nicht.

(+) Ein solcher Anspruch des Dritten gegen den Gläubiger besteht auch, soweit der **Schuldner Erfüllungsgehilfe des Gläubigers** i.S.d. § 278 S. 1 Var. 2 ist.

Beispiel:[619] D beauftragt G mit der Beratung bei einer Geschäftsexpansion. G beauftragt S hinsichtlich der rechtlichen Begleitung der Expansion. S macht fahrlässig einen Fehler, D entsteht ein Schaden.

D hat gegen G einen Anspruch aus §§ 280 ff. und dem Auftrag zwischen D und G, die Pflichtverletzung und das Verschulden des S werden G gemäß § 278 S. 1 Var. 1 (analog) zugerechnet. Daher besteht kein Bedürfnis für einen Anspruch des D gegen S aus §§ 280 ff. i.V.m. mit Schutzwirkungen aus dem Vertrag zwischen G und S.

(–) 333 **Ansprüche gegen mehrere Gesamtschuldner auf Schadensersatz, jeweils aus einem Vertrag mit Schutzwirkungen**, beseitigen die Schutzwürdigkeit hingegen nicht. Gesamtschuldner sollen zum Schutz ihres Gläubigers gleichrangig auf die volle Leistung haften. Dieser Schutz würde in sein Gegenteil verkehrt, wenn jeder Gesamtschuldner unter Verweis auf den Anspruch gegen den/die anderen Gesamtschuldner von seiner Haftung frei würde.

---

616 Vgl. Mäsch JuS 2013, 935, 936.

617 Nach BGH RÜ 2011, 146.

618 Nach BGH RÜ 2013, 205; beachten Sie auch den dort dargestellten Aufbau.

619 Nach BGH RÜ 2018, 273.

Beispiel:[620] G will die Gesellschaft D gründen. G beauftragt S1 mit der Erstellung und S2 mit der Umsetzung eines Gestaltungskonzepts. S1 und S2 machen fahrlässig Fehler, D entsteht ein Schaden.

D hat gegen S1 und gegen S2 jeweils einen Anspruch aus §§ 280 ff. i.V.m. mit Schutzwirkungen aus dem Vertrag zwischen G und S1 bzw. zwischen G und S2. D ist gegenüber S1 nicht weniger schutzwürdig, weil auch S2 gegenüber D haftet, und umgekehrt.

B. Rechtsfolgen

Der Dritte, der in die Schutzwirkung des Vertrags einbezogen ist, kann nicht – wie bei **334**
einem Vertrag zugunsten Dritter – die Erfüllung des Vertrags verlangen. Hat er durch das Verhalten des Schuldners jedoch einen Schaden erlitten, stehen ihm die **gleichen vertraglichen oder rechtsgeschäftsähnlichen Schadensersatzansprüche** gegen den Schuldner zu, die auch der Gläubiger selbst hätte. Der Dritte kann nicht nur die Verletzung von Sorgfalts- und Obhutspflichten geltend machen, sondern auch die Verletzung von Hauptleistungspflichten.[621]

Fall 18: Unverschlossene Rauchrohröffnung

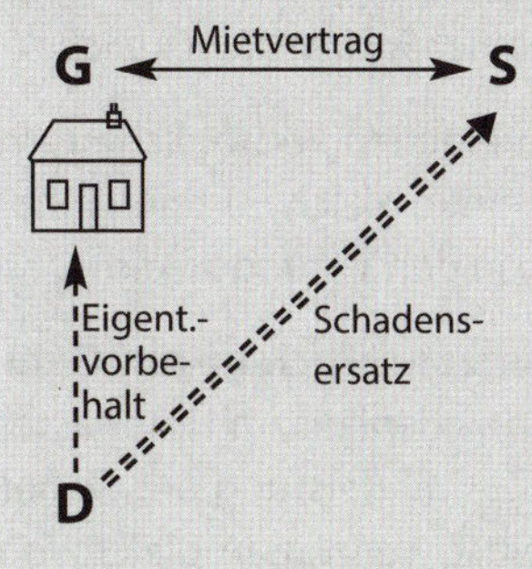

G hatte von S Räume für ein Schmuckgeschäft gemietet. Nach dem Einzug des G kam es zu einem Brand, verursacht durch eine unverschlossene Rauchrohröffnung in einem durch das Geschäft führenden Kamin. Die Öffnung war schon bei Abschluss des Mietvertrags vorhanden, aber so verborgen, dass S sie nicht entdeckt hatte und auch nicht entdecken konnte. Es wurden Waren zerstört, die D dem G unter Eigentumsvorbehalt geliefert hatte. Schadensersatzansprüche D gegen S?

Der Anspruch wird zum Schaden gezogen. Der Schuldner kann dem Schuldner und dem Dritten haften. Es kommt also zu einer Haftungserweiterung.

D könnte gegen S ein Schadensersatzanspruch gemäß **§ 536 a Abs. 1 Var. 1 i.V.m. den** **335**
Grundsätzen des Vertrags mit Schutzwirkung zugunsten Dritter zustehen.

I. S und D haben keinen **Mietvertrag** geschlossen. D wird jedoch in den Mietvertrag zwischen S und G einbezogen, wenn dieser **Schutzwirkung** zugunsten D entfaltet.

   1. Es muss **Leistungsnähe des Dritten** D bestehen. D muss mit der vertraglichen Leistung des S bestimmungsgemäß in Berührung kommen. Die Anmietung eines Geschäftslokals dient der Unterbringung von Waren. Diese gehören oft nicht dem Mieter. Häufig handelt es sich um Waren im Eigentum des Vorbehaltslieferanten oder im Sicherungseigentum eines Kreditgebers.[622] Daher kommen Vorbehaltslieferanten und Sicherungseigentümer mit der Leistung des Vermieters bestimmungsgemäß in Kontakt.[623] Für D als Vorbehaltslieferant besteht Leistungsnähe.

620 Nach BGH RÜ 2018, 276.

621 BGH NJW 2004, 3420, 3421.

622 Vgl. zum Eigentumsvorbehalt und zur Sicherungsübereignung AS-Skript Sachenrecht 1 (2017), Rn. 300 ff. u. 333 ff.

623 BGH MDR 68, 488.

2. Der **Gläubiger** muss ein **besonderes Interesse an der Einbeziehung des Dritten** in den vertraglichen Schutz haben. Dies ist jedenfalls zu bejahen, wenn der Gläubiger gegenüber dem Dritten Schutz- und Fürsorgepflichten hat. Kauft jemand Waren unter Eigentumsvorbehalt, trifft ihn aus dem Kaufvertrag eine Obhutspflicht hinsichtlich der Vorbehaltsware, solange diese im Eigentum des Lieferanten steht. G hatte also eine vertragliche Schutzpflicht gegenüber dem Vorbehaltsverkäufer D. Damit hatte G ein besonderes Interesse an der Einbeziehung des D in den Vertrag mit S, damit im Schadensfall nicht G, sondern S dem D haftet.

3. Die beiden genannten Voraussetzungen müssen **für den Schuldner erkennbar** sein, damit dieser sein Haftungsrisiko überschauen kann. Für S war bei Vertragsabschluss ersichtlich, dass G die Räume gewerblich nutzen wollte. Demnach musste S mit der Aufbewahrung aufgrund eines Eigentumsvorbehalts fremder Sachen rechnen. Das Haftungsrisiko des S wird dadurch auch nicht erheblich erweitert, da in einem Uhren- und Schmuckgeschäft immer ein bestimmter Warenvorrat gelagert werden muss, ganz egal in wessen Eigentum diese Waren stehen.

   *Anders bei der **Vermietung privaten Wohnraums**: Kein Drittschutz für Vorbehaltslieferanten und Sicherungseigentümer, da Lagerung fremder Sachen nicht üblich.*[624]

4. Der **Dritte** ist nur **schutzbedürftig**, soweit er keinen eigenen vertraglichen Anspruch – gleich gegen wen – hat, der denselben oder einen gleichwertigen Inhalt hat wie der Anspruch, der ihm über die Einbeziehung in den Vertrag zukäme.

   D könnte aus dem **Kaufvertrag** einen **Schadensersatzanspruch gegen G aus § 280 Abs. 1** haben. Eine Pflichtverletzung des G kann allenfalls im Unterlassen der Untersuchung der Räume gesehen werden. Die Gewährleistung der Sicherheit von Mieträumen ist aber Vermieteraufgabe. Selbst wenn man gleichwohl eine Pflichtverletzung des G bejaht, kann sich G jedenfalls gemäß § 280 Abs. 1 S. 2 exkulpieren, da er die Öffnung weder erkannt hat noch erkennen konnte. D hat keinen Schadensersatzanspruch gegen G. D ist daher schutzbedürftig. Der Mietvertrag zwischen G und S entfaltet Schutzwirkung zugunsten des D.

336 II. Die unverschlossene Rauchrohröffnung und der Brand sind als negative Abweichung der Ist- von der Sollbeschaffenheit **Mietmängel** i.S.d. § 536 Abs. 1. Sie waren bereits i.S.d. § 536 a Abs. 1 Var. 1 „bei Vertragsschluss vorhanden", soweit zumindest die abstrakte **Gefahrenquelle** für den Mangel bereits **bei Vertragsschluss angelegt** war. Als G die Geschäftsräume anmietete, brannte es zwar noch nicht, aber die Rauchrohröffnung und damit die konkrete Brandgefahr waren bereits vorhanden.

III. Gemäß § 536 a Abs. 1 Var. 1 trifft S eine **verschuldensunabhängige Garantiehaftung**. Es ist also unerheblich, dass S den Mangel nicht kannte und erkennen konnte.

*Beim **nachträgliche Mangel** ist Vertretenmüssen bzw. Verzug erforderlich, Var. 2 u. 3.*

D kann von S nach §§ 536 a Abs. 1 Var. 1, 249 Abs. 2 Schadensersatz in Geld verlangen. Der Anspruch ist neben dem positiven Ersatzinteresse **auch** auf den Ersatz von **Integri-**

---

624 BGH NJW 1985, 489.

tätsschäden gerichtet, auch im Falle der Garantiehaftung[625] und auch zugunsten des in den Vertrag einbezogenen Dritten.

Zweifelhaft ist, ob der Schuldner gegenüber dem Dritten auch haftet, wenn er mit dem Gläubiger eine **Haftung für Schäden Dritter beschränkt oder ausgeschlossen hat**. **337**
Eine von der Mindermeinung angenommene originäre Haftung nach §§ 311 Abs. 3, 241 Abs. 2, 280 Abs. 1 würde davon nicht beeinflusst. Die von der h.M. befürwortete, aus dem Vertrag zwischen Schuldner und Gläubiger abgeleitete Haftung würde hierdurch hingegen beschränkt bzw. ausgeschlossen. Der Schuldner kann gegenüber dem Dritten nicht stärker haften als gegenüber dem die Haftung vermittelnden Gläubiger. Das lässt sich sowohl für vertragliche als auch für gesetzliche Beschränkungen und Ausschlüsse – auch wenn der Vertrag mit Schutzwirkungen nach h.M. nicht aus §§ 328 ff. herzuleiten ist – mit einer analogen Anwendung des § 334 begründen.[626]

§ 334 analog

Allerdings müssen vertragliche Beschränkungen und Ausschlüsse wirksam sein. Neben den allgemeinen Wirksamkeitshindernissen (z.B. §§ 307 ff. bei AGB) kann insbesondere ein gemäß § 242 zur Nichtigkeit führender Verstoß gegen das Verbot widersprüchlichen Verhaltens (**venire contra factum proprium**) vorliegen. Insbesondere ein gänzlicher Ausschluss der Haftung gegenüber Dritten ist unwirksam, wenn die Leistung gerade in Auftrag gegeben wird, um Dritte damit in Berührung zu bringen.

Beispiel:[627] Der gänzliche Haftungsausschluss bei einer Ankaufsuntersuchung für ein Tier (wie in Fall 17 Pferdegutachten) widerspricht dem Umstand, dass die Untersuchung gerade zu dem Zweck in Auftrag gegeben wird, ihr Ergebnis einem Dritten als Kaufinteressenten vorzulegen.

Der Dritte muss sich gemäß § 254 ein **eigenes Mitverschulden** anrechnen lassen, sowie nach dem Rechtsgedanken des § 334 auch ein **Mitverschulden des Gläubigers**.[628] **338**

Mitverschulden

---

625 Palandt/Weidenkaff § 536 a Rn. 14.

626 BGH NJW 1971, 1931, 1932; OLG Hamm RÜ 2013, 545.

627 Nach OLG Hamm RÜ 2013, 681 (21. Senat), in ausdrücklicher Abgrenzung von OLG Hamm RÜ 2013, 545 (12. Senat).

628 BGH RÜ 2010, 681, Rn. 29; a.A. Looschelders Rn. 170 f.

339

Vertrag mit Schutzwirkung zugunsten Dritter

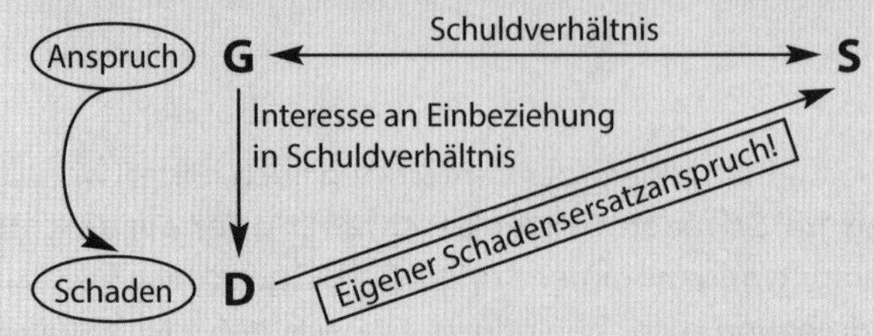

Voraussetzungen

I. Leistungsnähe: Bestimmungsgemäßes Inberührungkommen des Dritten mit der Leistung des Schuldners

II. Schutzinteresse des Gläubigers: Interesse des Gläubigers an der Einbeziehung des Dritten in den Vertrag

III. Erkennbarkeit für den Schuldner
Erkennbarkeit der Einbeziehung des Dritten in den Schutzbereich (also Leistungsnähe und Schutzinteresse) für den Schuldner

IV. Schutzbedürftigkeit des Dritten: Keine eigenen vertraglichen Ansprüche – gleich gegen wen – des Dritten, die denselben oder zumindest einen gleichwertigen Inhalt haben

Rechtsfolgen

für den Dritten

- Dritter hat **keinen** Anspruch auf Primärleistung
- Gegenüber Drittem bestehen jedoch vertragliche **Schutz- und Obhutspflichten**, bei deren Verletzung der Dritte einen **eigenen Schadensersatzanspruch gegen den Schuldner geltend** machen kann. Der Anspruch wird zum Schaden gezogen.

für den Schuldner

- Der Schuldner ist dem Dritten (ebenso wie dem Gläubiger) aus Vertrag oder einem rechtsgeschäftsähnlichen Schuldverhältnis schadensersatzpflichtig. Es kommt zur **Haftungsausweitung**
- Ersatzfähig sind **sämtliche** Personen- und Vermögensschäden; beachte § 254
- **§ 334 analog:** gegen den Dritten wirken grds. Haftungsbeschränkungen aus dem Vertrag und ein Mitverschulden des Gläubigers

3. Abschnitt: Drittschadensliquidation

Den Schaden, der aus einer Vertragsverletzung entsteht, kann der Gläubiger **grundsätzlich** soweit geltend machen, wie er **bei ihm selbst** eingetreten ist. Wirkt sich die Pflichtverletzung auf das Vermögen eines Dritten aus, so kann dieser den Schädiger nur in Anspruch nehmen, soweit ihm selbst eine eigene Anspruchsgrundlage zusteht (z.B. Vertrag mit Schutzwirkung zugunsten Dritter, Deliktsrecht). 340

Es ist aber unbillig, den Schuldner ungeschoren davonkommen zulassen, nur weil **zufällig** der Anspruch (des Gläubigers) und der Schaden (des Dritten) auseinanderfallen. **Ausnahmsweise** kann der Vertragspartner daher auch den Schaden eines Dritten – den **Drittschaden** – beim Gläubiger **liquidieren**, d.h. geltend machen.

A. Tatbestand und Fallgruppen

DSL ist keine eigene AGL!

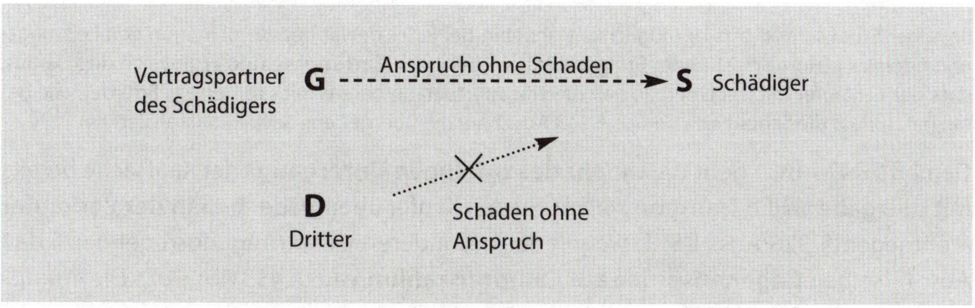

Die Drittschadensliquidation hat **drei Tatbestandsmerkmale**:[629] 341

- Der **Gläubiger** hat dem Grunde nach einen Schadensersatzanspruch gegen den Schuldner, aber der Höhe nach **keinen Schaden**.
- Der **Dritte** hat einen adäquat-kausal durch den Schuldner verursachten Schaden, aber **keinen vertraglichen Anspruch** gegen den Schuldner auf Ersatz dieses Schadens. Deliktische Ansprüche sind schwächer als vertragliche Ansprüche (vgl. Rn. 315) und schließen die Drittschadensliquidation daher nicht aus. Wie alle vertraglichen und deliktischen Ansprüche stehen sie vielmehr nebeneinander und können gleichzeitig geltend gemacht werden.[630]
- Für den **Schuldner** stellt sich dieses Auseinanderfallen von Anspruch und Schaden als **zufällig** dar, weil es auf einem zwischen dem Gläubiger und dem Dritten bestehenden, vom Schuldner unbeeinflussbaren Rechtsverhältnis beruht.

Da die Liquidation des Drittschadens Grundsätze des Schadensrechts durchbricht, wird die **Zufälligkeit** der Schadensverlagerung nur in **anerkannten Fallgruppen** bejaht. 342

629 BGH RÜ 2016, 341.

630 MünchKomm/Oetker § 249 Rn. 305; BGH NJW 1985, 2411.

Fallgruppen

I. Obligatorische Gefahrentlastung

343 Die Schadensverlagerung ist aus Sicht des Schuldners zufällig, wenn er eine Sache des Gläubigers beschädigt, **zu deren Übereignung** an den Dritten der Gläubiger ohnehin **verpflichtet** (lat.: obligatio = Verpflichtung) war und

- für die der Gläubiger entweder **trotz der Beschädigung** vom Dritten eine zuvor vereinbarte **Gegenleistung** erhält (sogleich 1. und 2.) oder
- für die der Gläubiger **nie** eine **Gegenleistung** erhalten sollte (sogleich 3.)

1. Versendungskauf, § 447 Abs. 1

344 Einigen sich Käufer und Verkäufer im Rahmen eines Versendungskaufs (§ 447) auf eine Schickschuld, so **wird der Verkäufer** von seiner Pflicht aus § 433 Abs. 1 S. 1 gemäß § 275 Abs. 1 **frei, wenn die Kaufsache auf dem Transport untergeht**.

Bei einer **Stückschuld** tritt Unmöglichkeit ohnehin bei jeder gewählten Kombination von Leistungs- und Erfolgsort (Hol-, Schick- oder Bringschuld) ein. Bei einer **Gattungsschuld** ergibt sich dies daraus, dass der Verkäufer mit der Übergabe an die Transportperson bereits alles seinerseits Erforderliche getan hat, sodass die Schuld sich gemäß § 243 Abs. 2 auf die übergebene Sache konkretisiert hat.[631]

Gemäß § 447 Abs. 1 geht die **Gefahr des zufälligen Untergangs** der Kaufsache bereits mit Übergabe an die Transportperson auf den Käufer über. Daher **behält der Verkäufer** – entgegen § 326 Abs. 1 S. 1, wegen der besonderen Gefahrtragungsregel des § 447 Abs. 1 – seinen **Gegenanspruch auf Kaufpreiszahlung** aus § 433 Abs. 2.[632] Die Voraussetzungen der Drittschadensliquidation liegen daher vor:

- Dem Verkäufer steht ein Schadensersatzanspruch gegen den Transporteur aus dem Transportvertrag (§ 631 oder § 407 HGB) zu. Jedoch hat der Verkäufer **keinen Schaden**, denn er kann vom Käufer weiterhin Kaufpreiszahlung verlangen.
- Der Käufer hingegen erleidet einen Schaden – er muss den Kaufpreis zahlen, ohne jedoch die Kaufsache zu erhalten. Allerdings steht ihm – mangels Vertrag – gegen den Transporteur **kein eigener Anspruch** zu.
- Aus Sicht des Transporteurs ist diese **Schadensverlagerung rein zufällig**. Es spielt für ihn keine Rolle, wer im Innenverhältnis zwischen seinem Auftraggeber und dem Adressaten das Risiko trägt. Für ihn ist nur wichtig, zur Vermeidung einer Haftung (gleich gegenüber wem) die Ware nicht zu beschädigen.

(–)

345 In weiten Bereichen findet gleichwohl **keine Drittschadensliquidation** statt:

- Handelt es sich bei dem Versendungskauf um einen **Verbrauchsgüterkauf** i.S.d. § 474 Abs. 1 und greift nicht ausnahmsweise der Ausschlusstatbestand des § 474 Abs. 2 S. 2, so findet § 447 Abs. 1 nur nach Maßgabe des § 475 Abs. 2[633] Anwendung.

631 Vgl. zu alledem AS-Skript Schuldrecht AT 1 (2017), Rn. 97 ff.

632 Vgl. zum Zusammenspiel von § 275, § 326 und z.B. § 447 auch AS-Skript Schuldrecht AT 1 (2017), Rn. 140.

633 In seiner seit dem 01.01.2018 geltenden Fassung. Sämtliche Änderungen des Kauf- und Werkrechts zum 01.01.2018 werden berücksichtigt und ausführlich dargestellt in AS-Skript Schuldrecht BT 1 (2018). Einen knappen Überblick liefert Pechstein, RÜ 2017, 360.

- **Grundsätzlich** trägt hiernach der Verkäufer während des Transports die Gefahr. Er hat dann nicht nur den Anspruch, sondern auch den Schaden.
- **Beauftragt der Käufer den Transporteur ohne vorherige Benennung durch den Verkäufer**, dann trägt zwar der Käufer die Gefahr und erleidet daher den Schaden. Er wird dann aber auch in aller Regel einen eigenen Anspruch aus dem Transportvertrag gegen den Transporteur haben.

- Unterliegt das Vertragsverhältnis zwischen dem Verkäufer und der Transportperson dem **Frachtrecht** (§§ 407 ff. HGB), steht dem Käufer ein eigener Schadensersatzanspruch gegen den Frachtführer aus §§ 425, 421 Abs. 1 S. 2 Hs. 1 HGB zu. Der Käufer hat also neben dem Schaden auch einen Anspruch.

  Neben dem Käufer bleibt gemäß § 421 Abs. 1 S. 2 Hs. 2 u. S. 3 HGB der Verkäufer zur Geltendmachung des Anspruchs des Käufers auch im eigenen Interesse berechtigt. Insofern liegt der Rechtsfolge nach ein **gesetzlich geregelter Fall der Drittschadensliquidation** vor, mit der Folge, dass auch unter diesem Gesichtspunkt die allgemeinen Voraussetzungen nicht zu prüfen sind.[634]

Die **Drittschadensliquidation** findet daher **nur Anwendung, wenn** **346**

- **§ 474 Abs. 1 nicht erfüllt** ist (insb. bei Kaufverträgen zwischen Privaten, zwischen Unternehmern oder zwischen Verbrauchern in der Verkäuferrolle und Unternehmern in der Käuferrolle) bzw. ausnahmsweise **§ 474 Abs. 2 S. 2** erfüllt ist **und**
- der Transport von einer **nicht unter § 407 HGB** (ggf. i.V.m. § 458 HGB) **fallenden Person** durchgeführt wird.

2. Werkuntergang vor Abnahme, § 644 Abs. 1 S. 1

Eine ähnliche Situation ergibt sich, wenn ein Werk durch Verschulden eines Dritten untergeht, der nicht Erfüllungsgehilfe des Bestellers ist. In diesem Fall trägt der Werkunternehmer gemäß **§ 644 Abs. 1 S. 1** die Gefahr. Er bleibt daher gegenüber dem Besteller zur erneuten Herstellung des Werks verpflichtet, kann aber vom Besteller nur die Vergütung für die einmalige Herstellung des Werks verlangen. Der Werkunternehmer erleidet also einen Schaden, ihm steht aber gegen den Drittschädiger – abgesehen von ggf. § 823 Abs. 1 – oft kein eigener Anspruch zu **347**

Beispiel: Bauherr B gibt die Parkettarbeiten bei Parkettleger P in Auftrag und die Sanitärarbeiten bei S. P soll das Material auf eigene Rechnung besorgen und verlegen. S vergisst fahrlässig, ein Wasserventil zu schließen. Der bisher verlegte Parkettboden wird irreparabel beschädigt.

I. B hat gegen S einen **Anspruch** aus § 280 Abs. 1. B hat aber **keinen Schaden**, denn gemäß § 644 Abs. 1 S. 1 schuldet P ihm aus § 632 Abs. 1 nach wie vor das Verlegen des selbst zu besorgenden Parketts.
II. P hingegen hat gegen S zwar hinsichtlich des Materialschadens einen Anspruch, aber nur aus § 823 Abs. 1. Die erneuten Verlegearbeiten kann er hingegen mangels Schuldverhältnis nicht von S und wegen § 644 Abs. 1 S. 1 auch nicht aus § 632 Abs. 1 von B ersetzt verlangen. Insofern hat P also einen **Schaden**, aber hinsichtlich **keines Schadenspostens vertragliche Ansprüche**.
III. Dieses Auseinanderfallen von Anspruch und Schaden beruht auf § 644 Abs. 1 S. 1, der alleine das Innenverhältnis zwischen B und P betrifft. Aus Sicht des S stellt sich dies **zufällig** dar.

---

634 Vgl. hierzu AS-Skript Handelsrecht (2017), Rn. 366; Baumbach/Hopt/Merkt § 421 Rn. 2.

3. Vereinbarung zwischen Gläubiger und Drittem

348 Zu einer zufälligen Schadensverlagerung kann es auch kommen, wenn der Dritte **kraft Vereinbarung vor Schadenseintritt** die Schäden des Gläubigers kompensieren muss. Die Kompensation wird dann im Wege der Vorteilsausgleichung[635] gemäß § 242 dem Schaden des Gläubigers entgegengerechnet, sodass dieser keinen Schaden hat.

Beispiel:[636] K lässt den Architekten A ein Gebäude planen und baut es danach. Sodann verpachtet K das Gebäude an D mit der Vereinbarung, dass D Schäden auf eigene Kosten ausbessern muss. D veranlasst eine Sanierung des Gebäudes, die wegen der fehlerhaften Planung des A erforderlich ist.

I. K hat gegen A einen vertraglichen **Anspruch**. Zwar hat K aus dem Vertrag mit A auch einen Mangelschaden in Form der fehlerhaften Planung erlitten. In Rede steht aber die aufgrund dieser Planung erforderlich gewordene Sanierung als Mangelfolgeschaden. Diese hat nicht K, sondern D bezahlt. D hat dies aufgrund vorheriger Vereinbarung mit K getan, sodass K von vornherein keinen Schaden erlitten hat. Es ist K zumutbar und es entlastet A auch nicht unbillig, dem K diesen Vorteil nach § 242 im Wege der Vorteilsausgleichung anzurechnen. K hat also insofern **keinen Schaden.**
II. D hat die Sanierung bezahlt und hierdurch einen **Schaden** erlitten. D hat aber **keinen vertraglichen Anspruch** gegen A.
III. Für A stellt sich die Schadensverlagerung aufgrund der Absprache zwischen K und D als **zufällig** dar.

349 Wird hingegen eine solche **Vereinbarung erst nach Schadenseintritt** getroffen, so wird der aus ihr resultierende Vorteil für den Gläubiger diesem nicht entgegengehalten. Er hat dann neben seinem Anspruch einen eigenen (normativen) Schaden,[637] sodass es nicht zur Drittschadensliquidation kommt.

Im obigen **Beispiel** würde dem K die Sanierung durch D nicht angerechnet, weil K sie erst nach der Schädigung und durch eigenes, von der Schädigung verursachtes Geschick dem D übertragen hat. K hätte also einen (normativen) Schaden und könnte diesen direkt von A ersetzt verlangen.

4. Vermächtnis

350 Wird die dem Vermächtnisnehmer[638] vermachte Sache, die sich noch im Eigentum des Erben befindet, durch Verschulden eines Dritten zerstört, so hat der Erbe gegen den Dritten zwar einen Schadensersatzanspruch aus § 823 Abs. 1. Der Erbe hat aber **keinen Schaden** erlitten, da er die Sache eh nach § 2174 hätte übereignen müssen. Den Schaden hat vielmehr der leer ausgehende Vermächtnisnehmer, der aber gegen den Dritten **keinen Anspruch** hat. Aus Sicht des Dritten ist diese Schadensverlagerung **zufällig**.

II. Verdeckte (mittelbare) „Stellvertretung"

351 Wer im eigenen Namen, aber für Rechnung eines anderen (z.B. im Rahmen eines Auftrags) einen Vertrag abschließt, wird aus dem Vertrag selbst berechtigt, obwohl die **wirtschaftlichen Folgen** im Ergebnis **einen anderen** treffen sollen. Ergibt sich während der Vertragsabwicklung ein Schaden, hat der rechtsgeschäftlich Handelnde meist einen Anspruch, der wirtschaftlich Berechtigte jedoch den Schaden. Ein typischer Fall mittelbarer „Stellvertretung" ist die **Kommission** i.S.d. § 383 HGB.[639]

635 Vgl. zur Vorteilsausgleichung AS-Skript Schuldrecht BT 4 (2017), Rn. 435 ff.
636 Nach BGH RÜ 2016, 341.
637 Vgl. zum normativen Schaden AS-Skript Schuldrecht BT 4 (2017), Rn. 434.
638 Siehe zum Vermächtnis AS-Skript Erbrecht (2018), Rn. 84 ff.
639 Näher zur Kommission AS-Skript Handelsrecht (2017), Rn. 333 ff.

*Die mittelbare „Stellvertretung" fällt mangels Offenkundigkeit **nicht unter §§ 164 ff.**[640] Es besteht vielmehr ein Vertrag zwischen Hintermann und Vordermann (z.B. Auftrag, Kommission). Der Vordermann schließt **im eigenen Namen** einen weiteren Vertrag mit der Gegenseite (z.B. Kaufvertrag) und leitet dessen wirtschaftliche Folgen an den Hintermann weiter.*

Beispiel: A ersteigert im Auftrag seines Freundes D, der unbekannt bleiben will, ein Gemälde im eigenen Namen für 50.000 €. Noch im Auktionssaal zerstört der enttäuschte Mitbieter S das Gemälde, kurz nachdem es A gegen Zahlung von 50.000 € von dem Auktionshaus übereignet wurde.

I. A hat als Eigentümer gegen S dem Grunde nach den **Anspruch** aus § 823 Abs. 1, jedoch **keinen Schaden**, da er gemäß § 670 auch weiterhin Ersatz des aufgewendeten Kaufpreises von D verlangen kann.
II. D kann von S nicht gemäß § 823 Abs. 1 Schadensersatz fordern, da A ihm das Bild noch nicht übereignet hatte. Er hat aber einen **Schaden**, da er gemäß § 670 an A 50.000 € zahlen muss.
III. Dass D einen Strohmann einschaltete, ist aus Sicht des S **Zufall** gewesen. S darf keine fremden Gemälde zerstören, gleich, wem sie gehören.

III. Treuhandverhältnisse

Eine ähnliche Situation des **Auseinanderfallens zwischen rechtlicher und wirtschaftlicher Berechtigung** ergibt sich in Treuhandverhältnissen. Da ein Treuhänder fremdes Vermögen verwaltet, trifft der Schaden nicht ihn selbst, während der geschädigte Treugeber nicht Vertragspartner des Schädigers ist. **352**

Besonders examensrelevante Treuhandverhältnisse liegen bei der **Sicherungsübereignung** und der **Sicherungsabtretung**[641] vor. Der Sicherungsnehmer kann daher einen Verzugsschaden des Sicherungsgebers geltend machen. **353**

Beispiel: Zur Sicherung einer Forderung des A gegen D tritt D seinen Zahlungsanspruch gegen S an A ab. S kommt in Verzug. D zahlt daher selbst an A. Zu diesem Zweck muss D bei einer Bank kurzfristig zu hohen Zinsen einen Kredit aufnehmen.

I. A hat gegen S einen **Anspruch** auf Ersatz des Verzögerungsschadens nach §§ 280 Abs. 1 und 2, 286. A hat aber **keinen Schaden**, da er sein Geld rechtzeitig von D erhalten hat.
II. D hat durch den Verzug des S einen **Schaden** in Form der Kreditzinsen erlitten. Bei der Berechnung der Höhe dieses Schadens ist alleine maßgeblich, welchen Schaden der D selbst erleidet, und nicht, welchen Schaden A erlitten hätte, wenn er den Kredit aufgenommen hätte.[642] D hat aber **keinen Anspruch** gegen S aus §§ 280 Abs. 1 und 2, 286, da er die zugrundeliegende Forderung vor Eintritt des Verzugs an A abgetreten hatte.
III. Für S ist es dabei **Zufall**, dass der Schaden sich aufgrund der Abtretung von A auf D verlagert hat.

IV. Obhutsfälle

Wer eine einem Dritten gehörende Sache in Verwahrung oder sonst in Obhut gibt, kann **354** nach einer **vorherrschenden Ansicht** im Falle einer Verletzung der Pflicht zur ordnungsgemäßen Aufbewahrung der Sache den dem Dritten entstandenen Schaden liquidieren.[643] Für den Fall der Einbringung beim Gastwirt ist dieser Gedanke in § 701 Abs. 1 ausdrücklich geregelt.

---

640 Vgl. AS-Skript BGB AT 1 (2017), Rn. 242.

641 Näher zur Sicherungsübereignung AS-Skript Sachenrecht 1 (2017), Rn. 300 ff., und zur Sicherungsabtretung Rn. 417 ff.

642 BGH NJW-RR 1997, 663, 664.

643 BGH NJW 1997, 1983; mit anderer Begründung Staudinger/Schiemann Vorbem. zu §§ 249 ff. Rn. 73.

Die Gegenansicht weist darauf hin, dass der Dritte in diesen Fällen oft in den Schutzbereich des Vertrags zwischen Verwahrer und Einbringendem einbezogen ist, da ein Einbeziehungsinteresse des Gläubigers – wie ausgeführt – sich durch ergänzende Vertragsauslegung oft konstruieren lässt.[644] Dann hat der Dritte einen eigenen vertraglichen Anspruch, sodass insofern für die Drittschadensliquidation kein Raum besteht.

Beispiel: A mietet bei D einen Smoking und bringt ihn beim immer zuverlässigen S zur Reinigung, ohne S auf die Eigentumsverhältnisse hinzuweisen. Ein Angestellter des S beschädigt den Smoking.

I. A hat dem Grunde nach gegen S einen **Anspruch** aus §§ 280 Abs. 1, 278 S. 1 Var. 2. Jedoch hat A **keinen Schaden** erlitten, da der Smoking ihm nicht gehörte und er mangels Verschuldens dem D auch keinen Ersatz aus § 280 Abs. 1 schuldet.
II. D hat zwar einen **Schaden**. Vieles spricht aber dafür, dass D **keinen** relevanten **Anspruch** gegen S hat. Ein möglicher Anspruch aus § 831 Abs. 1 schließt als deliktischer Anspruch die Drittschadensliquidation nicht aus. Ein vertraglicher Anspruch aus § 280 Abs. 1 besteht nur, wenn D in den Schutzbereich des Vertrags zwischen A und S einbezogen ist. Das hängt maßgeblich von der ergänzenden Auslegung dieses Vertrags ab. Ferner ist zweifelhaft, ob für S erkennbar war, dass D einbezogen werden sollte.
III. Aus der Sicht des S ist die **Schadensverlagerung zufällig**. Soweit man unter II. den vertraglichen Anspruch des D gegen S verneint, liegen somit die Voraussetzungen der Drittschadensliquidation vor.

B. Rechtsfolge und Prüfungsaufbau

355

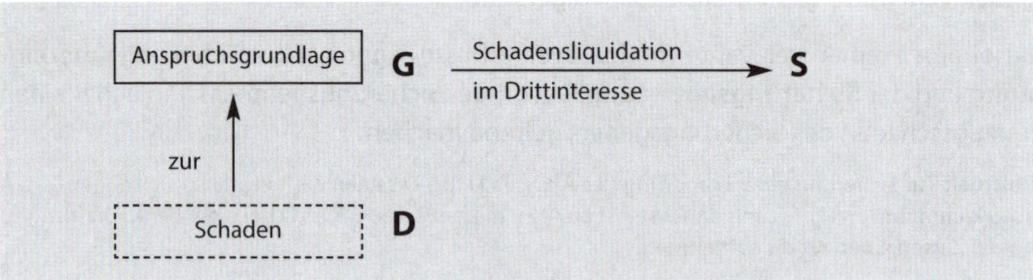

Die Rechtsfolge der Drittschadensliquidation ist in **zwei Akte** aufgeteilt:

- Unmittelbare Rechtsfolge ist, dass der **Schaden zur Anspruchsgrundlage gezogen wird. Es kommt zu einer Haftungsverlagerung.** Zunächst ist also gerade nicht der wirtschaftlich leidtragende Dritte, sondern der Gläubiger in der Position, beim Schuldner den Schaden des Dritten zu liquidieren.
- Eine ergänzende Auslegung des Vertrags zwischen Gläubiger und Drittem (soweit vorhanden) oder hilfsweise Treu und Glauben (§ 242) führen aber zu dem Ergebnis, dass der **Gläubiger dem Dritten die Kompensation ermöglichen** muss.
  - Soweit der Gläubiger vom Schuldner bereits Ersatz (insb. eine Schadensersatzzahlung) erhalten hat, muss er diesen an den Dritten **weiterleiten**. Ein solcher Anspruch kann sich daneben auch aus § 285 ergeben.
  - Soweit der Gläubiger den Schaden beim Schädiger noch nicht liquidiert hat, muss er den Anspruch gegen den Schädiger an den Dritten **abtreten**. In dieser Konstellation verlagert sich also letztlich der Schaden – mitsamt dem Anspruch – wieder

644 MünchKomm/Oetker § 249 Rn. 305; Palandt/Grüneberg Vorbem. v § 249 Rn. 109.

zurück zum Dritten. Der Gläubiger kann alternativ auch vom Schuldner **Leistung an den Dritten** verlangen.

Gemäß §§ 362 Abs. 2, 185 Abs. 1 hat eine solche Leistung **Erfüllungswirkung**.

Im **Aufbau des Gutachtens** sprechen Sie die Drittschadensliquidation (wie jeden Tat- **356**
bestand) erst an, **wenn es auf ihre Rechtsfolge ankommt**. Das ist der Fall, wenn Sie im Rahmen der Rechtsfolge des Schadensersatzanspruchs des Gläubigers festgestellt haben, dass der Gläubiger keinen (eigenen Schaden) hat.

*Der **Gedankengang** lautet also: Der Gläubiger hat gegen den Schädiger dem Grunde nach einen Anspruch, seine Höhe ist aber „0". Der Gläubiger kann den Schaden des Dritten liquidieren, wenn die weiteren Voraussetzungen der Drittschadensliquidation vorliegen: Der Dritte hat trotz Schadens keinen vertraglichen Anspruch gegen den Schuldner und für den Schädiger ist dies Zufall. Folglich wird der Schaden des Dritten zum Anspruch des Gläubigers gezogen. Der Dritte kann vom Gläubiger Abtretung dieses Anspruchs bzw. Herausgabe des aufgrund dieses Anspruchs vom Schuldner Liquidierten verlangen.*

C. Abgrenzung Vertrag mit Schutzwirkung zugunsten Dritter und Drittschadensliquidation

Der **Vertrag mit Schutzwirkung** (VSD) **schließt die Drittschadensliquidation** (DSL) **357**
aus. Denn auch der Anspruch aus dem VSD ist ein „eigener vertraglicher Anspruch des Dritten" im Sinne der DSL. Sie sollten daher den **Anspruch aus VSD** nach Möglichkeit **als erstes** prüfen, um eine Inzidentprüfung zu vermeiden. Lässt die Aufgabenstellung das nicht zu, dann müssen Sie den VSD-Anspruch inzident in der DSL ansprechen.

Welches Rechtsinstitut in Grenzfällen vorliegt, ist letztlich eine **Wertungsfrage**, die inzident im Rahmen des VSD beim Einbeziehungsinteresse und/oder bei der Vorhersehbarkeit aufzuwerfen ist (insbesondere in den Obhutsfällen, vgl. Rn. 354). Sie ist insbesondere anhand der Interessen der Beteiligten und ihrer Schutzwürdigkeit zu beantworten.

- **Der Schuldner/Schädiger** steht bei der DSL besser, da diese seine Haftung **verlagert** (keine Schadenshäufung), während der VSD einen potentiellen zusätzlichen Gläubiger schafft und so seine Haftung **erweitert** wird.
- Beim VSD ist **der Dritte** weniger **abhängig von** der Rechtsstellung und der Kooperation des **Gläubigers** als bei der DSL.[645] Insbesondere erhält er beim VSD ohne Mitwirkung des Gläubigers einen direkten Anspruch gegen den Schuldner.
- **Einwendungen des Schuldners/Schädigers** gegen den Gläubiger muss sich der Dritte bei der DSL direkt aus dem an ihn abzutretenden Anspruch und beim VSD analog § 334 entgegenhalten lassen. Insofern besteht also kein Unterschied.

645 Vgl. MünchKomm/Gottwald § 328 Rn. 191.

358

Drittschadensliquidation

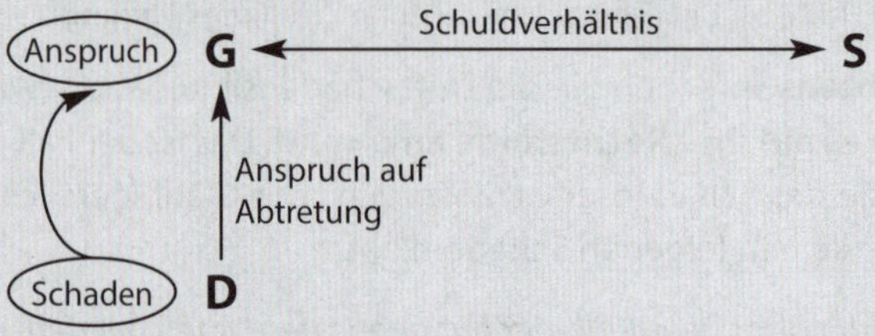

Anspruchsgrundlage

- „Normale" Anspruchsgrundlage des Gläubigers gegen Schuldner
- Prüfungsaufbau: Drittschadensliquidation ist keine Anspruchsgrundlage; in Klausur erst nach Verneinung eigenen Schadens des Gläubigers zu prüfen

Voraussetzungen

I. Bei **Gläubiger** bestehen **Anspruchsvoraussetzungen, aber er hat keinen Schaden**.

II. Bei **Drittem** ist **Schaden** eingetreten, er hat aber gegen den Schuldner **keinen eigenen vertraglichen Anspruch**.

III. Aus Sicht des Schuldners **zufällige Schadensverlagerung:**

- Obligatorische Gefahrentlastung (§ 447 Abs. 1, § 640 Abs. 1 S. 1, vorherige [!] Vereinbarung zwischen Gläubiger und Drittem, Vermächtnis)
- Verdeckte (mittelbare) „Stellvertretung"
- Treuhandverhältnisse
- Obhut fremder Sachen (soweit kein vorrangiger eigener Anspruch aus VSD)

Rechtsfolgen

I. **Gläubiger** kann Schaden des Dritten **in eigenem Namen** geltend machen. Der Dritte hat zunächst keine Rechte gegen den Schuldner.
*(**Merke:** Der Schaden wird zur Anspruchsgrundlage gezogen – Haftungsverlagerung)*

II. Der Gläubiger muss i.d.R. den Anspruch an den Dritten **abtreten** bzw. Erlangtes an den Dritten **weiterleiten** (§ 285 oder § 242). Er kann auch auf **Leistung an den Dritten** klagen.

4. Abschnitt: Abtretung, Sicherungsabtretung, cessio legis

Die Abtretung ist ein Vertrag, durch den eine **bestehende Forderung übertragen** wird 359
(**Zweiterwerb**). Parteien sind der bisherige Forderungsinhaber (**Zedent**) und der neue Forderungsinhaber (**Zessionar**). Der Schuldner ist an dem Vertrag nicht beteiligt.

*Merken Sie sich die Begriffe **alphabetisch**: Erst der Zedent, dann der Zessionar.*

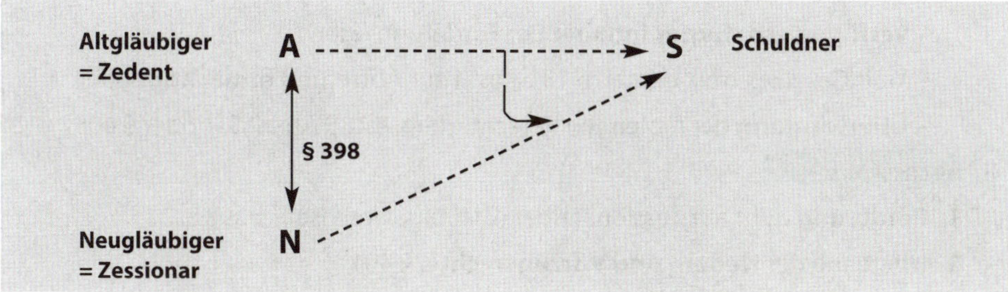

Die Abtretung ist eine **Verfügung**, sie überträgt ein Recht, vgl. § 398 S. 2. 360

Verfügungen sind **Rechtsgeschäfte**, die **unmittelbar** auf bestehende Rechte einwirken (Fallgruppen: Aufhebung, Übertragung, Inhaltsänderung, Belastung.[646] Im **Schuldrecht** sind als Verfügungen kodifiziert: Erlassvertrag (§ 397), Abtretung (§§ 398 ff.), befreiende Schuldübernahme (§§ 414 ff.).

Als Verfügung ist die Abtretung **abstrakt**. Sie beruht auf einem Verpflichtungsgeschäft. Dieses kann z.B. ein Forderungskauf (§ 453), ein Sicherungsvertrag[647] oder die Vereinbarung sein, dass die Abtretung zur Tilgung einer anderen Forderung (im Zweifel erfüllungshalber, § 364 Abs. 2) geschieht. Bei unwirksamer Verpflichtung bleibt die Abtretung grundsätzlich wirksam. Der Zedent hat gegen den Zessionar jedoch einen Anspruch auf Rückabtretung gemäß § 812.

Regelungsgegenstand der §§ 398 ff. ist die **rechtsgeschäftliche Übertragung einer** 361
Forderung, also eines sich aus einem gesetzlichen oder rechtsgeschäftlichen Schuldverhältnis ergebenden Anspruchs i.S.d. § 194 Abs. 1. Gemäß § 412 gelten sie größtenteils auch für den gesetzlichen Forderungsübergang (**cessio legis**) und gemäß § 413 als Auffangtatbestand für die **Übertragung aller anderen Rechte**.

Beispiele für leges speciales zu § 413: §§ 929 ff. bzw. §§ 873, 925 für die Übertragung des Eigentums (und analog des Eigentumsanwartschaftsrechts, h.M.); § 15 GmbHG für die GmbH-Anteilsübertragung

Bei **verbrieften Rechten** ist zu unterscheiden:[648]

- **Inhaberpapiere** i.S.d. §§ 807, 793 (z.B. Fahrkarten und nicht-personengebundene Eintrittskarten) werden **gemäß §§ 929 ff. übereignet** und die Inhaberschaft an dem verbrieften Recht geht sodann ipso iure auf den neuen Eigentümer des Papiers über. Die verbriefte Forderung muss nicht abgetreten werden, es gilt: **Das Recht aus dem Papier folgt dem Recht am Papier.**
- Bei **Namenspapieren** (z.B. Schuldschein, personengebundene Eintrittskarte) wird hingegen die **Forderung nach § 398 abgetreten** und das Eigentum an dem Papier geht gemäß § 952 ipso iure auf den Zessionar über. Die **Kfz-Zulassungsbescheinigung Teil II** („Kfz-Brief") wird analog § 952 Eigentum desjenigen, an den zuvor gemäß §§ 929 ff. das Fahrzeug übereignet wurde. Eine Übereignung des Papiers ist nicht erforderlich, es gilt: **Das Recht am Papier folgt dem Recht aus dem Papier**.

---

646 Vgl. allgemein zu Verpflichtungen und Verfügungen AS-Skript BGB AT 1 (2017), Rn. 18 f. und AS-Skript Sachenrecht 1 (2017), Rn. 5 f.

647 Näher zur Sicherungsabtretung und zum Sicherungsvertrag Rn. 417 ff.

648 Vgl. zum Folgenden Palandt/Sprau Einf v § 793 Rn. 3, § 807 Rn. 1 ff., und Palandt/Herrler § 952 Rn. 1 ff.

A. Abtretung (Zession), §§ 398 ff.

362

Abtretung
I. Voraussetzungen
1. Einigung (Abtretungsvertrag) zwischen Zedent und Zessionar, § 398 S. 1
2. Berechtigung des Zedenten
– **verfügungsbefugter Inhaber** der Forderung oder
– kraft Gesetzes bzw. gemäß § 185 Abs. 1 zur Abtretung **ermächtigt** oder
– **Überwindung** der fehlenden Berechtigung, § 185 Abs. 2 S. 1 oder § 405
II. Rechtsfolgen
1. Forderung geht auf Zessionar über (Gläubigerwechsel), § 398 S. 2
2. Übergang der **Neben- und Vorzugsrechte**, § 401
3. Schutz des (an der Abtretung nicht beteiligten) Schuldners, §§ 404 ff.

I. Voraussetzungen, § 398 S. 1

363 Die Voraussetzungen der Abtretung ergeben sich aus **§ 398 S. 1**.

1. Einigung (Abtretungsvertrag)

364 Zedent und Zessionar müssen sich über die Übertragung der Forderung **einigen**.

Ein **Zugang der Annahmeerklärung** des Zessionars ist oft nach der Verkehrssitte i.V.m. § 151 S. 1 Var. 1 entbehrlich, da die Abtretung für den Zessionar i.d.R. vorteilhaft ist.[649]

a) Grundsatz der Formfreiheit

365 Die Abtretung ist **grundsätzlich formfrei**, selbst wenn die abgetretene Forderung aus einem formpflichtigen Geschäft herrührt (arg. e con. § 125 S. 1).[650]

Beispiel: Ein Grundstückskaufvertrag ist notariell zu beurkunden, § 311 b Abs. 1 S. 1, 128. Der Käufer kann seinen Anspruch aus § 433 Abs. 1 S. 1 Var. 2 auf Übereignung des Grundstücks formlos abtreten.

366 **Ausnahmsweise** bestehen Formbedürfnisse. Insbesondere kann eine durch Hypothek gesicherte Forderung nur nach Maßgabe des § 1154 übertragen werden. Eine durch Grundschuld gesicherte Forderung kann hingegen formfrei übertragen werden.[651]

Auch die Übertragung **anderer Rechte** (§ 413) ist grundsätzlich formfrei. Die Übertragung einer Grundschuld (§§ 1192 Abs. 1, 1154) oder eines GmbH-Anteils (§ 15 Abs. 3 GmbHG) sind aber formbedürftig.

b) Bestimmbarkeit

367 Die geschuldete **Leistung** (Art und Höhe), der **Schuldgrund** sowie **Gläubiger** und **Schuldner** müssen eindeutig bestimmt oder zumindest bestimmbar sein. Anderenfalls ist die Abtretung nichtig.

---

649 Palandt/Grüneberg § 151 Rn. 4; vgl. zu § 151 AS-Skript BGB AT 1 (2017), Rn. 126.

650 BGH NJW 1984, 973.

651 Zur Abtretung einer durch Grundpfandrecht gesicherten Forderung AS-Skript Sachenrecht 2 (2018), Rn. 136 ff. u. 210 ff.

Maßgeblich ist dabei die **Sicht des Schuldners**. Er bedarf besonderen Schutzes, denn er ist nicht Partei der Abtretung und muss trotzdem eindeutig erkennen können, hinsichtlich welcher Forderung er an welchen Gläubiger leisten muss.

Bestimmbarkeit erfordert, dass diese Attribute – wenn auch unter erheblichem Arbeits- und Zeitaufwand und unter Zuhilfenahme anderer Dokumente oder sonstiger Hilfsmittel – **im Zeitpunkt der Abtretung eindeutig** festgestellt werden können.[652]

Beispiel:[653] A tritt seine Forderung gegen S an B ab. Die Höhe der Abtretung soll der Höhe einer Forderung entsprechen, die B gegen A hat.

Die Abtretung ist nichtig. Eine Teilabtretung ist zwar zulässig. S kann aber auch mit großem Aufwand nicht eindeutig feststellen, wie hoch die Forderung von B gegen A ist und dementsprechend auch nicht, inwiefern er einerseits weiterhin dem Zedenten A und andererseits dem Zessionar B verpflichtet ist. Unerheblich, ist, dass A und B diese Feststellung ohne weiteres möglich ist.

Auch eine **künftige Forderung** kann abgetreten werden (**Vorausabtretung**). Die **Be-** **368**
stimmbarkeit muss dann **im Zeitpunkt der Forderungsentstehung** vorliegen. Dementsprechend entfaltet die Abtretung auch erst in diesem Zeitpunkt ihre Wirksamkeit.

Die **Zulässigkeit** der Vorausabtretung ergibt sich aus **§ 185 Abs. 2 S. 1 Var. 2**: Wenn die Verfügung eines Nichtberechtigten sogar ohne Vereinbarung hierüber wirksam wird, wenn er das Recht später erwirbt, dann muss die Verfügung erst recht von vornherein für diesen Fall vereinbart werden können.[654]

Es können **mehrere Forderungen gleichzeitig** abgetreten werden, z.B. im Rahmen ei- **369**
ner Sicherungsabtretung.[655] Es muss aber **jede Forderung bestimmbar** sein.

Die Bestimmbarkeit wird **bejaht** bei Abtretung der Forderungen aus einem **bestimmten Geschäft**, aus einem **bestimmten Zeitraum**, aus einer in bestimmten Zeitabständen zu übergebenden **Liste** (**Mantelzession**), gegen **bestimmte** – z.B. durch den Anfangsbuchstaben des Nachnamens gekennzeichnete – **Personen**. Ferner liegt Bestimmbarkeit auch dann vor, wenn ausnahmslos **alle bestehenden und künftigen** Forderungen abgetreten werden (**Globalzession**).

Keine Bestimmbarkeit liegt hingegen vor, wenn die Abtretung für alle Forderungen **„bis auf irgendeine"** gelten soll, denn dann ist nicht eindeutig klar, welche Forderungen überhaupt betroffen sind. Auch die Abtretung mehrere Forderungen bis zu einem gemeinsamen **Höchstbetrag** oder jeweils nur in Höhe eines gemeinsamen **Teilbetrags** ist nicht bestimmt, denn dabei wird nicht eindeutig festgelegt, welche konkrete Forderung in welcher konkreten Forderung übergehen soll.

Beispiel:[656] Unwirksam ist die Abtretung aller Forderungen des A gegen B und C i.H.v. insgesamt 500 €.

c) Keine Nichtigkeitsgründe, insbes. § 134

Bei Verstoß gegen ein **Verbotsgesetz** ist der Abtretungsvertrag nichtig, **§ 134**.[657] **370**

- Insbesondere **§ 203 StGB** (Verletzung von Privatgeheimnissen) ist zu beachten. Nach **371**
  § 402 muss der Zedent dem Zessionar die zur Geltendmachung der Forderung notwendigen Informationen mitteilen. Soweit diese unter § 203 StGB fallen, wäre er zu einer strafbaren Handlung gezwungen. Daher ist eine solche Abtretung nichtig.

---

652 Palandt/Grüneberg § 398 Rn. 14; Hk-BGB/Schulze § 398 Rn. 5.

653 Nach BGH RÜ 2017, 681.

654 Schreiber JURA 2007, 267; näher zu § 185 Abs. 1 u. 2 AS-Skript Sachenrecht 1 (2017), Rn. 145 ff. u. Rn. 171 ff.

655 Näher zur Sicherungsabtretung Rn. 417 ff.

656 Nach BGH NJW 2011, 2713, Rn. 6.

657 Vgl. zu § 134 AS-Skript BGB AT 2 (2017), Rn. 67 ff.

- Die Abtretung von **Honorarforderungen** z.B. von **Ärzten** oder **Rechtsanwälten** ist ohne ausdrückliche Zustimmung der Patienten/Mandanten regelmäßig gemäß § 134 i.V.m. § 203 Abs. 1 Nr. 1 bzw. Nr. 3 StGB nichtig.[658] Ausnahmsweise ist die Abtretung gemäß § 49 b Abs. 4 S. 1 BRAO ohne Zustimmung wirksam, wenn eine Anwaltsgebührenforderung an einen anderen Rechtsanwalt abgetreten wird.[659]
- Auch die Abtretung von **Provisionsansprüchen eines selbständigen Versicherungsvertreters** ist gemäß § 134 i.V.m. § 203 Abs. 1 Nr. 6 StGB nichtig.[660]
- Die Abtretung einer Darlehensforderung durch ein **Kreditinstitut** ist hingegen nicht wegen Verstoßes gegen das sog. Bankgeheimnis unwirksam, weil Bänker nicht in § 203 StGB genannt sind.[661] Auch die Abtretung durch eine **Sparkasse** als Anstalt des öffentlichen Rechts verstößt nicht gegen § 203 Abs. 2 S. 1 Nr. 1 StGB, denn selbst wenn man deren Mitarbeiter als Amtsträger ansieht, sind diese jedenfalls in dieser Hinsicht wie Mitarbeiter anderer Kreditinstitute zu behandeln.[662]

372 ■ Gemäß **§ 3 RDG** ist es ferner grundsätzlich verboten, Rechtsdienstleistungen zu erbringen. Andere Personen als Rechtsanwälte (§ 3 BRAO) dürfen Rechtsdienstleistungen nur in den engen Ausnahmefällen erbringen.

- Nach § 2 Abs. 1 RDG ist **Rechtsdienstleistung** jede Tätigkeit in konkreten fremden Angelegenheiten, sobald sie eine **rechtliche Prüfung des Einzelfalls** erfordert. Nicht erfasst ist davon die bloße Stellvertretung nach §§ 164 ff., beispielsweise das Schadensmanagement durch Autoreparaturwerkstätten.

  Beispiel: Reine Stellvertretung liegt vor bei unstreitigen Schadensfällen, in denen die Haftung sowohl dem Grunde als auch der Höhe nach eindeutig ist und es nur um die **rein administrative Abwicklung** des Schadensfalls geht. Die Schwelle zur Rechtsdienstleistung ist überschritten, wenn beispielsweise **Streit** über Mitverschuldensanteile entsteht, die Erstattungsfähigkeit von Reparaturkosten oder sonstigen Schadensposten **unklar** ist oder es etwa um die **Höhe** zu zahlender Schmerzensgelder bei Personenschäden geht.

- Nach § 2 Abs. 2 RDG ist eine gewerbliche **Inkassodienstleistung** stets Rechtsdienstleistung.
- Neben den §§ 6 ff. u.10 ff. RDG enthält § 5 RDG einen **Ausnahmetatbestand**: Zulässig ist eine Rechtsdienstleistung als Nebenleistung im Zusammenhang mit einer anderen Tätigkeit.

  Beispiel:[663] Tritt der Geschädigte eines Verkehrsunfalls den Anspruch auf Erstattung der Mietwagenkosten, der nur der Höhe nach streitig ist, an das Mietwagenunternehmen ab, so ist die Forderungseinziehung insofern eine Nebenleistung zum Mietvertrag.

373 Eine **Sicherungsabtretung** (nebst Sicherungsvertrag) kann nach § 138 Abs. 1 nichtig sein.[664] Ferner führen der **Bedingungseintritt bei Verfügungen in der Schwebezeit**, § 161 Abs. 1, und der **Nacherbfall**, § 2113 Abs. 1, zur Unwirksamkeit ex nunc.

---

658 BGH NJW 2005, 1505; BGH RÜ 2010, 210, Rn. 11.
659 BGH RÜ 2007, 288, Rn. 8.
660 BGH RÜ 2010, 210, Rn. 11.
661 BGH RÜ 2007, 225, Rn. 16.
662 BGH RÜ 2010, 2, Rn. 14.
663 Nach BGH RÜ 2012, 221, Rn. 15.
664 Im Einzelnen Rn. 425 ff.

2. Kein Publizitätsakt

Für Forderungen gibt es grundsätzlich **keinen Publizitätsträger**, in welchem sie **ver-** 374
brieft sind. Dementsprechend bedarf es für die Abtretung grundsätzlich keines Publizitätsaktes, mit welchem auf den Publizitätsträger eingewirkt werden würde.

Gleichwohl führt ein eventuelles Formerfordernis für die Einigung (vgl. Rn. 366) letztlich dazu, dass die Abtretung publik wird. Sie sollten aber ***zwischen Form der Einigung und Publizitätsakt differenzieren****, da beides auseinanderfallen kann (vgl. bei der Übereignung von Grundstücken einerseits die Beurkundung der Einigung (§ 925 Abs. 1) und andererseits die Eintragung im Grundbuch (§ 873 Abs. 1) als Publizitätsakt). Bei beweglichen Sachen ist übrigens die Besitzverschaffung der Publizitätsakt, vgl. § 929 S. 1.*

3. Berechtigung

Wie bei jeder Verfügung muss der Verfügende – der Zedent – zur Verfügung berechtigt 375
sein. Berechtigt sind der **verfügungsbefugte Inhaber** des Rechts, hier der Forderung, sowie **der kraft Gesetzes oder nach § 185 Abs. 1 Ermächtigte**.[665]

Die Berechtigung muss im **Zeitpunkt des Rechtserwerbs** vorliegen, also bei Wirksamwerden der Einigung und – im Falle der **Vorausabtretung** – Entstehen der Forderung.

a) Zedent ist Forderungsinhaber

Erstens muss die **Forderung überhaupt bestehen**. Ist sie nie entstanden oder vor der 376
Abtretung erloschen, so ist niemand ihr Inhaber und niemand zur Abtretung berechtigt. Rechtshemmende Einwendungen stehen der Berechtigung hingegen nicht entgegen.

Hier können ***umfangreiche Inzidentprüfungen*** *der Einwendungen erforderlich sein.*[666]

Zweitens muss gerade **der Zedent** – und nicht ein Dritter – Inhaber der Forderung sein. 377
Daher entfällt die Berechtigung des Zedenten auch, wenn eine zuvor an ihn gerichtete Abtretung unwirksam ist oder sobald er die Forderung wirksam an einen Zessionar abtritt. Eine spätere Abtretung an einen anderen Zessionar geht dann – mangels Berechtigung – ins Leere (**Prioritätsprinzip**).

Nach h.M. gilt dies auch bei mehrfacher Abtretung einer **künftigen Forderung**.[667] Nach a.A. wird die Forderung auf alle Zessionare verteilt (Teilungsprinzip).[668]

Das Prioritätsprinzip spielt insbesondere beim **Examensklassiker** „Verleitung zum Vertragsbruch" (Globalzession aufgrund Sicherungsabtretung vs. verlängerter Eigentumsvorbehalt) eine Rolle.[669]

665 Vgl. ausführlich zur Herleitung dieser Definition AS-Skript Sachenrecht 1 (2017), Rn. 141 ff.
666 Vgl. zu den Arten der Einwendungen und Einreden AS-Skript BGB AT 1 (2017 Rn. 8 ff.
667 BGH RÜ 1999, 91; MünchKomm/Roth/Kieninger § 398 Rn. 140 ff. m.w.N.
668 Neef WM 2005, 2365, 2366.
669 Näher zu diesem Problemfeld Rn. 428 f.

b) Keine Verfügungsbeschränkung und kein Verfügungsverbot

378 **Grundsätzlich** ist der Forderungsinhaber zur Abtretung berechtigt. **Ausnahmsweise** fehlt ihm aber die Berechtigung, soweit ihm die Verfügungsbefugnis fehlt, weil er in seiner Verfügungsmacht beschränkt oder ihm die Abtretung verboten ist.

aa) Allgemeine Regelungen für alle Gegenstände

379 Für Verfügungen über alle Gegenstände, d.h. über **Forderungen als nicht-körperliche Gegenstände** und über körperliche Gegenstände (also Sachen, § 90),[670] gilt:

- Das Gesetz kann eine **Verfügungsbeschränkung** enthalten.

  Eine solche ist **beispielsweise** möglich zulasten des Schuldners bei Insolvenzverwaltung (§ 81 Abs. 1 S. 1 InsO), zulasten der Eltern bei genehmigungsbedürftigen Geschäften (§§ 1643 ff.), zulasten des Vormunds bei genehmigungsbedürftigen Geschäften (§§ 1812 ff.) sowie zulasten der Erben bei Nachlassverwaltung (§ 1984 Abs. 1) und bei Testamentsvollstreckung (§ 2211).

- Eine Verfügung kann gemäß §§ 136, 135 Abs. 1 S. 1 **verboten** werden**,** insbesondere durch ein Gericht per Arrest oder einstweiliger Verfügung (§§ 916 ff., 935 ff. ZPO).[671]

*Der **Unterschied zwischen Verfügungsverbot und -beschränkung** spielt hinsichtlich der Berechtigung keine Rolle. Besteht eine Verfügungsbeschränkung, so fehlt dem Rechtsinhaber die für die Verfügung erforderliche Rechtsmacht; er **kann** nicht verfügen. Bei einem Verbot **darf** der Rechtsinhaber grundsätzlich nicht handeln, er könnte es aber. Allerdings ordnen die §§ 136, 135 Abs. 1 S. 1 die Unwirksamkeit einer verbotswidrigen Verfügung an, sodass letztlich in beiden Fällen dem Inhaber des Gegenstands die Verfügungsbefugnis fehlt.*

bb) Spezielle Regelungen für Forderungen

380 Speziell für **Verfügungen über Forderungen bzw. andere Rechte** (§ 413) gilt:

381 Sie sind nach **§ 399 Var. 1 kraft Leistungsinhalts** unabtretbar,[672]

- wenn sich durch die Abtretung der **Inhalt** der vom Schuldner zu erbringenden Leistung verändern würde, z.B. bei zweckgebundenen Leistungen;

  Beispiel: Anspruch auf Unterhalt in Natur („Kost und Logis")

- wenn es sich um einen **höchstpersönlichen** Anspruch handelt;

  Beispiel: Anspruch des Arbeitnehmers auf Urlaubsgewährung

- wenn es sich um **Nebenrechte** handelt,
  - die nach § 401 Abs. 1 **akzessorisch** ipso iure **mit der Forderung** übergehen

    Beispiele: Hypothek, Pfandrecht, Bürgschaft; auch die Vormerkung (§ 401 analog)

  - bzw. die als bloße **Hilfsrechte** an der **Inhaberschaft des Rechts** hängen.

    Beispiele: Der Anspruch aus § 985 hängt am Eigentum. Der Anspruch aus § 894 hängt an der Inhaberschaft des Rechts, bezüglich dessen das Grundbuch falsch ist.

---

670 Verfügungen über Sachen werden in den AS-Skripten Sachenrecht 1 (2017) und Sachenrecht 2 (2018) dargestellt.

671 Vgl. zu den genannten Instituten der ZPO AS-Skript ZPO (2017), Rn. 552 ff.

672 Vgl. zum Folgenden Palandt/Grüneberg § 399 Rn. 4 ff.

Der Rechtsgedanke des § 399 Var. 1 hilft zudem, wenn sich zwar nicht der Inhalt des **abgetretenen Primäranspruchs** verändert, aber des an seine **Vereitelung** anknüpfenden **Schadensersatzanspruchs**.

Beispiel:[673] A räumt B das Optionsrecht ein, Eigentümer eines Grundstücks zu werden. B könnte diese Option aber nie realisieren, denn er kann den Kaufpreis nicht aufbringen und er würde eine dafür erforderliche Genehmigung nicht erhalten. Für C bestehen diese beiden Hinderungsgründe nicht, daher tritt B die Option an C ab. Notar N leitet pflichtwidrig die Eintragung einer Vormerkung für X ein, obwohl nach dem Optionsvertrag B diese hätte erhalten sollen.

Die Option hat für B und C denselben Inhalt. Für den Schadensersatzanspruch der C gegen N aus § 19 Abs. 1 S. 1 BNotO muss dasselbe gelten: Aufgrund der Vormerkung des X würde bei B als Schaden nur eine Entwertung seiner Option eintreten. Dann kann auch C von N nur diesen Entwertungsschaden verlangen, nicht aber einen entgangenen Gewinn aus einer ihr möglichen Weiterveräußerung oder die Zinsen für ein von ihr zur Finanzierung des Kaufpreises aufgenommenes Darlehen.

Für **vertragliche Abtretungsverbote** gilt ein vierstufiges Regel-Ausnahme-Verhältnis: 382

- Nach **§ 137 S. 1** kann die Befugnis zur Verfügung über ein **veräußerliches Recht** grundsätzlich nicht durch Rechtsgeschäft ausgeschlossen oder beschränkt werden.
- Hinsichtlich **Forderungen** und der **Rechte nach § 413** kann hingegen gemäß **§ 399 Var. 2** eine solche Vereinbarung getroffen werden (**pactum de non cedendo**). Die Vereinbarung entzieht der Forderung die Verkehrsfähigkeit (**Vinkulierung**).

  Für die Übereignung von Inhaberpapieren gilt § 137 S. 1, sie können nicht vinkuliert werden. In Legitimationspapieren verbriefte Forderungen können hingegen nach § 399 Var. 2 vinkuliert werden – per AGB allerdings nur im Rahmen des § 307 Abs. 1 u. 2 BGB.[674]

- Ein Abtretungsverbot kann jedoch gemäß **§§ 354 a Abs. 1 S. 1 u. 3 HGB** hinsichtlich einer **Geldforderung** wiederum nicht vereinbart werden, wenn das Rechtsgeschäft, das diese Forderung begründet hat, für beide Teile ein Handelsgeschäft ist. Kaufleute sollen ihre Forderungen als Sicherheit für Warenlieferungen abtreten können.[675]
- Als Rückausnahme zu § 354 a Abs. 1 HGB legt schließlich **§ 354 a Abs. 2 HGB** fest, dass hinsichtlich **Geldforderungen eines Kreditinstituts aus einem Darlehensvertrag** ein Abtretungsverbot vereinbart werden kann.

  *Im **Schönfelder** wird in der **Fußnote** zu § 399 auf § 354 a HGB hingewiesen.*[676]

Eine Forderung kann ferner nicht abgetreten werden, soweit sie der **Pfändung nicht** 383
unterworfen ist, **§ 400**. Das Existenzminimum des Gläubigers soll gesichert werden, auch damit er nicht seine Forderungen freigiebig abtritt und sodann zulasten der Allgemeinheit Sozialleistungen in Anspruch nimmt.[677] § 400 greift daher nicht ein, wenn der Zedent vom Zessionar eine wirtschaftlich gleichwertige Leistung erhält.[678]

Welche Forderungen **unpfändbar** sind, ergibt sich aus §§ 850–850k ZPO. **Umgekehrt** unterliegt auch eine Forderung, die etwa nach § 399 nicht abtretbar ist, nicht der Pfändung, § 851 Abs. 1 ZPO.[679]

---

673 Nach BGH RÜ 2017, 758.

674 S. zu den Inhaber- und Legitimationspapieren Rn. 361; näher zur Interessenabwägung i.R.d. § 307 Herro, EM 2016: Weiterverkaufsverbot von Fußballtickets, in: LTO, 10.06.2016, https://www.lto.de/persistent/a_id/19622/ (abgerufen am: 16.02.2018).

675 Baumbach/Hopt/Hopt § 354 a Rn. 1.

676 Ausführlich zu § 354 a HGB auch AS-Skript Handelsrecht (2017), Rn. 269 ff.

677 Looschelders Rn. 1184.

678 BGH NJW 1995, 323.

679 Vgl. zur Pfändbarkeit von Forderungen AS-Skript ZPO (2017), Rn. 466 ff.

384 Bestimmte Forderungen und Rechte sind kraft **Spezialnorm** unabtretbar.

Beispiele: Vorkaufsrecht (§ 473 S. 1); Forderungen der GbR-Gesellschafter untereinander (§ 717 S. 1); Anspruch auf Dienste (§ 613 S. 2); Anspruch auf Auftragsausführung (§ 664 Abs. 2)

385 Das pfändende Vollstreckungsgericht kann ein Verfügungsverbot nach §§ 829 Abs. 1 S. 2, 857 Abs. 1 ZPO i.V.m. §§ 136, 135 Abs. 1 S. 1 (**Inhibitorium**) erlassen.[680]

c) Ermächtigung kraft Gesetz oder gemäß § 185 Abs. 1

386 Berechtigt ist auch derjenige, den das **Gesetz** zu der Verfügung ermächtigt.[681] Das sind insbesondere der Insolvenzverwalter (§ 80 Abs. 1 InsO), der Nachlassverwalter (§ 1985 Abs. 1) und der Testamentsvollstrecker (§§ 2205, 2211).

Einer Verfügungsbeschränkung des Inhabers kann eine Ermächtigung eines Dritten **gegenüberstehen**, vgl. z.B. §§ 80 u. 81 InsO. Zwingend ist das aber nicht, während eines Arrestes oder einer einstweiligen Verfügung ist z.B. **niemand** berechtigt, über die betroffenen Gegenstände zu verfügen.

387 Berechtigt ist schließlich, wer gemäß §§ 185 Abs. 1 durch Einwilligung – also durch **vorherige Zustimmung**, § 183 – ermächtigt wird. Die Ermächtigung kann der Berechtigte aussprechen, also neben dem verfügungsbefugten Inhaber z.B. der Insolvenzverwalter.

d) Überwindung der fehlenden Berechtigung, §§ 185 Abs. 2 und 405

388 Gemäß § **185 Abs. 2 S. 1 Var. 1** wird die Abtretung durch den Nichtberechtigten wirksam, wenn der Berechtigte sie genehmigt, ihr also **nachträglich zustimmt**. Gemäß § 184 Abs. 1 wirkt diese Genehmigung **ex tunc**.

Gemäß **§ 185 Abs. 2 S. 1 Var. 2 u. 3** wird die Abtretung **ex nunc** wirksam, wenn der Zedent die Forderung durch Rechtsgeschäft erwirbt oder vom Berechtigten beerbt wird (**Konvaleszenz**).[682]

389 Ferner kann die fehlende Berechtigung gemäß **§ 405** in drei speziellen Fällen überwunden werden. In allen Fällen muss die Eingehung der Forderung (bzw. analog: ihre vorherige Abtretung) **schriftlich beurkundet** worden sein, der Zedent muss diese Urkunde dem Zessionar **vorgelegt** haben und der Zessionar darf die wahre Sachlage **weder gekannt haben noch** darf er sie i.S.d. § 122 Abs. 2 **gekannt haben müssen**.

- Gemäß § 405 Var. 1 schadet die **fehlende Inhaberschaft** des Zedenten nicht, wenn diese darauf beruht, dass die **Eingehung** der Forderung, also ihr **Ersterwerb** durch den Zedenten, nur zum Schein erfolgte und daher gemäß § 117 Abs. 1 nichtig ist

- Gemäß § 405 Var. 1 analog schadet die **fehlende Inhaberschaft** des Zedenten nicht, wenn diese darauf beruht, dass die vorherige **Abtretung** der Forderung an den Zedenten, also ihr **Zweiterwerb** durch den Zedenten, nur zum Schein erfolgte und daher gemäß § 117 Abs. 1 nichtig ist.[683] Beim Zweiterwerb besteht ebenso ein Interesse am Schutz des ahnungslosen Zessionars wie beim Ersterwerb.

---

680 Vgl. zum Inhibitorium und anderen Inhalten der Forderungspfändung AS-Skript ZPO (2017), Rn. 456.

681 Vgl. zum Folgenden AS-Skript Sachenrecht 1 (2017), Rn. 144 f.

682 Vgl. zu § 185 Abs. 2 AS-Skript Sachenrecht 1 (2017), Rn. 145 f.

683 RG, RGZ 90, 273; vgl. Looschelders Rn. 1204.

Beispiel: A tritt seine Forderung an B zwar schriftlich, aber nur zum Schein ab. B tritt sodann die Forderung unter Vorlage der Urkunde an C ab, der die Vorgeschichte nicht kennt. Die Abtretung A an B ist für A und B gemäß § 117 Abs. 1 nichtig. Für C ist sie hingegen analog § 405 Var. 1 wirksam.

- Gemäß § 405 Var. 2 schadet die **fehlende Verfügungsbefugnis** des Zedenten aufgrund eines **Abtretungsverbots** nach § 399 Var. 2 nicht.

Im Übrigen ist eine Überwindung der fehlenden Berechtigung nicht vorgesehen. Es gibt **keine Normen** neben § 405, die den Zessionar allgemein in seinem Glauben schützen, der Zedent sei Inhaber der Forderung oder er sei in seiner Verfügungsbefugnis nicht beschränkt. Insbesondere sind die §§ 932 ff. weder direkt noch über eine Verweisungsnorm wie z.B. § 135 Abs. 2 anwendbar. Es gilt: **Mit Ausnahme des § 405 ist der Forderungserwerb vom Nichtberechtigten nicht möglich.** 390

Sachen können hingegen gemäß §§ 932 ff. bzw. 892 Abs. 1 S.1 vom vermeintlichen Eigentümer bzw. gemäß § 135 Abs. 2 bzw. § 892 Abs. 1 S. 2 vom Eigentümer, der vermeintlich verfügungsbefugt ist, sowie gemäß § 366 Abs. 1 vom vermeintlich nach § 185 Abs. 1 Ermächtigten erworben werden.

II. Rechtsfolgen

1. Forderung geht auf Zessionar über (Gläubigerwechsel), § 398 S. 2

Die Abtretung bewirkt einen **Wechsel der Gläubigerstellung**: Der Zessionar tritt an die Stelle des Zedenten (§ 398 S. 2). Der Schuldner ist nicht mehr dem Zedenten, sondern dem Zessionar gegenüber zur Leistung verpflichtet. 391

Die Forderung verändert sich **im Übrigen** nicht. Insbesondere bleiben der Leistungs- und der Erfüllungsort (§ 269) sowie die Leistungszeit (§§ 271, 271 a) gleich.

2. Leistungsstörungen

Ähnlich wie beim Vertrag zugunsten Dritter stellt sich die Frage, wer im Fall von **Leistungsstörungen** Ansprüche und Rechte geltend machen kann. Auch insoweit gilt, dass Zedent und Zessionar jeweils diejenigen Rechtbehelfe geltend machen können, die nur die eigene Rechtsposition betreffen.[684] 392

Der **Zedent** kann hiernach

- die von ihm zu erbringende **Gegenleistung** nach **§ 320** auch nach Abtretung seiner Ansprüche **verweigern**,[685]
- den **Rücktritt** oder die **Minderung** erklären

  Für einen **Rücktritt** benötigt der Zedent allerdings die **Zustimmung des Zessionars**, da dieser den abgetretenen Anspruch verliert bzw. dem Anspruch aus § 346 Abs. 1 ausgesetzt ist.[686]

- und den Vertrag **anfechten.**

684 MünchKomm/Roth/Kieninger § 398 Rn. 97; vgl. zu den Leistungsstörungen beim Vertrag zugunsten Dritter Rn. 289.
685 BGH NJW 1971, 838; Palandt/Grüneberg § 398 Rn. 21.
686 Palandt/Grüneberg § 398 Rn. 20.

Demgegenüber kann der **Zessionar**

- **mahnen** und seinen **Verzugsschaden** nach §§ 280 Abs. 1 u. 2, 286 ersetzt verlangen,
- eine **Frist** zur Leistung oder Nacherfüllung **setzen**,
- **Nacherfüllung** verlangen (§§ 437 Nr. 1, 439 bzw. §§ 634 Nr. 1, 635),
- **Schadensersatz statt der Leistung** verlangen.[687]

Insoweit wird man allerdings – wie beim Vertrag zugunsten Dritter – beachten müssen, dass ein Schadensersatzverlangen statt der Leistung in Fällen ohne Unmöglichkeit rechtsgestaltende Wirkung hat (§ 281 Abs. 4), sodass es naheliegt, dies nur bei **Zustimmung des Zedenten** zuzulassen.

3. Übergang von Neben- und Vorzugsrechten, § 401

393 Mit der Forderung gehen automatisch die für sie bestehenden **akzessorischen Rechte**, die unselbstständigen Sicherungsrechte und die Hilfsrechte über, § 401 (analog).

Beispiele: Hypotheken, Pfandrechte, Bürgschaften, Vormerkungen, Auskunftsansprüche.

Ferner geht wie eingangs ausgeführt mit verbrieften Forderungen das Eigentum an **Namenspapieren** gemäß § 952 auf den Zedenten über.[688]

Nicht mit über gehen **abstrakte Sicherungsrechte** wie das Sicherungseigentum oder Grundschulden. Auch eine analoge Anwendung von § 401 ist nicht geboten, da Forderung und Sicherheit gerade nicht kraft gesetzlicher Anordnung eng zusammenhängen, sondern nur über den schuldrechtlichen Sicherungsvertrag verbunden sind.[689]

§ 401 ist, anders als z.B. § 1153, **disponibel**.[690] Der Übergang einer Hypothek kann daher nicht ausgeschlossen werden, der Übergang einer Bürgschaft hingegen schon.

4. Schutz des Schuldners

394 Die Abtretung wird zwischen Zedent und Zessionar **ohne Mitwirkung oder Zustimmung des Schuldners** vereinbart. Der Schuldner darf daher **keinen Nachteil** erleiden.

a) Einwendungen und Einreden des Schuldners, § 404

395 Nach § 404 kann der Schuldner dem Zessionar die **„Einwendungen"** entgegensetzen, die zur Zeit der Abtretung der Forderung gegen den Zedenten **„begründet"** waren:

396
- **Rechtshindernde oder rechtsvernichtende Einwendungen** sind erfasst.
  - Ist ihr Tatbestand allerdings **bereits vor der Abtretung** vollständig verwirklicht, kommt es auf § 404 nicht mehr an. Der Zedent war nämlich im Zeitpunkt der Abtretung nicht (mehr) Inhaber der Forderung und daher **nicht (mehr) zur Abtretung berechtigt**. Der Zessionar ist bereits nicht Inhaber der Forderung geworden.

---

687 BGH NJW 2013, 2894, Rn. 9; Palandt/Grüneberg § 398 Rn. 19.

688 Siehe Rn. 361.

689 Vgl. allgemein zu den abstrakten Sicherheiten AS-Skript Schuldrecht BT 2 (2018), Rn. 343 f. sowie zum Sicherungsvertrag a.a.O. Rn. 335, AS-Skript Sachenrecht 1 (2017), Rn. 319 ff. und AS-Skript Sachenrecht 2 (2018), Rn. 177 ff.

690 Palandt/Grüneberg § 401 Rn. 1; Palandt/Herrler § 1153 Rn. 1.

Beispiel: S erfüllt am 01.02 den Anspruch des A. A tritt den Anspruch am 01.03. an N ab.

Die Forderung ist am 01.02. gemäß § 362 Abs. 1 erloschen. A war am 01.03. nicht mehr Inhaber der Forderung und daher zu ihrer Abtretung nicht mehr berechtigt. Ein gutgläubiger Erwerb der Forderung ist nicht normiert, N ist daher nicht Inhaber der Forderung geworden.

Gleichwohl wird oft unsauber, insbesondere bei Aufrechnung vor Abtretung, § 404 genannt.[691] Es schadet daher nicht, neben der Ablehnung der Berechtigung **zusätzlich § 404** anzuführen.

- § 404 entfaltet seine Wirkung nur bei Einwendungen, deren **Tatbestand bei Abtretung noch nicht vollständig verwirklicht, aber bereits angelegt** war.[692] Auch **Gestaltungsrechte** bleiben bestehen. Sonst würde der Schuldner schlechter gestellt als ohne Abtretung, denn dann könnte er die Einwendung ab ihrem Entstehen dem Zedenten entgegenhalten bzw. das Gestaltungsrecht ausüben.

  Beispiel: A hat eine Kaufpreisforderung gegen S. Die Kaufsache ist bei Gefahrübergang mangelhaft. A tritt die Forderung an N ab. Sodann bemerkt S den Mangel und erklärt den Rücktritt.

  N ist zwar zunächst gemäß § 398 S. 2 Inhaber der Forderung geworden, insbesondere war A als verfügungsbefugter Inhaber der Forderung zu ihrer Abtretung berechtigt. Allerdings ist Forderung aufgrund des Rücktritts untergegangen. Dies kann S gemäß § 404 auch N entgegenhalten.

- Erfasst sind ferner **dauerhafte und zeitweise Einreden**, gleich ob sie bereits vor **397** oder erst nach der Abtretung vollständig bestehen. Da diese den Anspruch nicht beseitigen, sondern nur seine Durchsetzbarkeit hemmen, haben sie auf die Berechtigung des Zedenten ohnehin keinen Einfluss.

  Einreden

  Beispiel: Der Zedent ist dazu berechtigt, eine verjährte Forderung abzutreten. Der Schuldner kann aber dem Zessionar über § 404 gemäß § 214 Abs. 1 die Verjährung entgegenhalten, unabhängig davon, ob diese vor oder nach der Abtretung eingetreten ist.

  Das gilt auch, wenn der Zessionar die Einrede nicht kannte und nicht kennen konnte. Ein **gutgläubiger einredefreier Erwerb ist nicht vorgesehen**.

  *Anders bei **Hypotheken** (§ 1157 S. 2) und, vorbehaltlich § 1192 Abs. 1 a S. 1, **Grundschulden**.*[693]

§ 404 ist **grundsätzlich disponibel**, jedoch gemäß § 496 Abs. 1 nicht hinsichtlich For- **398** derungen aus Verbraucherdarlehensverträgen.

***§ 334** und **§ 417Abs. 1** enthalten § 404 entsprechende Regelungen.*

b) Aufrechnung gegenüber dem Zessionar, § 406

§ 406 bestimmt daher, dass eine **einmal bestehende Aufrechnungslage** zugunsten **399** des schutzwürdigen Schuldners **konserviert** wird.[694] Die Aufrechnung wirkt gemäß § 389 **ex tunc**, es soll daher nicht darauf ankommen, wann sie erklärt wird. Andere Gestaltungsrechte wirken ex nunc, daher existiert für sie keine vergleichbare Regelung.

- Wird die **Aufrechnung vor der Abtretung** vom Zedenten oder vom Schuldner **erklärt**, so erlischt die Forderung nach § 398 und dem Zedenten fehlt, wie oben ausgeführt, bereits die Berechtigung (bzw. – unpräzise – es greift § 404). **400**

691 BGH RÜ 2002, 445; Looschelders Rn. 1206; Medicus/Lorenz Rn. 812.

692 Palandt/Grüneberg § 404 Rn. 4; st. Rspr., vgl. z.B. (bzgl. der Einrede der Verjährung) BGH NJW-RR 2012, 502, Rn. 12.

693 Näher zu §§ 1157, 1192 AS-Skript Sachenrecht 2 (2018), Rn. 153 u. 216 ff.

694 Näher zur Aufrechnung Rn. 27 ff.

401 ■ Entsteht die **Aufrechnungslage** i.S.d. § 387 **vor der Abtretung**, dann würde sie durch die Abtretung eigentlich erlöschen. Die Forderungen sind **nicht mehr gegenseitig**, denn der Zessionar erhält die Forderung gegen den Schuldner, während dessen Forderung sich weiterhin gegen den Zedenten richtet. Gemäß § 406 kann der Schuldner die Aufrechnung aber gleichwohl gegenüber dem Zessionar erklären. Das gilt ausnahmslos, denn in dieser Situation ist der Schuldner stets schutzwürdig.

Rechtsfolge *des § 406 ist also die* ***Überwindung der fehlenden Gegenseitigkeit****. Dementsprechend ist § 406 im Gutachten in der Regel im Rahmen der Aufrechnungslage unter dem Punkt „Gegenseitigkeit" inzident zu prüfen.*

402 ■ Auch wenn der Schuldner seine Gegenforderung gegen den Zedenten erst nach der Abtretung erwirbt, wenn also die **Aufrechnungslage** – abgesehen von der fehlenden Gegenseitigkeit – erst **nach der Abtretung** entstehen würde, erlaubt § 406 ihm die Aufrechnung gegenüber dem Zessionar. Das gilt allerdings nur, soweit der **Schuldner auf das Entstehen der Aufrechnungslage vertrauen durfte**. Dementsprechend lässt § 406 Hs. 2 die Aufrechnung gegenüber dem Zessionar nicht zu,

- wenn der Schuldner beim **Erwerb seiner Forderung Kenntnis von der Abtretung** der Hauptforderung hatte oder
- wenn **die Gegenforderung erst nach Erlangung dieser Kenntnis und später als die abgetretene Forderung fällig** i.S.d. § 271 Abs. 1 Var. 1 geworden ist.

Beispiel 1: A tritt eine Forderung gegen S am 01.02. an N ab. S erhält am 15.02. Kenntnis von der Abtretung. S erwirbt am 16.02. eine Forderung gegen A.

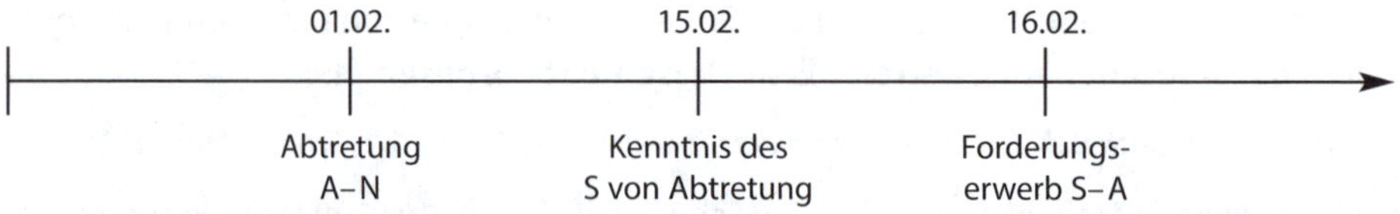

I. S kann **nicht gegenüber A** aufrechnen, da A nicht mehr Inhaber der Hauptforderung ist und daher die Gegenseitigkeit i.S.d. § 389 fehlt. **§ 407** ändert daran nichts, da S die Abtretung inzwischen kennt.
II. S kann auch **nicht gegenüber N** aufrechnen. § 406 Hs. 1 greift nicht ein, da S beim Erwerb der Gegenforderung die Abtretung bereits kannte, **§ 406 Hs. 2 Var. 1**. S hatte keinen Anlass, auf das Entstehen einer Aufrechnungslage zwischen ihm und A am 16.02. zu vertrauen. S ist daher **nicht schutzwürdig**.

Beispiel 2: A tritt eine am 01.03. fällige Forderung gegen S am 01.02. an N ab. S erwirbt in Unkenntnis der Abtretung am 15.02. eine Forderung gegen A und erfährt am 20.02. von der Abtretung. Die Forderung des S gegen A ist am 01.04. fällig.

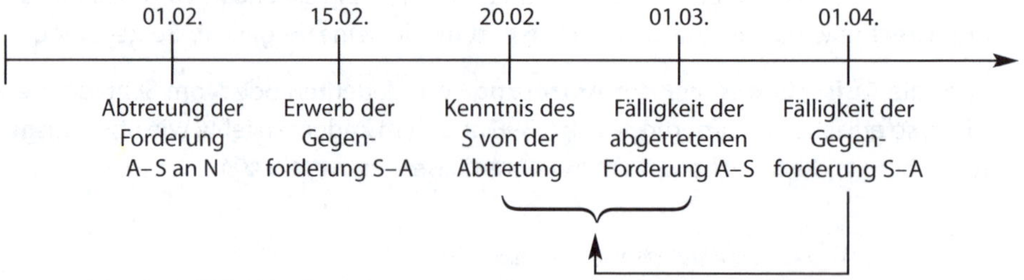

I. S kann gemäß § 407 (vgl. Beispiel 1) seit Kenntnis am 20.02. **nicht gegenüber A** aufrechnen.
II. S kann auch **nicht gegenüber N** aufrechnen. § 406 Hs. 1 greift gemäß **§ 406 Hs. 2 Var. 2** nicht ein.

Die Gegenforderung des S war erst am 01.04. und damit nach Kenntnis von der Abtretung (20.02) und später als die abgetretene Forderung (01.03.) fällig. Aus Sicht des S vom 15.02. wäre die Aufrechnungslage zwischen ihm und A, die gemäß § 387 die Fälligkeit der Gegenforderung S gegen A voraussetzt, erst am 01.04. entstanden. Am 01.04. wusste S aber bereits, dass nunmehr N die abgetretene Forderung innehat. Zudem wusste S auch, dass N diese Forderung einige Zeit – nämlich bis zum 31.03. – ungehindert hätte geltend machen können. Erst ab dem 01.04. hätte S das mit der Aufrechnung verhindern können. Es war für S also den ganzen März über zweifelhaft, ob eine Aufrechnungslage zu seinen Gunsten entsteht. Daher ist S insgesamt **nicht schutzwürdig**.

Die **fehlende Schutzwürdigkeit des Schuldners** könnte dafür sprechen, ihm nach 403
Sinn und Zweck des § 406 die Aufrechnung sogar dann zu versagen, wenn der Wortlaut sie zulässt. Die wohl h.M. räumt aber dem Wortlaut den Vorrang ein, insbesondere bei **Fälligkeit der Gegenforderung vor Kenntnis der Abtretung**.[695]

Beispiel 3: A tritt eine am 16.02. fällige Forderung gegen S am 01.02. an N ab. S erwirbt in Unkenntnis der Abtretung am 15.02. eine Forderung gegen A und erfährt am 20.02. von der Abtretung. Die Forderung des S gegen A ist am 18.02. fällig.

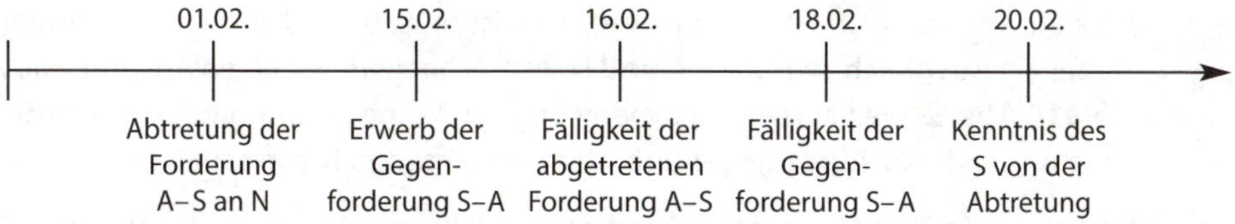

I. S kann gemäß § 407 (vgl. Beispiel 1 u. 2) seit Kenntnis am 20.02. **nicht gegenüber A** aufrechnen.
II. Zweifelhaft ist, ob S **gegenüber N** aufrechnen kann. Gemäß § 406 Hs. 1 ist das grundsätzlich möglich.
1. Nach dem **Wortlaut** des § 406 Hs. 2 ist die Aufrechnung auch nicht ausgeschlossen:
a) S hat die Gegenforderung erworben und erst danach Kenntnis von der Abtretung erlangt, sodass **§ 406 Hs. 2 Var. 1** nicht eingreift.
b) Auch die Ausnahme des **§ 406 Hs. 2 Var. 2** liegt nicht vor, da die Gegenforderung bereits vor Erlangung der Kenntnis von der Abtretung fällig geworden ist.
2. Gleichwohl ist S in seinem Vertrauen in die Aufrechnungslage **nicht schutzwürdig**: Wie im Beispiel 2 war für S zweifelhaft, ob zu seinen Gunsten eine Aufrechnungslage entstehen würde, denn am 16.02. und 17.02. hätte N die abgetretene Forderung ungehindert geltend machen können. § 406 soll nach seinem **Sinn und Zweck** nur dem schutzwürdigen Schuldner die Aufrechnung ohne Gegenseitigkeit ermöglichen. Es ist daher vertretbar, entgegen der h.M. S die Aufrechnung gegenüber N zu versagen.

c) Rechtshandlungen gegenüber dem Zedenten, § 407 Abs. 1

§ 407 Abs. 1 schützt den **Glauben des Schuldners** daran, dass der **Zedent** nach wie vor 404
Inhaber der Forderung ist. Hauptanwendungsfall des § 407 Abs. 1 ist, dass der Schuldner von der Abtretung nichts weiß und an den Zedenten **leistet**.

Fall 19: Der nichtsahnende Schuldner

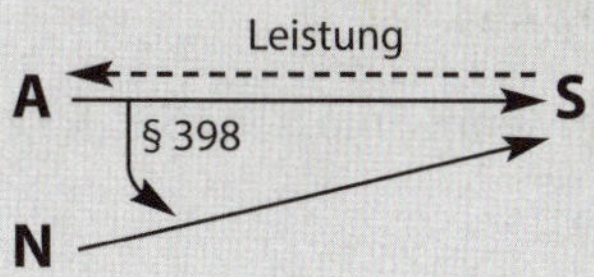

A ist Gläubiger des S und tritt die Zahlungsforderung an N ab. In Unkenntnis dessen überweist S an A. Rechtslage zwischen den Beteiligten?

695 Palandt/Grüneberg § 406 Rn. 8; MünchKomm/Roth/Kieninger § 406 Rn. 10; Staudinger/Busche § 406 Rn. 21.

405 I. Die Forderung A gegen S ist gemäß § 398 S. 2 durch **Abtretung** auf N übergegangen.

II. Die Forderung des N könnte infolge der **Zahlung** des S an A erloschen sein.

1. Eine Erfüllung nach **§ 362** ist nicht eingetreten. S hat nicht an den Gläubiger N (§ 362 Abs 1), sondern an A gezahlt, und N hat diese Zahlung auch nicht genehmigt (§§ 362 Abs. 1, 185 Abs. 2 S. 1 Var. 1).

2. Nach **§ 407 Abs. 1** muss der Zessionar u.a. eine Leistung (z.B. Zahlung), die der Schuldner nach Abtretung an den Zedenten bewirkt, gegen sich gelten lassen, es sei denn, dass der Schuldner die Abtretung kennt. Entscheidend für die Kenntnis ist der **Zeitpunkt der Leistungshandlung** (hier: Überweisungsauftrag des S an seine Bank), nicht der des Eintritts des Leistungserfolges (hier: Gutschrift bei A).[696]

   S hat an den Zedenten A gezahlt und kannte dabei die Abtretung nicht. § 407 Abs. 1 dient alleine dem Schutz des S. S hat daher ein **Wahlrecht**.

   a) S kann sich auf § 407 Abs. 1 **berufen**. Dann ist seine Schuld erloschen, es findet aber ein **Ausgleich zwischen A und N** statt: N hat gegen A einen Anspruch aus **§ 816 Abs. 2**, weil an den Nichtberechtigten A eine Leistung bewirkt wurde, die wegen § 407 Abs. 1 gegenüber dem Berechtigten N wirksam ist.

   b) S kann auf § 407 Abs. 1 **verzichten**. Dann bleibt der Anspruch des N gegen S bestehen. S hat aber einen **Anspruch** aus **§ 812 Abs. 1 S. 1 Var. 1** gegen A: S hat an A eine Leistung ohne Rechtsgrund erbracht. Zwar besteht zwischen A und S ein Vertrag, für den Rechtsgrund ist aber auch erforderlich, dass die Leistung ihren Zweck erreicht, also den Anspruch tilgt.[697] Diese Wirkung hat die Zahlung wegen des Verzichts des S auf § 407 Abs. 1 aber gerade nicht.

---

406 § 407 Abs. 1 gilt nicht nur für Leistungen an den Zedenten, sondern auch bei anderen **Rechtsgeschäften** zwischen dem Zedenten und dem Schuldner

Beispiele: Erlassvertrag (§ 397), Stundung oder Aufrechnung (§ 388).

407 Bei einer **Aufrechnung** ist also insgesamt wie folgt zu unterscheiden:

- Wird die **Aufrechnung vor Abtretung erklärt**, kann die Forderung mangels **Berechtigung** (teilweise wird auch **§ 404** genannt) nicht mehr abgetreten werden.
- Wird die **Aufrechnung nach Abtretung** gegenüber dem **Zessionar** erklärt (weil der Schuldner die Abtretung kannte), greift **§ 406** ein.
- Wird die **Aufrechnung nach Abtretung** gegenüber dem **Zedenten** erklärt (weil der Schuldner die Abtretung nicht kannte), schützt ihn **§ 407 Abs. 1**.

408 § 407 Abs. 1 ist nur bei **positiver Kenntnis** ausgeschlossen. Kennenmüssen i.S.d. § 122 Abs. 2, etwa bei objektiven Ungewissheiten, genügt nicht.[698]

---

696 BGH RÜ 2004, 346.

697 Palandt/Sprau § 812 Rn. 21; siehe zu weiteren Fallgruppen der Zweckverfehlung i.R.d. § 812 Abs. 1 S. 1 Var. 1 AS-Skript Schuldrecht BT 3 (2017), Rn. 128 ff.

698 BGH NJW-RR 2009, 491.

Der Zugang einer **Abtretungsanzeige** (§ 409) begründet nicht zwingend die Kenntnis. Aber es besteht nach ihrem Zugang die **tatsächliche Vermutung**, dass der Schuldner Kenntnis erlangt hat. Der Schuldner muss dann Umstände darlegen und beweisen, aus denen sich die ernsthafte Möglichkeit ergibt, dass er dennoch keine Kenntnis hatte.[699]

Vermutung der Kenntnis

Die Kenntnis einer **Hilfsperson** muss sich der Schuldner nach Maßgabe des § 166 Abs. 1 zurechnen lassen, also insbesondere, soweit die Hilfsperson **Empfangsvertreter** i.S.d. § 164 Abs. 3 hinsichtlich des Rechtsgeschäfts oder der Abtretungsanzeige ist.

Der Schuldner kann sich gemäß § 242 auch bei Unkenntnis seiner Hilfspersonen nicht auf § 407 Abs. 1 berufen, wenn er seinen Betrieb absichtlich so organisiert hat, dass die an sich zuständigen Mitarbeiter die für die Kenntniserlangung notwendigen Informationen nicht erhalten.[700]

d) Wirkung rechtskräftiger Urteile, § 407 Abs. 2 u. §§ 265, 325 ZPO

Hinsichtlich der Wirkung rechtskräftiger Urteile ist zu **differenzieren**. 409

- Bei **Abtretung vor Rechtshängigkeit gilt § 407 Abs. 2**. Die Rechtskraft eines für den Schuldner günstigen Urteils gegen den Zedenten wirkt gegen den Zessionar. Der Zessionar muss „das Urteil gegen sich gelten lassen". Daraus folgt, dass ein für den Schuldner ungünstiges Urteil nicht zugunsten des Zessionars wirkt.[701]

  vor

  Beispiel: A tritt eine Forderung gegen S an N ab. Danach klagt A gegen S auf Zahlung. Die Klage wird abgewiesen. Bei Rechtskraft hat S (noch) keine Kenntnis von der Abtretung.

- Wird die Forderung erst **nach Rechtshängigkeit abgetreten**, gelten ausschließlich die **§§ 265, 325 ZPO**.[702]

  nach

  Der Zedent bleibt (obgleich er materiell-rechtlich gemäß § 265 Abs. 1 ZPO nicht mehr Inhaber der Forderung ist) **aktivlegitimierte Partei** des anhängigen Rechtsstreits, § 265 Abs. 2 ZPO. Er hat mit seiner Klage aber nur Erfolg, wenn er sie auf Leistung an den Inhaber der Forderung – den Zessionar – umstellt, was gemäß § 264 Nr. 2 ZPO zulässig ist.[703] Der Zedent prozessiert also im eigenen Namen über ein Recht des Zessionars, es liegt daher ein Fall der **gesetzlichen Prozessstandschaft** vor.[704] Nach § 325 Abs. 1 ZPO wirkt das Urteil gegen den Zessionar (**Rechtskrafterstreckung auf Dritte**).

e) Erweiterter Schuldnerschutz nach § 354 a Abs. 1 S. 2 HGB

Wie ausgeführt ist ein **Abtretungsverbot** unter den Voraussetzungen des **§ 354 a Abs. 1 S. 1 HGB** unwirksam. 410

Um aber auch den Schuldner angemessen zu schützen und ihn durch die Abtretung nicht zu benachteiligen, wird ihm in **§ 354 a Abs. 1 S. 2 HGB** die Befugnis eingeräumt, ungeachtet der Wirksamkeit der Forderungsabtretung **an den bisherigen Gläubiger befreiend leisten** zu können.[705] Eine Benachteiligung des Schuldners soll umfassend vermieden werden. „**Leistung**" i.S.d. § 354 a Abs. 1 S. 2 HGB ist daher **weit zu verstehen**.

699 BGH NJW 1997, 1775, 1776.
700 BGH NJW 1997, 1775, 1776.
701 BGH NJW 1969, 1479.
702 Palandt/Grüneberg § 407 Rn. 10; Näher zu §§ 265, 325 ZPO AS-Skript ZPO (2017), Rn. 198.
703 Zöller/Greger § 264 Rn. 3 b u. § 265 Rn. 6a.
704 Näher zur Prozessstandschaft AS-Skript ZPO (2017), Rn. 145 ff.
705 BT-Drs. 12/7912, Begr. zu Art. 2 Nr. 11, S. 25 unter 5 b); BGH NJW-RR 2004, 50.

- Erfasst sind auch die Erfüllungssurrogate, die neben der Erfüllung auch die Leistung i.d.S. surrogieren, insbesondere die **Aufrechnung**.[706]
  - Der Schuldner kann über den Wortlaut des § 354 a Abs. 1 S. 2 HGB dabei die Aufrechnung **sowohl gegenüber dem Zedenten als auch gegenüber dem Zessionar** erklären. Denn sonst stünde er schlechter als im nicht-kaufmännischen Verkehr nach den §§ 406 und 407.
  - Die **Einschränkung des § 406 Hs. 2** ist dabei aber **unanwendbar**, § 354 a Abs. 1 S. 2 HGB ist insofern **lex specialis**. Die Aufrechnung gegenüber dem Zessionar ist also unabhängig von der Kenntnis des Schuldners und der Reihenfolge der Fälligkeiten der Forderungen möglich. Insofern steht der Schuldner also besser als im nicht-kaufmännischen Verkehr.

§ 354 a I 2 HGB als lex specialis

- Nicht erfasst ist hingegen der **Abschluss eines Vergleichs** des Schuldners mit dem Zedenten.[707] Die rechtsgestaltende Wirkung des Vergleichs gemäß § 779 Abs. 1 ist auch bei weitestem Verständnis **keine „Leistung"** i.S.d. § 354 a Abs. 1 S. 2 HGB.

f) Mehrfache Abtretung/Überweisung, §§ 408, 407

411 Tritt der Gläubiger mehrfach ab, so ist nur der erste Zessionar Forderungsinhaber (**Prioritätsprinzip**, s.o.). Der Schuldner wird aber gemäß §§ 408 Abs. 1, 407 Abs. 1 durch **Zahlung an den zweiten Zessionar** frei, wenn er die erste Abtretung nicht kennt.

Beispiel: A tritt seine Forderung gegen S zunächst an N1, danach an N2 ab. S wird nur die Abtretung an N2 angezeigt. S zahlt daher an N2.

S ist zwar nicht nach § 362 Abs. 1 frei geworden, weil N2 nicht Inhaber der vorher an N1 abgetretenen Forderung geworden ist. S kann sich aber auf §§ 408 Abs. 1, 407 Abs. 1 berufen, sodass er nicht noch einmal an N1 zahlen muss.

§ 408 Abs. 1 verweist auch für **Rechtsgeschäfte** und **Rechtsstreitigkeiten** auf § 407.

Der Schuldner wird gemäß § 408 Abs. 2 ebenso durch die Zahlung an den zweiten Zessionar frei, wenn dieser nicht durch Abtretung vermeintlicher „Inhaber" der Forderung geworden ist, sondern durch **Überweisungsbeschluss** nach § 835 ZPO bzw. wenn der Zedent gegenüber dem zweiten Zessionar **anerkannt** hat, dass die Forderung kraft Gesetzes auf ihn übergegangen ist.

g) Abtretungsanzeige, § 409

412 Der Zedent, der dem Schuldner die Abtretung der Forderung angezeigt hat, muss dies gemäß § 409 Abs. 1 S. 1 **gegen sich gelten lassen**, auch wenn die Abtretung nicht erfolgt oder nicht wirksam ist. Das Gleiche gilt gemäß § 409 Abs. 1 S. 2, wenn der Zessionar dem Schuldner eine vom Zedenten ausgestellte Abtretungsurkunde vorlegt.

Beispiel: A hat eine Forderung gegen S. A glaubt irrtümlich, er habe die Forderung an N wirksam abgetreten. Er zeigt daher S die (vermeintliche) Abtretung an. S zahlt an N.

Die Zahlung entfaltet keine Erfüllungswirkung. A muss aber die Zahlung des S an N gegen sich gelten lassen, § 409 Abs. 1 S. 1. A hat aber gegen N einen Anspruch aus § 816 Abs. 2.

706 Vgl. BGH NJW-RR 2005, 626, auch zu den folgenden Punkten.

707 BGH NJW 2009, 438, Rn. 21; näher zum Vergleich nach § 779 AS-Skript Schuldrecht BT 2 (2018), Rn. 426 ff.

Die Anzeige kann gemäß § 409 Abs. 2 nur mit Zustimmung (§§ 182 ff.) des in ihr bezeichneten (vermeintlichen) Zessionars **zurückgenommen** werden. Im Übrigen sind die Vorschriften des BGB AT über Willenserklärungen entsprechend anwendbar, denn sie ist **rechtsgeschäftsähnliche Handlung**.[708]

B. Einziehung der Forderung durch Dritte

Will der Gläubiger die Forderung **nicht selbst einziehen**, so kann er gleichwohl die Inhaberschaft an der Forderung behalten und einen Dritten als **Stellvertreter** damit beauftragen, **Zahlung im Namen des Gläubigers an den Gläubiger** zu verlangen. 413

Alternativ kann der Gläubiger aber auch einen Dritten dazu ermächtigen, **im Namen des Dritten Zahlung an den Dritten** zu verlangen. Die Zulässigkeit einer solchen **Einziehungsermächtigung**, die keine Verfügung ist, ergibt sich nach h.M. aus § 185 Abs. 1 analog und ist jedenfalls als richterliche Rechtsfortbildung anerkannt. In der Regel wird zugleich eine **Empfangsermächtigung** nach §§ 362 Abs. 2, 185 ausgesprochen, sodass der Einzug zugunsten des Schuldners Erfüllungswirkung entfaltet.[709] 414

Oft kann der Gläubiger vom Dritten **das Eingezogene herausverlangen**, z.B. gemäß § 667. Die Einziehungsermächtigung hat vor allem beim **verlängerten Eigentumsvorbehalt** Examensrelevanz.[710]

Prozessual liegt eine nur ausnahmsweise zulässige **gewillkürte Prozessstandschaft** vor. Der Dritte macht ein **fremdes Recht im eigenen Namen** geltend. Er kann nur auf Leistung an sich klagen, soweit er daran ein schutzwürdiges Interesse hat und der Schuldner nicht unzumutbar beeinträchtigt wird.[711]

C. Inkassozession und Factoring

Der Zedent kann seine Forderung zu dem Zweck abtreten, dass der **Zessionar** sie zwar **im eigenen Namen einzieht**, dabei aber **auf Rechnung des Zedenten** handelt. Der Zessionar kümmert sich um die Administration des Einzugs, der wirtschaftliche Wert der Forderung landet hingegen (weitgehend) beim Zedenten (**Inkassozession**). 415

Beispiel: Abtretung von Arzthonoraren an ärztliche Verrechnungsstellen

Auf Verfügungsebene handelt es sich hierbei um eine normale Abtretung i.S.d. §§ 398 ff. Auf schuldrechtlicher Ebene kann dabei u.a. zwischen Zedent und Zessionar das **Factoring** vereinbart werden, ein **Verpflichtungsgeschäft** eigener Art (§ 311 Abs. 1).[712] Es hat Geschäftsbesorgungselemente (§§ 675 ff.), im Übrigen kann danach differenziert werden, wer das Risiko des Zahlungsausfalls des Schuldners (**Delkredererisiko**) trägt:

- Beim **echten Factoring** trägt der Käufer (auch genannt: Factor) dieses Risiko. Er **kauft** die Forderung (§§ 453, 433). Der Käufer (Zessionar) übernimmt also das Risiko der **Bonität** des Schuldners. Der Verkäufer (Zedent) haftet aber weiterhin dafür, dass die Forderung überhaupt rechtlich existiert (**Verität**).[713]
- Beim **unechten Factoring** trägt der Zedent sowohl das Risiko der Verität als auch der Bonität. Er haftet also dem Zessionar für die Solvenz des Schuldners. Das ähnelt einem **Darlehen** (§ 488), welches der Zessionar dem Zedenten gewährt und welches primär der Schuldner, hilfsweise der Zedent zurückzahlen muss.

---

708 Palandt/Grüneberg § 409 Rn. 3.

709 Vgl. AS-Skript BGB AT 1 (2017), Rn. 365 f. zu beiden Ermächtigungen.

710 Vgl. zur Einziehungsermächtigung beim verlängerten Eigentumsvorbehalt AS-Skript Sachenrecht 1 (2017), Rn. 369 ff.

711 Näher zur gewillkürten Prozessstandschaft AS-Skript ZPO (2017), Rn. 147 ff.

712 Vgl. zum Factoring MünchKomm/Roth/Kieninger § 398 Rn. 156 ff.

713 Vgl. Palandt/Weidenkaff § 453 Rn. 21.

D. Gesetzlicher Forderungsübergang (cessio legis)

416 Der Forderungsübergang kann gesetzlich angeordnet sein (cessio legis). Zweck ist in der Regel, dem Zessionar einen **Regressanspruch** gegen den Schuldner zu verschaffen.

G hat einen Anspruch gegen S. D zahlt gemäß § 268 Abs. 1 auf diese Schuld. 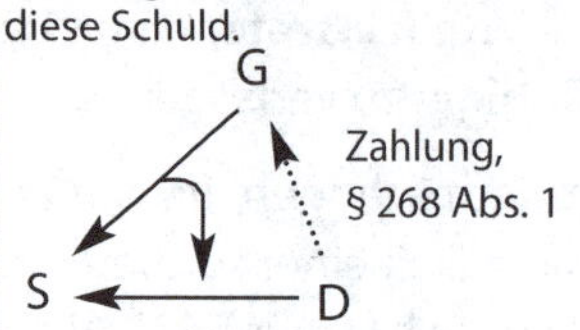 Anspruchsübergang gemäß § 268 Abs. 3	Bürge B, der für die Schuld des S bei G gebürgt hat, zahlt an G. 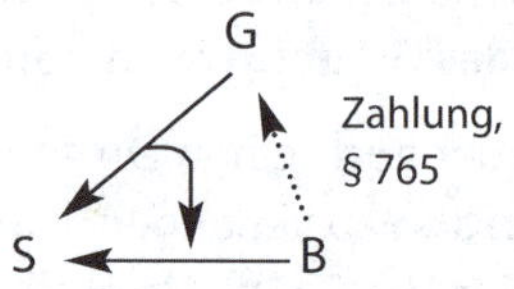 Anspruchsübergang gemäß § 774 Abs. 1	H, der für die Schuld des S bei G eine Hypothek an seinem Grundstück bestellt hat, zahlt an G. 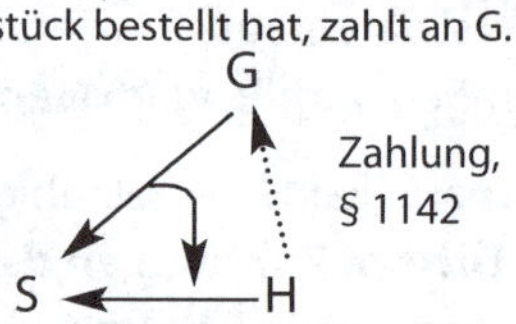 Anspruchsübergang gemäß § 1143 Abs. 1
P, der seine Sache für die Schuld des S bei G verpfändet hat, zahlt an G. 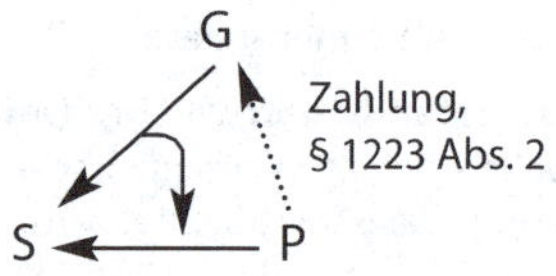 § 1225: P erwirbt den Anspruch des G gegen S.	M leistet an den Minderjährigen G Unterhaltsleistungen. Später stellt sich heraus, dass nicht M, sondern S der Vater des G ist. 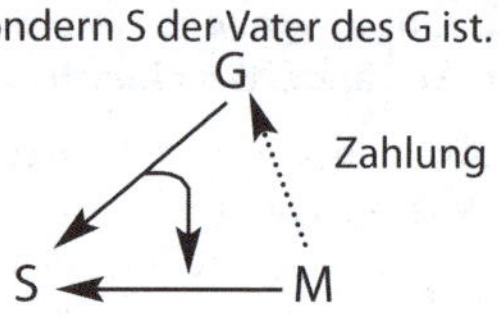 § 1607 Abs. 3: M war G gegenüber nicht zum Unterhalt verpflichtet. Nach § 1607 Abs. 3 geht der Unterhaltsanspruch, den G gegen seinen Vater S hatte, auf M über.	S beschädigt schuldhaft das Eigentum des G. G hatte die Sache bei V versichert. V zahlt an G. 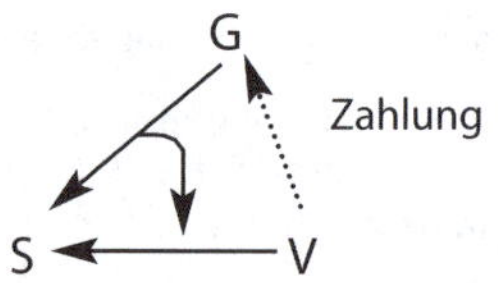 § 86 VVG: V erwirbt den Anspruch des G gegen S.
S fügt dem bei der AOK versicherten G einen Personenschaden zu. Wer hat den Anspruch gegen S auf Ersatz der Arztkosten? 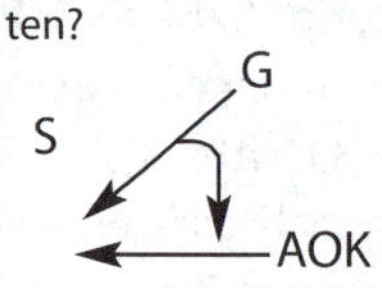 § 116 SGB X: Die AOK erwirbt den Anspruch des G gegen S (auch ohne Zahlung an G!).	G hat einen Anspruch gegen S1 und S2, die als Gesamtschuldner haften. S2 zahlt den gesamten Schuldbetrag. 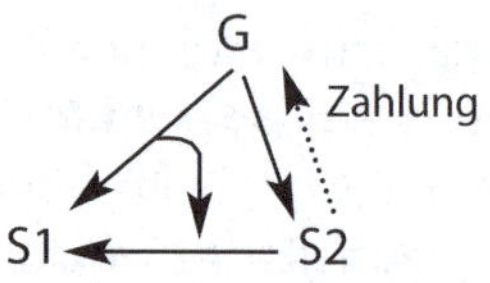 § 426 Abs. 2: Die Forderung des G geht auf S2 über, soweit er gemäß § 426 Abs. 1 S. 1 bei S1 Regress nehmen kann (im Zweifel schulden S1 und S2 zu gleichen Anteilen).	S verletzt Arbeitnehmer G schuldhaft, sodass er einige Tage arbeitsunfähig ist. Arbeitgeber D zahlt das Arbeitsentgelt gemäß § 3 EFZG weiter. 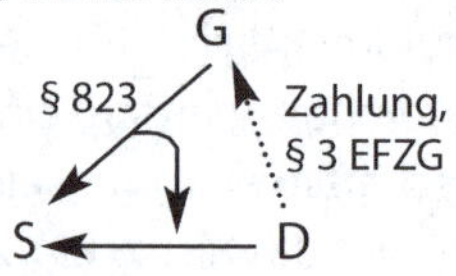 § 6 EFZG: Der Schadensersatzanspruch des G gegen S geht auf D über.

Für alle Fälle der cessio legis gilt **§ 412**. Danach sind **die meisten Vorschriften über die rechtsgeschäftliche Abtretung entsprechend anzuwenden.**

Besondere Bedeutung im Examen haben dabei **§§ 412, 401**, laut welchen der Zessionar auch die akzessorischen Sicherheiten zur Regressnahme verwenden kann. Das läutet die Problematik des sog. **Wettlaufs der Sicherungsgeber** ein.[714]

714 Näher zum Wettlauf der Sicherungsgeber Rn. 512; AS-Skript Schuldrecht BT 2 (2018), Rn. 420; AS-Skript Sachenrecht 2 (2018), Rn. 161 u. 225 ff.

E. Sicherungsabtretung (Sicherungszession)

*Um die Sicherungsabtretung, den Schuldbeitritt (näher 5. Abschnitt) und die weiteren Sicherungsmittel zu durchdringen, müssen gewisse **Eckpfeiler im Kreditsicherungsrecht** bekannt sein. Die Besonderheiten einer Sicherheit können Sie sich am besten erarbeiten, indem Sie die Sicherheiten miteinander vergleichen und vernetzen. Sie werden Gemeinsamkeiten und Gegensätze erkennen und feststellen, dass es mit den Sicherheiten wie mit Fremdsprachen ist: Je mehr man bereits kennt, umso leichter fällt das Erlernen jeder weiteren.* **417**

*Diese **Grundlagen, Gemeinsamkeiten und Gegensätze** werden zusammengefasst dargestellt im AS-Skript Schuldrecht BT 2 (2018), zu Beginn des 9. Teils (Bürgschaft). Die einzelnen Kreditsicherungsmittel sowie die mit ihnen verwandten Institute stellen wir entsprechend ihrer **systematischen Stellung** in folgenden Skripten dar:*

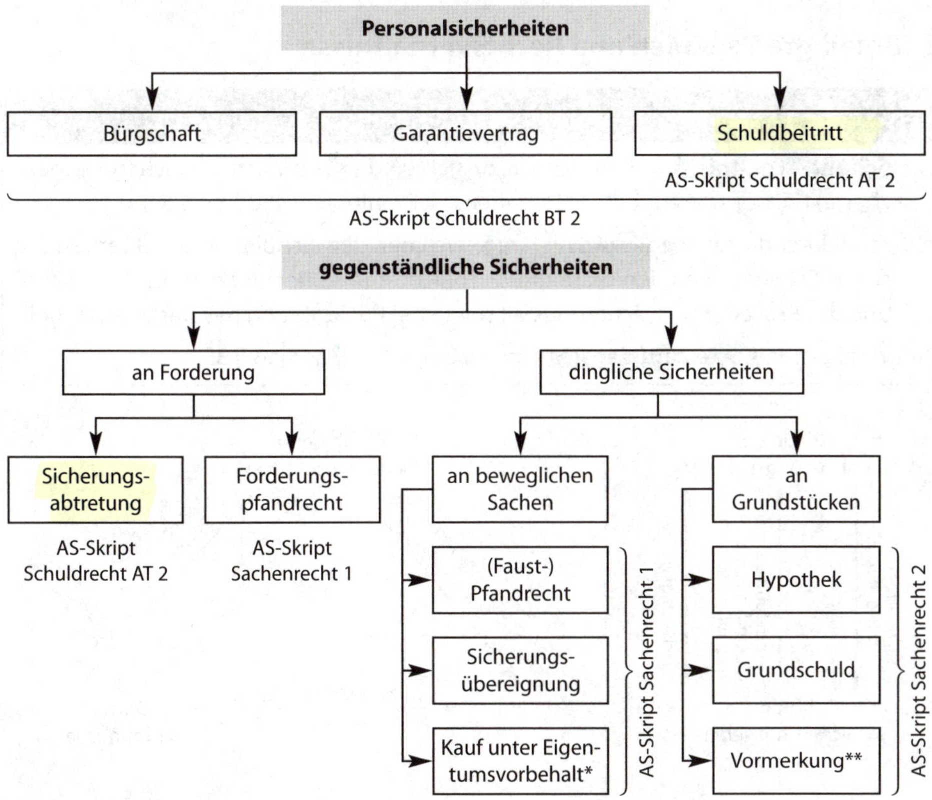

*Der Eigentumsvorbehalt ist im weiteren Sinn eine Sicherheit. Zwar lässt sich der Verkäufer für seinen Anspruch aus § 433 Abs. 2 keine zusätzliche Sicherheit gewähren, aber er bewahrt sich das Eigentum an der verkauften Sache selbst als Sicherheit.

** Die Vormerkung ist keine Sicherheit, die für den Gläubiger wirtschaftlich an die Stelle des ausgefallenen Anspruchs tritt. Sie sichert vielmehr unmittelbar den bedrohten Anspruch rechtlich ab, indem sie seinen Untergang durch Unmöglichkeit gemäß § 275 Abs. 1 verhindert.

Will der Schuldner seinem Gläubiger **mit einer weiteren Forderung Sicherheit leisten**, sieht das BGB hierfür nur eine **Forderungsverpfändung** nach **§§ 1279 ff.** vor.[715] **418**

715 Siehe zur Forderungsverpfändung AS-Skript Sachenrecht 1 (2017), Rn. 447 ff.

Diese hat aber den Nachteil, dass sie nach § 1280 nur wirksam ist, wenn die Verpfändung dem Dritten angezeigt wird. Oft soll das vermieden werden.

Die von der Praxis entwickelte **Sicherungsabtretung** muss dem Dritten nicht angezeigt werden. Der Schuldner tritt als Sicherungsgeber seine Forderung gegen einen Dritten an den Gläubiger als Sicherungsnehmer ab. Der Gläubiger kann sich aus dieser Forderung befriedigen, d.h. er kann vom Dritten Zahlung verlangen, und er darf dies, sobald und soweit der Schuldner nicht zahlen kann (**Eintritt des Sicherungsfalls**).

*Anstatt einer Forderung kann eine **bewegliche Sache** zur Sicherheit übereignet werden. Auch eine solche Sicherungsübereignung ist gesetzlich nicht geregelt, wird von der Praxis aber ebenfalls der Verpfändung nach §§ 1204 ff. vorgezogen, weil (nur) letztere gemäß § 1205 die oft unerwünschte Übergabe der Sache an den Sicherungsnehmer erfordert.*[716]

I. Beteiligte Personen und Rechtsverhältnisse

419

Rechtsverhältnisse

I. **Schuldverhältnis**, aus dem sich die **zu sichernde** (bzw. nach der Sicherung: gesicherte) **Forderung** ergibt (z.B. Darlehensrückzahlung, § 488 Abs. 1 S. 2)

II. schuldrechtlicher **Sicherungsvertrag**, welcher den Schuldner zur Übertragung seiner Forderung an den Gläubiger verpflichtet (also Rechtsgrund i.S.d. § 812 ist) und das Procedere im Sicherungsfall sowie bei Rückzahlung des Darlehens regelt

III. verfügende **Abtretung der sichernden Forderung** gemäß § 398

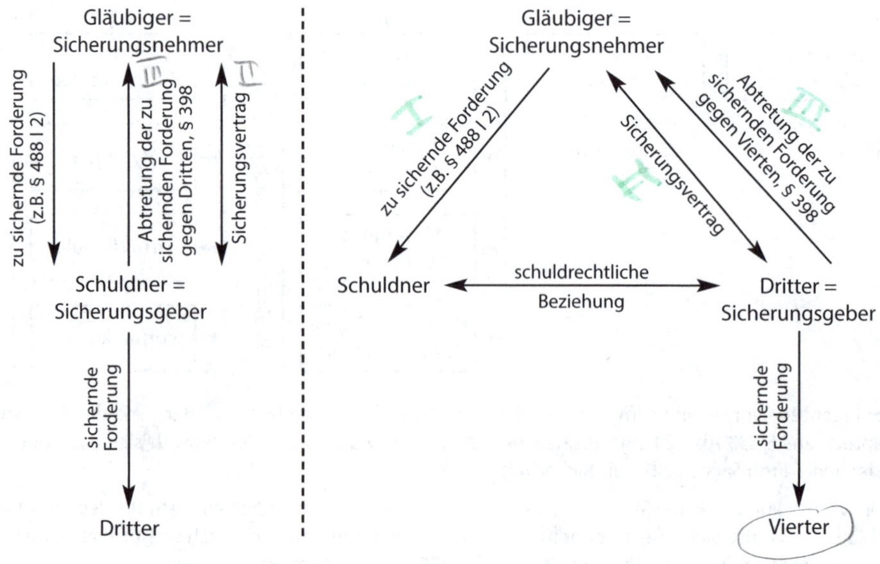

716 Vgl. zur Sicherungsübereignung AS-Skript Sachenrecht 1 (2017), Rn. 300 ff.

Nicht nur der Schuldner, sondern **auch ein vom Schuldner personenverschiedener Vierter kann Sicherungsgeber** sein.[717] Zwecks Konzentration auf das Wesentliche erfolgt die weitere Darstellung anhand des mit dem Sicherungsgeber personenidentischen Schuldners.

II. Sicherungsvertrag

Die Sicherungsabtretung ist (anders als die Forderungsverpfändung, § 1279) nicht ak- **420**
zessorisch, sondern **abstrakt**. Sie erlischt also nicht kraft Gesetzes mit der gesicherten Forderung (bei der Verpfändung gilt hingegen § 1252). Eine **Abhängigkeit der Sicherungsabtretung von der gesicherten Forderung** wird aber durch den **Sicherungsvertrag** (auch: Sicherungsabrede) zwischen Sicherungsnehmer und Sicherungsgeber hergestellt. Er enthält einen Anspruch auf Rückabtretung der sichernden Forderung.

Beispiel: N lässt sich zur Sicherung eines dem A gegebenen Darlehens von A eine Forderung des A gegen S abtreten. Bis zur Rückzahlung des Darlehens ist N Gläubiger der Forderung gegen S. Ab Rückzahlung hat A gegen N aus dem Sicherungsvertrag einen Anspruch auf Rückabtretung der Forderung gegen S.

Das Folgende beschränkt sich auf das ***speziell für die Sicherungsabtretung*** *Relevante. Weiteres Examenswissen zum Sicherungsvertrag, insb. hinsichtlich der anderen abstrakten Sicherheiten (Sicherungsübereignung und Grundschuld), finden Sie an anderer Stelle.*[718]

1. Mindestinhalt

Jeder Sicherungsvertrag enthält einen bestimmten Mindestinhalt, der vor allem dem **421**
Schutz des Sicherungsgebers davor dient, dass der Sicherungsnehmer seine Stellung als alleiniger Inhaber der sichernden Forderung missbraucht.

- **Festlegung** der zu sichernden und der gesicherten **Forderung**;

  Der Sicherungsgeber kann – regelmäßig und vorbehaltlich einer ausdrücklichen Vereinbarung hierüber – nicht verlangen, dass der Sicherungsnehmer den **Austausch der sichernden Forderungen mit einer anderen Sicherheit** akzeptiert.[719]

- Verpflichtung des Sicherungsgebers zur **Abtretung der sichernden Forderung** an den Sicherungsnehmer. Der Sicherungsnehmer kann also auf Abtretung klagen. Der Sicherungsgeber kann gemäß § 812 Abs. 1 S. 1 Var. 1 bzw. S. 2 Var. 1 die Rückabtretung verlangen, soweit der Sicherungsvertrag unwirksam ist, denn der **Sicherungsvertrag** (nicht die Forderung) **ist Rechtsgrund der Sicherungsabtretung**;
- Berechtigung des Sicherungsnehmers zur **Verwertung der sichernden Forderung** bei **Eintritt des Sicherungsfalls**, d.h. ausbleibender Tilgung der gesicherten Forderung trotz Fälligkeit;
- Verpflichtung des Sicherungsnehmers **zur Freigabe durch Rückabtretung** der sichernden Forderung, soweit der **Sicherungszwecks wegfällt**, insbesondere soweit

717 Vgl. dazu AS-Skript Schuldrecht BT 2 (2018), Rn. 334, 336 u. 340.

718 Vgl. AS-Skript Schuldrecht BT 2 (2018), Rn. 333 ff.; AS-Skript Sachenrecht 1 (2017), Rn. 319 ff.; AS-Skript Sachenrecht 2 (2018), Rn. 177 ff.

719 BGH RÜ 2018, 6; daran ändert auch § 313 nichts, vgl. Rn. 133.

die gesicherte Forderung erfüllt wird – insbesondere bei Erfüllung in Raten tritt dann eine **nachträgliche Übersicherung** ein, dazu näher sogleich.

Es kann vereinbart werden, dass die Sicherungsabtretung **aufschiebend bedingt** durch das Entstehen der zu sichernden Forderung und/oder **auflösend bedingt** durch deren Fortbestand ist (§ 158 Abs. 1 u. 2). Dann hat der Schuldner keinen Bedarf an dem Anspruch auf Rückabtretung. Diese Bedingungen müssen aber **ausdrücklich vereinbart** werden, sie gehören nicht zum „Mindestinhalt".

*In der Examensklausur ist dieser Mindestinhalt in aller Regel nicht abgedruckt. Sie müssen ihn daher **auswendig wissen**. Soweit die Parteien von ihm **zu Lasten des Sicherungsgebers abweichen**, müssen Sie Verstöße gegen §§ 134, 138, 242 und/oder §§ 307 ff. prüfen. Das betrifft insbesondere den Freigabeanspruch.*

2. Ermessensunabhängiger Freigabeanspruch bei nachträglicher Übersicherung

422 Der Gläubiger wird durch die Sicherungsabtretung zwar Inhaber der sichernden Forderung. Er erhält diese aber **nicht zur freien Verfügung**. Zwar kann er, aber er darf über sie nicht verfügen und sie nicht einziehen, solange der Schuldner pünktlich auf die gesicherte Forderung zahlt und daher der Sicherungsfall nicht eintritt. Bis dahin „verwahrt" er die Forderung **treuhänderisch** für den Sicherungsgeber.

Aus der Treuhandnatur des Sicherungsvertrags ergibt sich die **zwingende, ermessensunabhängige Pflicht** des Sicherungsnehmers, die sichernde Forderung an den Sicherungsgeber rückabzutreten, sobald und soweit er sie endgültig nicht mehr zur Absicherung benötigt (**Freigabeanspruch**).[720]

Die sichernde Forderung wird nicht mehr benötigt, sobald und soweit sie die gesicherte Forderung in einem bestimmten Verhältnis übersteigt (**Übersicherung**).

- Besteht die Übersicherung bereits im Zeitpunkt der Sicherungsabtretung, ist sie also **anfänglich**, dann hat das die Nichtigkeit des Sicherungsvertrags und nach h.M. der Sicherungsabtretung zur Folge. Der Sicherungsgeber bleibt Inhaber der Forderung, der Freigabeanspruch spielt also keine Rolle, daher dazu später mehr.[721]
- Tritt hingegen die Übersicherung erst **nachträglich** ein, indem die gesicherte Forderung ganz oder in Raten getilgt wird, so entsteht der Freigabeanspruch.

a) Nachträgliche Übersicherung

423 Die nachträgliche Übersicherung tritt nicht bereits ein, wenn der Nominalwert der sichernden Forderung den der gesicherten Forderung übersteigt. Es ist zu berücksichtigen, dass die **Verwertung** der sichernden Forderung **beim Sicherungsnehmer Kosten verursacht**, die er vom Verwertungserlös abziehen darf und dass zudem ein gewisses **Risiko** besteht, dass die sichernde Forderung (teilweise oder ganz) **ausfällt**.[722]

720 BGH NJW-RR 2005, 1408.

721 Siehe Rn. 426.

722 Grundlegend zum Folgenden BGH GrS, NJW 1998, 671.

- Für die Kosten des Sicherungsnehmers werden pauschal 10% hinzuaddiert. Die nachträgliche Übersicherung tritt daher erst ein, sobald und soweit der **realisierbare Wert** der sichernden Forderung mehr als **110%** der gesicherten Forderung beträgt.

- Es ist allerdings wegen des (teilweisen) Ausfallrisikos schwierig, den realisierbaren Wert einer Forderung exakt zu ermitteln. In **entsprechender Anwendung des § 237** wird **widerleglich vermutet**, dass nur 2/3 des Schätzungswertes der sichernden Forderung realisiert werden können. Umgerechnet wird also vermutet, dass die nachträgliche Übersicherung eintritt, sobald und soweit der **Schätzungswert** der sichernden Forderung mehr als **150%** der gesicherten Forderung beträgt.

  In den 150% ist der oben genannte Anteil von 10% für die Kosten bereits enthalten. Die **Deckungsgrenze von 110%** wirkt sich daher praktisch nur dann aus, wenn gemäß § 292 ZPO die Vermutung aus § 237 dahingehend widerlegt ist, dass kein nennenswertes Verwertungsrisiko besteht.

Nachträgliche Übersicherung

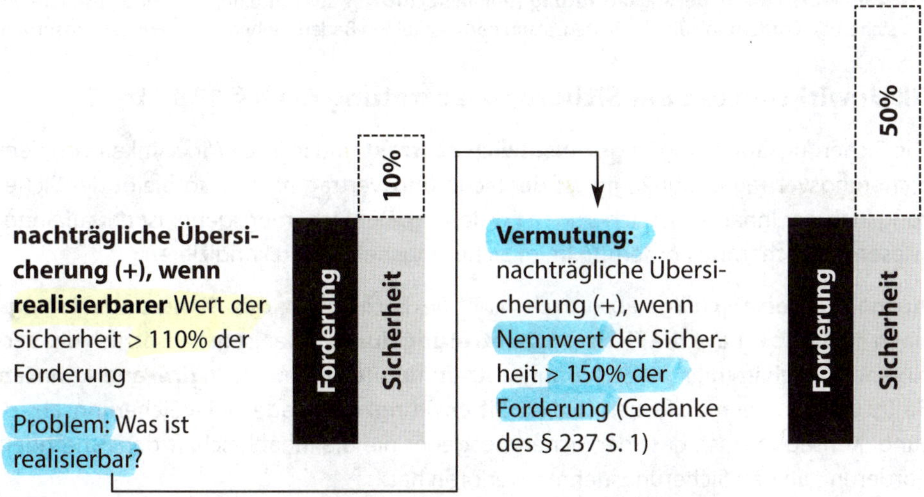

Beispiel: Ein Kredit über ursprünglich 300.000 € wurde zum Teil getilgt. **100.000 €** stehen noch aus. Wird der Kredit mit **absolut sicheren Forderungen** (etwa gegen den Bund) gesichert, darf der Gläubiger diese Sicherheiten nur noch i.H.v. **110.000 €** behalten. Beträgt der Nennwert der sichernden Forderungen z.B. 160.000 €, so hat der Schuldner einen Freigabeanspruch i.H.v. 50.000 €.

Abwandlung: Wird der Kredit hingegen mit **anderen Forderungen** gegen Subjekte des Privatrechts gesichert, darf der Gläubiger diese Sicherheiten immerhin i.H.v. **150.000 €** behalten. Beträgt der Nennwert der sichernden Forderungen z.B. 160.000 €, so besteht ein Freigabeanspruch i.H.v. 10.000 €.

b) Unwirksamkeit entgegenstehender AGB, § 307

Wird der **Freigabeanspruch** des Schuldners durch AGB i.S.d. § 305 Abs. 1[723] zulasten **424**
des Schuldners **beschränkt**, etwa indem die **Wertgrenzen** nach oben gesetzt oder die Freigabe in das **Ermessen** des Gläubigers als Sicherungsnehmer gestellt wird, so gilt:[724]

723 Vgl. allgemein zur AGB-Prüfung AS-Skript BGB AT 2 (2017), Rn. 273 ff.

724 Grundlegend zum Folgenden BGH GrS, NJW 1998, 671; BGH NJW 1998, 2206.

- Die **Inhaltskontrolle** derartiger Klauseln ist gemäß § 307 Abs. 3 S. 1 **eröffnet**. Sie weichen zwar nicht vom geschriebenen Recht ab, aber vom allgemein anerkannten „Mindestinhalt" des Sicherungsvertrags.
- Die Klauseln sind gemäß § 307 Abs. 2 Nr. 2 **nichtig**. Sie schränken den ermessensunabhängigen Freigabeanspruch des Schuldners als allgemein anerkanntes, sich aus dem Treuhandcharakter der Sicherungsabtretung und der Schutzwürdigkeit des Schuldners ergebendes wesentliches Recht des Schuldners ein.
- Gemäß § 306 Abs. 2 liegt nur **Teilnichtigkeit des Sicherungsvertrags** vor. Er ist im Übrigen wirksam. Sein Inhalt richtet sich nach den „gesetzlichen Vorschriften", also dem allgemein anerkannten „Mindestinhalt". Der Schuldner hat daher einen **ermessensunabhängigen Freigabeanspruch** in der üblichen Höhe (150% bzw. 110%).
- Die **Sicherungsabtretung** als zu abstrahierende Verfügung wird von der Teilnichtigkeit des Sicherungsvertrags hingegen **nicht berührt**.

Wäre (auch) die Sicherungsabtretung (teilweise) nichtig, so würde der Schuldner ipso iure die sichernde Forderung zurückerhalten. Dann hätte er keinen Bedarf mehr an dem Freigabeanspruch.

III. Unwirksamkeit der Sicherungsabtretung nach § 138 Abs. 1

425 Die Sicherungsabtretung ist **grundsätzlich abstrakt** und in ihrer Wirksamkeit von dem Sicherungsvertrag unabhängig. Ist der Sicherungsvertrag nichtig, so bleibt der Sicherungsnehmer Inhaber der sichernden Forderung. Der Sicherungsgeber ist darauf angewiesen, die sichernde Forderung beim Sicherungsnehmer zu kondizieren.

Ausnahmsweise schlägt aber nach h.M. die **Nichtigkeit des Sicherungsvertrags nach § 138 Abs. 1 auf die Sicherungsabtretung durch**. Zwar ist grundsätzlich das verfügende Geschäft (hier: die Sicherungsabtretung) sittlich neutral. In **drei anerkannten Fallgruppen** aber manifestiert sich die Sittenwidrigkeit gerade in der Sicherungsabtretung. Konsequenz ist, dass der Sicherungsgeber nie die Inhaberschaft der sichernden Forderung an den Sicherungsnehmer verloren hat.[725]

Der Sicherungsgeber muss und kann dann nicht kondizieren, denn der Sicherungsnehmer hat nichts erlangt. Prozessual kann er keine Leistungsklage erheben. Ihm bleibt gegen den sich der Forderungsinhaberschaft rühmenden Sicherungsnehmer nur die **(negative) Feststellungsklage** (§ 256 ZPO).

1. Anfängliche Übersicherung

426 Die **nachträgliche Übersicherung** tritt – wie ausgeführt – unausweichlich ein, sobald und soweit die gesicherte Forderung beglichen wird. Sie ist ein **normales und übliches Stadium** im Verlauf einer Kreditsicherung. Sie verstößt also nicht gegen das Anstandsgefühl aller billig und gerecht Denkenden und führt daher nicht zur Nichtigkeit.

Ganz anders ist die sittliche Bewertung der **anfänglichen Übersicherung**. Das anfängliche Wertverhältnis zwischen zu sichernder und sichernder Forderung legen die Parteien im Sicherungsvertrag bei dessen Abschluss fest. Hierbei müssen das Interesse des Sicherungsnehmers an einer **möglichst hohen Besicherung** und das Interesse des Siche-

725 Siehe allgemein zu § 138 AS-Skript BGB AT 2 (2017), Rn. 93 ff.

rungsgebers am Erhalt einer **möglichst hohen wirtschaftlichen Bewegungsfreiheit** gerecht berücksichtigt werden. Eine zu hohe Besicherung schnürt den Sicherungsgeber zu stark ein und gefährdet zudem seine übrigen Gläubiger. Diese Einschnürung bzw. Gefährdung tritt unmittelbar erst durch die Sicherungsabtretung ein, sodass neben dem Sicherungsvertrag auch diese selbst unter folgenden Voraussetzungen nichtig ist:

- **Objektiv** muss bei Vereinbarung des Sicherungsvertrags und der Sicherungsabtretung **gewiss** sein, dass eine **auffällige Differenz** zwischen dem Nennwert der gesicherten Forderung und dem realisierbaren Wert der sichernden Forderung vorliegt.

  Anders als bei der nachträglichen Übersicherung liegt hier die Grenze aber nicht bereits bei einer **Diskrepanz der beiden Nennwerte** von 150%, vielmehr ist die erforderliche Gewissheit in jedem Einzelfall gesondert zu beurteilen.[726] Tendenziell darf die Diskrepanz erheblich **höher** sein **als bei der nachträglichen Übersicherung**, denn zu Beginn bestehen für den Sicherungsnehmer erheblich höhere Unwägbarkeiten als später. Als **groben Richtwert** nimmt die h.M. eine Wertgrenze von **300%** an, also eine Verdopplung des Grenzwerts der nachträglichen Übersicherung.[727]

- **Subjektiv** muss der Sicherungsnehmer in **verwerflicher Gesinnung** handeln. Sie liegt vor, wenn er „aus eigensüchtigen Gründen eine Rücksichtslosigkeit gegenüber den berechtigten Belangen des Sicherungsgebers an den Tag legt, die nach sittlichen Maßstäben unerträglich ist."[728]

2. Knebelung

Rechtsgeschäfte sind ganz allgemein sittenwidrig und somit nichtig, wenn sie die **wirtschaftliche Freiheit** einer Partei so stark einschränken, dass sie ihre freie Selbstbestimmung ganz oder wesentlich einbüßt. Dies ist insbesondere der Fall, wenn eine Partei die andere Partei **zum bloßen Verwalter der eigenen Geschäfte** macht, indem sie sich umfassende Eingriffs- und Kontrollbefugnisse einräumen lässt und so **zum wahren (stillen) Geschäftsinhaber** wird.[729] Eine Sicherungsübereignung kann hierunter fallen. **427**

Beispiel:[730] Der Sicherungsnehmer soll die sichernde Forderung auch dann einziehen dürfen, wenn der Schuldner auf die gesicherte Forderung stets pünktlich seine Raten zahlt.

Gegenbeispiel: Demgegenüber stellt das Einzugsrecht im Sicherungsfall keine Knebelung dar. Zwar kann auch dann der Geschäftsbetrieb des Sicherungsgebers zum Erliegen kommen, jedoch hat der Sicherungsnehmer ein berechtigtes Interesse an der Einziehung, nämlich seine eigene Schadloshaltung.

3. Verleitung zum Vertragsbruch

Im Handelsverkehr werden Waren häufig unter **verlängertem Eigentumsvorbehalt**[731] bezogen. Der Vorbehaltsverkäufer bleibt bis zur Bezahlung Eigentümer der Waren, er ermächtigt (§ 185 Abs. 1) aber den Vorbehaltskäufer zu ihrer Übereignung an seine Ab- **428**

726 BGH NJW 1998, 2047.

727 OLG Hamm, WM 2002, 451; Palandt/Ellenberger § 138 Rn. 97.

728 BGH NJW 1998, 2047.

729 Palandt/Ellenberger § 138 Rn. 39 m.w.N.

730 Nach BGH NJW 1961, 102 (Originalfall zur Sicherungsübereignung einer beweglichen Sache).

731 Ausführlich zu den Arten des Eigentumsvorbehalts AS-Skript Sachenrecht 1 (2017), Rn. 346 ff.

käufer im gewöhnlichen Geschäftsverkehr. Im Gegenzug **tritt der Vorbehaltskäufer seine (künftigen) Kaufpreisforderungen gegen die Abkäufer dem Vorbehaltsverkäufer** ab, um dessen Kaufpreisforderung gegen den Vorbehaltskäufer zu sichern.

Mitunter hat der Eigentumsvorbehaltskäufer aber bereits **vor dem Vorbehaltskauf** (z.B. zur Sicherung eines Betriebsmittelkredits) per **Globalzession** alle gegenwärtigen und künftigen Forderungen gegen seine Abkäufer an eine Bank (oder einen anderen Lieferanten) **zur Sicherheit abgetreten**, um dessen Ansprüche gegen ihn zu besichern.

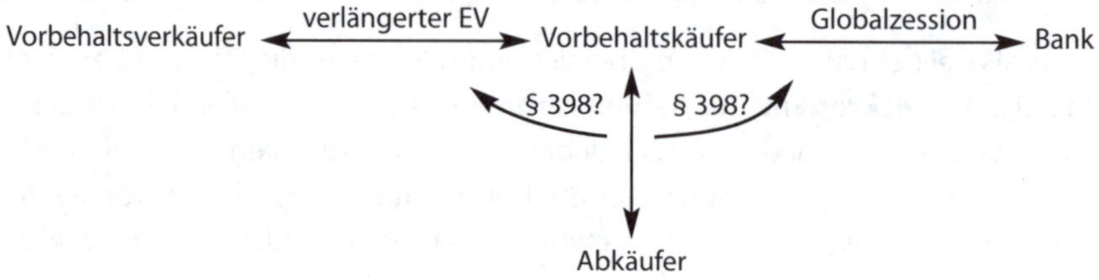

429 **Grundsätzlich** gilt wie ausgeführt bei mehrfacher Abtretung einer Forderung das **Prioritätsprinzip**: Demnach hätte der Vorbehaltskäufer seine (künftigen) Ansprüche gegen seine Abkäufer an die Bank abgetreten. Zur erneuten Abtretung an den Vorbehaltsverkäufer ist der Vorbehaltsverkäufer dann nicht mehr berechtigt.

Die **Globalzession** kann aber **ausnahmsweise** wegen **Verleitung zum Vertragsbruch** gemäß § 138 Abs. 1 sittenwidrig und damit nichtig sein.[732]

Fall 20: Kollision von Globalzession und verlängertem Eigentumsvorbehalt

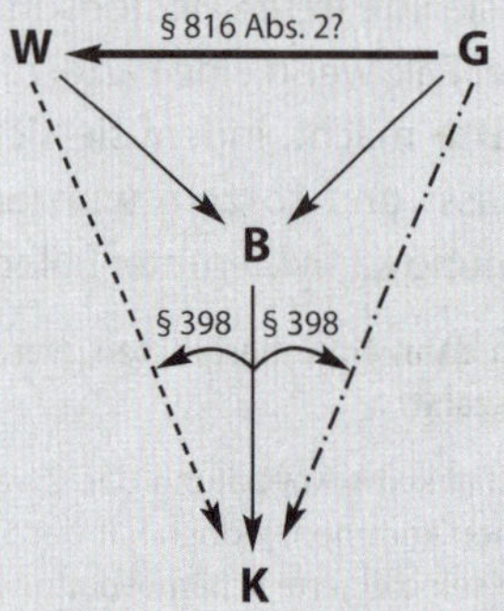

Die W-Bank gewährt dem Einzelkaufmann B einen Betriebsmittelkredit. Zur Sicherung tritt B ihr alle gegenwärtigen und künftigen Forderungen gegen Drittschuldner mit den Anfangsbuchstaben A–K ab. Dabei wird vereinbart, dass B von W Rückabtretung der Forderungen verlangen kann, soweit er sie zwecks Absicherung einer Warenbeschaffung benötigt. Später vereinbart B mit dem Großhändler G – wie es branchenüblich ist – die Lieferung von Waren unter verlängertem Eigentumsvorbehalt. B verkauft einen Teil der Waren an K. K zahlt an W. G fordert von W die Herausgabe des Kaufpreises. Zu Recht?

430 G kann gegen W einen Anspruch auf Kaufpreisherausgabe aus **§ 816 Abs. 2** haben.

I. Dann müsste in der Zahlung des K an W die **Leistung an einen Nichtberechtigten** liegen. W war Nichtberechtigte, soweit sie im Zeitpunkt der Zahlung an sie nicht Inhaberin der Forderung war. Ursprünglich war W nicht Inhaberin der Forderung, sie könnte dies aber durch Abtretung des B an W gemäß § 398 S. 2 geworden sein.

732 St. Rspr., BGH RÜ 1999, 91.

1. W und B haben sich über die Abtretung aller gegenwärtigen und künftigen Forderungen gegen Drittschuldner mit den Anfangsbuchstaben A–K **geeinigt**.

2. Die Forderung ist auch **bestimmbar**. Insbesondere kann im Zeitpunkt ihrer Entstehung anhand des Namens des Käufers bestimmt werden, ob sie erfasst ist.

3. B war als verfügungsbefugter Inhaber der Forderung zur Abtretung **berechtigt**. Insbesondere hatte er sie zuvor nicht an eine andere Person abgetreten. Nach dem **Prioritätsprinzip** wäre also W alleinige Inhaberin der Forderung geworden.

4. Jedoch ist die Abtretung von B an W **gemäß § 138 Abs. 1 nichtig**, soweit sie gegen das Anstandsgefühl aller billig und gerecht Denkenden verstößt und daher sittenwidrig ist. Dies wird u.a. im Falle der **Verleitung zum Vertragsbruch** bejaht.

   a) **Objektiv** ist erforderlich, dass die Globalzession auch solche Forderungen erfasst, die der Vorbehaltskäufer im Rahmen eines verlängerten Eigentumsvorbehalts an seinen Vorbehaltsverkäufer abtritt. Denn dann steckt der **Vorbehaltskäufer in der Zwickmühle**. Er bekommt von der Bank den Kredit nur, wenn er die Globalzession bewilligt. Dann kann er aber seine Verpflichtung zur Abtretung gegenüber dem Vorbehaltsverkäufer nicht einhalten. Die **Bank verleitet den Vorbehaltskäufer also zum Abschluss eines Kaufvertrags, von dem feststeht, dass er ihn wird brechen müssen**. Diese Situation liegt hier vor, B hat bei W einen Kredit aufgenommen und von G Waren gekauft, jeweils unter Abtretung seiner künftigen Forderungen gegen seine Abkäufer.

   b) In dieser Zwickmühle befindet B sich nur **dann nicht, soweit** B und W als auflösende Bedingung (§ 158 Abs. 2) vereinbaren, dass die Forderungen automatisch sobald und soweit an B zurückfallen sollen, wie B sie benötigt, um sie seinem Vorbehaltsverkäufer G im Rahmen eines verlängerten Eigentumsvorbehalts zu übertragen (**dingliche Teilverzichtsklausel**). Eine solche Regelung haben B und W aber nicht getroffen. Der von ihnen vereinbarte bloße Anspruch des B auf Rückabtretung (**schuldrechtliche Teilverzichtsklausel**) genügt nicht, da B von ihm nicht sofort, sondern erst nach seiner unter Umständen langwierigen Durchsetzung profitiert. Zudem hat B das Risiko, dass W währenddessen insolvent wird und dann den Anspruch nicht rückabtritt.[733]

   Der Schuldner hat also entweder wegen der Nichtigkeit der Abtretung an die Bank seine Forderung ***nie an die Bank verloren****, oder er erhält sie über die dingliche Teilverzichtsklausel* ***automatisch zurück, sobald er sie benötigt****.*

   c) **Subjektiv** muss dem Empfänger der Globalzession (hier: der W) bekannt sein, dass der Vorbehaltskäufer einen verlängerten Eigentumsvorbehalt vereinbaren wird. Davon ist auszugehen, wenn – wie vorliegend – diese Vorgehensweise **in der betroffenen Branche üblich** ist.

Die Abtretung von B an W ist somit gemäß § 138 Abs. 1 nichtig. W war nicht Inhaberin der Forderung und daher zur Empfangnahme der Zahlung des K nicht berechtigt.

733 BGH RÜ 1999, 91.

II. Zur Empfangnahme der Zahlung war vielmehr G **berechtigt**, da B ihm im Rahmen des verlängerten Eigentumsvorbehalts die Forderung gegen K abgetreten hat.

III. Die Zahlung an W müsste **gegenüber dem Berechtigten** G **wirksam** sein. Ursprünglich war sie dies nicht, eben weil G und nicht W Inhaber der Forderung war. Allerdings hat G mit Aufforderung der W zur Herausgabe konkludent gemäß § 185 Abs. 1 die Leistung an W genehmigt, denn nur so konnte G den Anspruch entstehen lassen.[734]

Ergebnis: W muss die von K erhaltene Summe an G gemäß § 816 Abs. 2 herausgeben.

---

734 Vgl. AS-Skript Schuldrecht BT 3 (2017), Rn.214.

Abtretung

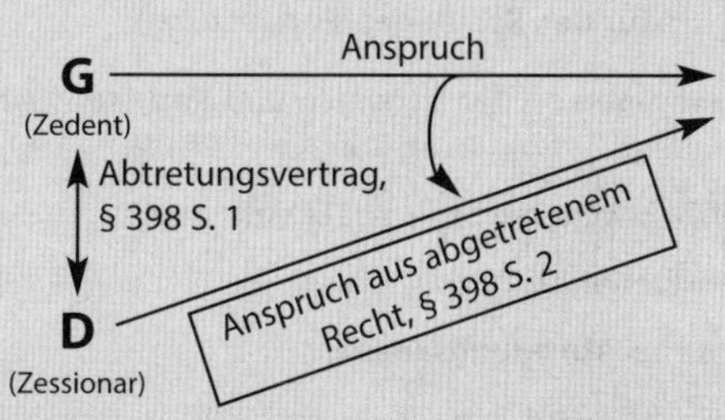

Voraussetzungen, § 398 S. 1

I. Einigung (Abtretungsvertrag) zwischen Zedent und Zessionar

- Formfrei (Ausnahme § 1154; § 15 Abs. 3 GmbHG)
- Bestimmtheit oder Bestimmbarkeit der abzutretenden (auch künftigen) Forderung
- Keine Nichtigkeitsgründe, insb. § 134 i.V.m. § 203 StGB oder RDG

II. Berechtigung des Zedenten

- Inhaber der Forderung ohne Verfügungsbeschränkung / -verbot – insbesondere aus Spezialvorschriften, § 399 Var. 1 (Ausnahme § 354 a Abs. 1 HGB, Rückausnahme § 354 a Abs. 2 HGB), § 399 Var. 2, § 400 oder § 829 Abs. 1 S. 2 ZPO (Inhibitorium) – oder
- kraft Gesetzes bzw. gemäß § 185 Abs. 1 zur Abtretung ermächtigt oder
- Überwindung der fehlenden Berechtigung, § 185 Abs. 2 S. 1 oder § 405

Rechtsfolgen

für den Zessionar

- Forderung/Recht geht gemäß § 398 S. 2 auf Zessionar über **(Gläubigerwechsel)**; **Anspruchsgrundlage des Zessionars** = Anspruchsgrundlage des Zedenten i.V.m. § 398 S. 2
- Übergang von **Neben- und Vorzugsrechten, § 401** (nicht: abstrakte Sicherheiten)
- **Leistungsstörungen:** Nacherfüllung; Verzugsschaden; SE statt Leistung (Zustimmung Zedent?)

für den Zedenten

- **Verliert Forderung**, **bleibt** aber **Vertragspartner** (und Adressat für Rücktrittserklärungen)
- **Leistungsstörungen:** § 320; Rücktritt (Zustimmung Zessionar) und Minderung; Anfechtung

für den Schuldner

I. Schuldner kann **schuldbefreiend** grundsätzlich nur noch **an den Zessionar** leisten.

II. Schutz des (an der Abtretung nicht Beteiligten):

- **§ 404:** Bereits angelegte **Einwendungen und Einreden** bleiben erhalten.
- **§ 406: Aufrechnung** mit Forderung gegen Zedent gegenüber Zessionar trotz **fehlender Gegenseitigkeit** möglich

Abtretung (Fortsetzung)

für den Schuldner (Fortsetzung)

- **§ 407:** Schutz bei **Leistungen** an den Zedenten und **Rechtsgeschäften** mit diesem (Ausgleich zwischen Zedent und Zessionar u.a. über § 816 Abs. 2)
- **§ 354 a Abs. 1 S. 2 HGB:** Erweiterter Schutz bei **Kaufleuten**
- **§ 408:** Schutz bei **mehrfacher Abtretung**
- **§ 409:** Schuldnerschutz bei **Abtretungsanzeige**

Sonderfall: Sicherungszession

Rechtsverhältnisse

I. Schuldverhältnis zwischen Gläubiger und Schuldner, aus dem sich **die zu sichernde Forderung** ergibt (z.B. Darlehen)

II. Schuldrechtlicher **Sicherungsvertrag** zwischen Sicherungsgeber und Sicherungsnehmer

III. **Abtretung** der **sichernden Forderung** von Sicherungsgeber an Sicherungsnehmer, § 398

Wesentlicher Inhalt des Sicherungsvertrags

- Anspruch auf **Gewährung** der Sicherheit und zugleich der **Rechtsgrund** hierfür
- Grundsätzlich **keine aufschiebende oder auflösende Bedingung für die Sicherungsabtretung**, diese ist daher nicht akzessorisch, sondern abstrakt.
- **Freigabeanspruch** bei (vollständiger oder teilweiser) Erfüllung der gesicherten Forderung, soweit dadurch **nachträgliche Übersicherung** eintritt:
  - **realisierbarer Wert** der sichernden Forderung **> 110%** der gesicherten Forderung; wird vermutet, wenn
  - **Schätzungswert** der sichernden Forderung **> 150%** der gesicherten Forderung (arg. § 237)

Nichtigkeit der Sicherungsabtretung gemäß § 138 Abs. 1

- **Anfängliche Übersicherung**
  Bereits bei Vertragsschluss ist gewiss, dass ein **auffälliges Missverhältnis** zwischen dem Nennwert der gesicherten Forderung und dem realisierbaren Wert der sichernden Forderung besteht; **Orientierungsgröße: 300% Diskrepanz zwischen den Nennwerten der beiden Forderungen**
- **Knebelung**
  Beeinträchtigung der **wirtschaftlichen Bewegungsfreiheit des Sicherungsgebers**, sodass dieser nur noch Verwalter der eigenen Geschäfte und der Sicherungsnehmer der wahre Geschäftsinhaber ist.
- **Verleitung zum Vertragsbruch**
  Globalzession auch solcher Forderungen an eine Bank, die der Schuldner seinen Lieferanten aufgrund eines **verlängerten Eigentumsvorbehalts** künftig abtreten muss. Die Bank verleitet den Schuldner zum Bruch seiner Verträge mit den Lieferanten. Globalzession ist nur bei **dinglicher Teilverzichtsklausel** der Bank zugunsten der Lieferanten gleichwohl wirksam.

5. Abschnitt: Schuld-, Erfüllungs- und Vertragsübernahme

A. Schuldübernahme

431

<table>
<tr><th>Privative Schuldübernahme</th><th>Kumulative Schuldübernahme/ Schuldbeitritt</th></tr>
<tr><td>Der neue Schuldner (N) tritt an die Stelle des alten Schuldners (S). Der alte Schuldner wird von seiner Leistungspflicht befreit.

Es kommt zum Schuldnerwechsel, als Gegenstück zum Gläubigerwechsel bei der Abtretung.

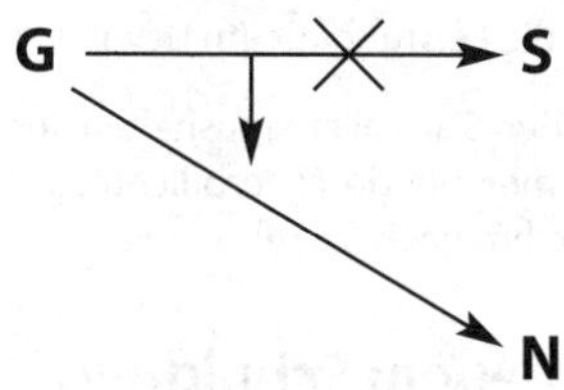
</td><td>Der neue Schuldner (N) tritt neben den alten Schuldner (S). N und S haften G als Gesamtschuldner i.S.d. § 421.

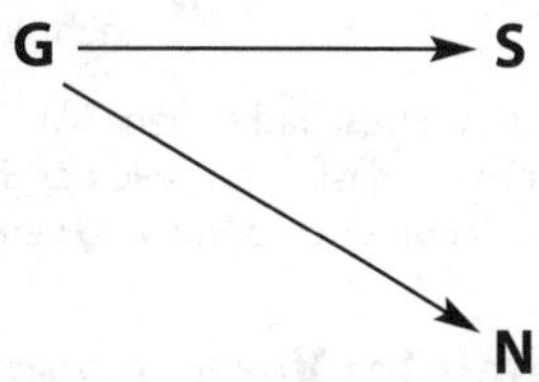
</td></tr>
</table>

I. Privative (befreiende) Schuldübernahme, §§ 414–418

Die befreiende Schuldübernahme ist das Gegenstück zur Abtretung. Während die Abtretung einen Gläubigerwechsel auslöst, wird bei der Schuldübernahme der **Schuldner ausgetauscht**. Der bisherige Schuldner wird dadurch von seiner Verpflichtung frei. 432

Der **Gläubiger**, für den die Bonität des neuen Schuldners von entscheidender Bedeutung ist, muss **Partei** der Schuldübernahme sein (§ 414) **oder** ihr zumindest **zustimmen** (§§ 415, 182 ff.). Ohne die Mitwirkung des Gläubigers läge ein unzulässiger Vertrag zu seinen Lasten vor.[735]

Der eigentliche Übernahmevertrag ist eine abstrakte **Verfügung** in Gestalt einer **Inhaltsänderung** des Anspruchs des Gläubigers. Ihm liegt ein **Verpflichtungsvertrag** zugrunde, in welchem sich der Übernehmer zur Übernahme verpflichtet. Wie stets ist die Wirksamkeit beider Geschäfte getrennt zu beurteilen, wenn die Parteien sie nicht ausnahmsweise zu einer Einheit i.S.d. § 139 oder über § 158 verknüpft haben.[736]

1. Voraussetzungen

Die Willenserklärungen müssen auf Einsetzung des Übernehmenden als neuen Schuldner bei gleichzeitiger **vollständiger Entlassung des ursprünglichen Schuldners** aus 433

735 Vgl. zum unzulässigen Vertrag zulasten Dritter Rn. 283.

736 Palandt/Grüneberg Überbl v. § 414 Rn. 1 u. § 417 Rn. 4; näher zur Durchbrechung des Abstraktionsprinzips über § 139 oder § 158 AS-Skript BGB AT 1 (2017), Rn. 23 ff.

seiner Schuld gerichtet sein. Kommt der Entlassungswille des Gläubigers nicht deutlich zum Ausdruck, liegt **im Zweifel** ein für ihn nicht nachteiliger **Schuldbeitritt** vor.[737]

434 Die Erklärungen sind **grundsätzlich formfrei** wirksam. War allerdings die Begründung der Verpflichtung formbedürftig, so ist es auch ihre Übernahme.[738]

Die befreiende Schuldübernahme kann auf **zwei Arten** zustande kommen:

a) Vertrag zwischen Gläubiger und neuem Schuldner, § 414

435

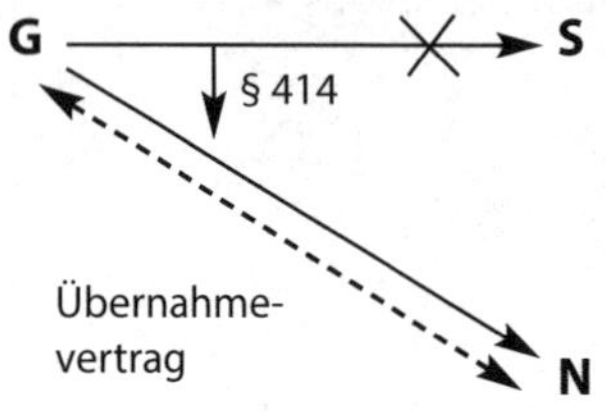

Zwischen dem Gläubiger und dem neuen Schuldner (Dritter i.S.d. § 414) wird ein Vertrag geschlossen, wonach der Neuschuldner an die Stelle des bisherigen Schuldners tritt.

Die Mitwirkung des alten Schuldners ist nicht erforderlich. Teilweise wird wegen der Ähnlichkeit dieser Konstellation zum Vertrag zugunsten Dritter ein Widerspruchsrecht analog § 333 angenommen. Dagegen spricht jedoch, dass der Schuldner es ohnehin i.d.R. hinnehmen muss, wenn ein Dritter die Leistung für ihn bewirkt, § 267.

Beispiel: Rockstar S beschädigt den PKW des G. Sein Manager N will den S aus allem raushalten und vereinbart daher mit G, dass er anstelle des S für den Schaden aufkommen werde. N verpflichtet sich gegenüber G zur Schuldübernahme und vereinbart diese zugleich mit ihm nach § 414.

b) Genehmigter Vertrag zwischen altem und neuem Schuldner, §§ 415, 416

436

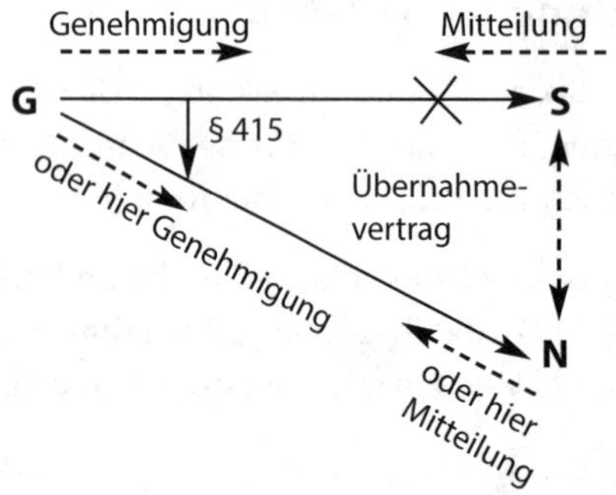

Der alte und der neue Schuldner schließen einen Übernahmevertrag. Nach h.M. ist dieser eine inhaltsändernde Verfügung über die Forderung des Gläubigers durch Nichtberechtigte, die von dem Gläubiger nach §§ 415 Abs. 1,185 Abs. 2 S. 1 Var. 1, 184, 182 genehmigt werden muss. Der alte oder der neue Schuldner teilt dem Gläubiger die Schuldübernahme mit, dieser genehmigt. Entgegen dem Wortlaut des § 415 kann der Gläubiger allerdings auch vor Vereinbarung der Schuldübernahme einwilligen (§§ 185 Abs. 1, 183, 182), die Verfügung erfolgt dann durch die Berechtigten.

Beispiel: S hat bei G ein Darlehen aufgenommen, um einen Pkw zu kaufen. Vor vollständiger Rückzahlung veräußert S den Pkw an N. S und N halten im Kaufvertrag mit Zustimmung des G fest, dass sich der Kaufpreis um 2.000 € reduziert und dafür nicht mehr S, sondern nur noch N fortan an G zahlen muss. Die Vertragsurkunde enthält die Verpflichtung des N zur Schuldübernahme als atypische Teilgegenleistung neben der Zahlungspflicht aus § 433 Abs. 2 Var. 1 sowie die verfügende, den S befreiende Schuldübernahme nach § 415.

437 **Bis zur Genehmigung** durch den Gläubiger ist die Schuldübernahme gemäß § 415 Abs. 2 S. 1 **schwebend unwirksam**. Der Schwebezustand kann durch **Aufforderung** des Gläubigers **zur Genehmigung** nach Maßgabe des § 415 Abs. 2 S. 2 beendet werden. Der neue Schuldner ist gemäß § 415 Abs. 3 S. 1 u. 2 im Zweifel dem alten Schuldner ge-

---

737 Palandt/Grüneberg § 414 Rn. 1; näher zum Schuldbeitritt Rn. 445 ff.

738 Palandt/Grüneberg Überbl v § 414 Rn. 1.

genüber zur Befriedigung des Gläubigers verpflichtet, solange die Genehmigung nicht erteilt ist und sobald sie verweigert wird. Es kommt also zur **Erfüllungsübernahme**.[739]

§ 416 modifiziert § 415, soweit der **Erwerber eines Grundstücks** (i.d.R. bei Reduzierung des Kaufpreises) eine **Schuld des Veräußerers** übernimmt, welche ihrerseits **mit einer Hypothek** (oder analog: **Grundschuld**)[740] **an dem Grundstück** abgesichert ist. 438

- Mit Eigentumserwerb wird der Erwerber, wie stets bei dinglichen Sicherheiten, **(dinglicher) Schuldner** des Anspruchs aus der Hypothek bzw. Grundschuld.
- Für die Übernahme der **persönlichen Schuld** (z.B. aus § 488 Abs. 1 S. 2) bestimmt § 416 Abs. 1 S. 2 die **Fiktion der Genehmigung** des Gläubigers nach § 415 Abs. 1 sechs Monate nach Mitteilung der Schuldübernahme durch den Veräußerer. Grund ist, dass der Gläubiger ohnehin aus der Hypothek vorgehen kann und daher hinsichtlich der persönlichen Schuld weniger schutzwürdig ist.[741]

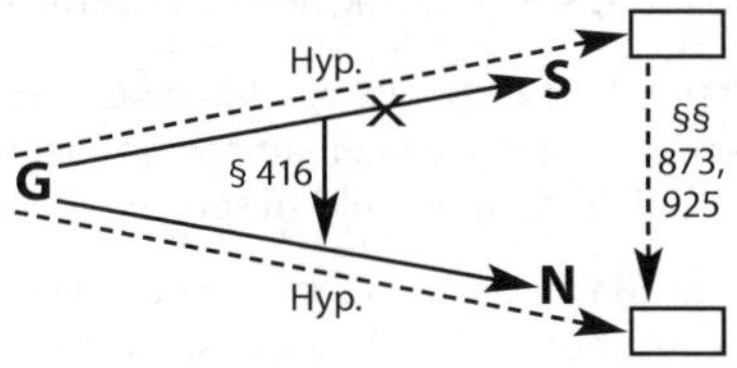

Beispiel: S nimmt bei G ein Darlehen auf und gewährt zur Sicherheit eine Hypothek. Später verkauft und übereignet S das Grundstück an N. N und S vereinbaren, dass N die Schuld des S gegenüber G übernimmt und dafür einen geringeren Kaufpreis schuldet. S teilt G die Übernahme mit. G schweigt.

G kann von N aus der Hypothek gemäß §§ 1192 Abs. 1, 1147 Duldung der Zwangsvollstreckung verlangen. G kann aufgrund der als genehmigt geltenden Übernahme gemäß § 488 Abs. 1 S. 2 Rückzahlung des Darlehens nur noch von N, aber nicht mehr von S verlangen.

2. Rechtsfolgen

Mit Einigung (§ 414) oder Übernahmevertrag und Genehmigung (§ 415 bzw. § 416) tritt der **Schuldnerwechsel** ein. Der bisherige Schuldner wird von seiner Leistungsverpflichtung befreit. Stattdessen ist der Übernehmer gegenüber dem Gläubiger zur Erfüllung verpflichtet. **Zeitpunkt** des Wechsels ist stets der **des Übernahmevertrags**, denn die Genehmigung im Falle der §§ 415, 416 hat gemäß § 184 Abs. 1 Rückwirkung. 439

Inhalt und **Leistungsmodalitäten** (Leistungsort und -zeit) verändern sich nicht. Ob **Nebenverpflichtungen** (Zins- und Schadenersatzansprüche) erfasst sind, muss im Einzelfall ausgelegt werden.[742]

Es kommt zu einer **Aufspaltung des Schuldverhältnisses** im weiteren Sinne, aus welchem die übernommene Schuld stammt: Der Gläubiger kann vom Übernehmer (nur) die Erfüllung der übernommenen Leistungsverpflichtung(en) verlangen. Im Übrigen bleibt ihm sein Vertragspartner, also der alte Schuldner berechtigt und verpflichtet. 440

Das Schicksal von **Sicherheiten** für die Forderung ist in **§ 418 Abs. 1** geregelt. Er soll den Sicherungsgeber davor schützen, dass die Bonität des (ausgewechselten) Schuldners sinkt und so das Risiko der Inanspruchnahme der Sicherheit steigt. Relevanz hat die Norm also, wenn **alter Schuldner und Sicherungsgeber personenverschieden** sind. 441

739 Näher zur Erfüllungsübernahme Rn. 453.

740 Palandt/Grüneberg § 416 Rn. 3.

741 Brox/Walker § 35 Rn. 14.

742 Palandt/Grüneberg § 417 Rn. 1.

- § 418 Abs. 1 **erfasst** nach seinem Wortlaut Bürgschaften, Pfandrechte und Hypotheken. Er ist analog auf Grundschulden, Sicherungsabtretungen und -übereignungen sowie Vormerkungen anzuwenden, denn in diesen Fällen sind die Sicherungsgeber nicht weniger schutzwürdig. Er gilt jedoch nur für „bestellte", also **vertragliche Sicherheiten**. Auf gesetzliche Sicherheiten (z.B. die gesetzlichen Pfandrechte nach §§ 562, 647) ist die Vorschrift weder unmittelbar noch analog anwendbar.[743]

- Gemäß § 418 Abs. 1 S. 1 **erlöschen** die Sicherheiten des Gläubigers grundsätzlich ersatzlos. Für die **Hypothek** tritt hingegen das gleiche wie bei einem Verzicht ein (§§ 418 Abs. 1 S. 2, 1168 Abs. 1), sie wandelt sich also von einer Hypothek des Gläubigers zu einer **Eigentümergrundschuld** des Eigentümers des Grundstücks als Sicherungsgeber (§ 1177 Abs. 1 S. 1). Auch die Hypothek steht also nicht mehr dem Gläubiger zu, aber die Eigentümergrundschuld wahrt den Rang für den Eigentümer.[744]

- **Willigt der Sicherungsgeber** in die Schuldübernahme **ein**, dann ist er nicht mehr schutzwürdig. Die Sicherheiten **bleiben** daher gemäß § 418 Abs. 1 S. 3 **bestehen**. Die Einwilligung kann gemäß §§ 183, 182 Abs. 2 formlos und sogar konkludent erfolgen.

  Beispiel:[745] A, B und E sind Gesellschaften, deren Geschäftsführer jeweils X ist. A schuldet G Geld. Der Anspruch ist mit einer Grundschuld am Grundstück der E gesichert. X vereinbart namens der B mit G die Übernahme der Schuld der A, ohne über das Schicksal der Grundschuld zu sprechen.

  Eine Auslegung (§§ 133, 157) ergibt, das X konkludent namens E in die Schuldübernahme eingewilligt hat, sodass gemäß § 418 Abs. 1 S. 3 analog die Grundschuld bestehen geblieben ist. Da X sich nicht anderweitig geäußert hat, durfte ein objektiver Empfänger davon ausgehen, dass X nicht namens E die Wirkung der Schuldübernahme beschränkt, die er selbst zuvor namens B eingeleitet hat.

  Bei Grundschuld und Hypothek muss der **wahre Eigentümer i.S.d. § 903** die Einwilligung erklären (§ 418 Abs. 1 S. 3: „gehört"), nicht der künftige oder nur sog. „wirtschaftliche Eigentümer".[746]

3. Einwendungen und Einreden

442 Ob dem Übernehmer eine Einwendung i.w.S. gegen den Gläubiger zusteht, bestimmt sich maßgeblich nach ihrer Herkunft.

- Der Übernehmer kann dem Gläubiger gemäß § 417 Abs. 1 S. 1 alle **Einwendungen** i.w.S. entgegenhalten, **die dem alten Schuldner zustanden**.

  Beispiele: Unwirksame Begründung der Schuld, Erfüllung, Stundung.

- Hinsichtlich **eigener Einwendungen des Übernehmers** ist zu differenzieren.
  - Nach § 417 Abs. 2 kann der Übernehmer dem Gläubiger keine Einwendungen entgegenhalten, die sich aus dem **Verpflichtungsgeschäft zwischen Schuldner und Übernehmer** nach § 415 ergeben.

    Ist das Verpflichtungsgeschäft zwischen altem Schuldner und Übernehmer unwirksam, fehlt es an einem **Rechtsgrund** für die Schuldübernahme. Der Übernehmer kann dann vom Schuldner nach den Regeln der **GoA** oder des **Bereicherungsrechts** Ausgleich verlangen.

---

743 Palandt/Grüneberg § 418 Rn. 1; BGH RÜ 2015, 630 (Grundschuld); offengelassen von BGH RÜ 2014, 349 (Vormerkung).

744 Vgl. zum Rang und seiner Wahrung durch die Eigentümergrundschuld AS-Skript Sachenrecht 2 (2018), Rn. 250 ff. u. 125.

745 Nach BGH RÜ 2015, 630. Im Originalfall war anstatt einer Schuldübernahme eine Vertragsübernahme vereinbart – zur analogen Anwendung des § 418 auf die Vertragsübernahme Rn. 455.

746 BGH NJW 2017, 2995.

- Wurde das **Verpflichtungsgeschäft zwischen Gläubiger und Übernehmer** nach § 414 vereinbart, so begründen seine Mängel die Bereicherungseinrede des § 821.[747] § 417 regelt diesen Fall nach seinem eindeutigen Wortlaut nicht.
- Auf Einwendungen aus dem **Übernahmevertrag, also dem Verfügungsgeschäft**, kann sich der Übernehmer – als Partei der Übernahme natürlich – berufen.

4. Gestaltungsrechte

Eigene Gestaltungsrechte hinsichtlich des Übernahmevertrags (und der Genehmigung nach § 415) kann ohne Besonderheiten der jeweilige Inhaber des Gestaltungsrechts geltend machen. Zu differenzieren ist aber bei einer **Anfechtung** nach § 123 Abs. 1 Var. 1 wegen einer **arglistigen Täuschung durch den alten Schuldner** hinsichtlich der Frage, ob der alte Schuldner „Dritter" i.S.d. 123 Abs. 2 S. 1 ist.[748] 443

- Erfolgte die Schuldübernahme **nach § 414** zwischen Gläubiger und Übernehmer, ist der **alte Schuldner Dritter**. Der Übernehmer kann den Übernahmevertrag nur anfechten, wenn der Gläubiger die Täuschung kannte oder kennen musste.
- Erfolgte die Schuldübernahme **nach § 415** zwischen altem Schuldner und Übernehmer und Zustimmung des Gläubigers, so ist der **alte Schuldner nicht Dritter, sondern Vertragspartei**. Der Übernehmer kann den Übernahmevertrag auch anfechten, wenn der Gläubiger die Täuschung weder kannte noch kennen musste. Für eine analoge Anwendung des § 123 Abs. 2 S. 1 wird zwar angeführt, dass der Gläubiger im Fall des § 415 nicht schlechter stehen solle als in dem des § 414. Die h.M. lehnt dies gleichwohl ab. Der Gläubiger sei nicht stärker zu schützen als vom Wortlaut des § 123 Abs. 2 S. 1 vorgesehen, denn bei wirksamer Anfechtung der Übernahme habe er nach wie vor seinen ursprünglichen, von ihm selbst ausgewählten Schuldner.

Da der **Übernehmer** nur die Leistungspflicht übernimmt, nicht aber in das Schuldverhältnis als Ganzes eintritt, kann er grundsätzlich **nicht** die **Gestaltungsrechte des alten Schuldners gegenüber dem Gläubiger** geltend machen. Für die Aufrechnung mit einer Forderung des alten Schuldners ist das ausdrücklich in § 417 Abs. 1 S. 2 bestimmt. Die **Einrede der Gestaltbarkeit**, wie sie der Bürge und der Eigentümer des mit einer Hypothek belasteten Grundstücks hat (§§ 1137 Abs. 1 S. 1, 770), besteht ebenfalls **nicht**. 444

Mit einer **eigenen Forderung** kann der Übernehmer hingegen nach Maßgabe des § 387 gegenüber dem Gläubiger **aufrechnen**. Ferner kann er solche Gestaltungsrechte ausüben, die **ausschließlich die Forderung gestalten**, nicht aber das Schuldverhältnis im Übrigen, wie das Wahlrecht nach § 262.[749]

---

747 Palandt/Grüneberg § 417 Rn. 4; vgl. zu § 821 AS-Skript Schuldrecht BT 3 (2017), Rn. 192.

748 Vgl. zum Begriff des Dritten AS-Skript BGB AT 2 (2017), Rn. 230 f; vgl. zum Folgenden Palandt/Grüneberg § 417 Rn. 3 und MünchKomm/Armbrüster § 123 Rn. 75, jeweils m.w.N. zu beiden Ansichten.

749 Palandt/Grüneberg § 417 Rn. 2.

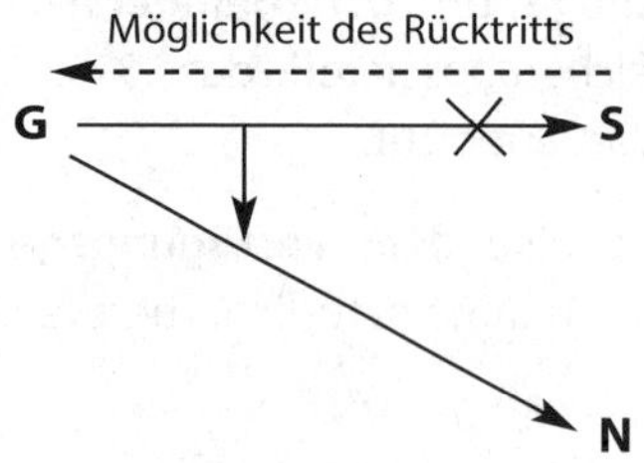

S schuldet G aus Kaufvertrag 12.000 €. N übernimmt die Kaufpreisschuld. Da G dem S eine mangelhafte Sache geliefert hatte, könnte S gemäß §§ 437 Nr. 2, 323 nach Fristsetzung zurücktreten. Er erklärt aber den Rücktritt nicht.

Der Rücktritt gestaltet den gesamten Kaufvertrag und steht daher nur S zu. N ist daher zur Leistung verpflichtet, solange S dem G gegenüber nicht den Rücktritt erklärt. Allerdings kann S aus dem zwischen ihm und N bestehenden Rechtsverhältnis gegenüber N verpflichtet sein, den Rücktritt zu erklären.

II. Schuldbeitritt/kumulative Schuldübernahme

445 Der Schuldbeitritt ist im Gesetz nicht geregelt, aber aufgrund der Vertragsfreiheit (§ 311 Abs. 1) zulässig. Der **neue Schuldner tritt neben den alten Schuldner**. Beide Schuldner haften dem Gläubiger nebeneinander als **Gesamtschuldner** i.S.d. §§ 421 ff.[750]

1. Abgrenzung: Schuldbeitritt, Bürgschaft oder eigene Schuld

446 Durch den Schuldbeitritt haftet dem Gläubiger eine weitere Person. Wirtschaftlich ähnelt der Schuldbeitritt damit der **Bürgschaft** (§ 765).[751] Es bestehen aber Unterschiede:

- Eine Bürgschaftserklärung bedarf grundsätzlich der **Schriftform** (§ 766, Ausnahme: § 350 HGB), während der Schuldbeitritt grundsätzlich formlos erfolgen kann.[752]
- Der Bürge haftet **rein akzessorisch** zur Hauptforderung (§ 767 Abs. 1 S. 1). Der Schuldbeitritt ist hingegen nur in seiner Entstehung akzessorisch.[753]
- Der Bürge haftet **nachrangig**, während der Beitretende mit dem alten Schuldner gleichrangig als Gesamtschuldner haftet.

Ob der Parteiwille auf eine Bürgschaft oder einen Schuldbeitritt abzielt, ist durch **Auslegung** (§§ 133, 157) zu ermitteln. **Im Zweifel** liegt eine **Bürgschaft** vor, da sie den neuen Schuldner aus den genannten Gründen besser schützt. Wichtigstes Indiz für den Schuldbeitritt ist aber ein **eigenes wirtschaftliches Interesse** des neuen Schuldners an der Erfüllung der Forderung.[754]

Beispiel: E hat ein durch Grundschuld gesichertes Darlehen zur Finanzierung des gemeinsam mit F bewohnten Hauses aufgenommen. Außerdem betreibt E ein Unternehmen, für das er einen Kredit aufnimmt. Als E in Zahlungsschwierigkeiten gerät, erklärt F, für die Schulden des E einzustehen.

F hat ein eigenes wirtschaftliches Interesse an der Tilgung des Immobiliendarlehens, da anderenfalls aus der Grundschuld in ihre Wohnräume vollstreckt werden würde. Es liegt insofern ein Schuldbeitritt vor. An der Tilgung des Unternehmenskredits hat F hingegen allenfalls ein mittelbares Interesse. Daher greift insofern der Zweifelssatz, es liegt eine Bürgschaft vor.

447 Treten zwei Personen „als Darlehensnehmer" auf, kann es sich um eine bloße **sichernde Mithaftung** einer Person, also um einen Schuldbeitritt, handeln. Es kann aber auch eine

---

750 Näher zur Gesamtschuld Rn. 474 ff.

751 Ausführlich zur Bürgschaft AS-Skript Schuldrecht BT 2 (2018), Rn. 347 ff.; vgl. auch a.a.O. Rn. 350 ff. zur Abgrenzung.

752 Näher zur Form des Schuldbeitritts Rn. 451.

753 Näher zur begrenzten Akzessorietät des Schuldbeitritts Rn. 452.

754 BGH NJW 1986, 580; Palandt/Grüneberg Überbl v § 414 Rn. 4.

gleichberechtigte Vertragspartnerschaft, die für beide Personen jeweils eine eigene originäre Schuld begründet, gewollt sein. Maßgeblich ist neben dem Wortlaut der Vereinbarung, ob der „Mitdarlehensnehmer" im Wesentlichen gleichberechtigt über die Auszahlung bzw. Verwendung der Darlehensvaluta mitentscheiden darf.[755]

Beispiel:[756] K und seine Lebensgefährtin L unterzeichnen gemeinsam als „Darlehensnehmer" einen Vertrag, durch den die von K allein erworbene Eigentumswohnung finanziert werden soll.

Trotz der Bezeichnung liegt nur eine Mithaftung der L aus Schuldbeitritt vor. L hat allenfalls mittelbare Vorteile aus dem Darlehen und kann über die Darlehensvaluta faktisch nicht verfügen.

Im Zweifel liegt eine **Mithaftung aus Schuldbeitritt** vor, da sie den Haftenden besser schützt. Zwar liegt in beiden Fällen eine Gesamtschuld vor – beim Schuldbeitritt kraft Vereinbarung (§ 311 Abs. 1) und beim gemeinsamen Vertrag gemäß § 427. Jedoch kann nur der Schuldbeitritt, nicht aber der gemeinsame Vertrag wegen krasser finanzieller Überforderung gemäß § 138 Abs. 1 – dazu sogleich – nichtig sein.

2. Voraussetzungen

Ein Schuldbeitritt kann – wie die Schuldübernahme – auf zwei Wegen entstehen: **448**

- **Beitretender und Gläubiger** einigen sich (**§ 414 analog**).
- **Beitretender und bisheriger Schuldner** einigen sich. Einer Genehmigung des Gläubigers nach § 415 Abs. 1 bedarf es nicht, denn er erhält einen weiteren Schuldner, sodass seine Position sich verbessert. Vielmehr sind die **§§ 328 ff.** einschlägig, die Einigung ist ein **Vertrag zugunsten des Gläubigers**.

Die **Annahmeerklärung** des Gläubigers muss dem Beitretenden gemäß § 151 S. 1 Var. 1 **nicht zugehen**.[757] Nach der Verkehrssitte ist der Zugang bei für den Empfänger vorteilhaften Geschäften entbehrlich.

Der Gläubiger braucht den Beitretenden grundsätzlich **nicht** über das ihn betreffende Risiko **aufzuklären**. Der Gläubiger darf ohne gegenläufige Anzeichen davon ausgehen, dass der Beitretende die rechtliche Tragweite des Beitritts und das von ihm übernommene wirtschaftliche Risiko kennt. Verletzt allerdings der Gläubiger eine im Einzelfall bestehende Aufklärungspflicht, dann kann ein **Anfechtungsrecht** nach § 119 Abs. 1 oder § 123 Abs. 1 bestehen. Zudem kann der Beitretende aus **§§ 280 Abs. 1, 311 Abs. 2, 241 Abs. 2** einen Anspruch auf Aufhebung des Beitrittsvertrags haben.[758] **449**

Ferner kann ein Schuldbeitritt – wie eine Bürgschaft – gemäß **§ 138 Abs. 1** wegen **krasser finanzieller Überforderung des Beitretenden** nichtig sein.[759] **450**

Das setzt voraus, dass der Beitretende nicht einmal die **laufende Zinslast** schultern kann. Ferner müssen **weitere Umstände** hinzukommen, wie etwa eine Überrumpelung, eine Bagatellisierung oder ein besonderes Näheverhältnis zwischen altem Schuldner und Beitretendem. Ferner dürfen der Sittenwid-

755 BGH RÜ 2009, 545, Rn. 14.
756 Nach BGH RÜ 2009, 545.
757 BGH NJW-RR 2004, 1683.
758 BGH, WM 1996, 475.
759 BGH RÜ 2009, 545.

rigkeit weder eigene (insbesondere finanzielle) **Interessen des Beitretenden** noch **Interessen des Gläubigers** (z.B. die Verhinderung von Vermögensverlagerungen) entgegenstehen.[760]

451 Die **Formvorschrift des § 766** für die Bürgschaft ist auf den Schuldbeitritt weder direkt noch analog anzuwenden. Der Bürge ist schutzwürdiger, denn er handelt gänzlich altruistisch, während der Beitretende ein gewisses Eigeninteresse an seiner gleichstufigen Haftung hat – sonst wäre er Bürge geworden.

Im Übrigen gilt, dass solche **Formvorschriften** zu beachten sind, die **mit Rücksicht auf denjenigen Anspruch** aus dem Hauptvertrag aufgestellt sind, **zu welchem der Schuldbeitritt erfolgt.**

Beispielsweise sind die §§ 492 ff. analog auf den **Schuldbeitritt eines Verbrauchers zu einem Darlehensvertrag** anzuwenden, unabhängig davon, ob der Darlehensvertrag selbst auch von einem Verbraucher abgeschlossen wurde.[761] Auch der **Schuldbeitritt zu einer anwaltlichen Vergütungsvereinbarung** ist analog §§ 3a, 4b RVG formbedürftig.[762]

3. Rechtsfolge

452 Der Beitretende haftet gegenüber dem Gläubiger neben dem alten Schuldner als **Gesamtschuldner**. Es gilt **Entstehungsakzessorietät**, d.h. die Verpflichtung des Beitretenden richtet sich nach der Beschaffenheit der Schuld **im Zeitpunkt des Beitritts**. Analog § 417 Abs. 1 kann der Beitretende dem Gläubiger **alle Einwendungen** des bisherigen Schuldners entgegenhalten, die im Zeitpunkt des Beitritts begründet waren.

Hingegen besteht nur **eingeschränkte Entwicklungsakzessorietät**. **Grundsätzlich** wirken sich gemäß § 425 **nach dem Schuldbeitritt** für einen Schuldner eintretende Tatsachen **nicht** auf die Haftung des anderen Schuldners. Die in **§§ 422 bis 424** genannten Tatsachen haben hingegen Auswirkungen auf die andere Schuld.[763]

B. Erfüllungsübernahme

453 Eine Erfüllungsübernahme ist die vertragliche **Verpflichtung eines Dritten gegenüber dem Schuldner**, dessen Gläubiger zu befriedigen. Sie ist gemäß § 311 Abs.1 zulässig (vgl. auch § 267). Der **alte Schuldner bleibt (alleiniger) Schuldner** des Gläubigers. Dem Gläubiger steht kein Anspruch gegen den Dritten zu (vgl. die Auslegungsregel des § 329),[764] nur der Schuldner kann vom Dritten Leistung an den Gläubiger verlangen.

*Ein **gesetzlich geregelter Fall** liegt bei einer **Schuldübernahme** nach § 415 vor, solange der Gläubiger nicht genehmigt und sobald er die Genehmigung verweigert, § 415 Abs. 3.*[765]

760 Ausführlich hierzu bei der Darstellung der Bürgschaft in AS-Skript Schuldrecht BT 2 (2018), Rn. 368 ff.
761 Ausführlich hierzu bei der Darstellung des Darlehens in AS-Skript Schuldrecht BT 2 (2018), Rn. 24 u. 353.
762 BGH MDR 2016, 915.
763 Näher zur Einzel- und Gesamtwirkung nach §§ 422-425 Rn. 487.
764 Vgl. zu § 329 Rn. 280.
765 Palandt/Grüneberg § 415 Rn. 9; vgl. Rn. 437.

C. Vertragsübernahme

Die Vertragsübernahme ist der vollständige **Austausch einer Vertragspartei**. Sie geht weiter als die Abtretung bzw. die Schuldübernahme, bei welchen nur der Gläubiger bzw. Schuldner einer einzelnen Forderung ausgetauscht wird. Eine wirksame Vertragsübernahme führt dazu, dass die neue Partei ab Eintritt in das Schuldverhältnis **alle Rechte und Pflichten der ausscheidenden Partei übernimmt**. 454

Für **Sicherungsrechte** gilt: 455

- Akzessorische Sicherungsrechte zur **Absicherung des ausscheidenden Gläubigers** gehen nach **§ 401 analog** erst recht auf die neue Partei über, da die Vertragsübernahme über eine singulär wirkende Abtretung sogar hinausgeht.[766]

  Beispiel: Vermieter V vermietet eine Wohnung an Student S. B, der Vater des S, verbürgt sich für die Mietforderungen gegen seinen Sohn. V will sich zur Ruhe setzen und den Vertrag auf seine Tochter T übertragen. T erwirbt bei wirksamer Vertragsübernahme auch die Rechte aus der Bürgschaft von B, § 401 analog. B muss auch T gegenüber für die Mietschulden des S einstehen.

- Für Sicherungsrechte, die eine **Schuld des ausscheidenden Schuldners** absichern, gilt § 418 Abs. 1 analog, d.h. ohne Zustimmung des Sicherungsgebers erlöschen sie (§ 418 Abs. 1 S. 1) bzw. Hypotheken werden zur Eigentümergrundschuld (§ 418 Abs. 1 S. 2).[767] Der Sicherungsgeber ist erst recht schutzwürdig, wenn der Schuldner nicht nur hinsichtlich der gesicherten Forderung, sondern hinsichtlich des kompletten Vertrags ausgetauscht wird.

  Im obigen **Beispiel** soll nach Ende seines Studiums statt des S dessen Freund F in der Wohnung wohnen. Wird der Mietvertrag durch eine Vereinbarung zwischen V, S und F auf F übertragen, so erlischt die Bürgschaft, wenn B dieser nicht zustimmt, § 418 Abs. 1 S. 1 u. 3 analog.

I. Rechtsgeschäftliche Vertragsübernahme

Die rechtsgeschäftliche Vertragsübernahme ist eine nach § 311 Abs. 1 zulässige **Verfügung über das Schuldverhältnis im Ganzen**.[768] Sie kann stattfinden: 456

- im Wege eines **dreiseitigen Vertrags** zwischen der ausscheidenden, der übernehmenden und der verbleibenden Partei oder

- durch **Vertrag zwischen ursprünglicher und neuer Partei**, wenn der verbleibende Teil **zustimmt**.[769] Ohne Zustimmung bleibt der Ausscheidungswillige Vertragspartei. Der Übernehmer ist dann aber im Zweifel entsprechend § 415 Abs. 3 S. 2 gegenüber dem Ausscheidungswilligen verpflichtet, dessen Leistungspflichten gegenüber dem Gläubiger zu erfüllen. Die **mangels Zustimmung** gescheiterte Vertragsübernahme wirkt also **wie eine Erfüllungsübernahme**.[770]

  Der **Übernehmende ist** für den Ausscheidenden **Dritter i.S.d. § 123 Abs. 2 S. 1**. Beruht die **Zustimmung** des Verbleibenden daher auf einer **Täuschung durch den Übernehmenden**, so kann der

---

766 BGH NJW 1985, 2528; vgl. zu § 401 Rn. 393.

767 BGH RÜ 2015, 630; vgl. zu § 418 Rn. 441.

768 BGH NJW-RR 2005, 958.

769 BGH NJW 2013, 1083, Rn. 19.

770 BGH RÜ 2012, 297.

Verbleibende gegenüber dem Ausscheidenden nur nach § 123 Abs. 1 Var. 1 anfechten, soweit der Ausscheidende die Täuschung kannte oder i.S.d. § 122 Abs. 2 kennen musste.[771]

II. Gesetzliche Vertragsübernahme

457 Das Gesetz sieht bei bestimmten Erwerbstatbeständen den **Eintritt des Erwerbers** in Schuldverhältnisse vor, die **in Bezug auf den erworbenen Gegenstand** bestehen.

- Gemäß **§ 566** kommt zwischen dem Erwerber vermieteten Wohnraums und dem Mieter ein Mietvertrag mit dem Inhalt des bisher bestehenden Vertrags zustande („**Veräußerung bricht nicht Miete**").[772]

  Die Vorschrift gilt gemäß § 578 Abs. 1 u. 2 auch für Mietverhältnisse über **Grundstücke** und **andere Räume** sowie gemäß § 581 Abs. 2 für **Pachtverträge**. Im Unterschied zur vertraglichen Vertragsübernahme bleibt gemäß § 566 Abs. 2 die **Haftung des bisherigen Vermieters** – wenn auch in beschränkter Form – bestehen. Es existiert also weiterhin ein Schuldverhältnis zwischen Mieter und bisherigem Vermieter. Gemäß § 566 a gehen die **Mietsicherheiten** auf den Erwerber über.

- Nach Maßgabe des **§ 613 a** tritt beim **Betriebsübergang** der Erwerber statt des bisherigen Betriebsinhabers in die bestehenden Arbeitsverhältnisse ein.[773]

771 BGH RÜ 1998, 137.

772 Ausführlicher AS-Skript Schuldrecht BT 2 (2018), Rn. 140.

773 Ausführlich zum Betriebsübergang AS-Skript Arbeitsrecht (2016), Rn. 615 ff.

Privative (befreiende) Schuldübernahme, §§ 414 ff. 458

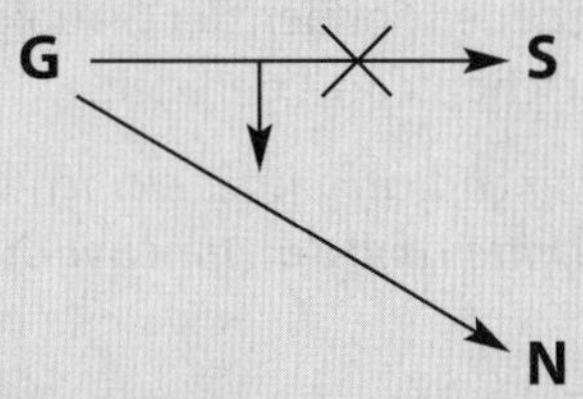

Anspruchsgrundlage

Anspruchsgrundlage des Gläubigers gegen den Schuldner i.V.m. § 414 bzw. § 415

Voraussetzungen

Einigung über vollständige Entlassung des ursprünglichen Schuldners **zwischen Gläubiger und Drittem**, § 414

oder

Einigung zwischen **Schuldner und Drittem** bei **Genehmigung des Gläubigers**, § 415 (Sonderfall Hypothek/Grundschuld: § 416 [analog])

Rechtsfolgen

- **Dritter wird (alleiniger) Schuldner**. Gläubiger hat Anspruch gegen Dritten. Alter Schuldner wird von Leistungspflicht frei.
  Anders **Erfüllungsübernahme:** nur Schuldner hat gegen Dritten Anspruch auf Leistung an den Gläubiger.
- **Einwendungen des alten Schuldners** bleiben bestehen, § 417 Abs. 1.
- **Einwendungen des Übernehmers**
  - aus Verpflichtungsvertrag Schuldner-Übernehmer (§ 415) greifen nicht (§ 417 Abs. 2);
  - aus Verpflichtungsvertrag Gläubiger-Übernehmer (§ 414) greifen über § 821;
  - aus verfügender Übernahme als solcher greifen.
- **Sicherungsrechte** erlöschen bzw. Hypothek wird zur Eigentümergrundschuld, wenn keine Zustimmung des Sicherungsgebers, § 418 Abs. 1 (analog auf abstrakte Sicherungsrechte).
- Im Übrigen **besteht Schuldverhältnis** (im weiteren Sinne) zwischen Gläubiger und Schuldner **fort**, d.h.: Nur Schuldner kann das Schuldverhältnis gestalten.
  Anders **Vertragsübernahme:** Schuldner wird vollständig ausgewechselt.

5. Teil: Mehrheit von Gläubigern und Schuldnern

459 Sowohl auf der **Gläubigerseite** als auch auf der **Schuldnerseite** können **mehrere Personen** beteiligt sein. Die verschiedenen Formen der Gläubiger- und Schuldnermehrheit sind in den §§ 420–432 – nicht erschöpfend – geregelt.

*Für das Verständnis aller Personenmehrheiten ist es elementar, zwischen dem **Außenverhältnis** der Personenmehrheit zu Dritten und dem **Innenverhältnis** der Personen untereinander zu unterscheiden.*

1. Abschnitt: Gläubigermehrheiten

460

Mehrere Gläubiger

Teilbare Leistung	Unteilbare Leistung oder spezielle Regelung	
Teilgläubigerschaft, § 420 Var. 2	**Gesamtgläubigerschaft, § 428**	**Gemeinschaftliche Gläubigerschaft, § 432**
▪ Rechtliche und faktische Teilbarkeit der Leistung ▪ Jeder Gläubiger darf nun seinen Anteil fordern. ▪ Kein Innenausgleich erforderlich	▪ Jeder Gläubiger kann die Leistung voll verlangen und an jeden Gläubiger kann die ganze Leistung erbracht werden. ▪ Innenausgleich nach § 430	▪ Keine durch Vertrag oder Gesetz begründete Gesamtgläubigerschaft ▪ Jeder Gläubiger kann die Leistung fordern, aber der Schuldner darf nur an alle gemeinsam leisten.

A. Teilgläubigerschaft, § 420 Var. 2

461 Steht mehreren Gläubigern eine teilbare Leistung zu, hat gemäß § 420 Var. 2 jeder Gläubiger im Zweifel ein **selbstständiges Forderungsrecht in Höhe seines Anteils**.

Beispiel: Schuldet der Schuldner mehreren Teilgläubigern eine Torte, so kann jeder nur ein eigenes Tortenstück verlangen.

462 Eine Teilgläubigerschaft ist trotz dieser Zweifelsregelung selten, da **„teilbare Leistung" restriktiv ausgelegt** wird.[774]

Das gebietet der **Schuldnerschutz**, denn (nur) bei der Teilgläubigerschaft muss der Schuldner bei seiner Leistung darauf achten, jedem Gläubiger nur den Anteil auszuhändigen, der ihm im Innenverhältnis der Gläubiger zusteht. Kennt der Schuldner die Verteilungsquote ohne Fahrlässigkeit nicht, so kann er dieses Verteilungsrisiko allerdings beseitigen, indem er gemäß § 372 S. 2 Var. 2 **hinterlegt**.[775]

- Eine Leistung ist **faktisch unteilbar,** wenn sie nicht ohne Wertminderung oder Benachteiligung des Leistungszwecks in Teilleistungen zerlegt werden kann.

  Beispiel: Anspruch auf Übereignung eines Fahrrads, eines Luftballons, eines Elefanten usw.

774 Palandt/Grüneberg Überbl v § 420 Rn. 1.

775 Staudinger/Looschelders Vorbem. zu §§ 420–432 Rn. 82; zur Hinterlegung nach §§ 372 ff. Rn. 22 ff.

- Auch eine faktisch teilbare Leistung ist **rechtlich unteilbar**, wenn nur alle Gläubiger **gemeinsam empfangszuständig** sind.[776] Das ist der Fall bei
  - **Berechtigung nach Bruchteilen** (§ 744), insb. von **Miteigentümern** (§ 1008) und
  - **Gesamthandsgemeinschaften** (Berechtigung zur gesamten Hand), namentlich
    - **Miterben** hinsichtlich Nachlassforderungen, § 2039 S. 1, sowie
    - **Ehegatten in Gütergemeinschaft** hinsichtlich des Gesamtguts, § 1421.[777]

  Die **GbR** ist auch eine Gesamthandsgemeinschaft. Nach gefestigter h.M. ist sie aber in weiten Bereichen Rechtssubjekt.[778] Dann ist nur die GbR selbst Anspruchsinhaber, nicht aber ihre Gesellschafter. Es besteht daher insofern **keinerlei Gläubigermehrheit**.

Beispiel für eine teilbare Leistung:[779] Die Nachbarn N und M brauchen Heizöl. Da Lieferant L ab 3.000 Litern Rabatt gewährt, bestellen N und M gemeinsam, erklären aber schon bei der Bestellung, 1.500 Liter sollten in den Tank des N und 2.000 Liter in den Tank des M gefüllt werden.

Die Heizöllieferung ist faktisch ohne Weiteres teilbar. Zwischen N und M besteht auch kein Schuldverhältnis, aus dem sich eine gemeinsame Empfangszuständigkeit für die Gesamtleistung ergibt. Insbesondere wollten N und M nicht eine später im Innenverhältnis aufzulösende Bruchteilsgemeinschaft oder gar GbR gründen. Sie wollten im Gegenteil möglichst wenig eigenen Verwaltungsaufwand. Ihre Kooperation sollte bereits mit Abschluss des günstigen Kaufvertrags wieder enden. N und M sind daher Teilgläubiger. Jeder kann von L nur die ihm zustehende Teilmenge verlangen.

Bei einer Teilgläubigerschaft ist die **Rechtsstellung des einzelnen Gläubigers im Außenverhältnis grundsätzlich unabhängig** von der des anderen Teilgläubigers, sodass grundsätzlich jeder Teilgläubiger vom Schuldner nur bezüglich seines Teils Erfüllung verlangen und auch Sekundäransprüche geltend machen kann. Ein späterer **Innenausgleich** zwischen den Teilgläubigern ist dementsprechend nicht erforderlich. 463

Ausnahmsweise hängen die Teilforderungen im Außenverhältnis **zusammen**.

- Nach § 320 Abs. 1 S. 2 hat der Schuldner ein **Zurückbehaltungsrecht** gegenüber jedem Teilgläubiger, bis die gesamte Gegenleistung an ihn bewirkt ist.
- Ein **Rücktrittsrecht** kann nach § 351 S. 1 nur gemeinsam ausgeübt werden, und zwar bereits dann, wenn die Voraussetzungen nur bei einem Beteiligten vorliegen.[780] Entsprechendes gilt gemäß § 441 Abs. 2 bzw. § 638 Abs. 2. für die **Minderung**.

B. Gesamtgläubigerschaft, § 428

Bei der Gesamtgläubigerschaft kann jeder Gläubiger die Leistung **voll verlangen** und der Schuldner kann **an jeden** Gläubiger mit befreiender Wirkung **voll leisten**. 464

Beispiel: Schuldet der Schuldner eine Torte mehreren Gesamtgläubigern, so kann jeder Gläubiger die ganze Torte verlangen und der Schuldner kann die ganze Torte jedem Gläubiger mit Erfüllungswirkung (§ 362 Abs. 1) geben. Die Gläubiger müssen die Torte dann „unter sich" im Innenverhältnis aufteilen.

---

776 Palandt/Grüneberg § 420 Rn. 3 u. § 432 Rn. 3.

777 Näher zu Miterben AS-Skript Erbrecht (2018), Rn. 355 ff., insb. Rn. 373 zu § 2039. Näher zur Gütergemeinschaft AS-Skript Familienrecht (2015), Rn. 31. S. auch allgemein zu den Gemeinschaften AS-Skript Gesellschaftsrecht (2018), Rn. 215 u. 222.

778 Vergleiche zur Rechtsfähigkeit der GbR AS-Skript Gesellschaftsrecht (2018), Rn. 11 u. 216.

779 Nach Staudinger/Looschelders Vorbem. zu §§ 420 – 432 Rn. 80.

780 BGH NJW 1976, 1931; Palandt/Grüneberg § 351 Rn. 1.

Eine Gesamtgläubigerschaft kann sich **ergeben**

- **aus Vertrag** – dies ist jedoch praktisch sehr selten. Oft wollen die Gläubiger nicht, dass einer von ihnen ohne Beisein der anderen die Leistung einfordern kann;

  Beispiel: Gemeinschaftliches Bankkonto mehrere Inhaber, die einander so sehr vertrauen, dass jeder alleine auf das Konto zugreifen kann (sog. „Oder-Konto", z.B. von Ehegatten)

- oder **aus Gesetz**.

  Beispiel: Vermächtnisnehmer nach § 2151 Abs. 3 S. 1 – **Umstritten** ist, ob bei Geschäften zur Deckung des Lebensbedarfs i.S.d. § 1357 die **Ehegatten** Gesamtgläubiger oder gemeinschaftliche Gläubiger sind.[781] Ihre enge, vertraute Verbindung spricht für Gesamtgläubigerschaft.

465 Soweit der Schuldner einen Gesamtgläubiger **befriedigt**, erlöschen auch die Forderungen der anderen (§§ 429 Abs. 3 S. 1, 422 Abs. 1 – **Einheitlichkeit der Tilgungswirkung**).[782] Im Innenverhältnis entsteht ein Ausgleichsanspruch nach § 430.

Aus der Sicht des Schuldners ist die Gesamtgläubigerschaft daher vorteilhaft, während aus Sicht der Gläubiger das **Risiko der internen Verteilung** besteht.

C. Gemeinschaftliche Gläubigerschaft, § 432

466 Bei der gemeinschaftlichen Gläubigerschaft kann der Schuldner mit befreiender Wirkung nur **an alle Gläubiger gemeinschaftlich** leisten. Jeder Gläubiger kann allerdings auch ohne Mitwirkung der anderen die Leistung an alle gemeinschaftlich verlangen.

Beispiel: Schuldet der Schuldner eine Torte mehreren gemeinschaftlichen Gläubigern, so kann jeder die ganze Torte verlangen. Der Schuldner darf den Gläubigern die Torte nur gemeinsam aushändigen.

Die gemeinschaftliche Gläubigerschaft führt zu einem **angemessenen Interessenausgleich**: Der Schuldner braucht das Innenverhältnis der Gläubiger nicht zu beachten und die Gläubiger laufen nicht Gefahr, von anderen Gläubigern übergangen zu werden.[783]

Die Abgrenzung der gemeinschaftlichen Gläubigerschaft zu den anderen Instituten kann auch bei der **Gegenseitigkeit** im Rahmen der **Aufrechnung** relevant werden.[784] Hat A einen Anspruch gegen M und haben M und N einen gemeinsamen Anspruch gegen A, dann gilt: Sind M und N Teilgläubiger oder Gesamtgläubiger, dann besteht die Gegenseitigkeit, denn A könnte auch nur an M (ganz oder zumindest teilweise) mit Erfüllungswirkung leisten. Sind M und N hingegen Mitgläubiger, dann kann A nur an M und N leisten, sodass zum Anspruch M gegen A keine Gegenseitigkeit besteht.[785]

467 Die gemeinschaftliche Gläubigerschaft **entsteht** gemäß § 432 Abs. 1 S. 1 bei **Unteilbarkeit der Leistung**, „sofern sie nicht Gesamtgläubiger sind". Die Gesamtgläubigerschaft ist also vorrangig zu prüfen.

Beispiele: Bankkonto, auf das nur alle Inhaber gemeinsam zugreifen können (sog. „Und-Konto"); Fälle der faktischen oder rechtlichen Unteilbarkeit aus Rn. 462.

---

781 Vgl. einerseits BeckOK BGB/Hahn § 1357 Rn. 30, andererseits Palandt/Brudermüller § 1357 Rn. 5, jeweils m.w.N.

782 Begriff nach Palandt/Grüneberg § 428 Rn. 1.

783 Looschelders Rn. 1269.

784 Zur Gegenseitigkeit Rn. 30.

785 BGH RÜ 2015, 140, Rn. 12 (Rückabwicklung einer Beschlagnahme nach §§ 94, 98 StPO).

2. Abschnitt: Schuldnermehrheiten

468

Mehrere Schuldner

Teilbare Leistung — Unteilbare Leistung oder spezielle Regelung

Teilbare Leistung	Unteilbare Leistung oder spezielle Regelung	
Teilschuld, § 420 Var. 1	**Gemeinschaftliche Schuld**	**Gesamtschuld: Vereinbarung, Sondernorm oder § 421**
▪ Rechtliche und faktische Teilbarkeit der Leistung ▪ Keine Anordnung einer Gesamtschuld (z.B. §§ 840 Abs. 1, 427) ▪ Jeder Schuldner haftet nur auf seinen Anteil an der Schuld. ▪ Kein Innenausgleich erforderlich	▪ Faktische Unteilbarkeit der Leistung ▪ Gesamthands-verpflichtungen ▪ Alle Schuldner sind verpflichtet, die Leistung im Zusammenwirken zu erbringen.	▪ Jeder Schuldner muss vollständig leisten ▪ Gläubiger darf die komplette Leistung insgesamt nur einmal fordern ▪ Innenausgleich nach § 426

A. Teilschuldnerschaft, § 420 Var. 1

Teilschuldnerschaft liegt vor, wenn mehrere Schuldner **dasselbe teilbare, jedoch einheitliche Interesse anteilig befriedigen** sollen. Jeder Teilschuldner haftet nur auf seinen Anteil an der Gesamtleistung. 469

Die Teilschuldnerschaft liegt gemäß § 420 Var. 1 **„im Zweifel"** vor. Voraussetzung ist aber, dass es sich um eine **teilbare Leistung** im oben restriktiv definierten Sinne handelt.

Ferner ordnet das Gesetz für die wichtigsten Fälle einer in der Regel teilbaren Leistung ausdrücklich anstatt einer Teilschuld die **Gesamtschuld** an, insbesondere

- gemäß § 840 Abs. 1 für mehrere **Deliktsschuldner**[786] und
- gemäß § 427 – ebenfalls **„im Zweifel"** – für mehrere **durch Vertrag** gemeinschaftlich Verpflichtete.

Beispiel:[787] A und B wollen auf zwei nebeneinander liegenden Grundstücken ein Doppelhaus errichten. Sie schließen mit U einen Werkvertrag über den Rohbau zu einem Gesamtpreis von 300.000 €.
1. Die Geldsumme ist – rechtlich und faktisch – teilbar, aber aufgrund einer gemeinschaftlichen vertraglichen Verpflichtung zu zahlen. Die generellere Zweifelsregelung des § 420 Var. 1 wird daher hinter der **spezielleren Zweifelsregelung des § 427** verdrängt: A und B sind im Zweifel **Gesamtschuldner**.
2. § 427 ist jedoch **widerlegt**, wenn sich aus der **Interessenlage** ergibt, dass nur eine Teilschuld gewollt ist. Bei den Vertragsverhandlungen war für U erkennbar, dass A und B jeweils nur ihr eigenes „Teilge-

786 Näher zu § 840 AS-Skript Schuldrecht BT 4 (2017), Rn. 377 ff.

787 Nach Palandt/Grüneberg § 420 Rn. 2.

bäude" zahlen, erwerben und nutzen wollten. Es bestand keine Veranlassung, auch für das Bauwerk des jeweils anderen eine Zahlungsverpflichtung einzugehen. A und B sind daher Teilschuldner.

470 Die einzelnen Verpflichtungen sind grundsätzlich **unabhängig** voneinander. Wie bei der Teilgläubigerschaft kann ein **Rücktritt** oder eine **Minderung** jedoch nur gemeinsam erklärt werden (§§ 351, 441 Abs. 2, 638 Abs. 2).

B. Gemeinschaftliche Schuldnerschaft

471 Die gemeinschaftliche Schuld ist im Gesetz nicht geregelt (§ 432 regelt nur den umgekehrten Fall der gemeinschaftliche Gläubigerschaft). Sie ist dadurch gekennzeichnet, dass das **Interesse des Gläubigers an der Leistung unteilbar** ist, andererseits die Gesamtleistung der Schuldner von keinem der Schuldner ganz erbracht werden kann, sondern **nur durch das gemeinsame Zusammenwirken aller Schuldner**.[788]

472 Sie **entsteht**

- **bei Verpflichtung zur gesamten Hand**,
  - wenn die Gläubiger **Gesamtgutsverbindlichkeiten** i.S.d. § 1437 S. 1 gegen beide Ehegatten gemeinschaftlich geltend machen oder
  - wenn der **Nachlassgläubiger** sich gemäß § 2059 Abs. 2 zur gemeinschaftlichen Inanspruchnahme aller Erben entschließt (**Gesamthandklage**)

  Die **Gesamtschuldklage** nach § 2058 richtet sich hingegen, wie auch der Name zeigt, gegen die Erben als Gesamtschuldner.[789]

- sowie bei **Unteilbarkeit** der **gemeinsam zu erbringenden** Leistung, wenn eine Auslegung ergibt, dass kein Fall des § 431 vorliegt.

Fall 21: Gerechtigkeit für alle

K bucht die Heavy-Metal-Band „Stahlica". Bassist B geht zu tief in die Hocke und erleidet einen üblen Hexenschuss. Die Gitarristen A und C sowie Schlagzeuger D weigern sich, alleine aufzutreten. K meint, man höre den Bass ohnehin nicht, insbesondere in den Liedern des Albums „Gerechtigkeit für alle". Müssen A, C und D auftreten?

473 K hat zwar gegen A, B, C und D einen Anspruch auf den Auftritt aus **§ 631 Abs. 1**.

A. **Für B** ist das Auftreten aber wegen des Hexenschusses tatsächlich unmöglich, sodass der Anspruch bereits insofern gemäß **§ 275 Abs. 1** untergegangen ist.

B. Auch **A, C und D** könnten gemäß **§ 275 Abs. 1** frei geworden sein.

Als **Gesamtschuldner** wäre gemäß § 421 jeder von ihnen zur vollständigen Leistung verpflichtet, sodass keine Unmöglichkeit vorläge. Als **gemeinschaftliche Schuldner**, die gesetzlich nicht geregelt, aber als Pendant zu den gemeinschaftlichen Gläubigern i.S.d. § 432 allgemein anerkannt sind, wäre ihnen hingegen die Erbringung ih-

788 Palandt/Grüneberg Überbl v § 420 Rn. 7 ff.

789 Näher zu den beiden Klagen gegen die Erben AS-Skript Erbrecht (2018), Rn. 485.

rer Leistung nur gemeinschaftlich mit B möglich. In diesem Fall läge daher aufgrund des Ausfalls des B Unmöglichkeit für A, C und D vor.

Nach § 431 haften die Schuldner einer tatsächlich **unteilbaren Leistung**, wie der Aufführung eines Konzerts als vierköpfige Band, als Gesamtschuldner. Mittels Auslegung ist allerdings zu klären, ob nicht die in den Rechtsfolgen für die Schuldner weniger einschneidende gemeinschaftliche Schuld vorliegt.[790] § 431 gilt nur, wenn die Leistung zwar unteilbar, aber so beschaffen ist, dass jeder einzelne Schuldner die Leistung auch ganz allein erbringen soll und – vor allem – überhaupt kann.

K hat nicht mit A, B, C und D als Manager von Künstlergruppen die Veranstaltung eines Konzerts unter allen Umständen und durch wen auch immer vereinbart. Vielmehr hat jeder von ihnen als Musiker lediglich zugesagt, **in Gemeinschaft mit den anderen Schuldnern an der Leistung** – dem Konzert – mitzuwirken. Es liegt daher nur eine Forderung gegen die gemeinschaftlichen Schuldner A, B, C und D vor.[791]

Mithin ist auch A, C und D die Erbringung ihrer Leistung unmöglich, sodass K auch gegen sie keinen Anspruch aus § 631 Abs. 1 auf den Konzertauftritt hat.

C. Gesamtschuldnerschaft, §§ 421 ff.

Bei der Gesamtschuld muss **jeder** Schuldner die **ganze Leistung** erbringen, § 421 S. 1. 474
Der Gläubiger kann die Leistung nach Belieben von jedem Gesamtschuldner ganz oder zum Teil fordern. Gemäß § 421 S. 2 bleibt jeder Gesamtschuldner bis zur Bewirkung der ganzen Leistung verpflichtet. Wenn einer der Gesamtschuldner erfüllt oder ein Erfüllungssurrogat erbringt, dann wirkt dies auch für die übrigen Gesamtschuldner, § 422 Abs. 1. Insgesamt erhält der Gläubiger die Leistung also **nur einmal**.

Die Gesamtschuld ist **für den Gläubiger am günstigsten**. Er kann vom solventesten Gesamtschuldner volle Leistung verlangen. Um die gerechte Verteilung muss der Leistende sich dann im Innenverhältnis der Gesamtschuldner selbst bemühen (vgl. **§ 426**) – er trägt die Kosten, Mühen und das **Insolvenzrisiko** der anderen Gesamtschuldner.

*Wichtige **Rechtsfolge** und **häufigster Klausuraufhänger** aus dem 5. Teil dieses Skripts ist der **Innenausgleich der Gesamtschuldner**, der sich (zuvorderst) nach § 426 Abs. 1 und nach § 426 Abs. 2 i.V.m. der übergegangenen Forderung richtet.*

Bei der **Teilschuld** hingegen muss der Gläubiger sich an jeden Teilschuldner einzeln wenden. Hier trägt der Gläubiger die Kosten, Mühen und das Insolvenzrisiko jedes Teilschuldners.

790 Palandt/Grüneberg § 431 Rn. 1.

791 Vgl. Palandt/Grüneberg Überbl v. § 420 Rn. 9.

I. Entstehen der Gesamtschuld durch Gesetz oder Vertrag

475 Die Gesamtschuld kann kraft **Gesetzes** entstehen, insbesondere in diesen Fällen:

- **§ 613 a Abs. 2 S. 1**, Betriebsübergang
- **§ 769**, Mitbürgschaft
- **§ 840 Abs. 1**, unerlaubte Handlung mehrerer
- **§ 2058**, Miterben
- **§ 128 HGB (analog)**, persönliche Haftung der oHG- bzw. GbR-Gesellschafter
- **§§ 161 Abs. 2, 128 HGB**, persönliche Haftung der Komplementäre

476 Die Gesamtschuld kann **vertraglich** (auch konkludent) **vereinbart** werden, vor allem

- im Falle des **Schuldbeitritts**,[792]
- nach der Auslegungsregel des § 427 **im Zweifel** dann, wenn sich mehrere durch Vertrag gemeinschaftlich **zu einer teilbaren Leistung verpflichten** und
- gemäß § 431 wenn mehrere eine **unteilbare Leistung** schulden, es sei denn, eine Auslegung ergibt, dass sie gemeinschaftliche Schuldner sind.

II. Entstehen der Gesamtschuld in sonstigen Fällen, § 421 S. 1

477 Liegt nicht bereits kraft Gesetzes oder Vereinbarung eine Gesamtschuld vor, so entsteht sie gleichwohl unter den **allgemeinen Voraussetzungen** des § 421 S. 1

Allgemeiner Tatbestand der Gesamtschuld, § 421 S. 1
I. „Schulden mehrere" Dem Gläubiger müssen mehrere Schuldner verpflichtet sein.
II. „eine Leistung" Die Ansprüche müssen auf ein gleiches Leistungsinteresse gerichtet sein.
III. „jeder die ganze Leistung" Abgrenzung von der gemeinschaftlichen Schuld und von der Teilschuld
IV. „der Gläubiger aber die Leistung nur einmal zu fordern berechtigt ist" wechselseitige Tilgungsgemeinschaft; keine bloße Kumulation von Schuldnern
V. Gleichstufigkeit der Haftung (h.M., zwecks Abgrenzung zu § 255)

1. Schulden mehrere

478 **Demselben Gläubiger** müssen **verschiedene Schuldner** verpflichtet sein, gleich ob aus derselben oder verschiedenen materiell-rechtlichen Anspruchsgrundlagen.

792 Vgl. zum Schuldbeitritt Rn. 445 ff.

Gegenbeispiel: Hauptmieter und Untermieter sind keine Gesamtschuldner des Vermieters. Zwar ist der Hauptmieter Schuldner des Vermieters, der Untermieter ist aber nur Schuldner des Hauptmieters.

2. Eine Leistung

Das Merkmal „eine Leistung" ist weit zu verstehen. Es ist nicht erforderlich, dass die Schulden identisch sind. Die Ansprüche müssen lediglich auf **ein gleiches Leistungsinteresse gerichtet** sein. Sie müssen in „enge[r] Zweckgemeinschaft verbunden" und ihre Inhalte müssen „hart an der Grenze zur inhaltlichen Gleichheit" liegen.[793] 479

Beispiel:[794] Hinsichtlich Architekt und Bauunternehmer liegt bei der Errichtung eines Bauwerks keine Gesamtschuld vor. Ihre geschuldeten Primärleistungen sind zu verschieden. Das Leistungsinteresse ist aber auf Sekundärebene gleich, wenn beide wegen Baumängeln haften, und zwar selbst dann, wenn der Architekt auf Schadensersatz, der Bauunternehmer dagegen auf Nacherfüllung haftet. Der Anspruch gegen den Bauunternehmer kann jederzeit in eine Zahlungspflicht umschlagen (vgl. § 637).

Beispiel:[795] Das gleiche gilt für die Haftung des Verkäufers eines Tieres und des Tierarztes, der die Ankaufsuntersuchung durchgeführt hat, gegenüber dem Käufer. Das Leistungsinteresse ist nicht hinsichtlich der Primärleistungen, aber hinsichtlich der Schadensersatzzahlungen bei Mängeln gleich.

Beispiel:[796] Kann der Eigentümer wegen Verlust des Eigentums gegen einen Schuldner aus § 823 Abs. 1 und gegen den anderen Schuldner aus § 816 Abs. 1 S. 1 vorgehen, dann ist das Leistungsinteresse nach h.M. identisch. Beide Ansprüche sollen den Verlust des Eigentums kompensieren.

Beispiel:[797] Aus einer Gesamtreallast an zwei Grundstücken (analog § 1132 Abs. 1) haften die Eigentümer auf das gleiche Leistungsinteresse. Das gilt selbst dann, wenn der eine Schuldner als derzeitiger Eigentümer dinglich und persönlich (§§ 1107, 1108 Abs. 1) und der andere Schuldner als ehemaliger Eigentümer nur persönlich (§ 1108 Abs. 1) haftet.

Gegenbeispiel:[798] Der Anspruch aus § 843 Abs. 1 geht auf Zahlung einer Geldrente. Der Anspruch aus §§ 1601 ff. ist auf Betreuung oder Naturalunterhalt gerichtet. Die Leistungsinteressen sind verschieden.

3. Jeder die ganze Leistung

Jeder Schuldner muss die **ganze** Leistung zu erbringen haben. Haften sie in verschiedener Höhe, besteht eine Gesamtschuld nur soweit, **wie die Summen sich decken**.[799] 480

Beispiel: S1 haftet i.H.v. 25.000 €, S2 i.H.v. 10.000 €. Eine Gesamtschuld besteht nur i.H.v. 10.000 €.

Bei der **Teilschuld** muss jeder Schuldner hingegen nur einen Teil leisten und bei der **gemeinschaftlichen Schuldnerschaft** kann oder zumindest muss der jeweilige Schuldner nicht alleine handeln.

4. Gläubiger ist nur einmal forderungsberechtigt

Der Gläubiger darf nur einmal forderungsberechtigt sein. Die Gesamtschuld zeichnet sich durch eine **wechselseitige Tilgungsgemeinschaft** aus. Auch wenn es sich schon aus § 421 S. 1 ergibt, ist in § 422 Abs. 1 S. 1 nochmals klargestellt, dass die Erfüllung durch einen Gesamtschuldner auch für die übrigen Schuldner wirkt.[800] 481

---

793 Grundlegend BGH, großer Senat, NJW 1965, 1175, 1176.

794 Nach BGH, großer Senat, NJW 1965, 1175; vgl. auch Palandt/Sprau § 634 Rn. 20.

795 Nach BGH RÜ 2012, 217, 219.

796 Nach BGH JZ 1984, 230; siehe zu einem vergleichbaren Fall noch Rn. 484.

797 Nach BGH RÜ 2017, 489 und BGH NJW 1972, 814.

798 BGH RÜ 2004, 636.

799 Staudinger/Looschelders § 421 Rn. 18.

800 Staudinger/Looschelders § 421 Rn. 19.

Eine **mehrfache Forderungsberechtigung** liegt hingegen bei der **Kumulation selbstständiger Schulden** vor. Bei diesen ist der Gläubiger mehrfach forderungsberechtigt.

Beispiel: Hotelier H benötigt 100 Austern und bestellt zur Sicherheit bei A und B jeweils 75 Austern, damit auch bei Ausfall eines Lieferanten zumindest einige Austern vorhanden sind.

5. Gleichstufigkeit (h.M.)

482 Nach h.M. müssen die Verpflichtungen über den Wortlaut des § 421 hinaus gleichstufig sein.[801] Im Außenverhältnis zum Gläubiger darf der eine Schuldner – verglichen mit dem anderen Schuldner – **nicht nur subsidiär und nicht nur vorläufig** haften.[802]

Beispiel:[803] Beauftragt der Käufer eines Tieres einen Tierarzt mit einer Ankaufsuntersuchung, dann haften bei Mängeln des Tieres Tierarzt und Verkäufer gleichstufig. Das gilt unabhängig davon, dass der Verkäufer auf das positive und der Tierarzt i.d.R. nur auf das negative Interesse haften wird.

Beispiel:[804] X beauftragt A mit Rohbauarbeiten und B mit dem Verputzen. Es entstehen Risse, weil sowohl A als auch B mangelhaft gearbeitet und sich nicht abgesprochen haben. –
A und B haften gegenüber X gleichstufig.

***Kontrollüberlegung**, ausgehend von der **Rechtsfolge**: Bei Bejahung der Gleichstufigkeit können A und B gegenseitig Regress nehmen, wenn einer von ihnen den Mangel beseitigt, das ist gerecht. Anderenfalls wäre das Ergebnis unbillig, denn ohne Gesamtschuld müsste der Nacherfüllende die Kosten alleine tragen.*

a) Nicht: bei der cessio legis

483 Ordnet das Gesetz bei Leistung des einen Schuldners die **Legalzession/cessio legis** des Anspruchs des Gläubigers gegen den anderen Schuldner auf den leistenden Schuldner an, dann kann der leistende Schuldner aus dem übergegangenen Anspruch bei dem anderen Schuldner Rückgriff nehmen. Der leistende Schuldner haftet also nur **vorläufig**. Wenn die cessio legis zudem nur hinsichtlich eines Schuldners („in eine Richtung") angeordnet ist, dann haftet dieser zudem **subsidiär**. Es besteht also keine Gleichstufigkeit.

Beispiel: Leistet der **Bürge**, so geht die Forderung des Gläubigers gegen den **Hauptschuldner** gemäß § 774 Abs. 1 auf ihn über. Der Bürge haftet also nur vorläufig. Leistet hingegen der Hauptschuldner, so erlischt der Anspruch gegen den Bürgen (§ 767 Abs. 1 S. 1) und der Hauptschuldner kann vom Bürgen keinen Regress nehmen. Der Bürge haftet also zudem subsidiär.

*Gemäß § 774 Abs. 2 haften hingegen **Mitbürgen** einander nach § 426 (also als Gesamtschuldner.*[805]

Weitere Beispiele sind in Rn. 416 aufgeführt.

*Oft wendet man bereits **instinktiv** (oder zumindest mangels Problembewusstsein) die Regelungen zur Gesamtschuld nicht auf die cessio legis an. Das Erlöschen der Hauptforderung führt z.B. gemäß § 767 Abs. 1 S. 1 zum Erlöschen der Bürgschaft, § 422 Abs. 1 bedarf keiner Erwähnung. Der Ausgleichsanspruch des Bürgen gegen den Hauptschuldner ergibt sich aus § 767 Abs. 1 S. 1 i.V.m. der übergegangenen Forderung (sowie aus einem Schuldverhältnis zwischen Bürge und Hauptschuldner), sodass § 426 Abs. 1 u. 2 irrelevant ist.*

---

801 BGH RÜ 2012, 140; Palandt/Grüneberg § 421 Rn. 7 f.

802 BGH NJW 2012, 1070, Rn. 18.

803 Nach BGH NJW 2012, 1070, und BGH RÜ 2012, 217.

804 Nach BGH RÜ 2003, 442.

805 Näher zu den Ausgleichsansprüchen im Rahmen der Bürgschaft AS-Skript Schuldrecht BT 2 (2018), Rn. 412 ff.

*Die **cessio legis** nach **§ 426 Abs. 2** schließt die Gleichstufigkeit natürlich nicht aus. Anderenfalls läge nie eine Gesamtschuld vor. § 426 Abs. 2 ist Rechtsfolge der Gesamtschuld, sodass seine Heranziehung im Rahmen des Tatbestands ein Zirkelschluss wäre.*

b) Nicht: in den Fällen des § 255

Die Gleichstufigkeit der Schuldner fehlt auch, wenn einer der Schuldner dem Gläubiger gegenüber gemäß **§ 255** zur Leistung nur gegen Abtretung der Ansprüche gegen den anderen Schuldner verpflichtet ist. Diese **notwendige Zession** führt zum selben Ergebnis wie die Legalzession und ist Ausdruck einer Ungleichstufigkeit.[806] § 255 wird allerdings zugunsten eines weiten Anwendungsbereichs der Gesamtschuld eng ausgelegt. Er ist auf Ansprüche auf **Herausgabe der noch vorhandenen Sache** beschränkt. **484**

Beispiel:

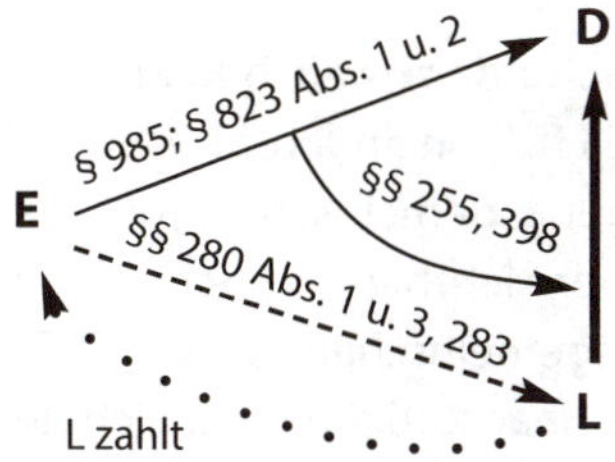

E hat L sein Fahrrad geliehen. L lässt das Rad unverschlossen eine Nacht lang am Bahnhof stehen. D stiehlt das Fahrrad. E kann von L wegen Unmöglichkeit der Rückgabe der Leihsache nach §§ 280 Abs. 1 u. 3, 283 Schadensersatz statt der Leistung verlangen. Soweit L Schadensersatz leistet, soll E aber nicht gleichzeitig noch seinen Herausgabeanspruch aus z.B. § 823 Abs. 1 u. § 823 Abs. 2 i.V.m. § 242 StGB gegen den D behalten. § 255 ordnet daher an, dass L dem E nur dann für den Verlust des Fahrrads Ersatz leisten muss, wenn E dem L den Herausgabeanspruch abtritt. Bis zur Abtretung kann L die Schadensersatzzahlung verweigern, § 273.

*Zweifelhaft ist hingegen, ob E dem L auch seinen **Anspruch aus § 985** abtreten muss bzw. kann. Grundsätzlich wird die Abtretbarkeit dieses Anspruchs von der h.M. verneint. Er sei direkter Ausfluss des Eigentums, möglich sei nur die Übereignung der Sache gemäß §§ 929 S. 1, 930 bzw. §§ 929 S. 1, 931, der Herausgabeanspruch entstehe dann von selbst beim neuen Eigentümer.[807] Im Zusammenhang mit § 255 wird § 985 aber mitunter ohne nähere Problematisierung als abtretbar angeführt.[808] Der Streit wirkt sich insbesondere auf die Ansprüche des E und des L gegeneinander aus, wenn E das Fahrrad später beschädigt zurückerhält.[809]*

Gegenbeispiel: Dem E wird sein Rennrad im Wert von 6.500 € von dem Dieb D gestohlen. D verkauft das Rad an den V, der D für den Eigentümer hält. V verkauft das Rad für 4.000 € weiter an K. E genehmigt die Übereignung von V an K, um gegen V aus § 816 Abs. 1 S. 1 vorzugehen.

I. D hat gegen E **keinen Anspruch aus § 255** auf Abtretung des Anspruchs V gegen K, der gemäß § 273 Abs. 1 nur Zug-um-Zug gegen Zahlung von 6.500 € zu erfüllen wäre.
1. D ist zwar aus § 823 Abs. 1 u. § 823 Abs. 2 i.V.m. § 242 StGB **verpflichtet, für den Verlust einer Sache Schadensersatz** zu leisten. Nach dem **Wortlaut** des § 255 kann D daher Abtretung des Anspruchs verlangen, der dem E gegen V gemäß § 816 Abs. 1 S. 1 zusteht.
2. Es ist aber nicht **Sinn und Zweck** der Norm, D den Anspruch des E gegen den redlichen V zu verschaffen. D könnte dann nämlich von V, dem Opfer seines Betrugs, auch noch Rückgriff nehmen. § 255 ist daher auf Fälle zu beschränken, in denen die Sache noch beim Schadensersatzpflichtigen (hier: D) vorhanden ist. Denn dann besteht nicht die Gefahr, dass der redliche neue Besitzer der Sache (hier: V) vom Dieb (hier: D) in Anspruch genommen wird.[810]
II. V und D sind gemäß § 421 **Gesamtschuldner** des E. Insbesondere liegt kein Fall des § 255 vor, daher sind ihre Verpflichtungen **gleichstufig.**
1. E kann daher **gemäß § 421** nach freier Wahl V und/oder D **bis insgesamt 4.000 €** in Anspruch nehmen. Im **Innenverhältnis** könnte dann V, wenn er zahlt, von D Regress nehmen aus: § 280 Abs. 1; § 823

806 MünchKomm/Bydlinski § 421 Rn. 62.
807 Vgl. allgemein zur Abtretbarkeit des Anspruchs aus § 985 AS-Skript Sachenrecht 1 (2017), Rn. 505 ff.
808 Z.B. bei MünchKomm/Oetker § 255 Rn. 15; vgl. Staudinger Staudinger/Bittner, § 255 Rn. 21 m.w.N. zu beiden Ansichten.
809 Vgl. dazu Staudinger/Bittner § 255 Rn. 22.
810 BGH JZ 1984, 230; a.A. Palandt/Grüneberg § 255 Rn. 2.

Abs. 2 i.V.m. § 263 StGB; § 426 Abs. 1; § 426 Abs. 2 i.V.m. den Ansprüchen E gegen D, die auf V übergehen. Die Ansprüche E gegen D gehen dabei auf V nicht nur zur Hälfte (Grundregel des § 426 Abs. 2), sondern in voller Höhe über. Denn aus dem Innenverhältnis zwischen V und D ergibt sich, dass sie nicht „zu gleichen Anteilen" verpflichtet sind, sondern dass der Dieb und Betrüger D letztlich voll haften soll.
2. Für die **weiteren 2.500 €** haftet hingegen alleine D dem E.

c) Gleichstufigkeit nicht erforderlich (a.A.)

485 Manche halten die Gleichstufigkeit nicht für erforderlich. Nur die Gesamtschuld ermögliche **einen stufenlos angleichbaren Innenregress** des zahlenden Schuldners gegenüber den anderen Schuldnern (§ 426 Abs. 1 S. 1: gleiche Anteile oder andere Bestimmung). Sie müsse daher auch bei gestufter Haftung greifen. Dagegen spricht allerdings, dass bei gestufter Haftung die §§ 421 ff. oft nicht zu sachgerechten Ergebnissen führen.

Beispiel:[811] Nähme man bei § 116 SGB X eine Gesamtschuld an, dann käme der Schädiger gemäß §§ 424, 293 ff. in Annahmeverzug, wenn der Geschädigte die Leistung der Versicherung zurückweist.

Daher erkennt auch diese Ansicht an, dass **nicht bei jeder Schuldnermehrheit** eine Gesamtschuld vorliegt. Im Fall der Bürgschaft sei in den §§ 765 ff. „ein anderes bestimmt" i.S.d. § 426 Abs. 1 S. 1 und es liege keine wechselseitige Tilgungsgemeinschaft vor.[812] In den Fällen der Legalzession fehle es entweder schon an einer Mehrheit von Schuldnern (§ 116 Abs. 1 SGB X) oder an einer wechselseitigen Tilgungsgemeinschaft (§ 86 VVG; § 6 Abs. 1 EFZG).[813] § 255 werde, soweit es nicht um Herausgabeansprüche bezüglich der noch vorhandenen Sache gehe, von den §§ 421 ff. verdrängt.[814]

Letztlich kommen die Ansichten i.d.R. ***zum selben Ergebnis.***[815] *Die h.M. prüft die Fallgruppen im Rahmen der Gleichstufigkeit. Die a.A. spricht sie als lex specialis zu § 421, bei den anderen Tatbestandsmerkmalen des § 421 oder im Rahmen der Rechtsfolge (§ 426 Abs. 1 S. 1 „ein anderes bestimmt") an.*

III. Rechtsfolgen

1. Außenverhältnis zwischen Gläubiger und Gesamtschuldnern

486 Der Gläubiger kann gemäß § 421 S. 1 die gesamte Leistung nach Belieben von jedem Gesamtschuldner ganz oder zum Teil, insgesamt aber nur einmal fordern. Er kann also grundsätzlich **frei wählen, welchen Gesamtschuldner er in Anspruch nehmen will**. Er darf sogar den einen Gesamtschuldner voll in Anspruch nehmen, wenn im Innenverhältnis der andere Gesamtschuldner die volle Last tragen muss („**Paschastellung**").[816]

Ausnahmsweise kann das Vorgehen des Gläubigers gegen einen bestimmten Gesamtschuldner gemäß §§ 242, 226 **rechtsmissbräuchlich** sein, z.B. wenn er sich nur deswegen an einen Gesamtschuldner hält, weil er aus missbilligenswerten Motiven die Absicht hat, gerade diesen zu belasten.[817]

811 Nach Palandt/Grüneberg § 421 Rn. 8.
812 Staudinger/Looschelders § 421 Rn. 37, 35 f., m.w.N.
813 Staudinger/Looschelders § 421 Rn. 45 ff., m.w.N.
814 Staudinger/Looschelders § 421 Rn. 30 a.E., m.w.N.
815 Vgl. Looschelders Rn. 1281.
816 Begriff nach Heck, S. 492.
817 St. Rspr., BGH NJW-RR 2008, 51 Rn. 15.

Bei der Gesamtschuld bestehen mehrere **selbstständige Schuldverhältnisse zwischen dem Gläubiger und den einzelnen Gesamtschuldnern**. Wegen des Grundsatzes der Relativität der Schuldverhältnisse wirken sich daher Umstände und Ereignisse grundsätzlich nur auf den jeweils betroffenen Gesamtschuldner aus **(Einzelwirkung)**. Ausnahmsweise treffen sie aber alle Gesamtschuldner **(Gesamtwirkung)**. 487

Gesamtwirkung, §§ 422–424	Einzelwirkung, § 425
■ §§ 422 Abs. 1, 362 ff.: Erfüllung, Leistung an Erfüllungs statt, Hinterlegung, Aufrechnung (Einheitlichkeit der Tilgungswirkung) ■ §§ 423, 397: Erlassvertrag, wenn auf komplette Aufhebung gerichtet ■ §§ 424, 293 ff.: Gläubigerverzug	Alle anderen Tatsachen, z.B. (§ 425 Abs. 2): ■ Kündigung ■ Schuldnerverzug ■ Verschulden ■ Unmöglichkeit ■ Verjährung ■ Rechtskräftiges Urteil
↓ Wirken auch für die übrigen Gesamtschuldner	↓ Wirken nur für den einzelnen Gesamtschuldner

Beispiel für Gesamtwirkung:

Ein Gesamtschuldner, dem gegen den Gläubiger ein Gegenanspruch zusteht, rechnet auf. Die Schuld erlischt allen Gesamtschuldnern gegenüber, §§ 422 Abs. 1 S. 2, 389. Im Innenverhältnis hat der aufrechnende Gesamtschuldner u.U. einen Ausgleichsanspruch.

Beispiel für Einzelwirkung:

Der Gläubiger setzt einen Gesamtschuldner in Verzug, § 286. Nur der in Verzug geratene Gesamtschuldner haftet dem Gläubiger gemäß §§ 280 Abs. 1 u. 2, 286 auf den Verzugsschaden. Im Innenverhältnis findet insoweit kein Ausgleich statt.

Ein **Erlassvertrag** wird oft **auf Grundlage eines Vergleichs** i.S.d. § 779 abgeschlossen. 488
Durch Auslegung des Vergleichs ist zu ermitteln, ob das gesamte Schuldverhältnis aufgehoben werden sollte (nur dann komplette Gesamtwirkung, § 423 Hs. 2) oder ob nur eine beschränkte Gesamtwirkung oder sogar nur Einzelwirkung gewollt war.[818]

Kann ein **Gestaltungsrecht** nur gegenüber bzw. von allen Gesamtschuldnern einheit- 489
lich erklärt werden, dann tritt zwar Einzelwirkung, aber jeweils gegenüber jedem Gesamtschuldner, also im Ergebnis **trotz § 425 Abs. 1** eine **„Quasi-Gesamtwirkung"**, ein:

- Der **Rücktritt** kann gemäß **§ 351 S. 1** nur einheitlich gegenüber bzw. von sämtlichen Gesamtschuldnern erklärt werden, wobei die Rücktrittsvoraussetzungen sogar nur gegenüber bzw. für einen Gesamtschuldner vorzuliegen brauchen.[819]
- Die **Kündigung zur Beendigung eines Dauerschuldverhältnisses**, insbesondere eines Mietvertrags, muss grundsätzlich von allen bzw. gegenüber allen Gesamtschuldnern erfolgen, weil i.d.R. ein einheitlicher Bestand des Dauerschuldverhältnisses gewollt ist.[820] Kündigung i.S.d. § 425 Abs. 2 meint daher **nur die Fälligkeitskündigung**, etwa eines Darlehens (§§ 489, 490) oder einer Grundschuld (§ 1193).

818 Vgl. zu diesem Zusammenspiel von Vergleich, Erlass und Gesamtschuld AS-Skript Schuldrecht BT 2 (2018), Rn. 441.

819 BGH NJW 1976, 1931; Palandt/Grüneberg § 351 Rn. 1.

820 Palandt/Grüneberg § 425 Rn. 3 u. Palandt/Weidenkaff § 542 Rn. 18. Vgl. auch BGH RÜ 2015, 146, für den Fall, dass ursprünglich ein Mieter, aber nach dessen Tod gemäß § 564 S. 1 zwei Mieter existieren.

490 Im **Einzelfall** kann die gesetzliche Wertung ergeben, dass nicht in den § 422-424 genannte Umstände gleichwohl **Gesamtwirkung** entfalten.

Beispielsweise können sich alle Verkäufer gemäß § 444 nicht auf einen **Haftungsausschluss** berufen, sobald ein Verkäufer den Mangel kannte oder eine Garantie übernommen hat. Der Wortlaut („berufen") spricht zwar für Einzelwirkung, zum Schutz des Käufers ist aber eine Gesamtwirkung geboten.[821]

2. Innenverhältnis zwischen den einzelnen Gesamtschuldnern

491 Die in § 421 S. 1 erlaubte **Gläubigerwillkür**, jeden Gesamtschuldner voll heranzuziehen, muss im Innenverhältnis **korrigiert** werden.[822]

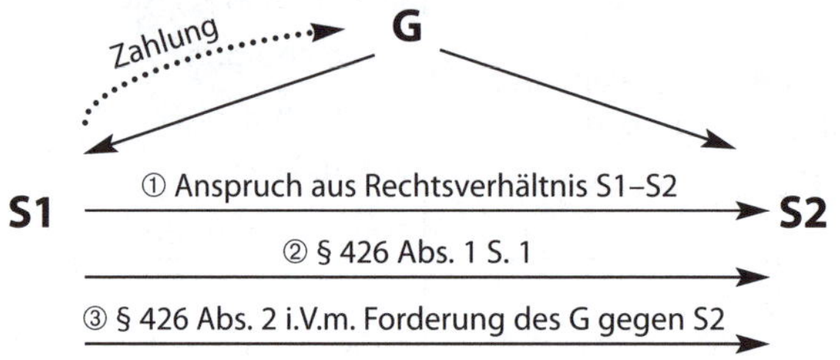

Ein Ausgleichsanspruch kann sich aus **bis zu drei Anspruchsgrundlagen** ergeben.[823] Wenn beispielsweise S1 und S2 ein Rechtsgut des G gemeinsam schuldhaft und rechtswidrig verletzt haben, haften sie G gemäß § 840 Abs. 1 als Gesamtschuldner auf Schadensersatz aus § 823 Abs. 1. Nimmt G den S1 auf den vollen Schadensersatz in Anspruch und zahlt S1 an G, dann stehen S1 gegen S2 also folgende Ausgleichsansprüche zu:

492 ■ Zunächst kann sich aus einem **vertraglichen, vertragsähnlichen oder gesetzlichen Schuldverhältnis** ein Anspruch ergeben. Zwischen S1 und S2 besteht kein Vertrag. Die Zahlung der gesamten Schuld stellt aber – teilweise – eine berechtigte Geschäftsbesorgung des S1 ohne Auftrag dar, sodass S1 nach h.M. in Höhe des Haftungsanteils des S2 einen Ausgleichsanspruch aus **§§ 677, 683 S. 1, 670** hat.[824]

Ein solcher Ausgleichsanspruch aus der Rechtsbeziehung zwischen den Gesamtschuldnern **kann, muss aber nicht bestehen**. Begleicht z.B. einer von mehreren BGB-Gesellschaftern eine Schuld der GbR, steht ihm aus dem Gesellschaftsvertrag ein Ausgleichsanspruch gegen die Gesellschaft, aber gerade nicht unmittelbar gegen seine Mitgesellschafter zu.

493 ■ Weiter hat S1 gegen S2 einen **eigenständigen Regressanspruch** aus **§ 426 Abs. 1 S. 1**. S1 kann von S2 das verlangen, was S1 **über seinen eigenen Haftungsanteil hinaus** an G gezahlt hat. Näher zum Inhalt dieses Anspruchs sogleich Rn. 494 ff.

Dieser Anspruch hat für S1 den **Vorteil**, dass S2 gegen ihn **keine abgeleiteten Einreden** hat. Gegen den gemäß § 426 Abs. 2 auf S1 übergehenden Anspruch kann S2 hingegen gemäß **§§ 412, 404** die Einreden geltend machen, die er gegen G hatte.

494 ■ Schließlich **geht** nach § 426 Abs. 2, soweit ein Gesamtschuldner an den Gläubiger geleistet hat und er deshalb einen Ausgleichsanspruch gegen den anderen Gesamtschuldner nach § 426 Abs. 1 hat, in Höhe dieses Ausgleichsanspruchs **der Anspruch**

821 Nach BGH RÜ 2016, 552.
822 BeckOK BGB/Gehrlein § 426 Rn. 1.
823 Palandt/Grüneberg § 426 Rn. 1.
824 BGH NJW 1963, 2067, 2068; a.A., § 426 sei lex specialis gegenüber der GoA: OLG Rostock, BeckRS 2008, 24161.

des Gläubigers gegen den anderen Gesamtschuldner auf den zahlenden Gesamtschuldner **über**. S1 kann S2 daher auch aus dem Anspruch, der zuvor G gegen S2 zustand, in Anspruch nehmen, **§ 823 Abs. 1 i.V.m. §§ 426 Abs. 2**.

Dieser Anspruch hat für S1 den **Vorteil**, dass gemäß **§§ 412, 401** für den Anspruch eventuell bestehende **akzessorische Sicherungsrechte** des G auf S1 übergehen.

a) Selbstständiger Ausgleichsanspruch, § 426 Abs. 1 S. 1

Der selbstständige Ausgleichsanspruch aus § 426 Abs. 1 S. 1 **entsteht schon mit Begründung der Gesamtschuld** und nicht erst, wenn ein Gesamtschuldner den Gläubiger befriedigt hat. Das ist vor allem für die Verjährung wichtig, vgl. § 199 Abs. 1 Nr. 1.[825] 495

Sofern es sich um einen **Schadensersatzanspruch** handelt, entsteht dieser aus Gründen der Rechtssicherheit sogar bereits, sobald der erste Schadensposten feststeht und mit einer Leistungsklage einklagbar ist (**Grundsatz der Schadenseinheit**). Der Gläubiger muss daher, um die Verjährung gemäß § 204 Abs. 1 Nr. 1 zu hemmen, ggf. hinsichtlich der übrigen Schadensposten Feststellungsklage erheben.[826]

Der Anspruch ist **zunächst auf Mitwirkung** an der Befriedigung des Gläubigers bei Fälligkeit und **auf anteilige Freistellung** von der Verbindlichkeit gegenüber dem Gläubiger gerichtet,[827] damit ein Gesamtschuldausgleich nicht erforderlich wird. Leistet ein Gesamtschuldner aber mehr an den Gläubiger als den erforderlichen Anteil, dann **wandelt sich** der Anspruch aus § 426 Abs. 1 S. 1 **in einen Ausgleichsanspruch**. 496

aa) Höhe des Anspruchs

Grundsätzlich sind Gesamtschuldner im Innenverhältnis zu **gleichen Anteilen** verpflichtet. Bilden sie eine Bruchteilsgemeinschaft, ergibt sich das auch aus § 748. 497

Ausnahmsweise kann etwas anderes bestimmt sein. Eine **„anderweitige Bestimmung"** i.S.d. § 426 Abs. 1 S. 1 kann ausdrücklich oder konkludent vereinbar werden, sich aber auch aus dem Grad der Mitverursachung (analog § 254), „aus der Natur der Sache" oder aus Inhalt und Zweck des Innenverhältnisses ergeben.[828]

Beispiel:[829] Die Eheleute M und F kaufen als Gesamtschuldner (§ 427) Möbel zur gemeinsamen Nutzung. F ist die Alleinverdienerin, M kümmert sich um den Haushalt.

F kann von M weder während der Ehe noch nach der Scheidung Zahlung für die Möbel verlangen. Entsprechend der Aufgabenverteilung sollte das Einkommen der F auch der Lebensführung des M dienen, welcher seinen Beitrag zum Zusammenleben durch die Haushaltsführung erbringt (vgl. § 1360 S. 2). Im konkreten Fall sollte diese Abrede – nach Auslegung des BGH – auch nicht mit der Scheidung enden.

Abwandlung:[830] M und F leben in nichtehelicher Lebensgemeinschaft

Zwischen F und M besteht wie im Ausgangsfall eine stillschweigende, an den Einkommensverhältnissen orientierte „anderweitige Bestimmung". Diese entfällt jedoch im konkreten Fall – nach Auslegung des OLG Bremen – mit der Trennung, sodass F nach der Trennung grundsätzlich hälftige Zahlung verlangen kann, wenn sich nicht aus anderen Gründen wiederum eine „anderweitige Bestimmung" ergibt.

---

825 BGH RÜ 2017, 78; vgl. Fall 22, Rn. 503 f.
826 BGH RÜ 2017, 78, 80 f.; vgl. AS-Skript BGB AT 1 (2017), Rn. 332.
827 BGH RÜ 2009, 617.
828 Palandt/Grüneberg § 426 Rn. 9.
829 Nach BGH NJW 2000, 1944; vgl. dazu auch Palandt/Grüneberg § 426 Rn. 11 f.
830 Nach OLG Bremen, NJW 2016, 1248; vgl. auch BGH NJW 2010, 868.

Es erscheint allerdings nach heutigem Verständnis zweifelhaft, ob diese Ungleichbehandlung aufrechterhalten werden kann. Viele Lebensgemeinschaften sind auch „ohne Trauschein" ebenso ernsthaft (oder auch nicht) auf lebenslange Dauer angelegt wie eine Ehe.

Beispiel:[831] An der S-GmbH hat A einen Anteil von 80% und B einen Anteil von 20%. Für eine Schuld der S bei G verbürgt A sich i.H.v. 300.000 € und B bestellt eine Hypothek i.H.v. 150.000 €.

Im Innenverhältnis haftet A zu 66,6% und B zu 33,3% (nicht: 80% zu 20%). A und B haben für den Innenausgleich eine spezielle Regelung getroffen, die der allgemeinen Verteilung nach Anteilen vorgeht.

Beispiel:[832] Ansprüche der aus einer Gesamtreallast Verpflichteten richten sich analog §§ 1109 Abs. 1 S. 2 Hs. 1, 748 nach dem Wertverhältnis der beherrschten Grundstücke.

498 Der Ausgleichsanspruch besteht **grundsätzlich** nur soweit, wie die Zahlung des Gesamtschuldners an den Gläubiger **über das hinausgeht, was er im Innenverhältnis zu tragen hat**. Er kann also nicht bereits „ab dem ersten Euro" Ausgleich verlangen.[833]

Beispiel: A und B sind Gesamtschuldner des G hinsichtlich einer Forderung über 10.000 €. Sie haben vereinbart, dass A im Innenverhältnis 75%, also 7.500 €, zu tragen hat. Zahlt A an G 1.000 €, dann kann er von B keinen Ausgleich (und nicht etwa 250 €) verlangen. Zahlt A an G 9.000 €, dann kann er von B 1.500 € verlangen. Zahlt A an G die vollen 10.000 €, dann kann er von B 2.500 € verlangen.

Anders ist es **ausnahmsweise**, wenn die Gesamtschuldner etwas anderes **vereinbart** haben. Ferner findet bei **Mitbürgen** – gemäß § 774 Abs. 2 Gesamtschuldner – wegen ihrer im Vorfeld ungewissen Haftungshöhe **ab dem ersten Euro** ein Ausgleich statt.[834]

499 § 426 Abs. 1 S. 2 regelt die Ausgleichshöhe, soweit **ein Gesamtschuldner ausfällt**.

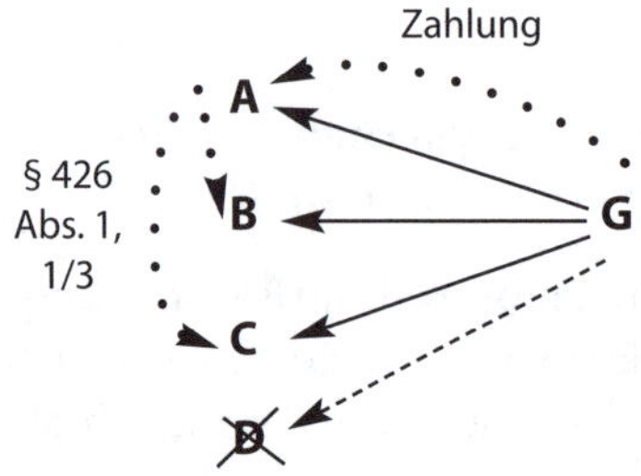

G hat eine Forderung i.H.v. 12.000 €, für die A, B, C und D gesamtschuldnerisch haften. A zahlt an G 6.000 €. –
1. A muss selbst 3.000 € tragen. A kann daher B, C und D i.H.v. jeweils 1.000 € in Regress nehmen.
2. Ist D allerdings zahlungsunfähig, bestimmt § 426 Abs. 1 S. 2, dass der Ausfall von „den übrigen ... Schuldnern" zu tragen ist. Entgegen dem missglückten Wortlaut ist damit auch A selbst gemeint, denn er soll nicht gegenüber B und C bevorzugt werden. A, B und C müssen also jeweils 4.000 € tragen. A kann daher von B und C jeweils 1.000 € fordern.

bb) Grundsatz: Teilschuldner; Ausnahme: Haftungseinheit

500 Die übrigen Gesamtschuldner haften gegenüber dem ausgleichsberechtigten Gesamtschuldner nach h.M. **grundsätzlich** als **Teilschuldner**.[835]

Beispiel: G kann von A, B und C als Gesamtschuldner 12.000 € fordern. A zahlt 12.000 € an G. A kann nach h.M. nicht von B oder C nach freier Wahl 8.000 €, sondern nur jeweils 4.000 € verlangen.

501 Einige Gesamtschuldner können aber **ausnahmsweise** eine **Haftungseinheit** bilden. Sie sind dann beim Ausgleich wie eine einzige Person zu behandeln, auf die eine einheitliche Quote entfällt. Dann haften sie den übrigen Gesamtschuldnern ihrerseits als Gesamtschuldner (**Ausgleichsgesamtschuld**).[836]

---

831 Nach BGH RÜ 2017, 82; vgl. dazu auch AS-Skript Schuldrecht BT 2 (2018), Rn. 420 a.E.

832 Nach BGH RÜ 2017, 489, 491 – Vgl. zum Entstehen der Gesamtschuld in diesem Fall Rn. 479.

833 BGH NJW 1986, 1097; Palandt/Grüneberg § 426 Rn. 6.

834 Näher zur Gesamtschuld unter Mitbürgen Fall 23 Rn. 507 f. und AS-Skript Schuldrecht BT 2 (2018), Rn. 416.

835 BGH NJW 1986, 1097; a.A. Westermann/Bydlinski/Weber Rn. 18/40 (Gesamtschuld).

836 BGH NJW 2006, 896; Palandt/Grüneberg § 426 Rn. 15; Westermann/Bydlinski/Weber Rn. 18/40.

Der **Regress der Mitglieder der Haftungseinheit** untereinander richtet sich wiederum (ggf. nach einem Schuldverhältnis) und nach § 426 Abs.1 u. 2. Es kommt zu einem **Regress in mehreren Stufen**.

Die Haftungseinheit kann sich **insbesondere** ergeben für Schuldner und **Erfüllungsgehilfe,** Geschäftsherr und **Verrichtungsgehilfe**[837] sowie **Halter** (§ 7 StVG), **Fahrer** (§§ 7, 18 StVG; u.U. § 823 Abs. 1 u. 2) und **Haftpflichtversicherer** (§ 115 Abs. 1 S. 1 Nr. 1 VVG) desselben Fahrzeugs.[838]

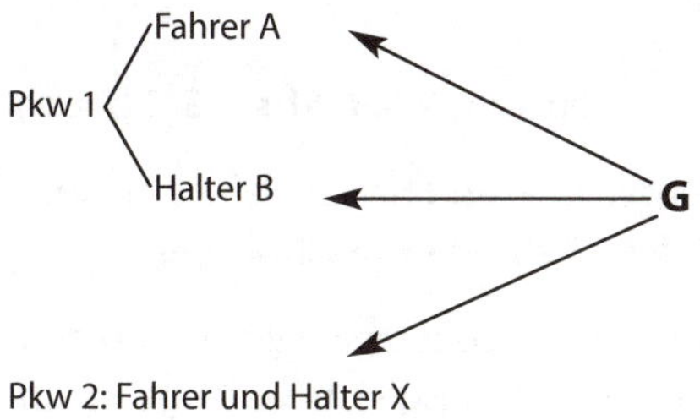

Beispiel: G wird durch zwei Pkw geschädigt. Fahrer (A) und Halter (B) des einen Pkw sind personenverschieden. Der Fahrer des anderen Pkw ist auch Halter (X). Der Schaden beträgt 10.000 €.

Nach § 840 Abs. 1 haften A, B und X als Gesamtschuldner. Ein Haftungsanteil von jeweils 1/3 wäre aber unangemessen, da sich der Verursachungsbeitrag des A durch das Hinzutreten des B nicht ändert. A und B bilden daher eine Haftungseinheit, die im Innenverhältnis zu X nur auf 50% haftet. Zahlt X 10.000 € an G, dann kann X von A und B nach freier Wahl insgesamt 5.000 € verlangen. Zahlt B diese 5.000 € an X, dann kann B von A (vorbehaltlich einer anderen Bestimmung i.S.d. § 426 Abs. 1 S. 1) davon 50%, also 2.500 € verlangen.

Auch wenn der **Geschädigte den Schaden selbst mit verursacht** hat, ist bei der Quotenberechnung die Haftungseinheit als solche zu berücksichtigen.[839]

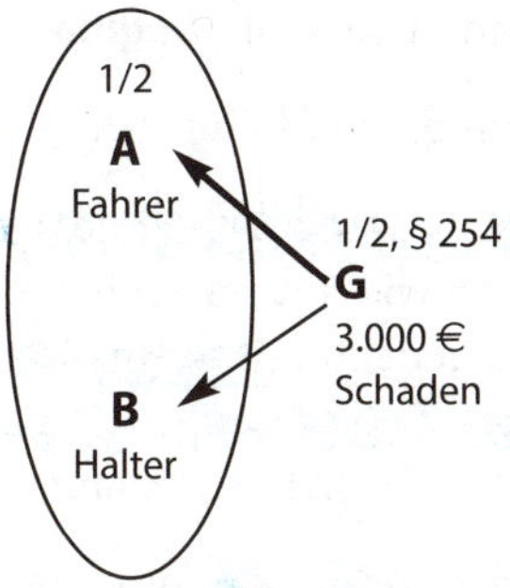

Beispiel: G wird als Fußgänger durch ein von A gefahrenes Fahrzeug, dessen Halter B ist, angefahren und verletzt. Sein Schaden beträgt 3.000 €. G und A haben den Unfall gleichermaßen verschuldet.

G nimmt A als Fahrer und B als Halter als Gesamtschuldner gemäß § 840 Abs. 1 in Anspruch. A und B bilden als Fahrer und Halter desselben Fahrzeugs eine Haftungseinheit. Auf die Haftungseinheit darf nur eine Schadensquote entfallen. Dem Tatbeitrag des G steht der Tatbeitrag der Haftungseinheit A + B gegenüber. Danach besteht bei gleicher Schadensverursachung durch G und A auf beiden Seiten das Verhältnis 1 : 1. G muss daher die Hälfte seines Schadens, also 1.500 €, selbst tragen. Für die weiteren 1.500 € haften A und B als Gesamtschuldner. Zahlt A diese Summe an G, dann kann er von B (vorbehaltlich einer anderen Bestimmung i.S.d. § 426 Abs. 1 S. 1) 750 € verlangen.

b) Forderungsübergang, § 426 Abs. 2

Soweit ein Gesamtschuldner den Gläubiger **befriedigt** und **Ausgleich verlangen** **502**
kann, **geht die Forderung** des Gläubigers gegen die anderen Gesamtschuldner auf ihn **über**. Die Legalzession soll nicht über diesen Anspruch hinausgehen, sondern lediglich über §§ 412, 401 in selbiger Höhe **die akzessorischen Sicherheiten liefern**.

*Diese Forderung **erlischt nicht gemäß § 362 Abs. 1**. Dann könnte sie nicht übergehen.*

837 BGH NJW 1952, 1087.

838 Vgl. BGH NJW 2006, 896.

839 BGH NJW 1971, 33; Messer JZ 1979, 385; Preißer JuS 1987, 628, 632.

Fall 22: Tückische Verjährung

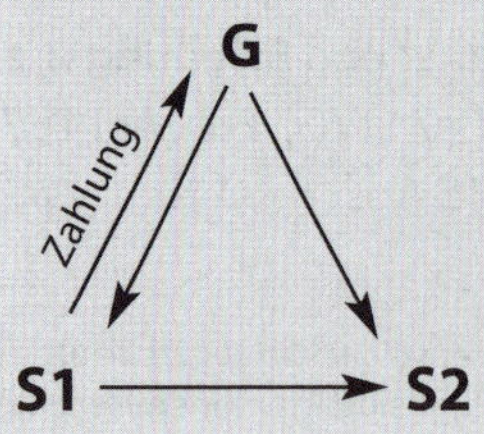

S1 und S2 verpflichten sich im Jahr 2014 gegenüber G zur Zahlung von 10.000 €. Der Anspruch ist sofort fällig und unterliegt der regelmäßigen Verjährungsfrist. Ende 2017 zahlt S1 an G den gesamten Betrag. Im Januar 2018 nimmt S1 den S2 i.H.v. 5.000 € in Regress. S2 beruft sich auf Verjährung. Bestehen Ausgleichsansprüche des S1 gegen S2 aus § 426?

503 A. S1 kann gegen S2 einen Zahlungsanspruch i.H.v. 5.000 € aus **§ 426 Abs. 1 S. 1** haben.

I. S 1 und S 2 haben sich gemeinschaftlich verpflichtet und haften daher, mangels entgegenstehender Anhaltspunkte, gemäß **§ 427 als Gesamtschuldner**.

II. Als **Rechtsfolge** des § 426 Abs. 1 kann der leistende Gesamtschuldner von dem anderen Gesamtschuldner grundsätzlich anteiligen Ausgleich verlangen. Umstände, wegen denen einen andere Quote anzusetzen wäre, sind nicht ersichtlich. S1 kann daher von S2 die Hälfte der gemeinsamen Schuld, also 5.000 €, fordern.

504 III. S2 hat aber die **Einrede der Verjährung** erhoben, sodass der Anspruch gemäß § 214 Abs. 1 dauerhaft nicht durchsetzbar ist, wenn er denn verjährt ist. Der Anspruch aus § 426 Abs. 1 unterliegt einer **selbständigen**, vom Anspruch des Gläubigers gegen den Gesamtschuldner unabhängigen **Verjährung**. Die **Verjährungsfrist** beträgt gemäß § 195 drei Jahre. Entscheidend ist daher ihr **Beginn**.

1. Gemäß **§ 199 Abs. 1 Nr. 1** muss der Anspruch **entstehen** und **fällig** sein.

a) Nach einer Ansicht[840] ist die **konkrete Form** des Anspruchs maßgeblich. Der Anspruch des S1 gegen S2 war zunächst auf Mitwirkung an der Befriedigung des G und Befreiung des S2 gegenüber G gerichtet. **Erst mit Zahlung** des S1 im Dezember 2017 hat er sich in einen Zahlungsanspruch gewandelt. Demnach wäre der Anspruch erst im Dezember 2017 entstanden.

b) Nach der Gegenansicht[841] ist eine **spätere Inhaltsänderung** des einmal entstandenen Anspruchs **irrelevant**. Der Anspruch des S1 gegen S2 ist erstmalig im Jahr 2014 (wenn auch als Mitwirkungs- und Befreiungsanspruch) entstanden.

c) **Für die zweitgenannte Ansicht** spricht, dass die Zahlung des S1 an den G gerade keine tatbestandliche Voraussetzung des § 426 Abs. 1 ist. Ein Anspruch ist gemäß § 194 Abs. 1 das Recht, „ein" Tun zu fordern. Die Entstehung des Anspruchs i.S.d. § 199 Abs. 1 Nr. 1 ist daher von seinem Inhalt entkoppelt. Die Anknüpfung der Verjährung an die Inhaltsänderung würde zudem dazu führen, dass einseitig eine Person (hier: S1 durch Zahlung) den Beginn der Frist und somit den Eintritt der Verjährung zulasten des von der Verjährung geschützten Schuldners (hier: S2) hinauszögern könnte.

---

840 Staudinger/Peters/Jacoby § 199 Rn. 8; Dollmann GmbHR 2004, 1330, 1331.

841 BGH RÜ 2017, 78; BGH RÜ 2009, 617.

Der Anspruch ist daher i.S.d. § 199 Abs. 1 bereits im Jahr 2014 entstanden. Er war auch ferner gemäß § 271 Abs. 1 Var. 1 seit diesem Zeitpunkt fällig.

2. Nach **§ 199 Abs. 1 Nr. 2** ist ferner erforderlich, dass der Gläubiger von den den Anspruch begründenden Umständen und der Person des Schuldners Kenntnis erlangt oder ohne Fahrlässigkeit erlangen müsste. Hinsichtlich § 426 Abs. 1 muss **der Ausgleichsberechtigte Kenntnis** von den Umständen haben, die

   - den **Anspruch des Gläubigers gegen den Ausgleichsverpflichteten**,
   - den **Anspruch des Gläubigers gegen ihn selbst** sowie
   - das **Gesamtschuldverhältnis**

   begründen.

S1 kannte bereits im Jahr 2014 die vertragliche Vereinbarung mit G und daher sowohl die Ansprüche des G gegen ihn und gegen S2, also auch die gesamtschuldnerische Bindung zwischen ihm und S 2.

Die Voraussetzungen des § 199 Abs. 1 lagen mithin seit 2014 vor. Die dreijährige Verjährungsfrist hat Ende 2014 begonnen und ist somit Ende 2017 ausgelaufen. Im Januar 2018 ist der Anspruch gemäß § 214 Abs.1 nicht mehr durchsetzbar.

B. Der **Zahlungsanspruch des G gegen S2** könnte **gemäß § 426 Abs. 2 S. 1** i.H.v. 5.000 € auf S1 übergegangen sein. **505**

I. Wie bereits ausgeführt hat S1 den G i.H.v. 10.000 € befriedigt und kann daher vom anderen Gesamtschuldner S2 gemäß § 426 Abs. 1 S. 1 Ausgleich i.H.v. 5.000 € verlangen. Daher ist gemäß **§ 426 Abs. 2 S. 1** der Anspruch des G gegen den S2 auf S1 i.H.v. 5.000 € übergegangen.

II. S2 hat aber die **Einrede der Verjährung** erhoben, sodass auch dieser Anspruch gemäß § 214 Abs. 1 dauerhaft nicht durchsetzbar sein könnte. **506**

1. Der Zahlungsanspruch des G gegen S2 (und S1) unterlag der regelmäßigen dreijährigen Verjährungsfrist des § 195. Diese Frist begann gemäß § 199 Abs. 1 Ende 2014 zu laufen, sodass auch dieser Anspruch **seit Ende 2017 verjährt** ist.

2. Aufgrund der **Relativität der Schuldverhältnisse** kann S2 diese Einrede grundsätzlich nur seinem Vertragspartner, dem G entgegenhalten. Gemäß **§§ 412, 404** kann S2 aber auch dem neuen Anspruchsinhaber S1 alle „Einwendungen" entgegenhalten, die zur Zeit des Forderungsübergangs gegen den G „begründet" waren.

   a) Die Verjährung ist eine nur rechtshemmende Einrede. Der Begriff der **„Einwendung"** i.S.d. § 404 ist aber weit auszulegen, denn Sinn und Zweck der Norm ist es, vollumfänglich dafür zu sorgen, dass der Schuldner durch den Forderungsübergang keine Nachteile erleidet. Gemeint sind daher **Einwendungen i.w.S.**, also auch Einreden.[842]

842 Palandt/Grüneberg § 404 Rn. 2.

b) Die Einrede müsste bei Forderungsübergang auf S1 Ende 2017 bereits **„begründet"** gewesen sein. Zwar war ihre **Grundlage** bereits mit Entstehung des Anspruchs im Jahr 2014 – alle Ansprüche verjähren irgendwann – **angelegt**. Ihr Tatbestand war jedoch erst mit dem Schluss des Jahres 2017 vollständig erfüllt. Auch insofern ergibt sich aber aus dem Zweck des § 404, dass es genügt, wenn die Einwendung ihrem Grunde nach angelegt ist. S2 könnte sich im Jahr 2018 gegenüber G auf Verjährung berufen. Dann muss er das über §§ 412, 404 auch gegenüber S1 können, denn ansonsten würde S2 durch den Forderungsübergang schlechter gestellt.[843]

Der Zahlungsanspruch des G gegen S2 ist zwar gemäß § 426 Abs. 2 S. 1 auf S1 übergegangen, gemäß §§ 214 Abs. 1, 412, 404 ist er aber dauerhaft nicht durchsetzbar.

Das Ergebnis zu A. und zu B. ist das gleiche, weil beide Ansprüche gleichzeitig verjähren. Bei auseinanderfallender Verjährung können die ***Ergebnisse sich unterscheiden****.*

Wäre die Fragestellung nicht auf Ansprüche aus § 426 beschränkt, so wäre noch ein ***Anspruch des S1 gegen S2 aus Schuldverhältnissen*** *zu prüfen, z.B. §§ 677, 682 S. 1, 670.*

---

3. Sonderfall: Ausgleich zwischen Mitbürgen, §§ 774 Abs. 2, 426

507 Beim Innenausgleich unter Mitbürgen (§ 769) ergeben sich **Besonderheiten**.

Fall 23: Wenn Bürgen Bürgen würgen

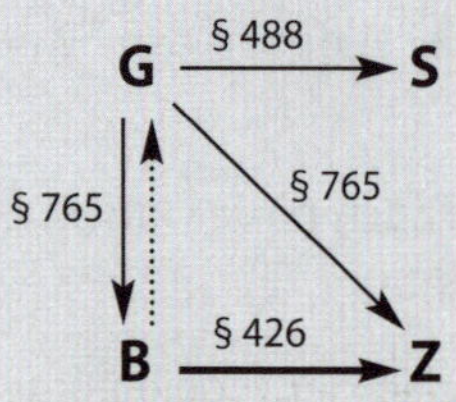

G hat gegen S eine Darlehensforderung über 10.000 €, für die sich B und Z als Selbstschuldner verbürgt haben. Als die Forderung i.H.v. 4.000 € fällig wird und S nicht zahlt, zahlt B an G 4.000 €. B verlangt hinsichtlich dieses Betrags einen Ausgleich von Z.

508 A. B könnte gegen Z einen **originären Anspruch aus § 426 Abs. 1 S. 1** haben.

I. B und Z sind **Mitbürgen** und daher gemäß **§ 769 Gesamtschuldner**.

II. Für die **Haftungsquote** ist nichts „anderes bestimmt" i.S.d. § 426 Abs. 1 S. 1, sodass B und Z einander **zu gleichen Anteilen**, also zu je **50%** verpflichtet sind.

1. **Grundsätzlich** besteht ein Anspruch des zahlenden Gesamtschuldners aber nur, soweit er an den Gläubiger **mehr als den auf ihn entfallenden Anteil** zahlt. Auf B entfallen 50% von 10.000 €, also 5.000 €. Die Zahlung des B i.H.v. 4.000 € liegt darunter, sodass ihm demnach gegen Z kein Anspruch zustünde.

2. **Mitbürgen** können aber **nach jeder Teilleistung Ausgleich** verlangen, auch wenn diese unter dem von ihnen zu tragenden Anteil liegt.[844] Bei ihnen be-

843 Palandt/Grüneberg § 404 Rn. 4; BGH NJW-RR 2012, 502, Rn. 12.

844 BGH NJW 2000, 1034, 1035; Palandt/Grüneberg § 426 Rn. 6.

steht die Besonderheit, dass ihre Leistungspflicht gegenüber dem Gläubiger ungewiss ist, weil sie erst sobald und soweit entsteht, wie der Hauptschuldner nicht leistet. Aus § 769 ergibt sich insofern etwas „anderes", als dass Mitbürgen regelmäßig **bereits ab dem ersten gezahlten Euro** den Ausfall des Schuldners untereinander gleichmäßig aufteilen wollen, auch wenn keine gemeinschaftliche, sondern zwei eigenständige Bürgschaften übernehmen. Eine davon abweichende Vereinbarung haben B und Z nicht getroffen. B kann daher gemäß § 426 Abs. 1 S. 1 50% seiner Zahlung an G, also 2.000 €, von Z verlangen.

B. Der **Zahlungsanspruch des G gegen den Z** ist **gemäß § 426 Abs. 2 S. 1** auf B **übergegangen**. Der Übergang geschieht in der Höhe des Anspruchs aus § 426 Abs. 1, denn er soll die Ausgleichspflicht des anderen Gesamtschuldners nicht beeinflussen, sondern nach §§ 412, 401 den Übergang eventueller Sicherheiten bewirken. Der Anspruch ist also insofern **in Höhe von (ebenfalls nur) 2.000 €** auf B übergegangen. **509**

C. Der **Zahlungsanspruch des G gegen den Z** könnte allerdings **gemäß §§ 774 Abs. 1, 412, 401 i.V.m. § 765** in Höhe weiterer 2.000 €, also insgesamt **in Höhe von 4.000 €**, auf B übergegangen sein. **510**

Gemäß § 774 Abs. 1 S. 1 hat B aufgrund seiner Zahlung von 4.000 € an G den **Anspruch des G gegen S aus § 488 Abs. 1 S. 2** in Höhe von 4.000 € erworben. Gemäß §§ 412, 401 sind damit **alle anderen akzessorischen Sicherheiten**, also auch die Rechte aus der Bürgschaft des Z gegenüber G, in Höhe von 4.000 € auf B übergegangen. Demnach könnte B von Z vollen Regress nehmen, im Ergebnis würde also Z die alleinige Last tragen.

Jedoch bestimmt **§ 774 Abs. 2**, dass Mitbürgen einander nur nach § 426 haften. Damit ist, wie sich auch aus der **systematischen Stellung** der Regelung ergibt, gemeint, dass der zahlende Bürge nicht den über § 774 Abs. 1 S. 1 eröffneten vollen Regress nehmen können soll. Vielmehr kann er nur den von § 426 vorgesehen Anteil verlangen, hier also – wie ausgeführt – ab dem ersten gezahlten Euro die Hälfte. Folglich ist der Anspruch des G gegen Z nicht über 2.000 € hinaus auf B übergegangen.

Im Ergebnis kann B von Z daher Zahlung von 2.000 € verlangen.

---

*Vom **zur Schuld Beitretenden** kann der Bürge hingegen keinen Regress nehmen. Denn auch der Schuldner selbst kann dies weder gemäß §§ 412, 401 Abs. 1 direkt (keine Akzessorietät des Schuldbeitritts) noch analog (Schuldbeitretender haftet nur nachrangig).*[845]

845 Näher AS-Skript Schuldrecht BT 2 (2018), Rn. 418 f.

4. Sonderfall: Ausgleich zwischen einem Bürgen und einem anderen Sicherungsgeber

511 Der **Innenausgleich unter mehreren Sicherungsgebern** erfolgt **nach h.M. stets anteilig**, unabhängig davon, um welche Art(en) von Sicherheiten es geht. Der im obigen Fall genannte § 774 Abs. 2 gilt zwar nur unter Mitbürgen, die h.M. gelangt aber auch in anderen Fällen zu einer Aufteilung nach § 426.

*Die Problematik vereint das Recht der **Gesamtschuld** und **sämtlicher Kreditsicherheiten**. Zur Durchdringung müssen Sie Kenntnisse in jedem dieser Bereiche haben. Hier erfolgt nur eine knappe Zusammenfassung mit Fokus auf der Gesamtschuld.[846] Eine ausführliche Darstellung (aller Ansichten) anhand zweier Fälle finden Sie im AS-Skript Sachenrecht 2,[847] weil dieses üblicherweise als letztes Skript zum Kreditsicherungsrecht gelesen wird.*

a) Bürgschaft und akzessorische Sicherheit: Wettlauf der Sicherungsgeber

512 Ist eine Forderung durch eine Bürgschaft und eine weitere akzessorische Sicherheit wie eine Hypothek an einem Grundstück (oder ein Faustpfandrecht an einer beweglichen Sache) gesichert und fehlt eine Abrede bezüglich des Verhältnisses der Sicherungsrechte, so ergibt sich folgende **gesetzliche Situation**:

- **Zahlt der Bürge** an den Gläubiger, erhält er gemäß §§ 774 Abs. 1 S. 1, 412, 401 Abs. 1, 1153 Abs. 1 mit der Forderung gegen den Hauptschuldner auch die Hypothek (bzw. gemäß §§ 774 Abs. 1 S. 1, 412, 401 Abs. 1, 1250 Abs. 1 S. 1 das Faustpfandrecht).
- **Zahlt der Eigentümer** der Sache, so geht gemäß § 1143 Abs. 1 S. 1 (bzw. § 1225 S. 2) die Forderung und gemäß §§ 412, 401 Abs. 1 auch die Bürgschaft auf ihn über.

Der zuerst zahlende Sicherungsgeber wird also begünstigt. Er könnte beim anderen Sicherungsgeber vollen Regress nehmen. Es droht der „**Wettlauf der Sicherungsgeber**".

513 Die h.M. verhindert dies, indem sie in **analog § 426** den Anspruch des zuerst zahlenden Sicherungsgebers anteilig kürzt. Eine direkte Anwendung des § 426 scheidet aus, da seine **Rechtsfolge** die Verschaffung eines Anspruchs und nicht seine Kürzung ist.

Die h.M. bejaht den **Tatbestand einer Gesamtschuld** nach § 421 wie folgt:

- Dem Gläubiger haften **mehrere Schuldner**: Die Sicherungsgeber.
- Streng genommen handelt es sich war nicht um **„eine Leistung"**, denn der Bürge muss zahlen, während der Eigentümer nur die Verwertung der Sache gemäß § 1147 bzw. § 1204 Abs. 1 dulden muss. Es liegt aber das **gleiche Leistungsinteresse** vor, denn alle Sicherungsgeber versprechen, die Hauptforderung (auf unterschiedlichem Wege) abzusichern. Zudem zahlt auch der Eigentümer oft, um gemäß § 1142 Abs. 1 bzw. §1223 Abs. 2 die Verwertung der Sache zu verhindern.

---

846 Eine entsprechende, auf die Bürgschaft fokussierte Darstellung finden Sie in AS-Skript Schuldrecht BT 2 (2018), Rn. 420.

847 AS-Skript Sachenrecht 2 (2018), Rn. 161 (zur Hypothek und den vertretenen Ansichten), Rn. 225 f. (zur Grundschuld) und Rn. 227 (zur Ausgleichsquote bei verschieden hohen Sicherheiten).

- Der Gläubiger kann insgesamt die Leistung von den Sicherungsgebern **nur einmal verlangen**.
- Der Gläubiger kann, wenn nichts anderes vereinbart ist, **von jedem** Sicherungsgeber **die ganze Leistung** verlangen.
- Schließlich haften auch alle Sicherungsgeber **gleichstufig**. Insbesondere sei der Bürge trotz § 776 und trotz seiner persönlichen Haftung nicht zu privilegieren.

Andere Ansichten sehen der Bürgen als höherstufig an, sodass nur er Ausgleich verlangen könne bzw. gewähren stets einen vollen oder gar keinen Ausgleich.

b) Bürgschaft und abstrakte Sicherheit: Stillstand der Sicherungsgeber

Ist eine Forderung durch eine Bürgschaft und eine abstrakte Sicherheit wie eine Grundschuld an einem Grundstück (oder das Sicherungseigentum an einer beweglichen Sache) gesichert und fehlt eine Abrede bezüglich des Verhältnisses der Sicherungsrechte, so ergibt sich folgende **gesetzliche Situation**: 514

- **Zahlt der Bürge** an den Gläubiger, erhält er gemäß §§ 774 Abs. 1 S. 1 zwar die Forderung gegen den Hauptschuldner. Er erhält jedoch nicht die Sicherheit, denn §§ 412, 401, 1153 Abs. 1, 1250 Abs. 1 S. 1 gelten nicht für abstrakte Sicherheiten.
- **Zahlt der Eigentümer** der Sache, so geht die Forderung nicht auf ihn über, denn es gibt für abstrakte Sicherheiten keine Norm, die § 1143 Abs. 1 S. 1 (bzw. § 1225 S. 2) entspricht. Folglich geht auch die Bürgschaft nicht gemäß §§ 412, 401 auf ihn über.

*Die **schuldrechtlichen Rückübertragungsansprüche aus dem Sicherungsvertrag** wurden nicht berücksichtigt, weil sie nicht ipso iure wirken.*

Nach der gesetzlichen Regelung wird also der zuerst zahlende Sicherungsgeber im Ergebnis benachteiligt, weil er beim anderen Sicherungsgeber keinen Regress nehmen könnte. Es droht der „**Stillstand der Sicherungsgeber**". Die h.M. verhindert dies, indem sie gemäß **§ 426 Abs. 1 und § 426 Abs. 2** dem zahlenden Sicherungsgeber einen anteiligen Ausgleichsanspruch gegen den anderen Sicherungsgeber zubilligt. Gegen den Bürgen ist der Anspruch ebenfalls auf Zahlung, gegen dingliche Sicherungsgeber hingegen nur auf Duldung der Verwertung der Sicherheit gerichtet.[848] 515

c) Anteiliger Ausgleich nach abstraktem Haftungsrisiko

Die Höhe der Haftungsanteile bemisst, wie bei Mitbürgen, ab dem ersten Euro nach dem **Verhältnis der Höchstbeiträge der Sicherheiten** zueinander. 516

Beispiel:[849] G hat gegen S eine Forderung aus einem Kontokorrent über aktuell 600.000 €. B verbürgt sich i.H.v. 200.000 €. E bestellt eine Hypothek i.H.v. 600.000 €. Die Forderung fällt i.H.v. 100.000 € aus, die übrigen 500.000 € kann S an G zurückzahlen.

848 Staudinger, Eckpfeiler des Zivilrechts K Rn. 73.

849 Nach BGH RÜ 2009, 151, dort allerdings bezogen auf eine Grundschuld, dazu AS-Skript Sachenrecht 2 (2018), Rn. 227.

Maßgeblich ist das Verhältnis der Höchstbeträge der Sicherheiten zueinander. B haftet für maximal 200.000 €, E hingegen insgesamt für maximal 600.000 €. Der abstrakte Haftungshöchstbetrag liegt also, selbst wenn die Schulden des S noch steigen, bei 800.000 €. B trägt 25% des Haftungsrisikos und E 75%. Konkret trägt B also 25.000 € und E 75.000 € des Ausfalls. Soweit B an G zahlt, kann er ab dem ersten Euro 75% der gezahlten Summe von E verlangen. E könnte umgekehrt von B 25% verlangen.

IV. Gestörte Gesamtschuld

517 Eine Störung des Gesamtschuldverhältnisses kann dadurch auftreten, dass sich ein Gesamtschuldner gegenüber dem Gläubiger auf ein vertragliches oder gesetzliches **Haftungsprivileg** berufen kann, welches den übrigen Gesamtschuldnern nicht zusteht.

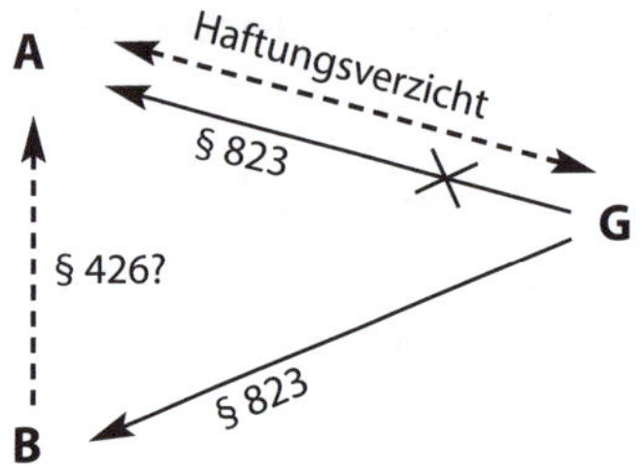

Beispiel: A nimmt G in seinem Pkw mit, vereinbart aber vorher mit ihm einen Haftungsverzicht für einen eventuell verursachten Unfallschaden. A stößt infolge leichter Fahrlässigkeit mit dem von B gesteuerten Pkw zusammen. G erleidet einen Schaden i.H.v. 1.000 €. Für den Unfall ist A zu 75% und B zu 25% verantwortlich. B zahlt an G 900 €.

- **Ohne den Haftungsausschluss** würden A und B dem G als **Gesamtschuldner** gemäß § 840 Abs. 1 (i.V.m. § 823 Abs. 1 und §§ 18, 7 StVG) haften. Nähme G den B in voller Höhe in Anspruch, könnte B den A **nach § 426 in Regress** nehmen.

  Der **Umfang** des Ausgleichs würde sich analog§ 254 bzw. analog §§ 9, 17 StVG nach den **Verursachungsbeiträgen** richten. B trägt 250 € selbst und kann von A 650 € verlangen.

- **Infolge des Haftungsverzichts** steht G jedoch kein Schadensersatzanspruch gegen A zu. A und B sind **keine Gesamtschuldner**. Bei Inanspruchnahme des nicht privilegierten Zweitschädigers B durch G könnte B folglich **keinen Regress** gegenüber A nach § 426 nehmen. Die Privilegierung des Erstschädigers (A) ginge damit zulasten des Zweitschädigers (B), obwohl dieser der Privilegierung nicht zugestimmt hat.

518 Wichtige Ursachen, also **Fallgruppen** der Störung der Gesamtschuld sind:

- **Vertraglich vereinbarter Haftungsausschluss** zwischen dem Geschädigten und dem privilegierten Schädiger, s.o.
- **Gesetzlich angeordnete Haftungsbeschränkungen auf eigenübliche Sorgfalt** i.S.d. § 277, z.B. unter Ehegatten (§ 1359), im Eltern-Kind Verhältnis (§ 1664), unter Lebenspartnern (§ 4 LPartG) oder des Gesellschafters (§ 708).
- **Sozialversicherungsrechtliche Haftungsprivilegierungen** des Arbeitgebers bzw. von Arbeitskollegen bei **Arbeitsunfällen**, §§ 104, 105 SGB VII.
- **Haftungsprivilegierung des Mitglieds einer häuslichen Gemeinschaft** gegenüber einem Versicherer, Sozialversicherungsträger, Arbeitgeber oder Dienstherrn, vgl. §§ 86 Abs. 3 VVG, 116 Abs. 6 SGB X.
- **Beschränkung der Arbeitnehmerhaftung** bei betrieblich veranlasster Tätigkeit nach den Grundsätzen des **innerbetrieblichen Schadensausgleiches**.

1. Lösungsmodelle

Der **Interessenkonflikt** zwischen Gläubiger, privilegiertem Gesamtschuldner und normalem Gesamtschuldner kann (theoretisch) folgendermaßen gelöst werden: 519

- **Lösung 1: „Gesetzeswortlaut: Keine Gesamtschuld, kein Regress"**

  Der Gläubiger kann den nicht privilegierten Zweitschädiger voll in Anspruch nehmen. Da der privilegierte Erstschädiger dem Gläubiger nicht haftet, besteht keine Gesamtschuld. Der in Anspruch genommene Zweitschädiger hat gegen den Erstschädiger keine Regressansprüche aus § 426 Abs. 1 u. 2. Diese Lösung **entspricht dem Gesetz**. Sie **benachteiligt den nicht privilegierten Zweitschädiger.**

  Im **Beispiel** haftet B als nicht privilegierter Zweitschädiger dem G in voller Höhe auf Schadensersatz ohne Regressmöglichkeit gegenüber A.

- **Lösung 2: „Fingierte Gesamtschuld"**

  Der Gläubiger kann den nicht privilegierten Zweitschädiger voll in Anspruch nehmen. Im Innenverhältnis zwischen Erstschädiger und Zweitschädiger wird eine Gesamtschuld fingiert, sodass der nicht privilegierte Zweitschädiger den privilegierten Erstschädiger aus § 426 Abs. 1 u. 2 (analog) in Regress nehmen kann. Diese Lösung **entwertet die Privilegierung des Erstschädigers**.

  Im **Beispiel** hat G gegen den nicht privilegierten Zweitschädiger B einen Anspruch i.H.v. 1.000 €. B kann nach Befriedigung des G von A nach § 426 Abs. 1 u. 2 Ausgleich verlangen, soweit B an G mehr als 250 € gezahlt hat, also 650 €. A haftet nicht dem G, aber trotz der Privilegierung anteilig dem B.

- **Lösung 3: „Regresskreisel"**

  Um ein Leerlaufen der Privilegierung des Erstschädigers zu vermeiden, hat anknüpfend an Lösung 2 der privilegierte Erstschädiger, wenn er den nicht privilegierten Zweitschädiger aus § 426 Abs. 1 u. 2 befriedigt hat, in dieser Höhe einen Rückgriffsanspruch gegen den Gläubiger. Diese Lösung **belastet letztlich den geschädigten Gläubiger**. Dessen **Insolvenzrisiko** trägt aber der privilegierte **Erstschädiger**.

  Im **Beispiel** hat G gegen den nicht privilegierten Zweitschädiger B einen Anspruch in voller Höhe. B kann nach Befriedigung des G vom privilegierten Erstschädiger A gemäß § 426 Abs. 1 u. 2 650 € verlangen. A steht dann wiederum ein Regressanspruch gegen G i.H.v. 650 € zu. Letztlich wird G belastet, weil er nur 250 € von den von B gezahlten 900 € behalten darf. Wird G allerdings insolvent, dann geht der Regressanspruch des A gegen G ins Leere, sodass A – trotz seiner Privilegierung – keine Kompensation für die an B gezahlten 650 € erhält.

- **Lösung 4: „Anspruchskürzung"**

  Anstelle des Regresskreisels (Lösung 3) wird der Anspruch des Gläubigers gegen den Zweitschädiger von vornherein um den fiktiven Haftungsanteil des privilegierten Erstschuldners gekürzt. Diese Lösung **belastet nur den geschädigten Gläubiger**.

  Im **Beispiel** steht G gegen den nicht privilegierten Zweitschädiger B von vornherein nur ein gekürzter Schadensersatzanspruch zu. Die Kürzung erfolgt sofort um den Betrag, den der Zweitschädiger B ohne die Privilegierung des A durch den Rückgriff nach § 426 Abs. 1 u. 2 gegenüber A hätte ersetzt verlangen können. A trägt kein Insolvenzrisiko. G hätte von B nur 250 € verlangen können. Die darüber hinaus gezahlten 650 € kann B von G gemäß § 812 Abs. 1 S. 1 Var. 1 kondizieren.

2. Wahl des Lösungsmodells nach den schutzwürdigen Interessen

520 Welches Lösungsmodell eingreift, hängt von der **Wertung im konkreten Einzelfall** ab, **auf wessen Kosten der Interessenkonflikt gelöst** werden soll. Allerdings haben sich für bestimmte typisierte Fallgruppen bestimmte Lösungsfavoriten herausgebildet.

*Für die **Klausur** ist **am wichtigsten**, dass Sie die vier abstrakten **Lösungsmodelle kennen** und sie unter den konkreten Fall **subsumieren**. Ob Sie Ihre Entscheidung für eines der Modelle dann mit den sogleich folgenden klassischen Argumenten und/oder mit ihren eigenen Argumenten begründen, ist sekundär.*[850]

a) Vertragliche Haftungsbeschränkungen

521 Nach Lösungsmodell 1 würde eine zwischen Gläubiger und Erstschädiger vereinbarte Haftungsprivilegierung einen **unzulässigen Vertrag zulasten des nicht privilegierten Zweitschädigers** darstellen. Es besteht daher Einigkeit, dass eines der anderen Lösungsmodelle anzuwenden ist, welches den Zweitschädiger nicht benachteiligt.

522 ■ Die **Rechtsprechung**[851] wählt regelmäßig das **zweite Lösungsmodell** der **fingierten Gesamtschuld**, das zunächst den haftungsprivilegierten Schädiger belastet.

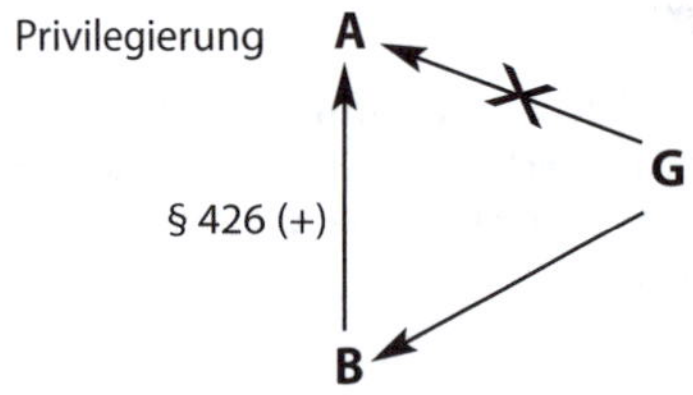

Der privilegierte Schädiger A kann zwar nicht unmittelbar von dem Gläubiger in Anspruch genommen werden. Er verliert den Vorteil aber durch den Rückgriff des nicht privilegierten Schädigers B. A steht daher letztlich schlechter, als wenn er für den Schaden allein verantwortlich wäre und G daher allenfalls ihn in Anspruch nehmen könnte.

Um zu vermeiden, dass der privilegierte Erstschädiger schlechter steht, als wenn er allein verantwortlich wäre, wird ihm im **Einzelfall** ein Rückgriffsanspruch gegen den geschädigten Gläubiger zugebilligt **(Lösungsmodell 3 „Regresskreisel“).**[852]

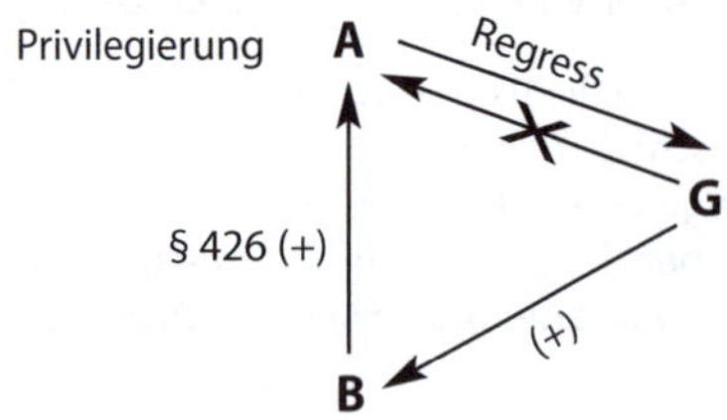

Es kommt dann letztlich für den privilegierten Schädiger A die mit dem Gläubiger G vereinbarte Vergünstigung doch noch zum Tragen.

Entscheidend für die Wahl zwischen Lösungsmodell 2 und 3 ist, ob die vertragliche Haftungsprivilegierung – ausdrücklich oder konkludent – dem privilegierten Schuldner auch das **Risiko des Hinzutretens eines Zweitschädigers abnehmen** soll.

850 Vgl. allgemein zur Darstellung von Problemen und Meinungsstreitigkeiten in Klausuren AS-Basiswissen Methodik der Fallbearbeitung im Studium und Examen – Wie schreibe ich eine Klausur? (2018), S. 108 ff.

851 BGH NJW 1972, 942.; BGH NJW-RR 2004, 1243, 1245; vgl. auch Palandt/Grüneberg § 426 Rn. 20.

852 Vgl. BGH NJW 1983, 624, 626; MünchKomm/Bydlinski § 426 Rn. 57.

- **Teile der Literatur**[853] gewähren im Fall dem geschädigten Gläubiger gegen den nicht privilegierten Zweitschädiger hingegen von vornherein nur einen um den Verantwortungsanteil des privilegierten Schädigers **gekürzten Anspruch (Lösung 4)**. Die Konstruktion einer fingierten Gesamtschuld (Lösung 2) entwerte die Privilegierung des begünstigten Erstschädigers und widerspreche damit dem Zweck dieser Abrede. Auch ein Regresskreisel (Lösung 3) entwerte die Privilegierung, da der privilegierte Erstschädiger zumindest das Insolvenzrisiko des Gläubigers tragen muss. Die sofortige Kürzung des Anspruchs gegen den nicht privilegierten Erstschädiger im Außenverhältnis sei gerechtfertigt, da der Geschädigte durch den Abschluss der Vereinbarung seine Rechtsstellung selbst entwertet habe. Ferner könne der Regresskreisel zu unnötig vielen Gerichtsprozessen führen und sei daher unökonomisch. **523**

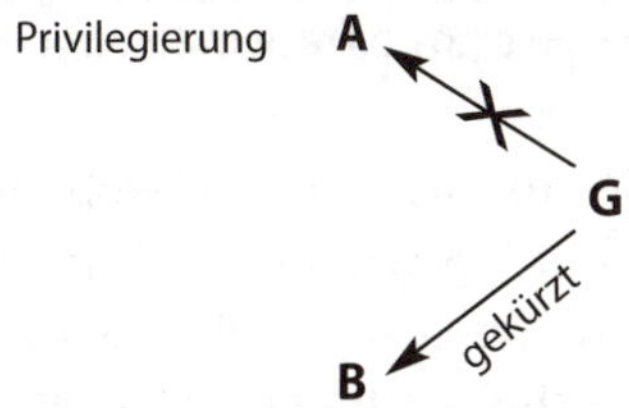

Der Gläubiger muss den Nachteil, dass er wegen des Haftungsverzichts nur einen Teil seines Schadens ersetzt bekommt, von vornherein tragen.

Fall 24: Die dachlose Jugendherberge

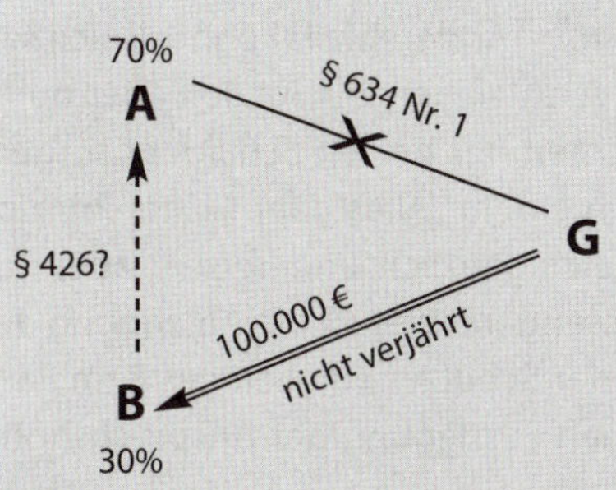

G lässt das Dach der ihm gehörenden Jugendherberge erneuern. Die Arbeiten führt der Bauunternehmer A durch. Im Vertrag zwischen G und A heißt es: *„A übernimmt die Gewährleistung zwei Jahre ab Abnahme."* G schließt weiter einen Vertrag mit dem Architekten B, dem Planung, Leitung und Bauaufsicht übertragen werden. Eine Bestimmung über Verjährungsfristen enthält dieser Vertrag nicht. Zweieinhalb Jahre nach der Abnahme deckt eine Windböe das Dach ab. Ein Sachverständiger stellt fest, dass ein grober Baumangel vorliegt, der zu 70% auf einem Ausführungsfehler des A und zu 30% auf mangelnder Bauaufsicht durch B beruht. A weigert sich unter Berufung auf Verjährung, die Nacherfüllung vorzunehmen. Nunmehr verlangt G von B Schadensersatz i.H.v. 100.000 €. Muss B die gesamte Summe an G zahlen? Kann er ggf. von A Ausgleich verlangen?

A. **G** könnte **gegen B** gemäß **§§ 280 Abs. 1 u. 3, 283, 634 Nr. 4, 650q Abs. 1** einen Schadensersatzanspruch neben der Leistung i.H.v. 100.000 € haben. **524**

I. Zwischen B und G besteht ein Architektenvertrag i.S.d. § 650p. B hat die Pflicht zur ordnungsgemäßen Bauaufsicht aus § 650p Abs. 1 verletzt und es ist ihm nicht mehr möglich i.S.d. § 275 Abs. 1, dies ungeschehen zu machen. B hat sich auch nicht nach § 280 Abs. 1 S. 2 exkulpiert. Der Anspruch besteht daher **dem Grunde nach**.

853 Medicus/Petersen Rn. 933 f.; Looschelders Rn. 1295; Brox/Walker § 37 Rn. 24; Palandt/Grüneberg § 426 Rn. 20.

II. Die **Einrede der Verjährung** aus § 214 Abs. 1 greift gemäß §§ 634a Abs. 1 Nr. 2 u. Abs. 2, 650q Abs. 1 erst fünf Jahre nach Abnahme. Sie steht B daher (noch) nicht zu.

525 III. Gemäß § 650t steht auch dem Architekten B die **Einrede des Vorrangs der Nacherfüllung durch den Bauunternehmer** A zu, solange G dem ebenfalls haftenden A noch nicht erfolglos eine angemessene Frist zur Nacherfüllung gesetzt hat.

Haftet dem Bauherrn der Architekt und der Bauunternehmer, so **nimmt der Bauherr oft den Architekten in Anspruch**. Der Architekt hat erstens eine solvente **Berufshaftpflichtversicherung** hinter sich. Zweitens haftet der Architekt regelmäßig **direkt auf Schadensersatz (§ 283)**, während der Bauunternehmer zunächst die Nacherfüllung versuchen darf (§ 281 Abs. 1). Der Architekt muss dann Rückgriff beim Bauunternehmer nehmen und trägt dessen Insolvenzrisiko. Dieser Entwicklung entgegenzuwirken ist der **Zweck des zum 01.01.2018 inkraftgetretenen § 650t**.[854]

G hat dem A zwar keine Frist gesetzt. Die **ernsthafte und endgültige Erfüllungsverweigerung des A** führt allerdings dazu, dass A sich gegenüber G nicht mehr auf den Vorrang der Nacherfüllung berufen kann und G von A die in §§ 650q Abs. 1, 634 Nr. 2–4 genannten Gewährleistungsrechte auch ohne Fristsetzung einfordern kann (vgl. §§ 637 Abs. 2, 323 Abs. 2 Nr. 1, 281 Abs. 2 Var. 1).

Dann muss **auch im Verhältnis zwischen B und G** die Einrede des § 650t – abweichend von seinem Wortlaut – entfallen sein.[855] Anderenfalls könnte B sich seiner Schadensersatzpflicht weitergehend als A entziehen. § 650t soll aber nur – ähnlich § 770 – für einen Gleichlauf der Pflichten der beiden Schuldner sorgen. Zudem würde die Bejahung der Einrede nach einem „Alles-oder-Nichts-Prinzip" den Anspruch des G gegen B einerseits sogleich gänzlich, andererseits aber nur einstweilen (dilatorisch) ausschließen. Interessengerechter ist die Ablehnung der Einrede, bei gleichzeitiger Berücksichtigung der Schutzwürdigkeit des B im Rahmen der endgültigen und stufenlos möglichen Festlegung der Anspruchshöhe – dazu sogleich IV.

B kann sich nicht auf die Einrede des § 650t berufen.

*Der Fortfall der Einrede ist gut begründbar. Zudem ist er **klausurtaktisch sinnvoll**, um nun die Anspruchshöhe und die gestörte Gesamtschuld erörtern zu können.*

526 IV. Fraglich ist, in welcher **Höhe** G den B in Anspruch nehmen kann.

1. Wäre B neben dem A – dessen Haftung gegenüber G trotz Verjährung unterstellt – **Teilschuldner**, dann würde B dem G gemäß § 420 nur i.H.v. 30% haften. Als **Gesamtschuldner** müsste B gemäß § 421 hingegen die komplette Summe zahlen.

   Maßgeblich für die Abgrenzung ist, ob A und B dem G **eine Leistung** schulden. Dabei ist keine Identität erforderlich, es genügt das **gleiche Leistungsinteresse**. Zwar schuldet B aufgrund der Unmöglichkeit der Nacherfüllung hinsicht-

---

854 Vgl. Palandt/Sprau § 650t Rn. 2; vgl. insgesamt zu § 650t AS-Skript Schuldrecht BT 1 (2018), Rn. 373.

855 So auch Palandt/Sprau § 650t Rn. 3 a.E.

lich seines Überwachungsfehlers sogleich Schadensersatz aus §§ 280 Abs. 1 u. 3, 283, 634 Nr. 4, 650q Abs. 1, während A nach §§ 634 Nr. 1, 635 primär Nacherfüllung schuldet. Die Pflicht des A kann aber nach §§ 634 Nr. 4, 280 Abs. 1 u. 3, 281 in eine Schadensersatzpflicht statt der Leistung umschlagen. Die Unterscheidung der Schadensersatzarten ist rechtlicher Natur und spielt für das nach tatsächlichen Maßstäben zu beurteilende Leistungsinteresse keine Rolle. A und B haften beide letztlich auf Kompensation der Schäden an dem Dach und müssen dafür Geld oder ihre Arbeitskraft, die aber auch Geldwert hat, einsetzen. Sie haften daher als grundsätzlich Gesamtschuldner.[856]

Diese gesamtschuldnerische Haftung im Innenverhältnis wollte der **Gesetzgeber** auch **nicht mit § 650t in Frage stellen**.[857] Das zeigt bereits die amtliche Überschrift der Norm. Zudem ist ihr Zweck nicht die Ausgestaltung des Innenverhältnisses zwischen A und B, sondern eine Kanalisierung der Reihenfolge der Anspruchsdurchsetzungen im Außenverhältnis von G zu A und B.

Nach dem Gesetz würde B dem G also in voller Höhe haften.

2. B könnte sodann nicht bei A nach § 426 Abs. 1 u. 2 Regress i.H.v. 70% nehmen. **527**
Dem G ist eine direkte Inanspruchnahme des A verwehrt, denn G hat mit A vertraglich eine zulässige (arg. e § 202) – sich hier auswirkende – **Verkürzung der Verjährung** auf zwei Jahre ab Abnahme **vereinbart**. G hat daher nicht die nach § 421 erforderlichen mehreren Schuldner, sodass **keine Gesamtschuld** besteht.

Zweifelhaft ist aber, ob die **Privilegierung des A gegenüber G** sich auf den Anspruch des G gegen B oder auf einen Anspruch des B gegen A auswirken soll.

*Die **Haftungsprivilegierung** muss also nicht immer ein gänzlicher Haftungsausschluss oder eine Veränderung des Verschuldensmaßstabs sein. Auch eine **Verkürzung der Verjährung** führt zur gestörten Gesamtschuld.*

a) Eine **gesetzliche Regelung** des sog. gestörten Gesamtschuldverhältnisses **fehlt**. Insbesondere greifen die §§ 422–425 nicht ein. Dort ist nur die nachträgliche Veränderung der Schuld geregelt. Hier geht es darum, dass bereits bei Entstehung der Ansprüche eine unterschiedliche Ausgestaltung vorliegt, die die Haftung eines Gesamtschuldners im Außenverhältnis ausschließt.

b) Denkbar wäre es, dem G einen **ungekürzten Anspruch** gegen B i.H.v. 100.000 € zuzusprechen, dann aber eine **Gesamtschuld** zwischen B und A zu **fingieren**, damit B von A über § 426 Abs. 1 Regress i.H.v 70% (70.000 €) nehmen kann. Sodann könnte man dem A gestatten, seinerseits von G 70.000 € einzufordern, damit im Verhältnis A zu G die Verjährungsvereinbarung ihren Schutz zugunsten des A entfalten kann und damit A nicht

---

856 Vgl. BGH-GSZ, NJW 1965, 1175; Palandt/Sprau § 634 Rn. 20; siehe auch Rn. 479.

857 Palandt/Sprau § 650t Rn. 2 a.E., unter Verweis auf BT-Drs. 18/8486 S. 70.

schlechter dasteht, als hätte er G alleine geschädigt (**Lösung 3: „Regresskreisel"**).

*B würde gemäß **§ 426 Abs. 2 S. 1** auch den Nacherfüllungs- bzw. Schadensersatzanspruch des G gegen A erhalten. A könnte sich aber gemäß §§ 412, 404, 214 Abs. 1 auch gegenüber B auf Verjährung berufen.*

c) Andererseits könnte man den **Anspruch** des G gegen B **von vornherein um den Betrag kürzen**, den B von A verlangen könnte, wenn eine Gesamtschuld bestünde **(Lösung 4)**. G hätte dann gegen B einen Anspruch nur i.H.v. 30.000 €. Ein weiterer Regress des B gegenüber A oder des A gegenüber B wäre nicht erforderlich.

d) **Für beide Lösungen** spricht, dass G seine Rechtsstellung durch die Vereinbarung mit A selbst entwertet hat und daher nur im Ergebnis nur 30% erhalten soll. Die **zweitgenannte Lösung (Lösung 4)** ist vorzugswürdig, da sie zum gleichen Ergebnis auf schnellerem Weg führt und – im Fall einer gerichtlichen Klärung – nur einen einzigen Prozess – zwischen G und B – erfordert und daher prozessökonomischer ist. Zudem konterkariert sie die Privilegierung des A nicht, während nach der zweitgenannten Lösung A zunächst an B zahlen und sodann das Risiko seines Regresses bei G tragen müsste.

G hat gegen B gemäß **§§ 634 Nr. 4, 280 Abs. 1** einen Schadensersatzanspruch i.H.v. (nur) 30.000 €.

B. **B** hat **gegen A keinen Regressanspruch** (und auch kein Bedürfnis hierfür).

---

b) Gesetzliche Haftungsbeschränkungen

528 Insbesondere folgende gesetzliche Haftungsbeschränkungen sind **klausurrelevant**.

aa) Unfallversicherung und Arbeitnehmerhaftung

529 Bei **Arbeitsunfällen und Berufskrankheiten** haftet grundsätzlich die gesetzliche Unfallversicherung (**Versicherungsfälle i.S.d. §§ 7–9 SGB VII**). Mögliche Verursacher des Unfalls sollen dem Geschädigten hingegen nur bei Vorsatz haften, denn wo gehobelt wird, fliegen hin und wieder auch Späne. Für **Wegeunfälle** gilt hingegen keine Haftungsbeschränkung, da hier ein höheres Risiko besteht und im Straßenverkehr kein Raum für individuelle Sorglosigkeit besteht.

Für folgende **Fallgestaltungen** besteht ein Haftungsprivileg:[858]

*Die Vorschriften sind abgedruckt im **Schönfelder, Fn. 1 zu § 618 BGB**. Sie werden daher in der Klausur als zugänglich und in Grundzügen bekannt vorausgesetzt.*

858 Ausführlich zu den Vorschriften AS-Skript Arbeitsrecht (2016), Rn. 409 ff.

- Gemäß **§ 104 Abs. 1 S. 1 SGB VII** haftet der **Unternehmer dem Versicherten** sowie dessen Angehörigen und Hinterbliebenen im Versicherungsfall nur für Vorsatz und bei Wegeunfällen.
- Gemäß **§ 105 Abs. 1 S. 1 SGB VII** gilt selbiges für die **Versicherten desselben Betriebs untereinander**.
- Gemäß **§ 106 Abs. 3 SGB VII** gelten die beiden zuvor genannten Bestimmungen auch zwischen **mehreren Unternehmern** und ihren Versicherten, soweit vorübergehend Tätigkeiten in einer **Gefahrgemeinschaft** auf einer **gemeinsamen Betriebsstätte** ausgeführt werden.[859]

Eine weitere ungeschriebene, richterrechtlich ausgeprägte Haftungsbeschränkung **530**
(oder gar -ausschluss) zugunsten des Arbeitnehmers gegenüber dem Arbeitgeber wird bei **betrieblich veranlasster Tätigkeit** nach den Grundsätzen des **innerbetrieblichen Schadensausgleiches** angenommen.[860]

Anders als bei vertraglichen Haftungsausschlüssen besteht in diesen Fallkonstellatio- **531**
nen Einigkeit darüber, dass in der Regel der Anspruch des Geschädigten gegen den nicht privilegierten Zweitschädiger in Höhe des Verantwortungsanteils des privilegierten Schädigers **zu Lasten des Geschädigten von vornherein zu kürzen ist (Lösung 4)**.[861] Unerheblich ist insofern, ob sich der Anspruch (nur) aus §§ 823 ff. oder (auch) aus § 280 Abs. 1 (ggf. i.V.m. § 278 S. 1 Var. 2 und einem Vertrag mit Schutzwirkungen zugunsten Dritter) ergibt.[862] Die gesetzlichen Haftungsprivilegien sollen die Lasten einer Privilegierung nicht auf einen nicht privilegierten Schädiger verlagern. Zudem erhält der Geschädigte in der Regel ausreichende Kompensation durch die im Hintergrund stehende Versicherung (vgl. §§ 1 Nr. 2, 26 ff. SGB VII).

Fall 25: Der Sturz vom Baugerüst

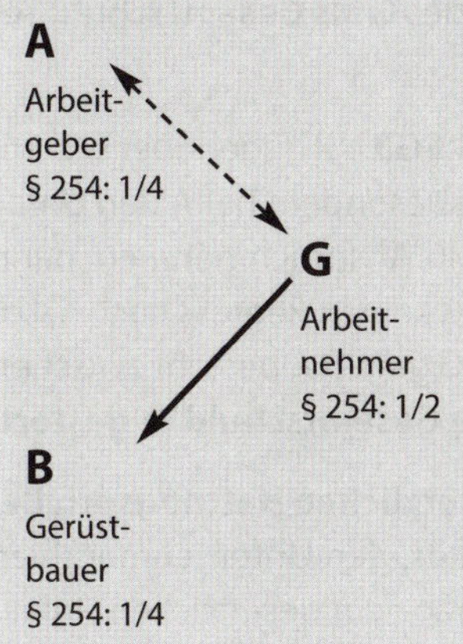

G ist im Malerbetrieb des A als Malergeselle tätig. A führt im Auftrag eines Hauseigentümers Malerarbeiten an der Fassade eines Gebäudes aus. B, ein selbständiger Gerüstbauer, stellt im Auftrag des Hauseigentümers für die Malerarbeit ein Gerüst auf, unter fahrlässigem Verstoß gegen Unfallverhütungsvorschriften. A erkennt diesen Verstoß fahrlässig nicht. G stürzt ab.
Besteht ein Anspruch des G gegen B aus § 823 Abs. 1, wenn G ein eigenes Mitverschulden von 1/2 trifft und wenn die Mitschuld des A und des B im Übrigen gleich groß ist?

859 Vgl. zu § 106 Abs. 3 SGB VII BGH, Urt. v. 10.05.2005 – VI ZR 366/03 und Urt. v. 14.06.2005 – VI ZR 25/04, zusammengefasst dargestellt in RÜ 2006, 24.

860 Näher zum innerbetrieblichen Schadensausgleich AS-Skript Arbeitsrecht (2016), Rn. 400 ff.

861 BGH RÜ 2017, 615; 2014, 772; 2006, 24; Looschelders Rn. 1297; Medicus/Petersen Rn. 936; Waltermann NJW 2004, 901 ff.

862 BGH RÜ 2017, 615, 620, Rn. 20.

532 G könnte gegen B einen Schadensersatzanspruch gemäß **§ 823 Abs. 1** haben.

A. G ist in seiner **Gesundheit verletzt**.

B. B hat das Gerüst entgegen den Unfallverhütungsvorschriften aufgebaut und dadurch eine **Verkehrssicherungspflicht** verletzt. Der Verstoß gegen die Verkehrssicherungspflicht war auch für den Unfall des G **ursächlich** und der Unfall ist B **objektiv zuzurechnen**.

C. B handelte **rechtswidrig** und **fahrlässig**.

D. Die Haftung des B ist nicht gemäß **§ 106 Abs. 3 SGB VII** ausgeschlossen, denn B ist nicht angestellter Arbeitnehmer eines vom Betrieb des A verschiedenen Unternehmens, sondern selbständiger Unternehmer.

Der haftungsbegründende Tatbestand des § 823 Abs. 1 ist somit gegeben. B muss gemäß § 249 Abs. 2 S. 1 die Heilbehandlungskosten des G ersetzen.

533 E. Fraglich ist, in welcher **Höhe** diese Pflicht besteht.

I. Wegen des **eigenen Mitverschuldens** des G i.H.v. 1/2 ist der Anspruch des G gegen B der Höhe nach jedenfalls um die Hälfte zu kürzen, § 254 Abs. 1.

II. Der Anspruch des G gegen B könnte nach den Grundsätzen **der Haftung im gestörten Gesamtschuldverhältnis** weiter zu kürzen sein. Es könnte im Grundsatz eine gesamtschuldnerische Haftung des B und des A angeordnet sein, die aber wegen einer Haftungsprivilegierung des A letztlich doch nicht entstanden ist.

1. Der Arbeitgeber **A haftet** seinem Arbeitnehmer **G** wegen fahrlässiger Verletzung der arbeitsvertraglich geschuldeten Obhutspflicht aus §§ 280 Abs. 1, 618 Abs. 1, 611 a und auch wegen schuldhafter Verletzung der gegenüber seinem Arbeitnehmer geschuldeten Verkehrssicherungspflicht aus § 823 Abs. 1. Grundsätzlich müsste daher A neben B für den Schaden des G **als Gesamtschuldner (§ 840 Abs. 1)** haften.

2. A ist jedoch als Arbeitgeber nach **§ 104 Abs. 1 S. 1 SGB VII** gegenüber seinem Arbeitnehmer G **von der Haftung freigestellt**. Insbesondere hat A den Unfall nicht vorsätzlich verursacht. Würde nun G den B in Anspruch nehmen, dann könnte B bei A trotz dessen Verursachungsbeitrags keinen Regress nach § 426 Abs. 1 u. 2 nehmen, denn mangels Anspruchs des G gegen A besteht zwischen A und B keine Gesamtschuld nach § 840 Abs. 1. Die **Gesamtschuld** ist **gestört.**

   Für die Lösung des Konflikts ist der **Zweck der gesetzlichen Haftungsprivilegierung** maßgeblich. Zweck des § 104 SGB VII ist es, den Unternehmer (hier: A), der für den Arbeitnehmer (hier: G) laufend Beiträge zur gesetzlichen Unfallversicherung zahlt, im Gegenzug von einer eigenen Schadensersatzhaftung freizustellen. Der Arbeitnehmer steht dadurch nicht schutzlos, er hat wegen seiner Schäden einen **Anspruch gegen die gesetzliche Unfallversicherung** nach Maßgabe der §§ 26 ff. SGB VII. Zudem wird der **Betriebsfriede** gefördert, indem ein Streit des Arbeitnehmers mit dem Unternehmer über die Anspruchshöhe vermieden wird.

Nicht bezweckt ist hingegen, einen weiteren, **nicht privilegierten Schädiger** (hier: B) im Gegenzug **stärker haften** zu lassen, als er es ohne die Privilegierung müsste. Auch soll die Privilegierung den Geschädigten nicht vor dem allgemeinen Risiko schützen, von mehr als einer Person geschädigt zu werden. Daher ist es sachgerecht, den Anspruch des Geschädigten gegen den nicht privilegierten Schädiger in Höhe des Verantwortungsanteils des privilegierten Schädigers zu kürzen **(Lösung 4)**.

Der Anspruch des G gegen B wird daher um ein weiteres Viertel gekürzt. G kann daher von B nur ein Viertel der Heilbehandlungskosten ersetzt verlangen.

---

bb) Haftung für eigenübliche Sorgfalt i.S.d. § 277

Auch bei einer gesetzlichen Haftungsbegrenzung auf die Sorgfalt in eigenen Angelegenheiten (§ 277, **diligentia quam in suis**) kommt es zu einer Störung der Gesamtschuld, soweit ein Schädiger wegen der Privilegierung des § 277 nicht haftet und den Schaden gemeinsam mit einem anderen Schädiger verursacht hat. 534

An die Stelle des objektiven Maßstabs des § 276 Abs. 2 („im Verkehr erforderlich") tritt gemäß § 277 der **subjektive Maßstab** des Handelnden. Es kommt dadurch zu einer **Haftungserleichterung** bis zur **Grenze der groben Fahrlässigkeit**, allerdings nach h.M. nicht im **Straßenverkehr** und im **Sport**, denn dort geht jedermann von der Einhaltung der geltenden Regeln aus, daher ist **kein Raum für individuelle Sorglosigkeit**.[863] Eine besonders gründliche Sorgfalt in eigenen Angelegenheiten führt hingegen **nicht** zu einer **Haftungsverschärfung** über den Maßstab des § 276 Abs. 2 hinaus.[864]

Auf § 277 nehmen **zum Beispiel** Bezug: § 708 für Gesellschafter, § 1359 für Ehegatten, § 1664 für Eltern gegenüber ihren Kindern und § 4 LPartG für Lebenspartner.

Es werden verschiedene **Lösungsansätze** vertreten:[865] 535

- Die Rechtsprechung[866] billigt dem Geschädigten – anders als in den Fällen nach §§ 104 ff. SGB VII – grundsätzlich einen **ungekürzten Anspruch** gegen den nicht privilegierten Zweitschädiger zu **(Lösung 1)**. Insbesondere wenn – wie in den Fällen der §§ 1359, 1664 und § 4 LPartG – die Haftungsprivilegierungen auf einem besonderen Näheverhältnis des Schädigers zum Geschädigten beruhten, könne die Belastung des nicht privilegierten Zweitschädigers mit dem Schutz der Familie/Ehe/Lebenspartnerschaft gegen Ansprüche Dritter begründet werden.
- Teile der Literatur[867] gelangen – wie bei §§ 104 ff. SGB VII – im Regelfall dazu, dem Geschädigten nur einen von vornherein **gekürzten Anspruch** zuzubilligen **(Lösung 4)**. Gesetzliche Privilegierungen zielen stets darauf ab, einen Interessenkonflikt zwischen Geschädigtem und privilegiertem Erstschädiger zu regeln. Sie sollen keine Auswirkung zulasten des Dritter alias nicht privilegierter Zweitschädiger haben.

---

863 BGH RÜ 2004, 636 (Straßenverkehr); BGH RÜ 2009, 424 (Wasserski).

864 Vgl. Palandt/Grüneberg § 277 Rn. 2 f., u. AS-Skript Schuldrecht AT 1 (2017), Rn. 313.

865 Ausführlich Hager, NJW 1989, 1640; Nachweise zu beiden Ansichten bei Palandt/Grüneberg § 426 Rn. 22.

866 BGH NJW 1988, 2667, unter Aufgabe von BGH NJW 1961, 1966.

867 Looschelder Rn. 1296; Medicus/Petersen Rn. 933.

Fall 26: Kinderspielplatz

Vater A geht mit seinem 5-jährigen Sohn S zu einem Kinderspielplatz der Stadt B. Die Rutsche, die B schon längst hätte warten müssen, ist nicht mehr verkehrssicher. Ein sorgsamer Elternteil hätte die Gefahr zwar erkennen können. A, der auch sonst einen Erziehungsstil nach dem Motto „Was die Kinder nicht umbringt, mach sie hart." pflegt, sieht keinen Grund dafür, S das Benutzen der Rutsche zu verbieten. S verletzt sich beim Rutschen. Hat S gegen B einen Anspruch aus § 823 Abs. 1?

536 I. B hat durch die schuldhafte und rechtswidrige Verletzung ihrer Verkehrssicherungspflicht einen Gesundheitsschaden des S verursacht, sodass S gegen B aus **§ 823 Abs. 1 dem Grunde nach** einen Schadensersatzanspruch hat. Insbesondere schließt das Fehlverhalten des A die Zurechnung nicht aus.[868]

537 II. S wird ein **Mitverschulden seines gesetzlichen Vertreters** A **bei der Anspruchsentstehung** nach Maßgabe der §§ 254 Abs. 1 u. Abs. 2 S. 2, 278 S. 1 Var. 1, 1626 Abs. 1 S. 1, 1629 Abs. 1 S. 1 **anspruchskürzend** zugerechnet.

1. **§ 254 Abs. 2 S. 2** gilt trotz seiner systematischen Stellung nicht nur für die Schadensentwicklung (§ 254 Abs. 2 S. 1), sondern auch die Schadensentstehung (§ 254 Abs. 1), er ist also wie ein **selbstständiger Absatz 3** zu lesen.[869]

2. Zweifelhaft ist aber, ob die Voraussetzungen der §§ 254 Abs. 2 S. 2, 278 S. 1 Var. 1 erfüllt sind. Aus dem Wortlaut („Schuldner") des § 278 S. 1 und seiner systematischen Stellung in den §§ 241 ff. folgt nämlich, dass bereits **im Zeitpunkt der Schädigung** zwischen Gläubiger und Schuldner des Schadensersatzanspruchs (hier: S und B) ein **Schuldverhältnis bestehen** muss. Die Entstehung des Schuldverhältnisses durch die Schädigung – hier: das Schuldverhältnis nach §§ 823 ff. durch die Verletzung beim Rutschen – genügt nicht.[870]

   Der **Tatbestand des § 278 S. 1** ist also nicht erfüllt, sodass seine Rechtsfolge nur greifen würde, wenn **§ 254 Abs. 2 S. 2 eine bloße Rechtsfolgenverweisung wäre**. Das hätte aber zur Folge, dass der Geschädigte S sich nach §§ 254 Abs. 2 S. 2, 278 S. 1 eine ihm nachteilige Zurechnung ohne Exkulpationsmöglichkeit gefallen lassen müsste, während zum Nachteil der Schädigerin B keine Zurechnung nach § 278 S. 1, sondern nur nach dem eine Exkulpation gestattenden § 831 erfolgt. Im Gegenteil darf aber der schutzwürdige Geschädigte erst recht keiner Zurechnung ausgesetzt werden, die nicht auch für den Schädiger gilt. Daher ist § 254 Abs. 2 S. 2 – mit der h.M. – als eine **Rechtsgrundverweisung** anzusehen.[871]

Somit wird S kein Mitverschulden des A anspruchskürzend zugerechnet.

Ob überhaupt ein (Mit-)Verschulden des A vorliegt, kann daher hier offenbleiben.

---

868 Vgl. Palandt/Grüneberg Vorbem. § 249 Rn. 47; AS-Skript Schuldrecht BT 4 (2017), Rn. 456.

869 BGH NJW 2009, 582, 585; näher zu § 254 AS-Skript Schuldrecht BT 4 (2017), Rn. 609 ff. u. zum Folgenden insb. Rn. 616 ff.

870 Vgl. zu § 278 AS-Skript Schuldrecht AT 1 (2017), Rn. 316 ff.

871 BGH RÜ 2007, 508, 511; MünchKomm/Oetker § 254 Rn. 127 ff.?

III. Der Anspruch des S gegen B könnte jedoch **zu kürzen** sein, weil A und B gemäß § 840 Abs. 1 grundsätzlich Gesamtschuldner sind, aber diese **Gesamtschuld** aufgrund einer Haftungsprivilegierung des A **gestört** ist. **538**

1. Zugunsten A könnte die **Haftungsprivilegierung der §§ 1664, 277** greifen.[872]

   Teilweise wird vertreten, die Privilegierung des § 1664 greife bei Schäden, die dem Kind aus einer Aufsichtspflichtverletzung entstehen, nicht ein.[873] Dies widerspricht jedoch dem Wortlaut des § 1664, der sich allgemein auf die Ausübung der elterlichen Sorge bezieht, die **auch Aufsichtspflichten** umfasst.[874]

   Ferner hat A zwar nicht die von § 276 Abs. 2 geforderte objektive, aber die nach seinem individuellen Erziehungsstil **eigenübliche Sorgfalt** gewahrt, ohne die **Grenze der groben Fahrlässigkeit** zu überschreiten.

   Somit wir A gemäß §§ 1664, 277 privilegiert und haftet dem S nicht.

2. Würde nun S die B in Anspruch nehmen, dann könnte B bei A trotz dessen fahrlässigen Verursachungsbeitrags keinen Regress nach § 426 Abs. 1 u. 2 nehmen, denn mangels Anspruchs des S gegen A besteht zwischen A und B keine Gesamtschuld nach § 840 Abs. 1. Die **Gesamtschuld ist gestört**, daher ist dieses Ergebnis womöglich aufgrund schutzwürdiger Interessen der Beteiligten zu korrigieren.

   a) Nach dem Wortlaut des Gesetzes steht S gegen B, wie ausgeführt, ein **ungekürzter Schmerzensgeldanspruch** zu **(Lösung 1)**.

   b) Hält man die damit verbundene Belastung für B für nicht sachgerecht, kann man zwischen A und B ein **Gesamtschuldverhältnis fingieren**. Dann kann B nach § 426 Abs. 1 u. 2 (analog) von A Regress nehmen **(Lösung 2)**. Dieser Ansatz unterläuft jedoch die Privilegierung des A aus § 1664.

   c) Die Entwertung der Privilegierung wird vermieden, wenn man dem A in Höhe des an B gezahlten Betrages einen **Regressanspruch** gegen S zubilligt **(Lösung 3 „Regresskreisel")**. Die bei diesem Modell entstehende Haftungskette ist jedoch umständlich, nicht prozessökonomisch und birgt für B und A Insolvenzrisiken.

   d) Die vorgenannten Probleme werden vermieden, wenn S gegen B ein von vornherein um den Verantwortungsanteil des A **gekürzter Schmerzensgeldanspruch** zugebilligt wird (**Lösung 4**).

   e) Entscheidend für die Entscheidung zwischen den danach verbleibenden Lösungen 1 und 4 ist der **Zweck der Haftungsprivilegierung**.

      Bei einer Privilegierung des Schädigers (hier: A), die die **Rechtsstellung des Geschädigten** (hier: S) **entwerten** soll, erscheint die vierte Lösung sachgerecht. Ebenso hat die vierte Lösung ihre Berechtigung, wenn die Privilegierung

---

872 Näher zu § 1164 AS-Skript Familienrecht (2015), Rn. 109.

873 OLG Stuttgart, VersR 1980, 952.

874 Palandt/Götz § 1664 Rn. 3 m.w.N.

nicht das Ziel hat, **den nicht privilegierten Zweitschädiger** (hier: B) **zu benachteiligen**. Die vierte Lösung würde in der Tat eine Benachteiligung der B verhindern. Eine Benachteiligung der B erscheint insbesondere deshalb als nicht erwünscht, weil ihre Haftung dann letztlich unvorhersehbar davon abhinge, welchen individuellen Sorgfaltsmaßstab die jeweils auf dem Spielplatz befindlichen Eltern gewöhnlich an den Tag legen.

Gleichwohl schließen diese Argumente eine Benachteiligung der B nicht zwingend aus. Eine Benachteiligung der B ist hinzunehmen, wenn sie zwingender Rechtsreflex des wahren Zwecks des § 1664 ist. **Schutzzweck des § 1664** ist **der Schutz des Familienfriedens** zwischen Eltern und Kindern. Die **Kinder sollen nicht** (im Extremfall) **gegen ihre Eltern prozessieren müssen**, wenn sie sich unter ihrer Aufsicht verletzen. Nach der vierten Lösung würde S aber nicht den vollen Schaden von B ersetzt bekommen und müsste daher sodann A in Anspruch nehmen. Daher ist die erste Lösung vorzugswürdig und die ihr innewohnende, reflexhafte Benachteiligung der B hinzunehmen.

S hat daher gegen B einen Schadensersatzanspruch aus § 823 Abs. 1 in voller Höhe.

Gesamtschuld 539

Voraussetzungen

I. Gesetzliche Anordnung (§ 613 a Abs. 2, Betriebsübergang; § 769, Mitbürgen; § 840 Abs. 1, Deliktsschuldner; § 2058, Miterben; § 128 HGB [analog] bzw. i.V.m. § 161 Abs. 2, Gesellschafterhaftung)

II. Vereinbarung (Schuldbeitritt, § 311 Abs. 1; gemeinschaftliche Verpflichtung zu teilbarer [§ 427, Auslegung] oder zu unteilbarer Leistung)

III. Allgemeine Regel des § 421

1. Schuldnermehrheit
2. Gleiches Leistungsinteresse (auch bei verschiedenen Anspruchsgrundlagen)
3. Haftung auf das Ganze (vs. gemeinschaftliche Schuld/Teilschuld)
4. Gläubiger ist nur einmal forderungsberechtigt (vs. kumulative Schuld)
5. Gleichstufigkeit (h.M.). Keine Gleichstufigkeit:
   - in den eng begrenzten Fällen des § 255 (Sache noch vorhanden)
   - und bei cessio legis (z.B. Darlehensschuldner vs. Bürge, § 774 Abs. 1 S. 1)

Rechtsfolgen im Außenverhältnis

I. Gläubiger kann von jedem ganz oder zum Teil fordern (**„Paschastellung"**)

II. Einzelwirkung, § 425 (Tatsachen wirken nur für betroffenen Schuldner: Fälligkeitskündigung, Unmöglichkeit, Verjährung (Neubeginn, [Ablauf-]Hemmung), Vereinigung Forderung mit Schuld, Rechtskraft, Rechtshängigkeit, Verschulden

III. Ausnahmsweise Gesamtwirkung, §§ 422-424 (Tatsachen wirken für alle Schuldner): Erfüllung, Erfüllungssurrogate; Erlassvertrag, wenn Aufhebung des gesamten Schuldverhältnisses; Gläubigerverzug

Innenverhältnis: Ausgleich nach § 426 Abs. 1 u. 2

I. § 426 Abs. 1:

- Eigenständige Anspruchsgrundlage
- Haftung im Zweifel nach Kopfteilen
- S1 kann Einreden gegenüber G dem S2 nicht entgegenhalten.

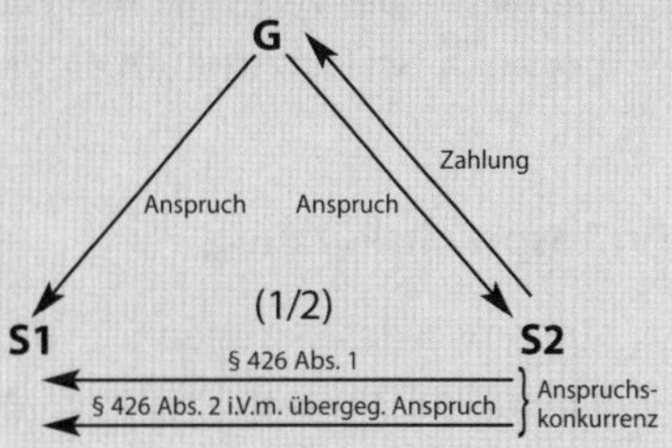

II. § 426 Abs. 2 i.V.m. cessio legis:

- Anspruch G gegen S1 geht auf S2 über
- Einwendungen des S1 gegen G2 und Sicherheiten bleiben §§ 412, 401, 404.

*Daneben bestehen u.U. **Ansprüche aus Schuldverhältnis**, z.B. §§ 677, 683 S. 1, 670.*

Gesamtschuld (Fortsetzung)

Besonderheit: „Gestörte Gesamtschuld"

Haftungsprivilegierung eines Schuldners (S1) gegenüber dem Gläubiger (G), z.B.: Vereinbarung, §§ 104–106 SGB VII, innerbetrieblicher Schadensausgleich, § 277

Lösungswege:

I. Gesetzeswortlaut:
Keine Gesamtschuld, kein Regress

- G hat vollen Anspruch gegen S2
- S2 kann von S1 keinen Ausgleich verlangen

Laut Rspr. bei § 277, da Schutz des Verhältnisses zwischen G und S1 vorrangig

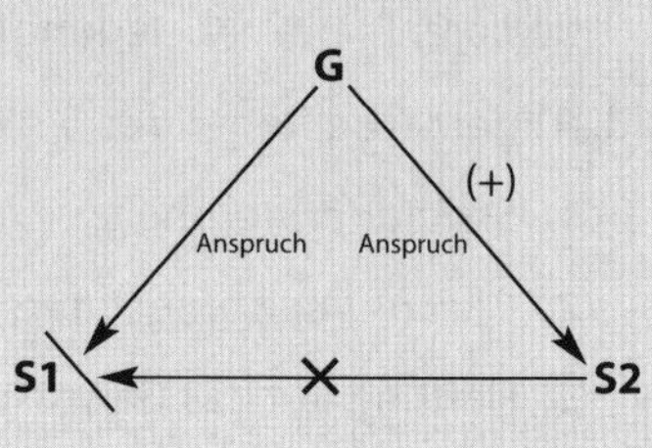

II. „Fingiertes Gesamtschuldverhältnis"

- G hat ungekürzten Anspruch gegen S2
- S2 kann von S1 trotzdem Ausgleich verlangen

Laut Rspr. bei vertraglichen Haftungsprivilegien, wenn der privilegierte Schädiger nur privilegiert werden soll, wenn er der alleinige Schädiger ist (Auslegung).

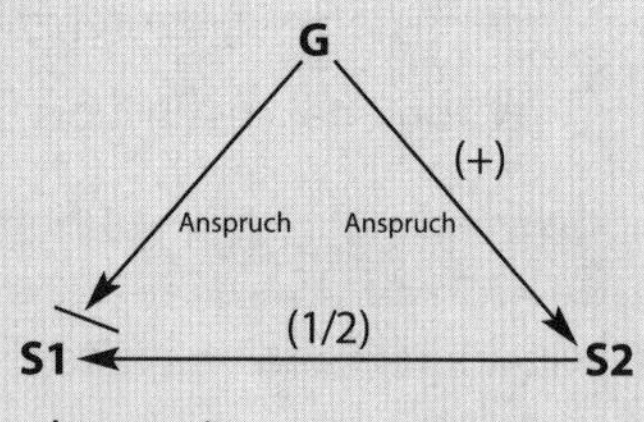

III. Regresskreisel

- G hat ungekürzten Anspruch gegen S2
- S2 kann von S1 Ausgleich verlangen
- S1 kann Rückgriff bei G nehmen

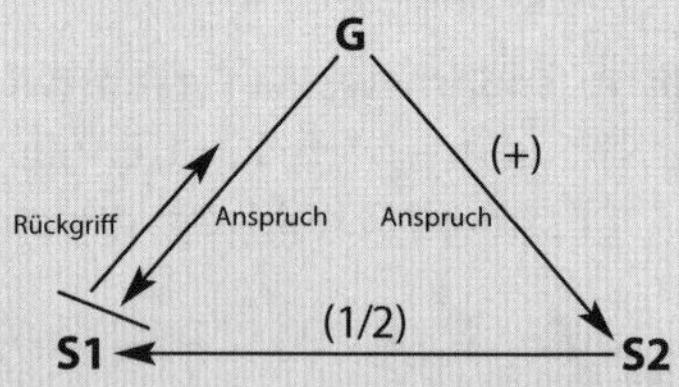

Laut Rspr. bei vertraglichen Haftungsprivilegien, wenn der privilegierte Schädiger auch bei Hinzutreten eines zweiten Schädigers nicht haften soll (Auslegung).

IV. Anspruchskürzung

Anspruch des G gegen S 2 wird direkt um den Verantwortungsanteil des S1 gekürzt.

Laut Rspr. bei gesetzlichen Haftungsprivilegien außer § 277; laut h.Lit. bei vertraglichen und gesetzlichen Haftungsprivilegien

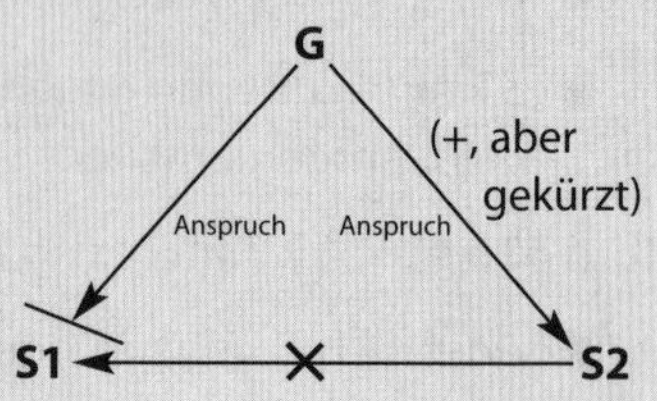

Stichwortverzeichnis

Die Zahlen verweisen auf die Randnummern.